KB126719

근대민족운동의 재발견

근대민족운동의 재발견

초판 1쇄 인쇄 2022년 9월 20일
초판 1쇄 발행 2022년 9월 30일

저 자 박 환

발행인 윤관백
발행처 선인

디자인 박애리
편 집 이경남 · 박애리 · 임현지 · 김민정 · 주상미
영 업 김현주

등 록 제5-77호(1998. 11. 4)
주 소 서울시 양천구 남부순환로48길 1, 1-2층
전 화 02)718-6252/6257
팩 스 02)718-6253
E-mail sunin72@chol.com

정 가 29,000원
ISBN 979-11-6068-748-4 93910

근대민족운동의
재발견

박 환

선인

책을 내며

1986년부터 수원대학교에 봉직하면서 지역과 관련된 다양한 주제들을 접할 수 있었다. 지역의 3·1운동, 유적지 답사와 후손들과의 만남, 지역 출신 여성 선각자들, 학교, 소방, 화재, 체육 등이 그것이다. 이러한 주제들을 공부하여 근대 수원의 역사와 문화를 재발견할 수 있었다. 아울러 수 많은 분들과 만나며, 식민지시대 항일독립운동은 몇몇 지도자들만의 전유물이 아니라 각 지역에 살고 있는 우리 동포 모두의 열과 성이 담긴 작품임을 인지할 수 있었다. 이에 지역에서 이름 없이 공헌한 여러분께 진심으로 감사를 드리고 싶다. 이것이 본서를 간행하게 된 이유이다.

1부에서는 3·1운동과 사진, 답사, 구술 등을 통하여 그동안 등한시하였던 잊혀진 부분들에 대하여 조망하고자 하였다. 그 한 사례로 한국의 대표적 3·1운동 항쟁지인 수원군지역에 주목하고자 하였다. 앞으로 국내외의 3·1운동 연구는 보다 다양한, 입체적 관점에서 이루어지길 기대한다.

2부에서는 여성사 연구에 대한 관심을 표명하고자 하였다. 그동안 만주지역 여성 독립전쟁영웅으로 활동한 남자현 등에 주목한 바 있다. 이번에는 결이 다른 수원출신 여성 선각자들인 나혜석과 차인재에 대하여 알아보고자 하였다. 나혜석의 하얼빈 기행, 이화여고 출신으로 사진신부로 미국으로 간 차인재의 인생여정 등을 통하여 남성중심의 연구를 탈피하여, 역사의 빈 공간을 복원해 보고자 하였다. 아울러 국제교류, 디아스포라, 경

계인의 관점에서 해외독립운동을 바라볼 필요가 있음을 재차 확인하고자
하였다.

　3부에서는 근대 체육과 소방을 살펴보고자 하였다. 이는 근대화의 관점
에서 조망된 것으로 지역적으로는 수원지역의 사례를 중심으로 알아보고
자 하였다. 근대 체육과 관련하여서는 야구 등 보다 다양한 종목, 서울, 인
천 등 주변 지역과의 교류를 통한 소통의 광장 형성 등에도 주목하고자 하
였다. 해방 후 한국 근대 스포츠의 발전과도 연계하여 앞으로 연구를 진행
하고 싶다. 소방의 경우 근대적 소방대의 도입과 발전, 화재 등에 대하여 알
아보고자 하였다. 소방과 밀접한 관련을 갖고 있는 우물, 상하수도 문제 등
에도 관심을 기울이고자 하였으나 필자의 능력부족으로 이루지 못하였다.
차기 과제로 삼고 싶다.

　4부와 5부에서는 근대교육의 탄생에 대하여 알아보고자 하였다. 교육은
보편성과 특수성이 있다. 수원군 중 오늘날 수원시와 화성시의 향남, 팔탄,
양감 지역의 사례를 통하여 살펴보고자 하였다. 수원시의 경우 초등학교의
산 증인 이영재선생님과 중등교육의 산 증인 리제재선생님의 구술을 통하
여 학교생활과 당시 사진들에 대하여 밝혀보고자 하였다. 화성시의 경우는
현장조사를 통하여 지역별, 학교별로 심층적으로 다루고자 하였다. 교육 부
분은 해방 후 엘리트 집단의 형성, 발전과도 깊은 연계를 갖고 있는 부분임
으로 앞으로 보다 입체적인 연구들이 필요할 것 같다. 특히 사진 등과 더불
어 생활기록부 교직원 명부 조사 등도 추진해야할 과제들이다.

　6부에서는 지역사연구의 활성화를 기대하며 가벼운 글들을 작성하였
다. 문봉식 등 독립운동가와 수학여행, 성공회교회, 인쇄인 등이 그것들이

다. 앞으로 병원, 향교, 음식점, 극장 등 다양한 공간들에 대하여도 관심을 기울이고 싶다.

지역사에 대한 관심은 만주, 러시아 등 해외 독립운동사를 주로 연구하는 필자에게 독립운동사를 입체적으로, 거시적으로 바라보는데 큰 힘이 되었다. 아울러 한국근현대사를 지역이라는 키워드를 통해 살펴봄으로써 보다 심층적 이해에 접근할 수 있었다.

이 책의 작성에 도움을 주신, 많은 분들께 깊은 감사를 드린다. 특히 필자가 지역사 연구에 동참할 수 있는 기회를 만들어 주고 항상 격려해 주신 수원문화원 염상덕, 김봉식원장님, 김영욱소장님과 염상균, 최중영선생님, 화성문화원, 용인문화원 등 지역 문화원, 이길원, 송선영, 이재헌선생님, 이달호, 강진갑 선배와 양훈도, 한동민, 한준택, 우상표, 박희정, 김숙이, 정재연, 이동근, 류현희, 김세영, 김명수 등 동학과 영양 산부인과 박영양원장님, 조성진, 제자 윤의영, 정명희 님 등께도 감사드린다. 아울러 자료수집 과정에서 큰 도움을 주신 이영재, 리제재 두 선생님께도 감사한 마음과 더불어 송구한 마음 전하고 싶다. 또한 어려운 여건에도 불구하고 책자를 간행해 주신 도서출판 선인 윤관백대표와 박애리실장님 이하 여러분께 감사드린다. 끝으로 항상 격려해주신 수원대학교 강일휴, 이영림, 이용관, 김동섭교수 등과 동학인 박경, 박찬에게 고마운 마음을 전한다.

2022년 9월
청헌 박 환

차례

책을 내며 · 5

제1부 3·1운동 기억과 기록 · 11

　　수원군 지역 3·1운동 -사진 분석을 중심으로- · · · · · · · · · · · · · · · · 13

　　살아움직이는 감동을 찾아 - 수원군지역 3·1운동 - · · · · · · · · · · · · · · 36

제2부 여성선각자들 :다양한 스펙트럼 · 81

　　외교관 부인 나혜석, 하얼빈에서의 6일 -러시아분위기와의 만남 · · · · · · · · · · 83

　　이화출신 사진 신부, 차인재의 민족운동 · · · · · · · · · · · · · · · · · · 98

제3부 근대의 표상: 체육과 소방 · 125

　　수원지역 근대 체육의 발전 · 127

　　수원지역의 소방과 화재 · 153

제4부 구술로 보는 근대교육 · 191

　　수원 초등학교 교육의 산 증인 이영재 · · · · · · · · · · · · · · · · · · · 193

　　수원 중등학교 교육의 산 증인 리제재 · · · · · · · · · · · · · · · · · · · 206

제5부 현장조사로 보는 화성지역 근대교육 · 211

　화성지역 근대교육 · 213

　향남지역 초등학교 · 220

　향남지역 중등학교 · 247

　팔탄지역 초등학교 · 261

　양감의 근대교육 · 281

제6부 근대민족운동의 재발견 · 325

　【여성】광주학생운동에 참여한 여학생 문봉식 · · · · · · · · · · · · · · · · · · 327

　【디아스포라】멕시코에서 독립운동의 선봉에 서다 -잊혀진 혁명가 김정식- · · · · 334

　【여행】옛날, 학생들의 수학여행은 어떠했을까 · · · · · · · · · · · · · · · · · · 338

　【경제】일본으로 수출되다 -소(牛) 수출의 전진기지 수원- · · · · · · · · · · · · 344

　【근대시설】근대적 소방시설은 언제 갖추어졌을까? · · · · · · · · · · · · · · · 348

　【외교】한국과 미국의 만남, 존슨동산 · 353

　【종교】대한성공회를 찾다 · 357

　【산업】인쇄와 함께 청춘을 보낸 이완표(李完杓) 교문사 대표 · · · · · · · · · · · 368

찾아보기 · 375

제1부

3·1운동 기억과 기록

수원군 지역 3·1운동
-사진 분석을 중심으로-

머리말

3·1운동을 이해하는 방법은 다양하다. 일반적으로 가해자 측의 문헌자료, 그것도 일본 측의 보고문, 예심종결서, 판결문 등이 그 중심을 이루고 있다. 아울러 직접 참여자들이 생존해 있는 경우, 생존지사들의 구술, 또는 체험기록을 남긴 경우 그 기록물 등이 주체 측 자료로서 중요한 의미를 갖는다.

우리가 주목해야 할 또 하나의 자료 유형이 있다. 사진자료가 바로 그것이다. 사진자료의 경우 주지하는 바와 같이 당시의 상황을 생생히 보여주고 있다는 측면에서 그 중요성은 이루말 할 수 없다. 그러나 사진의 경우 촬영자의 주관적 견해가 때에 따라서는 많이 작용할 수 있으므로 이 또한 주의해야 할 사항이다. 그럼에도 불구하고 사진의 경우는 3·1운동 당시를 생동감 있게 전해줄 수 있다는 측면에서 우리의 시선을 끈다. 지금까지 일본 측이 촬영한 사진자료들은 보이지 않고 있다. 도면 등이 그 중심을 이루고 있는 것이다. 그러나 일본 측이 촬영한 사진들이 다수 있지 않을까 하는 것이 필자의 생각이다. 이 부분에 대한 앞으로의 조사가 필요할 것으로 보인다. 현재 우리에게 알려진 사진자료들은 거의 선교사들이 찍은 사진들이다. 특히는 캐나다선교사인 스코필드 박사의 것이 대부분이다. 이 사진들은 3·1운동의 현장성을 보여주는 가장 대표적인 사진들로 우리의 주목을 끈다. 한편 일본 측의 사진들은 주로 형무소에서 촬영한 수형자카드가 그 중심을 이루고 있다.

수원군 지역의 3·1운동의 경우 선교사의 사진, 수형자카드, 만세운동관련 지도 및 도면 등이 남아 있는 거의 유일한 대표적인 지역으로 알려져 있다. 대표적인 만세운동지인 안성지역의 경우는 도면이나 수형자카드는 있으나 사진 자료는 하나도 남아 있지 않는 상황이다. 그러므로 수원지역의 사진의 경우 그만큼 중요하다고 보여진다. 그럼에도 불구하고 지금까지 수원지역 3·1운동 관련 사진에 대한 검토는 없었던 것 같다.[1] 이에 본고에서는 사진들을 통하여 수원지역의 3·1운동에 대한 이야기를 해보고자 하는 것이다.

우선 수원지역의 3·1운동에 대하여 검토해보고자 한다. 수원읍지역의 경우 만세운동을 전개한 김세환에 대한 몇 가지 사진들이 독립기념관에 소장되어 있다. 최승만이 기증한 것으로 보여진다. 아울러 수원지역의 3·1운동과 관련하여 주목되는 것은 김향화 등 기생들이다. 이들이 수원지역 3·1운동을 상징적으로 보여주고 있기 때문이다. 『조선미인보감』에 있는 수원권번에 속해 있던 기생들의 다양한 면모를 살펴볼 예정이다.

다음으로는 수원군지역의 3·1운동관련 사진들에 대하여 검토해 볼 예정이다. 먼저 캐나다 선교사인 스코필드 박사가 촬영한 사진들에 대하여 검토해 볼 예정이다. 아울러 이들 사진들에 대한 설명들에 대하여도 검토해 볼 것이다. 스코필드가 촬영한 사진들이 타 기관이나 인물들에 제공됨으로써 때에 따라 사진에 대한 설명에 혼선이 있다고 여겨지기 때문이다. 상해에서 간행된 독립신문, 적십자사에서 간행한 삼일운동 관련 팜플렛, 미주지역의 독립운동가 정한경이 발행한 책자, 독립기념관 발행책자 등이 이들에 해당된다.

끝으로 일본측이 제작한 3·1운동관련 도면들과 수형자카드 또한 검토할 예정이다, 도면과 수형자카드는 독립운동 현장의 생생함과 더불어 독립운동가

---

1 3·1운동에 대한 사진역사학적 시각에서의 자료 분석으로는 필자의 것이 있다. 박환, 『사진으로 보는 3·1운동 현장과 혁명의 기억과 공간』, 민속원, 2019.

들의 모습을 생동감 있게 찾아볼 수 있는 귀한 자료들이기 때문이다.

1. 수원읍 3·1운동 사진

1) 잊혀진 3·1운동 영웅 김세환

김세환은 수원읍지역 3·1운동의 대표적인 독립운동가로 알려져 있다. 그와 관련된 사진자료들은 독립기념관 최승만사진자료에 포함되어 있다. 최승만은 1897년(고종 34) 지금의 경기도 안산시 단원구 고잔동에서 출생하여 1984년 사망하였다. 그는 장훈초등학교를 거쳐 1915년 보성중학교를 졸업한 뒤 1917년 동경관립 외국어학교 노어과(露語科)에 재학하던 중 유학생 최팔용(崔八鏞) 등과 독립운동을 추진하여 2·8독립선언을 발표하였다. 유학생이 중심이 되어 조직된 동경 유학생 학우회의 기관지인 『학지광(學之光)』의 편집위원과 『창조(創造)』의 동인으로 활동하였고, 1922년에는 동경 조선기독교청년회의의 기관지 『현대(現代)』의 주간(主幹)을 지냈다. 1930년 미국 스프링필드대학을 마치고 돌아와 『신동아(新東亞)』의 잡지부장으로 활동하다가 1936년 일장기 말소 사건을 계기로 퇴직하였다. 해방 후에는 미군정청 교화국장을 지내고 1948년 연희대학 교수, 1951년 제주도지사, 1952년 제주대학 초대 학장, 1954년 이화여자대학교 부총장 등을 역임하였다. 1962년 대한소년단 부총재, 중앙여자고등학교의 이사와 감사를 지냈으며, 1966년 일본에서 한국기독교청년회 고문으로 활동하기도 하였다.

현재 독립기념관에 최승만의 비망록이 전하고 있다. 비망록에는 어렸을 때 정동예배당 유년 주일학교 생활과 함께 한일강제병합의 경과, 아버지의 연이은 사업 실패, 중학교 때의 사상적 갈등에 대한 이야기가 남아 있다. 그밖에 YMCA 영어과에 편입하여 졸업한 일, 시골 생활을 하면서 일본 유학을 결심하고 동경외국어학교에 다니면서 2·8독립선언에 참가했던 일 등을 상세하게 남기고 있다. 동경 YMCA에서의 활동과 사업, 관동대지진 및 좌익계 인물에 관한 글, 김지섭·이봉창·양근환의 의거 등과 만주 생활과 8·15해방 등을 상세히 담고 있다.[2]

김세환사진은 해방 후 최승만의 둘째부인이 독립기념관에 기증한 것에 포함되어 있다. 1919년 당시 수형자카드와 더불어 가족사진 등이 그것이다. 서울 동작동 국립현충원에 안장되어 있다.

2) 수원기생 김향화

경성(京城)지방법원 수원지청에서 김향화(23, 기생)에 징역 6월이 언도하였는데 수원독립만세운동에 관련된 혐의다.[3] 김향화의[4] 인물 사진은 『조선미인보감』(1918. 7) 〈수원예기조합〉에서 발견할 수 있다.

『조선미인보감』은 일제강점기에 경성에서 출판된 조선 예기 611명의 화보집이다. 일제강점기 초기에 조선 예기들의 사진과 프로필을 자세히 적어 놓은 책으로, 일제강점기 문화사를 연구하는데 중요한 사료가 되며, 기생사 연구에 필수적인 문헌이다.

1918년에 경성일보사의 사장이었던 아오야나기 고타로(靑柳綱太郞)가 신구서림(新舊書林)을 운영하던 지송욱(池松旭)과 함께 작성한 책이다. 발간경위를 살펴보면, 「미인보감서」에서 밝혔듯이, 조선 전도(全道) 미인의 사진과 기예(技藝)와 이력을 수집하고 조선 언문과 한문으로 서술한 책이며, 풍속교화를 달성하고 예기들의 용모와 기예를 평가하고자 발간하였다. 이 책의 크기는 26cm×

2 디지털안산문화대전−최승만
3 매일신보 1919.6.20
4 이동근, 「김향화」, 『수원독립운동 인물열전』, 수원박물관, 2018.

18.5㎝이며, 46배판의 총312쪽 활자본으로, 양장본이다.

『조선미인보감』에는 경성(서울)을 비롯한 대구, 김천, 동래, 창원, 광주, 평양, 수원, 개성, 인천, 안성, 연기의 권번, 혹은 기생조합에 소속되어 있었던 예기들 611명에 대한 개인 프로필과 사진을 싣고 있다. 지역별로는 서울이 486명으로 압도적으로 많으며, 예기들의 연령대는 9세부터 33세이나 대체로 16~19세 사이가 많다.

서술방식을 보면, 한 면을 둘로 나누어 위의 오른편에는 예기의 원적(原籍)과 현주소를 써 놓았고, 중앙에는 예기의 사진을 넣었으며, 왼편에는 기예를 적어 놓았다. 그리고 아래 오른편에는 한문으로 예기를 소개하고 있고, 왼편에는 한글로 예기를 소개하였는데, 권번에 따라 내용의 문체가 다르기도 하다. 기생들마다 한글로 소개되어 있는 부분에서는 예기의 신상에 관한 것부터 장기(長技)까지 다양하다. 이러한 서술체계는 『매일신보』 1914년 1월 28일부터 6월 11일까지 연재되었던 「예단일백인」과 일맥상통하며, 『매일신보』 특집기사의 연장선상에서 『조선미인보감』이 기획되었다고도 볼 수 있다.

예기들의 장기를 살펴보면, 성악으로는 가곡·가사·시조와 잡가, 판소리, 민요가 있고, 기악곡으로는 풍류와 산조가 있으며, 정재(呈才)도 예기들의 기예에 포함된다. 그리고 이 외에 일본 악기인 샤미센을 연주하고 일본 노래(내지요, 혹은 내지가)인 〈이소후시(磯節)〉와 〈나니와부시(浪花節)〉, 〈돈돈후시〉와 같은 노래도 불렀음을 알 수 있다.

『조선미인보감』이 만들어진 의도와는 별개로, 이 책은 일제강점기 초기에 당시 조선에서 활동하던 예기들의 사진과 이력, 그리고 그들의 예술 활동을 알 수 있는 문헌이다. 따라서 이 책은 일제강점기에 예기들을 통해 이루어졌던 음악 및 문학, 사회학, 민속학, 무용을 연구하는데 중요한 자료라고 할 수 있다.[5]

---

5 조선미인보감 [朝鮮美人寶鑑] (한국민족문화대백과, 한국학중앙연구원)

김향화와 함께 만세운동에 참여한 것으로 보여지는 기생 33명의 사진들도 이 책에 포함되어 있어 유용하다.[6] 서도홍, 이금희, 손산홍, 신정희, 오산호주, 손유색, 이추월, 김연옥, 김명월, 한연향, 정월색, 이산옥, 김명화, 소매홍, 박능파, 윤연화, 김앵무, 이일점홍, 홍죽엽, 김금홍, 정가패, 박화연, 박연심, 황채옥, 문농월, 박금란, 오채경, 김향란, 임산월, 최진옥, 박도화, 김채희 등이다. 이들은 15세부터 23세까지이다. 당시 김향화는 22세로 나이가 제일 많은 축에 든다.

2. 선교사 스코필드 촬영 사진

스코필드(Frank William Schofield, 石虎弼, 1889~1970)는 1919년 3월 1일 우리 민족이 일제의 식민지배에 항거하여 독립을 선언하고 거족적인 만세운동을 일으켰을 때, 거사가 일어나기 직전에 이 거사에 대해서 통보받고 협력을 요청받았던 유일한 외국인이었다.

거사 하루 전날인 2월 28일 저녁 세브란스의전 학생이자 남대문교회 교인이었던 이용설이 스코필드를 찾아와 독립선언문을 보여주며, 다음 날 독립선언식과 만세시위가 있을 것이라고 알려주고 그 독립선언문의 사본을 영어로 번역하여 최대한 빨리 미국 백악관에 보내 줄 것을 요청했다. 그리고 세브란스병원에 근무하고 있던 이갑성은 3월 1일 오전 스코필드를 찾아 가 현장 사진 촬영을 부탁하였다.[7]

스코필드는 기꺼이 사진기를 들고 자전거를 타고 찾아가 만세시위현장의 사진을 찍어 3·1운동의 실상을 증거 사진과 함께 해외에 알렸다. 지금까지도 남아있는 3·1운동 초기의 몇 안 되는 사진들은 모두 그가 찍은 것이다. 스코필드

---

6 이동근, 『신작로 근대를 품다』, 블루씨, 2016, 213-226쪽.
7 김승태목사의 교시가 있었다.

는 3·1운동이 일어나자 한국인들을 적극적으로 돕고 사진과 기록으로 남기며, 일제의 비인도적 한국인 탄압에 맞서 일본인 고관들을 찾아가 항의하고, 언론에 투고하여 일제의 만행을 폭로하였다.

스코필드는 3·1운동 첫날부터 사진을 찍고 기록을 남겼을 뿐만 아니라 1919년 4월 15일에 일어난 제암리교회 방화 학살 사건 현장에도 몸소 찾아가 제암리와 수촌리에서 있었던 일제의 만행에 관한 보고서를 남겼다.

수촌리에서의 일제의 만행은 3월 말 4월 초 수원지역(현재 화성지역) 만세시위에 대한 보복으로 일본군이 4월 6일 새벽에 마을에 들어와 마을 전체를 불태우고 불을 끄려는 사람들을 총칼로 제지하여 한 사람이 죽고 여러 사람이 부상당한 사건이다. 제암리는 발안 장날 만세시위에 대한 보복으로 4월 15일 오후 일본 군경이 마을에 들어가 15세 이상 남자를 예배당에 모으고, 총을 쏘고 불을 질러 마을 전체를 불태워 부녀자 2명을 포함한 23명을 학살하고 이웃 고주리에서 천도교인 6명을 더 총살한 사건이다.

4월 17일 제암리교회 사건에 대한 소식을 듣고 바로 다음 날인 18일 소아마비를 앓아 한쪽 다리와 팔이 불편한 몸으로 자신의 자전거를 가지고 9시 열차편으로 수원까지 가서 다시 자전거로 사건 현장에 도착하여 사진을 찍고 조사하였으며, 같은 날 오후 수촌리도 방문하여 부상자들을 도와주었다. 이때 스코필드가 작성한 「제암리의 대학살(The Massacre of Chai-Amm-Ni)」이라는 제목의 보고서는 중국 상해에서 발행되던 영자신문 『상하이 가제트(The Shanghai Gazette)』 1919년 5월 27일자에 서울 주재 익명의 특별통신원(Special Correspondent)이 4월 25일 보내온 기사로 실렸다. 같은 무렵 작성한 「수촌 만행 보고서(Report of the Su-chon Atrocities)」는 비밀리에 해외로 보내져 미국에서 발행되던 장로회 기관지 『Presbyterian Witness』 1919년 7월 26일자에 실렸다.

그 후에도 일제의 비인도적 만행들을 조사하여 영국의 성서공회 총무 리슨(Ritson)을 거쳐 토론토의 캐나다장로회 해외선교부 총무 암스트롱(A. E. Armstrong) 목사에게 보냈다. 이것은 다시 미국 기독교연합회 동양관계위원회에 보내져 거기서 1919년 7월에 발행한 『한국의 상황(The Korean Situation)』에 증거자료로 실렸다.

스코필드가 찍은 사진 필름은 상해 밀사 정환범(鄭桓範)을[8] 통해 상해임시정부에도 전해져 임시정부 기관지 『독립신문』에도 일부가 실리고, 영문 사진첩 『한국 독립운동(The Korean Independence Movement』(1919)에 실렸다.

특히, 스코필드가 찍은 태형 피해자 사진을 비롯한 일제의 만행 피해자 사진은 서울주재 미국총영사 베르그홀쯔(Leo Bergholz)에게도 전해져 1919년 7월 17일자 미국무장관에게 보낸 보고서에 첨부되었다.[9]

3. 독립기념관 소장 스코필드 촬영 사진

독립기념관에는 스코필드와 관련된 사진 자료들이 소장되어 있다. 이 사진들은 독립기념관에 스코필드기념사업회가 기증한 것이다. 독립기념관 홈페이지에서는 그 자료들에 대하여 다음과 같이 언급하고 있다.

---

8 정환범은 일찍이 만주로 건너갔다가 1919년 상해에 임시정부가 수립되자 신규식(申圭植) [1879~1922]의 밀명을 받고 국내에 들어와 스코필드 박사가 촬영한 일제의 학살 장면 등의 사진 50매를 임시정부에 전달하여 일제의 잔인성을 세계에 폭로하도록 하였다. 이러한 활동과 연유해서 1919년 11월 그는 임시정부의 충남 공주군 조사원에 임명되어 공주군 내의 각종 자료를 임시정부에 보고하는 한편 의열단(義烈團)에 가입하여 군사훈련을 받기도 하였다. 1921년 2월에는 런던으로 가서 구미 열강국에 대한민국임시정부의 지원을 호소하는 외교활동을 벌였으며, 1922년부터 런던대학에서 상업·경제를 전공하고, 1935년부터는 캠브리지 대학에서 경제학 박사를 취득하였다. 그는 수학기간 중 각종 집회를 개최하며 연설회를 통해 한국 독립에 대한 이해와 관심을 고취시키는 한편, 1944년에는 다시 상해로 와서 임시정부의 외무차장에 임명되어 광복을 맞이할 때까지 독립운동에 이바지하였다.
9 김승태 작성, 2016년 3월, 국가보훈처 선정 이달의 독립운동가 스코필드 [Frank William Schofield, 石虎弼] – 건국훈장 독립장 1968, 한국을 조국처럼 사랑한 캐나다인 (독립운동가)

(1) 스코필드 촬영 사진스크랩

자료번호 1-004836-000

수량 1

유형 사진필름류 / 사진첩/앨범 재질 기타

재원 가로(26.90), 세로(38.80) , 면수(63)

자료내용: 스코필드가 우리나라에서 만난 평범한 한국인·정치인·어린이 및 풍경 등
을 담은 사진 75점이 도화지에 스크랩되어 있다. 스코필드는 영국의 의학자이며 선
교사로, 1916년에 세브란스 의학전문학교 교수로 내한하여, 3·1운동에 적극 참여
한 탓으로 일제에 의해 강제로 귀국당했다가 1958년에 재차 내한하였다. 그의 우
리식 이름은 석호필이다.

(2) 스코필드관련 사진류

자료번호 1-004846-000

수량 86

유형 사진필름류 / 흑백복사

재원 가로(25.30), 세로(31.30) , 면수(85)

자료내용: 스코필드와 관계된 사진첩이다. 이 사진첩에는 그가 생전에 한국에서 활
동했던 모습을 담은 사진 86점이 담겨있다.

제암리학살사건은 일본군이 1919년 4월 15일 제암리교회에 지역 주민 등을 감금
하여 집단학살한 사건이다. 일제는 이 사건을 은폐하고자 하였으나 언더우드와 미
국영사가 4월 16일 발견하여 선교본부와 미국무성에까지 보고하였다, 아울러 세브
란스연합의학전문학교 교수로 재임중이던 캐나다 선교사인 스코필드가 4월 18일
현장을 찾아가 당시 참혹한 현장을 사진으로 촬영하여 일제의 만행을 전 세계에 알
릴 수 있었다.

(3) 독립기념관, 『캐나다 선교사가 본 한국, 한국인』(2013)

① 화수리 학살현장을 조사 중인 일제경찰과 이야기를 나누는 선교사(3-002401-234)

② 학살 이후 전소된 제암리, 장두리 소재가옥—2장(3-002401-235, 232)

③ 제암리 학살 희생자 유족—남편과 아들을 잃은 부인과 어머니의 모습이다.(1-
004874-014)

④ 제암리 학살로 가족을 잃은 남은 유족들(3-002401-233)

⑤ 파괴된 집터에 서 있는 아낙네와 아이들(3-002401-230)

⑥ 학살 이후 장두리의 파괴된 집터에 서 있는 여인과 어린 아이-2장(3-002401-
089, 231)
⑦ 일본군에 의해 파괴된 마을을 복구하는 주민들(3-002401-225)

위의 사진들은 김승태목사가 독립기념관에서 자료과장으로 근무할 때, 캐
나다장로회 선교사 맥래의 딸인 헬렌 맥래 여사가 노바스코샤 공립문서보관
소에 기증한 "해외 선교사 컬렉션"에서 선별하여 복제를 부탁해 현지에서 보
내온 사진 자료를 바탕으로 제작된 것이라고 한다. 독립기념관 소장번호 중
3-002401로 나가는 자료들이 모두 이에 해당한다. 사진에 적혀 있는 한글표기
들은 모두 사진을 수집한 후 독립기념관에서 한 것이라고 김승태목사는 말하
고 있다.

이 사진들은 스코필드가 대부분 일제의 만행을 고발하는 증거로 당시에 제
시한 것으로 판단된다. 또한 상해 대한민국임시정부와 캐나다 장로회 선교부
와 미국기독교연합회 동양관계위원회에도 전달되어 일제의 만행이 전 세계에
알려지게 되었다.[10]

위의 사진 중 주목되는 것은 '장두리'라는 지명이다. 장두리는 제암리를 잘
못 기록한 것이 아닌가 추정된다. 독립기념관에서는 수집한 앨범에 들어있는
내용을 그대로 전제한 것으로 보인다. 김승태 목사는 사진 중 일부만 영어로
설명이 되어 있었다고 전한다.

4. 『신한청년』의 수원군 지역 3·1운동 사진

신한청년당은 1918년 11월 28일 중국 상해에서 여운형(呂運亨)·조동호(趙東祜)

---

10 독립기념관, 『캐나다 선교사가 본 한국 한국인』, 2013, 254-255쪽.

등이 조직한 독립운동단체였다. 신한청년당은 상해대한인민단·대한인거류민단 등 민단사업에 주력하였고, 기관지로 『신한청년』을 발간하였다. 신한청년당의 「본당기략(本黨紀略)」에 의하면, 1919년 12월 1일 한글본 『신한청년』이 발행되었다고 한다.[11]

『신한청년』 순한문본 창간호는 1920년 3월 1일자로 발간되었다. 박은식(朴殷植)과 이광수(李光洙)가 주필이었다. 순한문본의 『신한청년』 창간호는 축하휘호 1면과 본문 121면이었다. 창간호는 3·1운동 1주년 기념 특집호로 발간되었다.

표지는 태극을 바탕으로 삼고 그 위에 한문으로 신한청년 창간호라는 글을 세로로 썼으며, 표지 상단에 가로글씨로 The Young Korea라는 고딕체 영문 이름을 표기하였다. 창간사는 박은식이 썼는데, "독립국가를 완성시킬 실력이 국민 전체의 문화력과 사람과 돈이다"라고 하면서, 창간 목적을 "일반 국민의 국민적 상식을 증진함에 기여함"이라 밝혔다.

「조선독립선언서」「동경청년독립단선언서」 등을 비롯하여 3·1운동 당시에 발표된 각종 선언서들을 수록하고 있고, 「독립운동지사대원인(獨立運動之四大原因)」이라 하여 3·1운동이 일어나게 된 배경을 규명한 글, 그리고 「일인지혹형학살(日人之酷刑虐殺)」이라 하여 3·1운동 과정에서 일본인이 자행한 학살과 만행의 실상을 지역 또는 사례별로 정리 수록하였으며, 그 참상을 생생하게 보여주는 사진 10장을 함께 실었다. 이는 3·1운동 연구에 중요한 자료적 가치가 있다.

이외에 신한청년당의 활동을 간략히 정리한 「본당기략(本黨紀略)」과 당헌이 수록되어 있고, 강우규(姜宇奎)의사의 전기인 『강찬구소전(姜燦九小傳)』을 싣고 있다. 창간호의 값이 3각(角)이었다.

『신한청년』은 국내로 몰래 반입되어 독립운동에 대한 국민의 관심을 불러

11 『신한청년』 창간호 한글본 한문본 모두 다음의 책자에 실려 있다. 박환, 『사진으로 보는 3·1운동 현장과 혁명의 기억과 공간』, 민속원, 2019.

일으켰다. 일례로 1920년 4월 만주 안동(安東)의 이륭양행(怡隆洋行)을 통해 들여오다가 발각되는 일이 여러 차례 발생하였다.

우리가 『신한청년』에서 특별히 주목하고 있는 것은 수원군 3·1운동에 대한 3장의 사진이다. 〈수원제암리참상 1〉, 〈수원제암리참상 2〉, 〈수원화수리참상〉 등이 그것이다. 지금까지 수원시, 화성시 등지에서 주목 못한 사진들이어서 제암리학살기념관 등지에도 소개되어 있지 않다.

5. 대한적십자사 간행: The Korean Independence Movement, The Oriental Press, Shanghai, (1920).

이 책은 1920년 상해에서 간행된 것으로 보인다. 현재 독립기념관, 도산 안창호기념관, 미국의 도서관들에 보관되어 있다. 미국의 캘리포니아 주립대학의 경우 표지가 없는 상태로 Red Cross pamphlet on March 1st Movement Japan Chronicle, kobe, Japan, 1919. 라는 책자명으로 보관되어 있다.

이 책에 나오는 수원군 지역 사진은 다음과 같다.

1. 화수리에서 외국인에게 설명하는 일본경찰
2. 화수리에서 형제가 죽고 난 후 울고 있는 두 아이
3. 먹을 것을 찾고 있는 수촌리 아이들
4. 4월 15일 페허화 된 제암리 마을
5. 일본군에게 파괴된 후 화수리마을
6. 일본군에 의해 파괴된 화수리 마을(기와집)
7. 일본군에 의해 학살된 남편으로 인하여 울고 있는 과부들(제암리)
8. 제암리에 남겨진 집 한 채

위의 사진 중 일반에 공개되지 않은 사진은 3번과 6번이다. 3번은 먹을 것을 찾고 있는 3명의 수촌리 아이들이다. 5번 일본군에게 파괴된 후 화수리마을의

경우 스코필드의 다음의 설명을 생각하게 한다.

> 40여 채의 집 중에 18-19 채만이 남아 있었다. 그 악한 불길은 - 그 불길 속에는 일본 군대의 보다 적나라게 확실하고 잔인한 살의로 가득 찬 손길이 뻗치고 있었는데 - 더 이상 확산되지는 않았던 것이다. 이 일에 대해서 말하는 사람들의 진실한 증언보다 더 분명한 증거가 바로 여기에 불탄 집으로 남아 있는 것이다. 어느 곳에서는 불탄 집과 안 탄 집이 번갈아 가며 서 있었다. 불탄 집과 안 탄 집의 거리는 대개 수 피트 정도의 거리를 두고 있었다.
> 보통으로, 남아 있는 것들은 김치나 물을 담는 항아리들이었다. 장독대의 토기들과 불탄 부지깽이, 재, 타다 남은 것과 같은 폐허의 흔적들은 이곳들이 행복하고 단란한 집들이었다는 증거였다. 화마로부터 남아 있는 것은 아무것도 없었다. 이러한 일들은 용납되지 않을 일이었다. 이 세상 어느 곳에 이 같은 범죄가 있을 수 있다는 말인가? 숟가락, 그릇, 쌀가마, 이부자리들이 참혹한 죽음이 있는 곳에서 건질 수도 없었던 것이다.

6번 사진의 경우(화수리 기와집), 스코필드는 그의 보고서 〈화수리 살인사건〉에서 다음과 같이 언급하고 있다.

> 화수리의 경우는 야만스러운 일황군대가 잿더미로 만들어 놓은 표본마을이었다. 그 마을은 기름진 논밭이 펼쳐진 아래를 바라보며. 숲이 우거진 언덕으로 둘러 쌓여 있었다. 마을 한 가운데에는 기와지붕에 큰 대문이 있는 상당히 좋은 양반네 집이 있었다. 그러나 지금은 깨어진 기와 조각 더미와 먼지 그리고 무너진 담벼락이 남아 있을 뿐이었다. 어떤 사람은 그 집주인은 도망을 갔다고도 하고, 어떤 사람은 감옥에 갔을 거라고 하지만, 사실은 아무도 이 지주(squire)에게 어떤 일이 일어났는지는 아무도 몰랐다.

현재 불탄 화수리의 기와집 위치는 화수초등학교 앞 화수리기념비에서 마을 안쪽으로 100미터 지점에 위치하고 있다. 현재는 밭으로 변해있는 상황이다.

6. 대한민국임시정부 간행, 『독립신문』.

대한민국임시정부 간행, 『독립신문』에는 수원군 지역 3·1운동에 관한 4장의 사진이 실려 있다.

1. 독립신문 1919년 8월 29일(1장)
왜병 一過處(4월 17일 수원 화수리)
– 왜에 의해 불에 탄 집터에 앉아 왜의 칼에 죽은 어린 누이를 곡하는 두 아이.

2. 독립신문 1919년 10월 7일(1장)
왜병만행의 자취 암담한 산천 (수원 화수리)

3. 독립신문 1920년 3월 1일(2장)
1. 대한의 누이야 아우야 등

독립신문에서는 위에서 보는 바와 같이 총 4장의 수원군 지역 3·1운동에 대한 사진이 실려 있다. 이중 가장 주목되는 사진은 1919년 8월 29일 국치일에 1면에 실려 있는 그리고 1920년 3월 1일 3·1운동 1주년을 맞이하여 실린 어린아이들 사진이다.

왜병 "一過處(4월 17일 수원 화수리)"은 The Korean Independence Movement, The Oriental Press, Shanghai, 1919에도 나오는 사진인데, 이것이 스코필드가 찍은 것이 맞다면 그 날짜는 4월 18일 이후가 되어야 할 것이다. 그리고 화수리 방화 학살 사건이 일어난 것은 4월 11일이다.[12]

특히 1920년 3월 1일의 경우에는 이 사진과 더불어 주요한의 글도 싣고 있는데, 주요한의 글은 우리의 마음에 강한 울림과 전율을 주고 있다. 이를 보면 다음과 같다.

---

12 김승태목사의 교시.

大韓의 누이야 아우야

大韓의 누이야 아우야! 漢陽城 날말근날, 獨立萬歲의 소리가 물결가치 우레가치 우러나갈 때, 暴虐殘忍한 倭警의 비린내나는 칼이 슬적 빗길적에 놉히든 太極旗에 피를 뿌리며 떨어지는 너의 可憐한 두 팔을 지금 내가 본다.

水原 花樹里 우거진 풀밧히 無道의 불에 재만 남을 때, 罪업슨 너의 두 다리가 野蠻한 倭兵의 거츠론 손미톄 찌여짐을 지금 내가 본다.

세마듸 銃소리에 스러진 어린 세 兄弟의 魂이여, 녀의 부르짓는 소리가, 또 너의 사랑하던 늙으신 祖父의 痛哭하는 소리가 지금 내 귀를 울린다.

오직 너를 生命가치 알던 너의 어머님 目前에서, 녹 쓰른 槍꼿헤 찔려죽은 어린 同生아, 지금 最後의 「어머니」를 찻날 너의 絶叫가 너의 어머님의 마즈막 祈禱와 함께 나의 가슴을 끄린다.

아아...

아아 大韓의 누이야 아우야!

復活의 새소리가 우렁차게 大韓나라 坊坊谷谷이 퍼져 나갈 때, 그 偉大한 鳴動 속에 가장 힘잇게 가장 맑게 울니던 너의 목소리가 只今 나의 가슴을 흔든다.

自由를 爲하야 뿌린 너의 피, 말근 中에도 말근 피, 어리고 어린 피, 生각하면 가슴이 아프고 쓰리고 애츠러운 純潔의 피.

自由를 위하야 부르짓는 소리, 말근 中에 말근 소리, 어리고 어린 凜凜한 그 소리, 들을수록 가슴이 터져오고 눈물이 소사나는 너의 錚錚한 목소리

自由를 위하야 우는 우름, 말근 中에도 말근 우름, 어리고 어린 우름, 自由를 爲하야 버린 生命, 말근 中에도 말근 生命, 어리고 어린 生命, 生각할수록, 볼수록 앗갑고도 애츠러운 純全한 그 生命.

아아 大韓의 어린 누이야 아우야! 너의 피는 應當 벗는 곳마다 꽃이 되어 나리라, 自由의 祭壇에 드리는 불고 불근 꽃이. 너의 소리는 應當모혀 하늘의 별이 되어 빗나리라, 自由의 서따ㅇ을 빗최는 발금의 별이.

너의 눈물은 흐르고 흘너 아름다운 眞珠를 이루리라, 勝利의 花冠을 光彩잇게 하는 光明의 眞珠를.

그리하고 最後에 自由를 爲하야 주근 肉身을 떠난 너의 靈魂은 應當 祝福바든 自由의 天使로 化하얏스리라, 나라 위해 싸호는 모든 勇士의 몸을 직히는 어린 天使가.

請컨대 自由의 天使로 化한 大韓의 어린 누이야 아우야 正義를 위하야 싸호는 거록하고 의로운 싸홈에, 거느리는 者나 좃는 者나 모든 國民의, 모든 戰士의 마음

에 나려오라, 그 속에 邪惡과 奸巧함을 다버리게 하고, 어린 누이와 아우가 흘니든
피와 다름업슨, 맑고 뜨거운 情熱로써 귀한 피를 흘니게 할지어다
大韓의 純潔하고 어린 누이들아 아우들아!
너이들의 부르는 凜凜한 그 소리가 참으로 大韓의 榮光이 된다. 大韓의 生命이
된다. 그리하고 그 아릿다운 목소리가 長生하고 굴거짐에 따라 너의 나라는 다시
살리라 너의 나라는 다시 너머지지 아느리라(耀)

7. 정한경(Henry Cheng), The case of korea, Fleming H. Revel. Co. New York, 1921.

정한경(鄭翰景, 1891년(고종 28) ~ 미상)은 일명 한경(漢慶). 평안남도 순천 출신.
1910년 미국으로 망명, 샌프란시스코에서 한국의 독립운동을 목적으로 안창
호(安昌浩)·이승만(李承晚) 등과 대한인국민회(大韓人國民會)를 조직하여 재미교
포의 자치활동과 독립정신 앙양에 힘썼다. 1919년 2월 25일 독립운동사무를
전담할 임시위원회가 설치될 때 부위원장에 선임되어, 이승만·민찬호(閔瓚鎬)
등과 같이 한국이 완전한 정부를 수립하고 내치와 외교의 권리가 있을 때까지
국제연맹 위임통치로써 보호받게 해달라는 내용의 위임통치청원서를 미국 윌
슨(Wilson, T. W.)대통령에게 제출, 미국상원에서 한국독립문제를 토의하게 하
였다. 이 해 9월 재미교포의 애국성금 30만 달러를 모아 상해(上海)로 전달, 대
한민국임시정부의 활동을 도왔다. 1944년 10월 상해임시정부 국무회의에서
외무위원 겸 비서주임에 선임되어 정부와의 긴밀한 연락을 담당, 구미방면에
대한 외교활동을 강화하였다.[13]

정한경의 책자에 제암리학살사건에 대한 사진이 4장 실려 있는데, 다음과 같다.

---

13 정한경 [鄭翰景] (한국민족문화대백과, 한국학중앙연구원)

1. 왜 제암리에 있는 기독교인들이 학살당했는지 그리고 교회들이 파괴되었는지를
   미국 선교사에게 설명하는 일본관리.
2. 장두리의 폐허
3. 폐허화 된 수촌리 — 42개 초가집 중 8개만 남았다.
4. 화수리 전경

정한경의 책자에 포함되어 있는 사진설명에 장두리란 지명이 처음 등장한다. 그리고 독립기념관 사진첩에서도 장두리란 표현을 사용하고 있다. 그러나 정한경의 책자에도 장두리란 지명은 사진 설명 외에는 보이지 않고 있다. 다만 제암리, 수촌리, 화수리 등이 보이고 있는 것이다. 이를 통해 볼 때 장두리란 표현은 정한경에 의해 처음 사용되었고, 그 후 독립기념관에 소장되어 있는 사진첩에 사용되었고, 이후 독립기념관 사진첩에서도 그대로 인용하고 있다. 그러나 장두리란 지명은 화성일대에 존재하고 있지 않다.

8. L`INDEPENDANCE De LA COREE ET LA PAIX(1919)

서재필기념재단에서 1986년에 독립기념관에 기증한 자료이다.(1-B00382-000) 표지 다음 면에는 『한국의 독립과 평화, 한국문제와 일본의 외교정책』이라고 되어 있다.

책자는 불어로 6,500부를 배부하였다.[14] 발행처는 프랑스 파리 임시정부 정보국으로 되어 있고, 발행연도는 1919년으로 되어 있다. 총 43면이다. 이 자료에 수원군 관련 5장의 사진이 포함되어 있다. 이를 보면 다음과 같다,

  Ⅵ: 일본인에 의해 불탄 하나의 한국인 집

---

14 『대한민국임시정부자료집』 21권 파리위원부〉 해제

Ⅶ: 일본군에 의해 불탄 제암리와 주민들
Ⅷ: 미국 증인이 불에 탄 마을의 폐허를 조사하고 있다
Ⅸ: 파괴된 마을의 일본 순사
Ⅹ: 불에 탄 아이의 시체와 고아가 된 아이들

위의 사진 중, 〈Ⅶ: 일본군에 의해 불탄 제암리와 주민들〉, 〈Ⅷ: 미국 증인
이 불에 탄 마을의 폐허를 조사하고 있다〉는 처음 소개되는 사진으로 보인다.

9. 일제 측 사진자료와 도면의 내용

1) 수형자카드 및 관련사진

(1) 송산지역 3·1운동

수원군지역에서 가장 먼저 전개된 만세운동은 송산면 사강지역에서 전개되
었다. 사강 등지의 만세운동을 주도했던 인물들은 일제에 의해 강한 처벌을
받게 되었다. 일제는 1919년 3월 29일 소요 및 살인 등 죄로 홍면옥, 김명제, 임
팔용, 홍준옥, 문상익, 홍명선, 왕국신, 차경현, 진순익, 김교창, 홍남후, 노건우,
이순일, 김도정, 김성실, 최춘보, 박춘홍, 홍문선, 민용운. 이정집, 홍태근, 황칠
성, 홍복룡, 홍열후, 김성우, 홍관후, 김용준, 이성봉 등을 구속하였다.[15] 그러나
중심인물로 그들이 수괴로 지목한 홍효선, 이태순, 이석춘, 오경운, 예종구 등
은 4월 20일까지 체포하지 못하였다.[16] 그리고 일제는 체포된 사람들에 대하여
혹독한 고문을 가하였다. 그들을 빨가벗기고 담금질을 하였으며, 잡아비틀고,
입과 코에 냉수를 들어부었으며, 주리를 틀기도 하였던 것이다.[17]

---

15 국사편찬위원회, 『한민족독립운동자료집』21권, 1995, 269쪽.
16 『한민족독립운동자료집』 21권, 264쪽.
17 동아일보 1920년 5월 15일자 〈수원사건 공소공판〉

결국 1920년 5월 홍면옥, 홍준옥, 문상익, 왕국신은 각 징역 12년, 임팔용, 홍명선, 차경현, 김교창, 홍남후, 박군홍, 홍문선, 민용운, 황칠성, 홍관후, 김용준, 전도선, 정군필은 징역 7년, 최춘보, 오광득, 이윤식, 안순원은 징역 6년을 판결받았다. 홍면옥 등 17명은 고등법원에 상고하였으나 1920년 7월 5일 모두 기각되었다.[18]

(2) 송산지역 관련 사진

송산지역의 3·1운동과 관련된 사진으로는 다음을 들 수 있다.

① 경성복심법원으로 호송되는 모습(동아일보 1920년 6월 16일자)
② 수형자 카드
  김교창, 김도정, 김명제, 김성실, 김용준, 문상익, 민용운, 박춘흥, 오광득, 왕광연, 이윤식, 이정집, 전도선, 정군필, 차경현, 최춘보, 홍광후, 홍면(홍면옥), 홍명선, 홍복룡, 홍성한, 홍준옥, 홍태근, 황칠성
③ 기타―예종구(후손으로부터 입수)

위에서 보는 바와 같이 수형자카드는 총 24장이 있다. 이들 가운데 홍면옥과 홍준옥은 형제이다. 앞으로 3·1운동에 주도적인 역할을 한 홍효선, 이태순, 이석춘, 오경운 등의 사진 자료 수집이 요청된다.

(3) 우정·장안지역 만세운동

우정·장안지역의 만세운동 후 1919년 4월 9일 津村憲美 特務曹長을 책임자로 하여 하사 이하 6명, 경찰관 4명에 古屋 수원경찰서장 이하 7명과 보병 15명이 협력 하에 3개반을 편성하여 오산과 장안 우정면이 있는 화수반도 일대에 대해 대대적인 검거를 실시하였다. 특히 4월 10일부터 11일 오후 5시까지 화수리를 중심으로 부근 장안·우정면내 25개 부락을 수색하여 200명을 검거하였다.

---

18 『독립운동사자료집』 5, 387쪽.

화수리 항쟁 후 4월 15일 수원경찰서 순사부장 熱田實와 순사 長村淸三郎에 의해 차인범 등 33명이, 5월 13일 다시 17명이 구속되어 모두 50명이 체포되었다. 그중 23명이 예심 및 고등법원을 거쳐 1920년 12월 9일 경성복심법원에서 형이 확정되었는데, 그 명단과 형량은 다음과 같다.[19]

장안·우정면 만세시위자 및 형량

죄 명	수 형 자	인원수	형 량
살인방화 등	이영쇠, 차희식	2명	15년형
	장소진, 장재덕, 정서송	3명	12년형
	차인범, 이순모	2명	10년형
	차병한, 김흥식, 정순영	3명	5년형
보안법 소요 등	김응식, 김명우, 김교철 김흥삼, 백순익, 김덕근 김여근, 차병혁, 인수만 김덕삼	10명	3년형
	김황운, 윤영선 ,김응오 김종학	4명	2년 6월형
	유수산	1명	1년, 벌금 20원

위에 언급한 인물 가운데 수형자카드가 있는 인물은 다음과 같다.

김교철, 김덕근, 김덕삼, 김명우, 김여근, 김응식, 김응오, 김종학, 백순익, 윤영선, 정순영, 차병한, 차병혁

수형자임에도 불구하고 차희식, 이순모 등의 경우는 수형자카드가 존재하지 않는다. 한편 백낙열, 정서송, 최장섭 등 체포되지 않은 인물들의 경우 사진이 존재한다.

---

19 「독립운동사자료집」5, 화수리 재판기록.

2) 도면-검증자료

필자는 국사편찬위원회 수장고에서 2007년 수원군지역 3·1운동관련 유적지 도면들을 최초로 발굴하였다. 이 도면들은 〈대정 9년(1920) 檢刑 943호 소요 김현묵외 26명〉 및 〈송산면 3·1운동관련 자료〉 등에 포함되어 있다. 이들은 수원군지역의 유적지를 조사하는데 가장 기초가 되는 자료들이다. 아울러 기존에 잘못 이해되고 있던 유적지의 위치를 올바로 바로잡을 수 있을 뿐만 아니라 유적지 위치비정, 나아가 유적지 복원에도 큰 기여를 할 수 있을 것으로 보인다. 나아가 이를 토대로 수원군지역 3·1운동사를 보다 생생히 복원시킬 수 있을 것이다.

특히 전국에서 수많은 주재소 및 면사무소가 불탔음에도 불구하고 이에 대한 도면 및 복원도가 전혀 알려지지 않은 상황에서 이 자료는 전국 타 지역 독립운동유적지 복원 및 역사복원에도 크게 기여할 수 있을 것으로 보인다. 주요 도면을 유형별로 분류하고 그 특징을 설명하면 다음과 같다.

1. 수원군 우정·장안면 만세운동도

1919년 당시 우정, 장안지역의 전체적인 행정지역을 파악할 수 있을 뿐만 아니라 만세운동 경로를 파악하는 데 큰 도움을 주고 있다. 특히 쌍봉산의 만세운동을 이해하는 데 도움이 된다.

2. 장안면 사무소 평면도, 인근도, 복원도

1919년 4월 3일 석포리, 수촌리, 독정리 등 주민들이 파괴한 장안면사무소(현재 장안면 어은리 133번지)의 구조, 위치비정 및 인근상황을 이해하는 데 도움이 되고 있다. 이를 바탕으로 장안면사무소의 복원이 가능할 것으로 보인다. 면사무소는 사무실, 숙직실, 소사실, 창고, 목욕탕 등으로 이루어져 있다.

3. 우정면 사무소 평면도, 복원도

1919년 4월 3일 우정, 장안 주민들이 파괴한 우정면사무소의 복원 및 구조의 이해

에 도움을 주고 있다. 면사무소는 사무실, 면장실, 현관, 목욕탕, 소사실, 창고 등
으로 이루어져 있다.

4. 화수리주재소 평면도, 불탄 후의 모습, 위치도, 가와바다(川端豊太郎)순사 처단 장소

화수리 항쟁은 전국적으로 중요한 위치를 차지하고 있다. 평화시위의 현장이 아니라
치밀한 계획 하에 이루어진 공격적인 만세운동의 현장이기 때문이다. 특히 일본 순
사를 처단하였을 뿐만 아니라 주재소까지 불태운 전국 유일의 역사적인 현장이다.
본 도면을 통하여 당시 화수리주재소 인근의 지형, 집, 주재소의 위치, 도로 등 전체
적인 내용을 파악할 수 있게 되었다. 주재소의 복원 및 일본 순사 처단의 역사적 현장
등을 이해하는 데 중요한 자료가 될 것이다. 아울러 주재소를 복원하여 화수리 항쟁
의 참모습을 보여줄 수 있는 교육의 현장으로도 기여를 할 수 있을 것으로 보인다.

5. 한각리 광장

한각 1리의 소나무 밭에 위치한 곳으로 화수리항쟁을 계획·추진한 곳으로 역사적
의미가 있는 곳이다. 현재까지 이 부분에 대하여 주목하지 못하였다. 앞으로 3·1광
장으로서 그 기능을 할 수 있을 것이다. 정확한 위치는 현재 비정하지 못하고 있다.

6. 송산면 사강리 만세운동 표시도

1919년 3월 26일부터 28일까지 전개된 송산지역의 만세운동의 현장을 이해할 수
있는 중요한 자료이다. 지금까지 발굴된 3·1운동관련 자료 중 만세운동의 시위장
소, 도로 및 지형 표시, 산, 밭, 인가 등과 함께 나타낸 자료는 이번이 처음이다. 주
민들이 사강리 구도로를 중심으로 면사무소, 주재소 인근 등에서 만세운동을 벌이
고 있음을 살펴볼 수 있는 자료이다.

7. 노구지(野口廣三) 순사부장 처단 장소

1919년 3월 28일 송산, 서신면 주민들이 일본순사부장을 처단한 장소를 이번 자
료를 통하여 구체적으로 위치를 비정할 수 있게 되었다. 사망장소는 일본측 검증조
서에 따르면 수원군 송산면 사강리 동단 사강경찰관주재소로부터 동방 약 63간(인
가로부터 23간) 남양에 이르는 도로변 밭(강업동 소유임), 사강시장에서 남양방면
으로 약 2町 거리라고 한다.

맺음말

수원지역 3·1운동에 대한 사진을 분석하면서 앞으로의 방향성을 언급하는 것으로 맺음말에 대신하고자 한다.

첫째, 수원지역의 3·1운동에 대한 사진자료들에는 설명에 혼돈이 있는 경우들이 적지 않게 있다. 일본경찰이 외국인에게 설명하는 장면의 경우는 그 대표적인 것이라 할수 있다. 신한청년당에서 간행한 『신한청년』에는 제암리, 정한경 책에도 제암리라고 하고 있고, 독립기념관책자와 대한적십자사책에는 화수리라고 하고 있다. 앞으로 신중한 검토가 요청된다.

둘째, 수원지역의 사진들을 소개하고 있는 사진첩들이 발굴되고 있다. 앞으로도 외국에서 간행된 사진첩들이 더 발굴될 가능성들이 있다. 이들 사진첩들을 보다 발굴함으로써 『사진으로 보는 수원군의 3·1운동』이란 책자로 이를 집대성할 필요가 있다고 생각된다.

셋째, 사진자료집의 간행에 앞서 중요한 부분은 사진에 대한 정확한 설명이다. 이 부분에 있어서는 아직 기초단계이다. 수원지역의 3·1운동은 한국을 대표할 만한 3·1운동이라고 생각된다. 그러므로 이에 대한 보다 철저한 작업이 요청된다.

넷째, 사진에 대한 설명은 3·1운동에 대한 구체적인 연구를 바탕으로 제대로 이루어질 수 있다. 그럼에도 불구하고 수원군지역의 3·1운동연구는 아직도 초보단계를 넘어서지 못하고 있다. 『제암리학살사건자료집』 등을 간행하고 이를 연구, 집대성하는 작업부터 이루어지기를 기대한다. 자료집의 간행은 앞으로의 연구를 위한 가장 좋은 방법론이기 때문이다.

살아움직이는 감동을 찾아
- 수원군지역 3·1운동 -

지금부터 20여 년전인 2002~2003년 한국의 대표적인 3·1운동 항쟁지인 수원군지역 독립운동유적지를 답사하는 한편 후손들을 만나 면담할 기회를 가졌다. 지금은 세월이 흘러 도시로 발전하여 지형도 많이 변화했고, 당시의 감동을 전해줄 자녀들도 거의 사망하였다. 이에 당시 3·1운동의 흔적과 감동을 보다 생동감있게 전달하고, 자료로 보존하기 위하여 소중한 기억들을 기록으로 남긴다.

1. 잊혀진 3·1운동의 성지 송산지역

1) 3·1운동의 출발지 사강을 찾아서

1919년 3·1운동 당시 송산면 사강지역에서 전개된 3·1운동관련 유적지를 답사하기 위하여 남양에서 사강으로 향하였다. 새로 난 큰 대로를 따라 고개를 넘어 마도면을 지나니 좌측에 사강이란 이정표가 보였다. 길을 따라 들어가 송산파출소 방향으로 길을 잡았다. 이 길로 해서 농협, 송산초등학교 뒷문, 송산중학교 방향의 길이 옛 도로였기 때문이다. 이 길은 옛 영화는 간 곳이 없고 이제는 퇴색한 모습들을 보여주고 있다.

먼저 송산초등학교 뒷편에 있는 사강교회로 향하였다. 사강교회는 1902년과 1903년에 시작된 경다리 신앙공동체에서 시작되어, 1911년 목조 4칸 예배당으로 발전하였다가 3·1운동 당시 일제의 의하여 전소된 교회의 후신이었다. 현재는 감리교 교회로서 선교원을 운영하며 웅장한 모습을 갖추고 있었다. 우선 사무실을 방문하여 1997년에 간행된 『사강교회 95년사』를 얻었다. 초창기 사강지역 기독교 공동체, 홍승하의 남양선교, 경다리에 세워진 예배당, 포막동(마산포) 신앙 공동체 등 지금까지 알지 못했던 여러 사실들이 기록되어 있어 많은 도움이 되었다. 특히 3·1운동 당시 주역이었던 홍면옥의 장인인 김명제가 감리교 신자였다는 사실, 홍면옥이 출옥 후 사강교회를 다녔다는 증언들이 이 분야에 관심을 기울이게 하였다.

지금은 학교와 교회 그리고 집들이 서 있는 이곳 정도리 지역은 과거 산들이 펼쳐져 있는 곳이었다. 사강 입구에서 이곳 언덕 지역까지 흰색으로 덮혀 있던 한인들과 태극기의 물결이 보이는 듯하였다. 아울러 일제에 의하여 많은 집들이 불타고 희생된 곳이 바로 송산중학교를 중심으로 한 이 일대였다고 생각하니 더욱 가슴이 저려왔다.

사강교회를 뒤로 하고 좁은 길로 내려오니 공영주차장 건물과 사강4리 경로당이 위치하고 있었다. 이곳이 바로 과거 송산면사무소가 위치하고 있었던 곳이다. 아울러 1919년 당시 도면에 따르면 노인정 근처에 주재소 또한 위치하고 있었다. 주변 칠곡리에 사는 홍준유(1937년생), 송산초등학교 뒷문 문방구의 왕씨 할머니(77세)도 이를 증언해 주었다. 특히 왕씨 할머니는 남편 김정묵이 일제말 일본으로 5년간 징용을 갔다 왔으며, 고생만하고 임금도 못 받았다며 일제의 만행에 분함을 감추지 못하였다. 그녀는 현재 작고한 둥구리 마을에 계신분과 송산면 신촌에 사는 이기순씨 등이 남편과 함께 징용을 갔다 왔다며 이분들의 진실이 밝혀지기를 기대하였다.

필자는 3·1운동 당시 동포들에 의하여 처단된 노구지 순사부장의 흔적을 찾아보고자 하였다. 기록에 따르면 "수원군 송산면 사강리 동단 사강경찰관주재

소로부터 동방 약 63간(1간은 1.818m)(인가로부터 23간) 남양에 이르는 도로변 밭
(사강리 姜業同소유)"으로 기록되고 있다. 이곳의 위치는 현재 송산파출소 방향
이나 건물들이 모두 들어서 있어서 정확한 위치는 파악하기 어려울 듯하였다.
다만 수협 맞은편으로 현재 비정하고 있다.

　면사무소 뒷산인 송산초등학교 운동장 쪽에서 홍면옥 등이 중심이 되어 마
을 사람들을 모아 만세운동을 전개하였던 것이다. 이를 기념하여 현재 송산초
등학교 뒷문 운동장에는 이 지역의 3·1운동을 기념하는 《3·1독립운동기념비》
가 서 있었다. 현재에는 송산중학교 뒤에 3·1운동기념비가 새로 세워져 있다.

2) 만세운동의 집결지 사강장터와 만세유적지

　2002년 10월 3일. 개천절. 뜻 깊은 날에 사강유적지 제2차 답사에 나섰다. 만
세운동의 중심지인 사강장터를 확인하지 못하였기 때문이었다. 아울러 만세
운동 시 불탄 고포리, 마산리, 관현동, 장문동, 양지촌, 대정동, 용포리, 문산동
등을 답사하고 싶었기 때문이었다.

　남양을 지나 고개를 넘어 사강으로 향하였다. 봉가칼국수 집에서 맛있는 칼
국수를 먹고 사강장터를 확인하기 위해 나섰다. 주민들의 말에 따르면 사강장
은 현재는 수퍼마켓 등 상시로 서 있는 가게 때문에 활성화 되지는 못하고 있
지만 2일, 7일장으로서 유명하다고 한다.

　일단 송산 농협 맞은편으로 널리 퍼져 있는 사강장터를 확인하였다. 구 송
산면사무소 아래부터 그 아래 동내까지 전체적으로 장이 섰다고 한다. 그리고
송산파출소 맞은편 쪽으로는 소시장이 있었다고 알려 주었다. 이곳에서 3월
28일 장을 보러온 이웃 주민들이 약 1,000명(일부 5-600명)이 모여 만세를 불렀
다고 한다. 당시 사강지역 거주 호수가 120호인 점을 감안한다면 얼마나 많은
이웃주민들이 만세에 참여했는가를 가히 짐작해 볼 수 있을 것 같았다.

그 때문에 일제는 마도면의 두곡리, 중간리, 해문리, 금당리, 소곡리, 백곡리, 송산면의 고포리, 마산리, 관현동, 장문동, 양지촌, 대정동, 문산동, 용포리, 봉가리, 삼존리, 중송리, 육일리, 육교동, 일이리, 사강리, 서신면의 송교리, 궁평리, 대안동 광평리, 사곳리, 상안리, 지곡리, 전곡리, 칠곡리 등지를 방화하였던 것이다.

아울러 마산리, 관현동, 장문동, 봉가리, 중송리, 육교동, 사강리, 해문리, 중간리, 소곡리, 백곡리, 상안리, 칠곡리, 전곡리, 지곡리, 육일리, 소곡리 등에서는 주민들도 체포해 갔던 것이다.

사강장터를 뒤로 하고 송산중학교를 거쳐 우회전하여 쌍정리로 향하였다. 가는 길에 사강3리(세갱이)가 나왔고 군부대가 나왔다. 군부대 못미처 사강 3리 버스정류장에서 마을로 내려가니 그곳은 쇄터마을이었다. 쇄터마을에서 마을안으로 1km키로 정도 들어가니 언덕이 나왔고 그 언덕을 지나니 양지촌 입구란 푯말이 나타났다. 그리고 그 옆에는 양지사라고 하는 조그마한 절이 위치하고 있었다. 이곳이 당시 양지촌 일대구나 생각하니 가슴이 벅차왔다. 양지촌은 말 그대로 햇볕이 따뜻하게 드는 양지바른 곳에 위치하고 있었다. 지금 현재는 100여호 정도 살고 있다고 한다. 양지촌에서 나오니 사강리에서 독지리로 향하는 길로 도로포장이 한창 진행되고 있었다. 사강리에서 가까운 이 마을에서 만세운동이 있었구나 하는 생각이 절로 들었다.

사강 3리 입구로 다시 나와 길을 계속 가니 쌍정 2리가 나타났다. 그리고 입구에는 대정이란 표시도 함께 있었다. 쌍정은 명칭 상 두개의 우물이 있다는 의미이다. "대정"은 큰 우물이 있던 곳으로 생각되었다. 이 마을 출신으로 송산면사무소에 총무를 담당하고 있는 백선생님은 지금도 큰 우물터가 남아 있다고 한다.

대정을 지나 계속 가니 고정리가 나타났다. 이 지역은 쌍정, 고정 등 우물 정자와 밀접한 관련을 맺고 있는 지역이라는 느낌이 들었다. 고정초등학교를 지나니 독정리 공룡알유적지 안내판이 나타났다. 안내판을 따라 가보니 시화호 단지가 나타났고 습을 지나 200미터 정도 가니 유적지가 나타났다. 청원경찰인 홍 선생의 친절한 안내를 받아 유적지를 살펴보았는데 공룡알 화석이 있는 곳은 모래로 이루어진 바위들 위에 남아 있었다.

홍선생의 말에 따르면 이 지역은 대부분 많은 모래로 이루어져 있다고 알려주었다. 그는 사강이란 지명 역시 이에 유래하는 것이 아닌가 추정하였다. 멀리 용포리가 보였다. 그는 서신면 홍법리 출신이라고 하며 젊은 시절 삼존리, 용포리 쪽에 많은 염전들이 있는 것을 보았다고 알려 주었다. 또한 용포리의 경우 큰 호수 같은 것이 있어 염전이 더욱 발전한 것이 아닌가 짐작되었다.

공룡화석지를 뒤로 하고 용포리로 향하였다. 고정초등학교 못미처 좌회전을 하니 용포리로 가는 길이었다. 가는 길목마다 포도가 많이 열려 있었다. 주민들의 말을 들으니 토질도 좋고 바닷바람도 불구해서 포도가 맞이 있다고 한다. 포도밭에서 포도 10kg을 구입하였다. 시중 가격 2만 5천원인데 2만원에 해주었다. 포도밭 노선생과 지역에 대한 이야기를 나누며 향토사랑에 더욱 깊은 감명을 받았다.

용포리를 지나 면사무소 방향으로 향하였다. 바로 문산동(현재 삼존 1리)이었다. 문산동에서 매봉산을 지나 직진하니 바로 송산농협이 나왔다. 그때서야 필자는 사강만세 운동시 문산동, 용포리, 대정동, 양지촌 분들이 다수 참여할 수 있는 지리적 여건에 대하여 파악할 수 있었다.

다시 송산농협에서 송산초등학교 뒷문을 거쳐 직진하여 중송리, 마산리, 고포리로 향하였다. 가는 길목마다 포도축제를 하고 있었다. 이길을 따라 주민들이 만세운동을 하였겠구나 하니 더욱 가슴 뭉클하였다. 중송리에서는 이규선이 적극적으로 만세운동에 참여하였다. 그는 만세운동 후 중국으로 망명하여

1940년대까지 임시정부에서 활동하다가 체포되어 1941년 서대문감옥에서 옥사한 인물이었다.

중송리를 지나 마산 1리(갓마루)로 향하였다. 조금 못 미쳐 좌측으로 도로가 나 있었다. 바로 마산 1리 장문으로 들어가는 길이었다. 길을 따라 언덕너머로 가니 조그마한 마을이 나타났다. 바로 이 마을이 3·1운동에 참여한 장문이었다.

장문에서 다시 큰 길을 따라 내려오니 맞간 1리 갓마루였다. 도로를 따라 길게 늘어선 이마을을 일제는 관현동이라고 불렀다. 현재는 마산 1리라고 부르고 있었다. 관현동에서 계속 길을 따라 가니 마산 2리가 나타났고 큰 교회 역시 나타났다. 이곳 마산 2리에는 홍면옥, 홍효선 등과 3·1운동을 주도한 예종구가 살던 곳이었다. 이곳 마산 2리와 고포2리에 예씨들이 주로 산다고 노인들을 입을 모아 말하였다. 예종구란 인물은 3·1운동이후 체포되지 않아 그 행적을 알 수 없다. 예씨 족보 등을 구하여 한번 살펴볼 필요가 있을 듯하다.

고포리를 보고 다시 사강을 거쳐 남양으로 들어와 현대 기아자동차 기술연구소를 지나 석포5리 방향으로 향하였다. 가는 길목마다 왕새우 안내판에 들어서 있었다. 석포2리 못가 큰 둑이 나타났다. 이 둑이 바로 1918년부터 일제가 쌓았던 그 둑이었다. 이에 많은 인력들이 동원되어 결국 만세운동의 도화선이 되었던 것이다. 둑 안으로 사람들이 낚시하기에 여념이 없었다.

둑을 지나 석포5리-박우물-주곡리를 지나 선창포구로 향하였다. 포구에는 칼국수, 회 등을 먹고 게, 왕새우를 사기 위해 온 객지인들로 야단법석이었다. 차도 주차할 곳이 없어 200미터 전방에 새워 놓고 걸어갔다. 이 선창포구는 마산포구, 고온리 포구 등과 함께 일제시대의 화성지역의 대표적인 포구 가운데 하나였다. 지금은 물이 들어오지 않아 황폐화되었으나 전갈, 왕새우 등 해물시장으로 번성기를 누리고 있는 것 같았다. 게와 왕새우 각 1kg씩을 사서 흐뭇한 기분으로 집에 돌아와 왕새우에 맛있는 저녁을 들 수 있었다.

돌아오는 길은 막혀 주곡리-석포6리-노하리-팔탄을 지나 의왕-과천 고속도로, 안산 신갈 고속도로를 거쳐 용인 수지 안식처로 돌아왔다. 송산 고정리에서 산 맛있는 포도를 먹으며 하루 일과를 마무리했다.

3) 우리가 몰랐던 '숨은 지도자' 예종구

예종구(1928년생, 마산 2리 185번지)는 1919년 3월 28일 사강 지역 3·1운동 당시 홍효선, 홍면옥, 이규선 등과 함께 만세운동을 주도한 인물로 기록에 자주 등장한다. 그러나 그의 실체에 대하여 학계에는 전혀 알려진 바가 없다. 그리하여 필자는 예종구란 인물에 대하여 추적하기로 하였다. 그에 대하여 알고 있는 내용은 사강 만세운동 당시 홍면옥 등과 함께 송산면사무소 뒷 언덕에 일본순사들에 의하여 주도자로 체포되어 무릎을 꿇고 있었다는 점, 주소지가 마산리라고 하는 것이 전부였다.

송산면 사무소 백응춘씨로부터 현재도 마산 2리와 고포2리 등에 예씨 등이 14대째 살고 있다고 알려주었다. 이에 필자는 그곳을 방문하여 족보 등을 찾아보면 예종구라는 이름을 찾을 수 있지 않을까 생각되었다. 그런 가운데 백선생이 친구인 예종길(48세, 오토바이점 경영)에게 문의하였더니 용케도 자신의 할아버지라고 하여 행운을 얻게 되었다. 예종길을 통하여 예종구의 5째 아들인 예문택(1928년생)씨를 만나 면담을 하게 되었다.

예문택씨는 사강에서 마산포구를 향하여 가다가 마산2리(도말)의 마산교회 못미처 마산2리입구 700미터란 이정표가 있는 곳에서 좌회전을 하여 1키로 정도 가다가 컨테이너 있는 곳에 좌회전하여 200미터쯤 떨어져 있는 곳에 위치하고 있었다. 속칭 '도두물'이란 곳이었다. 집안으로 들어서니 예문택씨와 그의 부인이 반갑게 맞아주었다. 다음은 예문택씨와의 대담 내용을 정리한 것이다.

예종구는 1897년 고포 2리의 부유한 농가에서 태어났다. 어린 성장기를 거쳐 그는 마산2리 176번지로 이사하였다. 그의 이주가 집안에 양자를 들여 장자로 삼았기 때문이라고 하는데 그 정확한 이유는 밝혀지고 있지 못하다. 마산리로 이주한 그는 주로 한문공부를 하였다. 그러므로 그는 농사일을 할 줄 몰랐으며, 주변의 공부하는 사람들과 주로 어울렸는데 그들이 홍면옥 등이었다고 한다.

1919년 3·1운동 당시 20년대 초반의 혈기왕성한 청년이었던 그는 만세운동에 적극 참여하였다. 그 후 해방후 인천시 경찰청장을 지낸 지화 1리의 정수일의 집 다락에 피신하였다. 정수일의 모친은 조사를 나온 일본군을 속이는 기지를 발휘하여 예종구를 안전하게 피신시켰다. 이러한 연유로 예종구 집안과 정수일 집안은 각별한 친분관계를 유지하였다고 한다.

다시 예종구는 마산리의 안성열의 도움으로 밤에 마산포 앞에 있는 풍도로 배를 타고 피신하였다. 그 후 처인 洪善行의 집이 있는 대부도로 피신하기도 하였다. 그런 가운데 어도와 형도의 조수가 빠졌을 때 물이 허리춤에 차는 것을 이용하여 가끔 마산리에 들리기도 하였다. 이때 그는 자신의 집에 들어가지 못하고 마산리 이수석의 집 건너 방에 숨어 있기도 하였다고 한다. 이러한 때인 1919년 4월 일본군은 예종구를 찾다가 찾지 못하자 그 분풀이로 마산리 176번지 그의 집을 전체 소각하였다고 한다. 이때 조선인 순사가 앞으로 예종구를 볼 낯이 없다고 하여 먹을 것 등 일부를 가져갈 수 있도록 배려를 해주었다고 한다. 지금 현재도 이곳은 밭으로 변해 있다. 이때 집에 불타자 예종구는 현재 거주지인 185번지에 새로이 집을 지었다고 한다.

결국 예종구는 배를 타고 인천으로 피신하였다가 그 후 일경에 체포되었다. 투옥 중 고초를 겪다가 그의 부인이 3,000평의 논을 팔아 일본 경찰에 제공함으로써 석방될 수 있었다. 석방된 후 그는 인천에서 선교사인 아펜젤러 등이 활동한 영화소학교에서 교사로서 일하였다. 그 후 다시 고향으로 돌아와 집 앞에 간이소학교를 만들어 학생들 교육에 전념하기도 하였다. 당시 간이소학교 자리가 현재에도 집 앞에 남아 있었다.

마산리로 돌아온 그는 다시 사강으로 나가 그곳에서 여관, 대서소, 양약방 등을 운영하며 생계를 유지하였다. 특히 그는 농사일을 할 줄 몰랐으므로 대서업 등에 종사하였던 것이다. 사강리에서 그는 주로 송상면 육일리에서 살고 있는 홍면옥과 계속 교류를 가졌다. 그러나 그는 요시찰 인물로서 행동이 상당히 제약되었다.

해방이 되자 예종구는 치안대장이 된 홍명옥과 함께 치안대에서 활동하며 송산면의 치안을 담당하였다. 당시 일제하에서 독립운동을 했던 그들의 위세는 대단하였던

것 같다. 한편 해방 이후 김구선생이 국내로 귀국하자 예종구는 홍면옥과 함께 한국
독립당에 가입하여 활동하였다. 한국독립당의 통일노선에 반대한 사람들은 예종구
등을 공산주의자로 지목하여 이념적 갈등이 발생하였다. 결국 홍면옥과 예종구는
수원경찰서에 사상범으로 수시로 불리어 다녔으며, 홍면옥은 월북의 길을 택하였
다. 그리고 예종구는 6.25전쟁 당시인 1950년 수원경찰에 의해 광교산에서 처형
되었다. 그의 시신을 거두어 현재 예종구의 묘는 예문택의 집 뒷산에 모셔져 있다.

결국 3·1운동에 주도적인 역할을 한 예종구는 해방 후 공산주의자로 지목되
어 처형을 당하였다. 그 결과 송산초등학교 교내에 설치된 사강 3·1운동 기념비
에도 홍면옥과 예종구의 이름은 기록되지 못하였으며, 역사의 뒤편에 묻히고
말았던 것이다.

현재 예문택의 집에는 예종구 부부의 사진과 예종구가 새긴 현판 2점이 보
관되어 있다.

4) 북으로 간 지워진 영웅 홍면옥

2002년 11월 23일 오전 송산지역 3·1운동을 주도한 홍면옥의 손자를 찾아
사강 3리로 향하였다. 사강 3리는 정도리와 함께 이 지역에서 가장 오래된 마
을로 옛날부터 세갱이라고 불리우고 있다. 사강리 옛길에 위치하고 있는 송산
중학교를 지나 쌍정리 방향으로 향하니 시화자동차공장이 보이고 이어 멀리
파란 양철지붕집이 보였다. 주소는 사강 3리 4번지였다. 바로 홍면옥의 손자
홍광유씨가 사는 곳이다.

홍광유씨는 찾아뵙겠다는 필자의 연락을 받고 이미 대문 앞에 나와 계셨다.
얼굴을 보니 사진에서 본 홍면옥씨와 아주 유사하여 후손임을 바로 알아볼
수 있었다. 홍면옥선생을 만난 것 같아 기쁜 마음 누를 수 없었다.

방안으로 들어가 우선 큰 절을 올리고 선생님 자신에 대하여 질문을 하였

다. 본인은 1934년생이라고 밝혔다. 남양에서 출생하여 살다가 해방 전에 사강 3리로 이주하여 현재까지 농사를 지으며 생활을 하고 있다고 한다. 씨는 할아버지는 남양 송림 1리 정씨마을 출신인 정봉래씨 사이에 두 아들을 두었다고 한다. 그중 첫째가 홍수봉, 둘째가 홍수성이라고 한다. 홍수봉은 홍현유를 두었고, 홍수성은 홍관유와 자신을 두었다고 한다. 그리고 홍면옥은 감옥에서 출옥한 후 염일여(1921년생, 비봉 버들무지, 화성시 비봉면 육포리)와 결혼하였으며 그 사이에 홍진후(1936년생)를 두었다고 한다. 염일녀는 1948년 홍면옥이 행방불명 된 이후 다시 시집을 가 3남 1녀를 두었다. 현재 송산면 육일리 69번지에서 중풍으로 고생하며 살고 있다.

11월 25일 오전 9시경 사강리에서 대부도 방향으로 난 길을 따라 송산면 육일리로 향하였다. 이곳 마을에서는 육도리라고 불리우고 있었다. 산을 배경으로 집들이 여러채 들어서 있었다. 길 가던 노인에게 홍면옥씨를 알고 있는 가고 물으니 오래전 이야기라고 한다. 이름을 밝히기를 거부한 노인은 이웃 칠곡리에 산다고 하며, 홍면옥이 해방 전에 강습소를 열었으며 교육을 시켰다고 한다. 지금 주유소 뒤편에 있는 성원사 옆에 가서 나이든 노인들에게 물으면 누구나 다 안다고 일러주었다. 주유소 뒤를 따라 5분쯤 올라가니 폐허화된 사찰 성원사가 있었다. 그 옆집에서(육일리 69번지) 홍면옥의 3번째 부인 염일녀의 남동생 부인인 김옥분(현재 74세)을 만났다. 그녀는 홍면옥이 해방 후 행방불명이 되었다고 밝혔다. 그리고 염일녀는 현재 생존해 있으나 중풍으로 고생하며 제정신이 아니라며 한사코 만나지 못하게 하였다. 그녀는 염일녀는 어려서 부친이 작고하셨고 그런 연유로 나이 차이가 많은 홍면옥에게 시집갔다고 일러 주었다. 그녀의 고향 비봉 버들무지는 조그마한 어촌이며 배가 들어오는 곳이라고 한다. 현재 홍면옥의 출옥기념사진과 육일리 대교서당 사진 등이 남아있다.

5) 용감한 3형제 홍남후, 홍열후, 홍관후

송산종합고등학교에서 윤리를 담당하고 있는 이종길 선생님을 만났다. 매봉산 약수터 근처에 3·1운동에 참여한 홍씨 3형제의 묘소가 있다는 것이다. 기록에 따르면 이들 3형제는 남양홍씨 참의공파이며, 송산면 삼존리에 거주하고 있으면서, 3·1운동에 참여하였다. 그 결과 홍남후, 홍관후는 각각 감옥살이를 하며 고생하였다.

송산면사무소를 지나 용포리 당산교회 방향으로 향하다 매봉산 뒤 끝에서 우회전을 하여 들어갔다. 얼마안가 차를 세우고 산속으로 50미터 정도 들어가니 약수터가 나타났다. 그곳에서 멀리 산중턱을 바라보니 잘 가꾸어진 묘소들이 눈에 들어왔다. 이종길 선생은 바로 그곳이 3·1운동에 참여한 3형제의 묘소라고 알려주었다.

홍남후(1873-1927), 홍열후(1878-1958), 홍관후(1891-1971) 등의 묘소가 있었다. 홍남후는 童蒙敎官으로 되어 있고 아들은 洪昞裕라고 되어 있다. 홍열후는 병유, 旼裕, 光裕 세아들을 두었으며, 첫째는 홍남후에게 출계하였다. 홍관후는 鍾裕, 世裕 등 두 아들을 두었다.

묘소 앞에는 《남양홍씨 3형제 3·1운동비》라고 적혀 있었다.

그 비문 내용은 다음과 같다.

南陽洪氏三兄弟 三一運動紀功碑

水原郡 松山面 三尊里의 南陽 洪氏 諱 南厚(1873-1927), 諱 說厚(1878-1958), 諱 寬厚(1891-1971)의 三兄弟는 始祖 諱 先幸의 23代孫으로 考는 諱 瑾, 祖는 諱 始進, 祖는 諱 龜命, 高祖는 諱 喜相이며 10代祖가 號 鹿門으로 詩名이 一世에 높았던 弘文館 副提學 諱 慶臣이시다. 이 洪氏는 代代로 이어온 文翰과 祖 諱 始進이 일으킨 家産으로 郡內外에 名門의 稱이 자못 높았었다.

그러나 나라에서는 一九一O년에 日本과의 合邦의 恥辱을 겪었고 이어 一九一九年 三月一日에는 三一獨立運動이 熾烈하게 일어났다. 이 萬歲運動은 同月 二

六日에 이곳 松山面에 波及되었고 二八日 沙江장날에는 絶頂을 이루어 千餘名
의 示威群衆이 沙江場과 周邊野山에 雲集하여 獨立萬歲를 高唱하여 氣勢를
올렸다. 이때 日警의 巡査部長 野口廣三이 主導者 洪冕玉을 拳銃으로 쏘아 어
깨에 貫通傷을 입혀서 쓰러지게 하자 이에 激憤한 群衆은 一齊히 일어나 野口에
게 投石하여 그를 죽게 하였다. 이것이 世稱 沙江里事件이다.

　이로 因하여 洪氏 三兄弟도 同志들과 같이 主動者로 逮捕 連行되어 長期에 걸
쳐서 갖은 惡 毒한 拷問을 받았으며 드디어 三兄弟中 伯氏와 季氏는 洪冕玉等
諸氏와 더불어 總三二人이 起訴되었고 一九二O년 四月七日 京城地方法院에서
七年刑의 判決을 받았다. 이어 이중 二二명의 上訴에 의한 同年 五月三一日의
京城覆審法院의 判決에서도 七年刑을 받았고 다시 一九名에 의한 上訴는 同年
七月五日에 高等法院으로부터 棄却되어 七年刑이 確定되고 兄弟가 다같이 京
城監獄에 收監되셨다. 仲氏는 惡辣한 拷問에 頑强히 抵抗했고 또 有利한 證言
이 있었으나 拘束된 翌年에야 비로소 放免되셨다.

이를 朝鮮獨立運動 二十年史에는 九個月의 刑을 받았다고 記錄했다. 伯氏는
긴 七年刑이 거의 다 끝날 무렵에 病으로 保釋되었으나 이미 白髮의 衰弱한 몸
으로 出獄後 二年만에 卒하셨다. 季氏는 韓龍雲 李昇薰의 諸氏와 同房에서 獄
苦를 달래기도 했으나 결국 刑期를 다 채우고 나서 어린 男妹에게로 돌아와 긴 餘
生을 極貧에 시달리다 돌아가셨다. 三兄弟가 逮捕되어 갔을 때 伯氏의 系子이
며 仲氏의 生長子인 諱 晛裕는 겨우 三一歲의 나이로 堂內의 生計와 三兄弟분
의 獄바라지를 위하여 京鄕間을 東奔西走해야 했고 仲氏의 次子 諱 旼裕는 나이
一八歲였으나 곧 病死했고 季氏의 子 鍾裕는 겨우 九歲로 母親마저 死別했던
몸을 伯母에게 依托해야 했으니 이 三兄弟의 拘禁과 服役이 실로 洪氏一家에 얼
마나 큰 打擊이었는가는 可히 想像하고도 남음이 있다. 諱 晛裕는 이 事件에 썼
던 出財를 恢復하고자 事業에 손댔으나 成功을 못하고 병들어 早卒하였다. 참으
로 三一運動에서 三兄弟분 自身이 받았던 苦楚와 그 遺族이 치른 犧牲은 너무
도 컸다.

그러나 哀痛의 歲月이 흐르는 동안에 長孫 思憲은 苦鬪 끝에 다시 家産을 일으
켜서 門中을 收拾하였고 三兄弟분의 墓所도 나란히 同岡에 모시었다. 仲氏의 宅
子孫의 事業도 날로 順坦하며 季氏宅 또한 逆境속에서도 復興의 曙光이 비치고
있으니 이 어찌 三兄弟분의 蔭德의 所致가 아니겠는가. 이에 三一運動에서의 三
兄弟분의 愛國의 功을 記錄하고 아울러 遺族이 겪었던 苦難의 一端을 傳하노니

後孫들은 길이 이를 矜持로서 記憶하고 祖上을 追仰하며 家內의 和睦에 힘써서 洪氏一家의 永遠한 繁榮을 期할지어다.

一九九〇年 一〇月 二五日
甥姪 서울大學校 名譽敎授 俞景老 謹撰
仲氏三子 韓榮文化社 代表 光裕 謹書

한명도 아닌 3형제가 만세운동에 참여하였다니 대단한 명문가문이라는 생각이 절로 들었다. 비석에는 그들의 집안 내력에 대하여 자세히 적혀 있었다. 3형제는 시조 선행(先幸)의 23대손으로 아버지는 근(墐), 할아버지는 시진(始進), 증조할아버지는 귀명(龜命), 고조는 희상(喜相)이며, 10대조가 호 녹문(鹿門)으로 시명(詩名)이 일세에 높았던 홍문관 부제학 경신(慶臣)이다. 경신의 무덤은 바로 홍씨 3형제 묘소 위에 위치하고 있었다. 홍씨집안은 대대로 이어온 문한과 할아버지 시진이 일으킨 가산으로 군 내외에서 명문으로 일컬어졌다고 한다.

3·1운동에 참여한 이들 3형제 중 남후와 관후는 7년형을 확정 받았으며, 둘째인 열후는 구속된 다음해 방면되었다. 홍남후는 7년형이 다 끝날 무렵에 병보석으로 석방되었다. 그 후 그는 어린 남매에게 돌아와 긴 여생을 가난에 시달리다가 고생하다 사망하였다고 한다.

3형제가 체포되어 갔을 때 홍남후의 양자 홍열후의 큰 아들인 병유는 겨우 21세의 나이로 생계와 3형제의 옥바라지를 위하여 동분서주하였다. 그리고 사업을 통하여 가세를 만회하려다 병들어 일찍 사망하였다. 홍열후의 둘째 아들인 민유(旼裕)는 18세에 병사하였고, 홍관후의 아들 종유(鍾裕)는 겨우 9살에 어머니를 잃고 큰 어머니 밑에서 성장하였다.

명문가 한 집안이 만세운동에 참여한 후 겪은 비애를 보는 듯하여 더욱 가슴 아팠다.

6) 홍면옥의 고모부 왕광연

2002년 11월 23일 송사면 사강 1리 605번지에 살고 있는 3·1운동의 중심인물인 왕광연의 며느리 이남순(1919. 11. 10일생, 송산면 고포리 어도출생) 할머니를 찾아 나섰다. 댁은 송산면 구길을 따라 송산농협을 지나 문화서림 옆집에 위치하고 있었다. 집 입구는 초라하였지만 〈유공자의 집〉이라는 문패가 위엄을 자랑하고 있었다.

집으로 들어가니 할머니와 두 아들이 반갑게 맞아주었다. 할머니는 9남매를 낳았는데, 5남 1녀만 살았다고 한다. 오늘 마침 서울에서 큰 아들인 왕의명(王義明, 1941년생)이 와 있었으며, 3자인 왕의항(王義恒)씨가 할머니를 모시고 살고 있었다. 할머니는 1919년생이며 중풍을 앓고 있는지 30년 가까이 되었다고 하나 기억력이 좋아 면담 작업에 큰 도움이 되었다.

할머니는 어려서 1935년에 왕광연의 외아들인 왕화식(王和植, 1914-1998)에게 시집왔다고 한다. 당시 시집왔을 때는 시아버지인 왕광연이 감옥에서 나온 지 얼마 안 되는 시점이었다고 한다. 왕광연은 1920년에 징역 12년을 확정 받았으니 출옥한지 몇해 안되어 아들을 결혼시킨 것 같다. 할머니에 따르면 왕씨들은 신천 가는 길에 있는 둥구리에 주로 살고 있으며 현재에도 그렇다고 한다. 왕광연의 경우 분가하여 현재 사강 2리인 아랫 정도리로 이사 나왔다고 한다. 그리하여 3·1운동 당시에도 정도리에 살았으며, 1970년경에 왕하식이 자식들의 학업을 위하여 현재의 집으로 이사하였다고 알려주었다. 왕광연이 살던 집터(사강리 523번지)는 1919년 4월 일본 군대가 들어와 집을 모두 태워 버렸으며, 정도리의 경우 아래 위 할 것 없이 구장(현재의 이장) 집 만을 제외하고 모두 불태웠다고 한다. 집을 잃은 주민들의 어려움을 보다 못해 서신면 전곡리 은쟁이 마을에 살고 있던 500석 지기의 부자인 홍헌씨가 자신의 산에 있는 나무들을 베어 집을 짓도록 도와 주었다고 한다. 그래서인지 현재 전곡 2리에는 홍헌선생의 공적을 기리는 비가 서 있다.

할머니의 집에는 왕광연 지사의 사진이 걸려 있었다. 거의 말년에 찍은 사진으로 보이나(71세 시) 그 단정함과 엄격함, 도도함이 바로 드러나 보이는 듯하였다. 할머니에 따르면 왕광연은 직접 농사에 종사하지 않았다. 특히 재미있는 사실은 왕광연이 3·1운동의 중심인물인 홍면옥의 고모부라는 사실이다. 왕광연의 부인(홍선희)은 홍면옥의 아버지의 여동생이었던 것이다. 특히 홍면옥은 고모를 잘 따랐다고 하며, 1945년 이후 해방불명되기 전에 고모에게 인사를 와 인사를 하고 갔다고 한다. 할머니는 당시 홍면옥이 짚신과 봇짐을 지고 와서 인사를 하고 새벽녘에 떠나갔다고 일러 주었다. 홍면옥이 살던 집터는 현재 아래 정도리에 위치하고 있으며, 왕광연씨 집에서 50미터 정도 떨어진 가까운 곳에 위치하고 있었다. 바로 이러한 혈연 및 인접 관계가 홍면옥과 왕광연이 힘을 합쳐 만세운동에 나섰던 것이 아닌가 짐작되었다. 할머니는 또한 홍면옥의 집안은 송산면에서 세도가였다고 알려주었다. 그의 부친이 조선 후기 벼슬살이를 하였다고 한다. 『남양홍씨세보』를 찾아보니 그의 부친과 조부 역시 무과에 급제한 인물들이었다.

왕광연의 손자들과 함께 정도리에 있는 왕광연과 홍면옥(후에는 홍면옥의 동생인 홍준옥이 살았음)의 집을 찾아 나섰다. 먼저 사강 4리 경로당 길을 따라 나섰다. 옛날의 면사무소 자리였다. 왕의항씨에 따르면 현재 그곳의 주차장 화장실 자리에 일본 주재소가 있었다고 한다. 아울러 송산초등학교 정문 쪽으로 언덕을 끼고 길이 있었다고 알려 주었다. 그 길에는 지금 담장이 들어서 있으며 길의 모습은 확연히 짐작해 볼 수 있었다. 그리고 송상초등학교에는 소나무가 많이 있었으며, 초등학교 뒷문 쪽으로 일본식 간이학교가 위치하고 있었다고 한다. 주재소 터에서 5분 정도 이동하니 정도리가 나타났다. 이곳은 예로부터 문씨와 홍씨의 집성촌이었다고 한다. 안으로 들어서니 계곡이 깊고 집들이 많아 사뭇 놀라지 않을 수 없었다.

큰 길에서 테니스 코트를 지나 한집 건너에 밭이 나타났다. 이곳이 과거 왕광연이 살던 곳이라고 한다. 지금은 아무런 흔적도 남아 있지 않았다. 다시 길을 지나 위로 5분쯤 걸어 올라가니 기와집이 나타났다. 그곳이 바로 홍면옥이 살던 집터라고 한다. 오직 두세 그루의 고목만이 옛 일을 기억하게 하고 있었다.

2. 3·1운동 희생자의 구원, 서신지역

전곡리 은쟁이 마을: 피해자들의 은인 홍헌

2002년 11월 25일 오늘은 송산종합고등학교와 서신중학교에서 송산지역의 3·1운동에 대하여 특강을 실시하는 날이다. 아침 일찍 길을 나섰다. 3·1운동시 피해를 입었던 칠곡리, 전곡리 등을 가보고 싶었기 때문이었다.

육도리를 뒤로 하고 칠곡리로 향하였다. 칠곡리에서는 경운기를 몰고 가는 최철희(1934년생, 칠곡리 거주)를 만나 여러 이야기를 들을 수 있었다. 씨는 자신이 최항의 19대손이라고 밝혔다. 그리고 이곳에 최씨들이 10여 호 살고 있다고 알려 주었다. 그는 전곡 2리 은쟁이 마을에 사는 홍헌씨가 자신의 뒷산 나무를 베어 불탄 정도리 마을에 집을 짓도록 도와주었다고 하였다. 아울러 전곡 2리의 홍성유가 3·1운동에 참여하였으며, 그 후 약간 다른 길로 갔다가 6.25 사변시 좌익들에게 총살당하였다고 한다. 또한 전곡 은쟁이에서 일명 〈비들기 샛님〉으로 알려진 사람이 일본군이 출동하자 구봉산으로 도망하다 일본군에 의해 총살당하였다고 한다. 자세한 것은 은쟁이 마을 홍영유씨에게 문의 하라고 일러 주었다.

은쟁이 마을은 전곡 2리를 지나 큰 길에서 1km 정도 안으로 들어가니 나타났다. 구봉산 밑에 안정된 조그마한 농촌 촌락이었다. 은쟁이 마을에서 나와 대부도 길로 조금 가니 언덕위에 홍헌선생시은(施恩)불망비가 위치하고 있었다.

3. 3·1운동 피해자의 현장, 마도지역

1) 금당리, 중간리, 해문리, 백곡리

2002년 10월 14일 마도면 답사에 나섰다. 마도(麻道)라는 이름은 중국과 해상을 통해 무역이 활발하던 조선초에 중국 사신이 마옷(삼베옷)을 입고 해문리 지역에서 배를 타고 중국으로 건너 다녔다하여 마도로 불려졌다고 전해지고 있다.

필자는 3·1운동 당시 불탄 금당 2리, 금당 1리(소고지), 중간리(해문2리), 해문 1리, 백곡 2리 등을 살펴보기 위해서였다. 먼저 금당리로 향하였다. 이곳은 고려 때부터 마을에 부자가 많고 집을 호화롭게 짓고 살던 곳이라 하여 금당이(錦堂里)로 불리게 되었다고 한다.

남양에 도착하여 쌍송 방향으로 향하였다. 청원리를 지나 언덕을 내려가니 좌측 언덕에 금당 2리라는 마을 표시가 나왔다. 콘크리트로 이루어진 도로를 따라 산을 넘어가니 넓은 들이 나오고 마을들이 나타났다. 이곳이 바로 금당 2리였다. 금당곡, 대촌 등의 자연부락이 전개되었다. 일본군이 이곳에 출동하여 마을을 불살랐던 것이다. 그러나 오늘날 그 장소가 어딘지 파악하기 어려웠다. 다만 일본군들이 만세운동에 참여한 인물들의 집을 중심으로 불을 지를 것으로 보아 이곳 역시 그렇지 않을까 추정되었다.

금당 2리에서 다시 큰 도로로 나오니 맞은편에 금당 1리 소고지란 마을 표식이 나왔다. 금당 1리는 행정지명이고, 소고지는 자연부락명이다. 넓은 들판을 앞에 두고 산아래 마을들이 형성되어 있었다. 이곳 역시 만세운동의 근거지 가운데 하나였다.

다음에는 해문리로 향하였다. 이곳은 조선조 중엽 동네 어구 산간지대를 배편으로 출입했다고 하여 해문동(海門洞)으로 불리다가 1956년 8월 30일 해문리(海門里)로 되었다. 소고지를 가로 질러 마을 언덕을 넘어가니 벌판과 역시 4-5채의 집이 나타났다. 좌측으로는 해문 역골 입구란 이정표가 있었다. 바로 중간리였다. 중간리 언덕을 넘어 가니 그곳에는 해문 2리 마을회관 공사가 한창이었다. 이곳 역시 중간리 마을이었다. 해문리와 금당리 사이라 중간리라고 한다고 한다. 중간리의 넓은 벌판을 지나 송산 방향으로 좌회전을 하니 도로 우측편으로 마을이 길게 늘어서 있다. 바로 해문 1리라고 한다. 해문 1리를 따라 언덕을 넘으니 바로 송산면 봉가리였다. 바로 일본 군대가 송산-해문 1리-해문 2리(중간리)-금당 1리(소고지)-금당 2리로 향하였을 것으로 추정되었다.

다시 금당 1리(소고지)로 나와 서신 방향으로 향하여 고개를 넘어 내려가니 좌측으로 백곡2리, 고모리란 이정표가 나왔다. 백곡리는 마을을 둘러싼 청명산 줄기에 크고 작은 골짜기가 99개나 되어 1백 개에서 1개가 모자라 일백 백(白)에서 한 획을 뺀 흰 백(白)자를 써서 백곡리(白谷里)로 불렸다고 한다. 이정표를 따라 10분 정도 차를 모니 마을과 큰 벌판이 나타났다. 입피골이었다. 마을에는 제법 오래된 집들이 여러채 보였다. 이곳에는 보기 드문 큰 벌판이었다. 들판 멀리에 웃고모, 아랫고모 등의 마을이 황금빛 물결들 뒤에 보였다. 고모리는 마을 지형이 어린 송아지가 어미소를 돌아보는 형국이라 하여 고모리(顧母里)로 불려오다가 1962년 12월 12일 행정구역 개편 때 고모리(古母里)로 개칭되었다. 산 속에 아득히 자리잡고 있는 백곡 2리를 바라보면서 3·1운동 당시의 일본군의 무자비한 탄압과 행진 모습을 보는 듯 하여 안타까운 마음 그지없었다.

2) 두곡리, 신남리, 중간리, 석교리

마도면의 독립운동사적지를 조사하기 위하여 마도면으로 향하였다. 남양에

서 과거에는 남양향교를 지나 산길로 해서 마도면 두곡리 등으로 향하였다고
한다. 또는 남양에서 은장을 지나 고개를 넘어 두곡리로 향하였다고도 한다.
과거에는 이 길로 버스가 다니였다고 한다. 우선 남양에서 쌍송리방향으로 들
어서니 우측으로는 은장가는 길이었고, 좌측으로는 신남리로 가는 길이었다.
신남리 역시 3·1운동 당시 만세운동에 참여하였던 마을이었다. 이곳은 남양지
역에 속하는 곳으로 현재 신남 몇 리가 당시 신남리인지는 알 수 없었다.

　신남리에서 나와 다시 서신방면으로 행하였다. 청원리 등 책에서 본 이름들
이 나타났다. 이어서 계속가니 금당1리(소곡)이라는 표시가 보였다. 이 마을 역
시 만세운동에 참여한 마을이었다. 마을 입구에서 바라보니　벼가 무르익은
들판 뒤로 산을 배경으로 마을이 형성되어 있었다. 이곳에서 해문리 방향으로
가는 곳에 중간리(해문 2리)가 있다고 한다. 마을 호수는 3-4호 정도라고 하는
데 이곳 역시 만세운동 근거지였다. 금당리는 현재 금당 1리와 2리로 형성되어
있었다. 마도면장을 하신 이학성의 증언에 따르면 금당 2리가 큰 마을이며, 오
랜된 마을이라고 알려 주었다. 아울러 백곡리의 경우도 2리가 오래된 마을임
을 알려주었다. 바로 이들 마을을 중심으로 만세운동이 전개되었던 것이다.

　길을 따라 서신방향으로 가니 마도면사무소 방향의 이정표가 있었다. 그곳
을 따라 가니 석교리가 나타났고, 염전이었던 곳 위에 마도면 사무소가 있었
다. 그곳을 방문하여 총무를 담당하는 경선생님으로부터 면의 현황에 대하여
친절한 설명을 들을 수 있었다.

4. 수원군의 중심지, 남양지역

1) 남양초등학교

2002년 9월 26일 화성지역 민족운동사 연구에 도움을 받기 위하여 남양 초

등학교 100년사(『남양백년사』(1898-1998), 1998)를 구하고자 화성시 남양동 소재 남양초등학교를 방문하였다. 남양초등학교는 1898년 10월 1일 남양군에 의하여 남양도호부 집사청을 차용하여 설립 개교된 이 지역의 가장 오래된 역사적 전통을 지니고 있는 학교이다. 1913년 남양도호부 시절 오위장을 지낸 박용현 공의 도움으로 1913년 4월 27일 음덕면 남양리 1165번지(현 남양시장터)에서 독립된 교사 낙성식을 가졌다. 그리고 1939년에는 신외리 거부 박창원씨의 도움으로 붉은 벽돌 2층 교사를 지어 1939년에 현 위치로 이전하였다. 이 학교는 특히 1913년 4월 오산공립보통학교(현재 성호초등학교)가 설립되기 전까지는 남양반도는 물론 발안반도 전역에 있는 학생들이 통학하던 화성군지역의 유일한 학교였다.

남양초등학교는 남양에서 송산으로 가는 대로 4거리에서 좌회전하여 3분 정도 이동하는 거리에 위치하고 있었다. 학교 정문 좌측에는 오래된 고목이 서 있어 이곳이 오랜 역사를 지닌 곳임을 단적으로 알 수 있었다. 학교는 1998년에 재건축하여 신설학교처럼 잘 단정되어 있었고, 학교 내부 시설도 아주 최신 설비로 이루어져 있어 자못 놀랐다.

일단 2층 교무실로 가 이동하 교감 선생님을 찾아뵙고 학교의 역사에 대하여 간단히 설명을 들었다. 백 여 년의 전통을 갖고 있는 학교로서 선생님의 자부심도 대단하였다. 특히 이 학교에는 학교 사료전시실이 설치되어 있어 한눈에 학교사를 살펴볼 수 있도록 되어 있었다. 남양초등학교 동문 및 선생님들의 역사의식을 단적으로 짐작할 수 있는 부분이었다. 역사 자료를 수집하기 위하여 여러 곳을 방문하여 보았지만 자체적으로 사료관을 갖고 있는 초등학교는 거의 본적이 없었기 때문이었다. 얼마 전 역사적 전통이 있는 발안지역의 한 학교에서 자료가 거의 소실된 것을 확인 한 필자로서는 더욱 감동스러웠다. 앞으로 화성 관내의 여러 학교뿐만 아니라 많은 교육기관들이 이 학교의 역사의식을 본받아야 하지 않을까 생각되었다.

사료관에는 해방이후 것뿐만 아니라 일제시대의 학교관련 자료들도 전시되어 있어 필자에게는 더욱 큰 도움이 되었다. 특히 1913년도의 목조단층교사, 1940년의 붉은 벽돌 2층교사 등 교사의 모습, 1935년도, 1939년도, 1943년도 교직원 사진, 1912년 제5회, 1935년 제25회, 1939년 제 29회 , 1942년 제32회 졸업생 사진, 1935년 여학생들의 일본어 수업광경, 1942년의 여학생들의 산술수업광경, 1935년의 마스게임, 1942년의 꾸미기 체조운동회 사진, 1939년의 서호저수지 단체 소풍사진, 1942년 학예회 사진(소녀의 기도), 1927년 남양공립보통학교 졸업장, 1940년 남양공립심상소학교 졸업장, 1945년의 남양공립국민학교 졸업장 및 상장, 통지표 등 다양한 자료 등은 남양 지역의 식민지시대 교육사의 이해에 뿐만 아니라 한국교육 100년사의 올바른 이해에 중요한 생생한 자료들이었다.

2) 교회, 주재소, 남양면사무소

남양초등학교 정문을 나서니 큰 길 좌우로 남양파출소, 보훈회관, 남양교회 등 주요 시설물들이 들어서 있었다. 바로 이 길이 과거 남양의 중심거리였다. 그러나 노인들의 사랑방으로 이용되는 풍화당만이 옛 이름을 간직하고 있었다.

우선 3·1운동 당시 33인 가운데 한 분으로서 활동하신 이필주목사가 목회활동을 하였던 남양교회를 찾아 나섰다. 교회 입구에는《고이필주목사기념비》2개가 서 있어 이곳이 남양지역의 기독교 전파에 선구적인 역할을 한 감리교임을 짐작해 볼 수 있었다. 교회에 들어가 목사님을 만나 교회관련 자료에 관하여 문의를 하니 지난번 목사님께서 가지고 가 이곳에는 현재 보관중인 자료들이 없다고 말씀하셨다. 화성일대의 기독교 전교 및 이필주, 김교철 목사 등의 민족운동을 밝히는데 있어서도 중요한 자료들일 터인데 하는 안타까움을 뒤로 하고 남양파출소로 향하였다.

3·1운동 당시 사강 지역의 만세운동을 진압한 곳이 남양주재소였고, 남양지역의 일제 통치와 관련하여 주목되는 곳이었으므로 방문하고 싶었다. 파출소의 모습은 옛 모습은 없고 새로이 단장된 모습을 갖추고 있었다. 주변 노인들의 이야기를 들으니 옛날 주재소가 있던 위치 그대로라고 알려 주었다.

파출소에서는 우정 조암출신의 유영섭씨가 친절히 설명을 해주었다. 일단 일제시대 주재소의 구조에 대하여 문의를 하였다. 그는 화성지역에서 25년 동안 경찰 생활을 하였다며 그림을 그려가며 구조에 대하여 설명해 주었다. 계단을 올라가면 문이 있으며, 문의 상단은 유리창으로 되어 있다고 하였고, 좌우 벽면의 경우 하단은 나무로, 상단은 유리창과 회벽으로 이루어져 있다고 상세히 설명하였다. 아울러 화장실의 구조에 대하여도 설명해주면서, 남양에 거주하고 있는 조흥만(357-8116)씨가 원로 경찰이므로 자문을 구하도록 안내해 주었다.

또한 과거 남양에서 사강으로 가는 길은 산이 전면에 높이 솟아 있으므로 현재 마도면으로 가는 길이 아니고 쌍송리로 다녔다. 마도면은 갯벌이기 때문에 현재도 연약지반으로 조심하라는 교통안내 표지판이 있다. 사강은 사실상 과거에는 섬과 마찬가지였으며, 남양의 경우도 남양천까지 배가 들어왔음을 알려주었다. 남양을 지나다 보면 큰 배모양의 음식점이 있어 평소 이상하게 생각하던 필자의 의혹은 이로서 풀리게 되었다.

또한 그는 과거 인천-대부도-마산포-고온리-당진 등으로 인천에서 왕경호가 운행되어 뱃길이 발당되어 있었다. 인천에서 대부도까지는 1시간 30분, 대부도에서 마산포까지는 30분이 소요되었다. 따라서 대부도, 마산포 일대의 경우 생활권이 인천이나 안산 등과 연결되어 있고, 수원 쪽보다는 인천, 당진 등 여러 지역과 밀접한 관련을 맺고 있었다. 그리고 사강지역의 경우 마산포가 중심 항구로서 중요한 역할을 하였음도 힘주어 말했다. 앞으로 송산지역의 이해에 있어서는 뱃길 등 해상 교통로에 대한 연구가 함께 이루어져야겠구나 하는 생각이 절로 들었다.

또한 우정면 조암 파출소를 부수고 신축할 당시 지하에 고문하던 방이 있었음을 처음으로 알게 되었다며 일제의 잔악함에 놀라움을 금지 못했다. 남양파출소 옆에는 보훈회관 건물이 있었다. 이곳에 얼마 전까지 남양동사무소가 있었다고 한다. 과거 일제시대 시 면민들을 괴롭히던 면사무소가 있던 곳이다.

남양도호부가 있던 옛 거리는 오늘날 새로이 조성된 길들의 영향으로 과거의 명성은 점차 퇴색해 가는 것 같았다.

5. 3·1운동의 성지, 장안면

1) 꽃밭에, 용당골, 항골

2002년 12월 19일 수원군지역 3·1운동의 대표적인 근거지 중의 하나였던 수촌리를 찾아 나섰다. 수촌리는 현재 수촌 4리까지 나누어져 있다. 원래 수촌교회가 있던 마을과 길 건너 위쪽의 가장말은 1리이며, 꽃밭에(화전), 용당골은 수촌 2리, 방축골, 감나무골은 수촌 3리, 황골은 수촌 4리 등으로 나누어져 있었다. 3·1운동 당시에는 이들 마을이 전부 수촌리였으며, 수촌교회가 있는 곳과 가장말에 가장 많은 사람들이 살고 있었으며, 꽃밭에, 방축골, 용당골 등에 일부 사람들이 살고 있었다고 한다. 황골의 경우 바닷가를 막아 농지로 사용한 이후 형성된 새로운 마을이라고 한다.

수촌리는 발안에서 조암방향으로 길 좌우에 있는 농촌마을이었다. 우선 필자는 수촌리 가운데서도 수촌 2리에 해당하는 꽃밭에, 용당골 등에 살고 있던 독립운동가들의 후손을 만나 당시 가족들에게 전해져 내려오는 이야기들, 집터, 묘소 등을 답사하고자 하였다. 먼저 이를 위해 우정면 조암리에 살고 있는 독립운동가 김종학(金鍾學)의 후손인 김영설(金榮卨, 1933년생)씨를 찾아 나섰다. 그는 조암시장안에서 대영철물을 경영하고 있었다. 마침 오늘 19일은 조암 장날이 스는 날이라 터미널 근처를 중심으로 하여 우정면사무소와 우정파출소가 있는 좁은 길은 인산인해였다. 아낙네들이 과일이며, 옷가지며 여러 물건들을 파는 시장통 안에 위치하고 있는 철물점에서 김영설씨를 만났다. 70대 초반의 김선생님은 자신의 조부의 항일사적에 관심을 갖고 있는 필자에게 호의를 보이며, 꽃밭일대 안내에 큰 도움을 주었다.

조암시장의 경우 발안으로 나가는 신작로가 닦인 후로 발전한 시장이었다. 1919년 당시에는 사곡리에 조그마한 시장이 있었던 것으로 알려지고 있다. 조암시장은 3, 9일에 장이 서는 5일장으로, 5, 10일에 서는 발안장과 더불어 이 지역 주민들에게는 주요한 장소였다. 특히 조암장의 경우 지금은 점차 퇴색해 가고 있는 상황이지만 고온리, 원안리 등에서 거래되는 바지락 등 수산 자원으로 많은 돈이 도는 중요시장 중의 하나라고 김영설씨는 귀뜸해 주었다. 그리고 지금은 선창 포구 등 여러 포구들이 문을 닫았지만 고온리의 경우 충남 당진 등과 연결되어 있고, 기아자동차 등의 수출을 하는 평택항과 인접해 있어서 계속적으로 어항으로서의 구실을 할 것으로 기대되고 있다고 한다.

김영설씨와 더불어 그의 조부이신 김종학씨가 살던 수촌리 68번지를 찾아 나섰다. 그곳은 행정명으로는 수촌 2리에 해당되며, 옛 이름은 화전(꽃밭에)이었다. 그곳은 조암에서 발안 방향으로 가다가 어은 1리(은골)를 지나 고개 넘어 내려 가다가 수촌가든에서 왼쪽길로 들어가게 되어 있었다. 수촌가든 위에는 방축골에 살면서 수촌리구장으로서 3·1운동에 주도적인 역할을 했던 백낙열의 묘소가 위치하고 있었다.

꽃밭에로 들어가는 길을 따라가니 넓은 벌판들이 나타났다. 그리고 큰 개천이 나타났다. 그 개천옆길을 따라 꽃밭에로 향하였다. 바로 이곳 개천을 통하여 과거에는 바닷물이 이곳까지 들어왔다고 한다. 방축골은 이곳 바닷물을 막아 농사를 지은 곳이기 때문에 명칭이 방축골이라고 한다. 그리고 이곳까지 바닷물이 들어오고 배를 타는 곳이 있었다고 한다.

길을 따라 2키로쯤 달리니 수촌슈퍼가 나타났다. 그리고 수촌 2리 마을회관도 나타났다. 넓은 평야가 끝없이 펼쳐져 보였다. 수촌 슈퍼를 끼고 좌측으로 들어가 50미터쯤 가니 좌측에 단정히 꾸며진 농촌 주택이 하나 나타났다. 그곳이 바로 김종학씨가 살던 수촌리 68번지라고 한다. 그 집에는 현재 최윤화씨 (1932년생)가 살고 있었다. 옛날에는 초가집이었으나 집의 형태는 도저히 찾아볼 수 없었다. 집 앞으로는 멀리까지 벌판이 보였는데 이곳이 모두 과거에는 바닷가였고, 바닷물을 막아 농토를 만들어 농사를 짓기 위하여 수촌1리 마을에서 이곳으로 조부때 이주하여 왔다고 한다. 바로 이곳은 용당골과 마찬가지로 당시 새로이 형성된 마을들이었다고 한다. 경제적으로는 넉넉지 못한 소작마을이었다고 한다.

김영설씨는 68번지 맞은 편이 70번지(72번지)이며, 72번지(현재 70번지, 필지가 큼)에 살고 있는 김재영(金在榮)씨의 조부가 만세운동에 참여한 김응식(金應植)이며, 그 뒷집이 73번지이며 김응식의 행랑채에 김명우(金明友)가 살고 있었다고 한다. 또한 김응식댁 뒤로 조금 가니 오랜 기와집 한 채가 나타났다. 그곳에 만세운동에 참여한 백순익(白順益)의 작은아들인 백상기 부부가 살고 있다고 알려 주었다.

우리는 김응식씨의 손자인 김재영씨를 만났다. 그는 1919년생(호적상 1921년생)으로 기억력도 좋아 수촌리에 대한 많은 내용들을 들을 수 있었다. 김재영씨는 자신들은 할아버지때 수촌 1리 현재 교회가 있는 곳에서 이곳으로 이주하여 바다를 막아 농토로 만들어 어렵게 생활하고 있었다고 한다. 현재 살고 있는 집터 및 집앞의 비닐하우스 앞이 옛날 살던 곳이며 70번지라고 알려 주었다. 그리고 이 필지는 상당히 컷다고 컷다고 알려 주었다. 또한 그들 집안은 일찍부터 기독교 감리교를 믿었으며, 제암리 학살사건시 살아남은 전동례 할머니가 외숙모가 된다고 알려 주었다. 수촌리와 제암리의 사람들이 신앙적 및 인적관계가 돈독하였음을 짐작해 볼 수 있는 부분이었다. 또한 아버지인 김형묵은 3·1운동 이전에 지하운동을 했고, 배재학당을 다녔다고 일러 주었다. 아마도 이들이 기독교 신자였으므로 일찍부터 서울에 있는 기독교 학교에 보낸 것으로 추정되며, 서울에서의 만세소식을 집안에 전하였을 가능성도 있어 보였다. 당시 이곳 목사였던 김교철 목사는 가장말에 살았으며, 그곳에 기독교인들이 많았다고 한다. 김종학은 종교가 없었다고 한다.

김재영씨는 조부이신 김응식의 사진도 보여주었으며, 부친 형묵씨는 조부가 만세운동으로 체포된 후 집안이 풍지박살이 나서 오산 쪽으로 가서 숨어살며 강습소 선생도 하였다고 일러 주었다.

김재영, 김영설 선생님은 김응식은 안동김씨이며, 김종학씨는 김해 김씨라고 알려 주었다. 즉 이곳 꽃밭에는 동족부락이 아니며, 여러 성의 사람들이 모여 산 마을이라고 알려 주었다. 집을 나와 마을 안으로 조금 들어가 왼쪽으로 백순익씨가 살던 집터가 나타났다. 현재 주소는 수촌 2리 56-7번지이며, 이덕기씨 살고 있었다. 집은 농촌 가옥으로 잘 꾸며져 있었다.

다음에는 김재영, 김응식씨들과 더불어 김응식, 김명우, 김종학선생의 묘소를 찾아 나섰다. 김응식의 묘소는 꽃밭에 해수심염온천탕 인근 산 밑에 위치하고 있었다. 온천탕에 도착하여 5미터 쯤 산으로 들어가니 잘 정돈된 가족묘지가 나타났다. 수촌리 산 61-3번지였다. 그곳 오른쪽에는 김응식 부부 묘소가, 좌측에는 그의 아들 김형묵의 부부 묘소가 나란히 함께 하고 있었다. 묘소에는 십자가 표시와 함께 〈獨立有功者 安東金公應植, 配丹陽禹氏玉嬅〉라는 비석이 서 있었다. 그 옆에는 〈기독교대한감리회 장로 金公炯黙, 권사 順興

安氏珍女〉라고 되어 있었다. 묘소에서 바라보니 온천장이 눈 아래 들어 왔다. 묘소를 찾은 김재영씨는 조부의 묘소에 비석이 설치되지 못하였음을 안타깝게 생각하고 있었다. 다른 애국지사들의 묘소에서는 정부의 후원으로 마련된 비석을 볼 수 있었기 때문에 필자 역시 8순 노인의 말씀에 충분히 동감할 수 있었다.

다시 우리 일행은 독립운동가 김명우의 묘소를 찾아 나섰다. 묘소는 온천장의 뒷길을 따라 조금 가니 사강 4리 마을회관이 나타났다. 그곳 바로 못미처 좌회전하여 200미터쯤 가니 좌측 평지에 묘소가 나타났다. 묘소 밑으로는 넓은 농지가 아래로 내려다 보였다. 묘비에는 〈愛國志士 安東 金公明友之墓, 配全州李氏 雙封〉이라고 되어 있었다. 김명우(1887-1951)는 김응식과 같은 안동김씨이나 파가 다르다고 한다.

다음에는 김종학의 묘소를 찾아 나섰다. 수촌 4리 항골 마을회관을 지나 젓소 축사에서 우회전하여 좁은 농로길을 지나 200미터쯤가니 집 몇 채가 나타났다. 그곳에서 산으로 300미터 쯤 올라가니 김종학의 묘소가 나타났다. 묘비에는 〈愛國志士 華山金海金公 諱 金鍾學 配 孺人安東金氏祔左〉라고 되어 있었다. 김종학은 1890년생으로 2년 동안 형무소생활을 하고 출옥하여 1925년 음력 8월 25일 35세의 젊은 나이 순국하였다, 고문의 후유증이 중요하게 작용하였다. 아울로 옆에는 김종학의 아들 金正泰이 묘소가 있었으며, 김정태의 둘째가 金榮商씨다.

다음에는 용당골에 살다 3·1운동에 참여한 김규완, 김명호(金明浩)씨가 살던 집터를 찾아 나섰다. 화전에서 50미터쯤 독정리로 향하다 있는 조그마한 마을이 용당골이었다. 금녕김씨 집성촌이다. 공장들이 너무 들어서 있고 폐지들이 너무 흩어져 있어 보는 이의 마음을 안타깝게 하였다.

용당골로 들어가 50미터쯤 가다 좌측으로 들어가 다시 20미터쯤 들어가니 폐가가 한 채 나타났다. 이곳이 바로 김규완(金黃雲)이 살던 곳이라고 한다. 수촌리 128번지라고 김재영씨가 일러 주었다. 아들 김용호도 이곳에 살고 있었으나 자식들을 따라 모두 외지로 나갔다고 한다. 다시 큰 길로 나와 조금 위로 올라가니 또 역시 폐가가 나타났다. 김명호가 살던 곳이다. 그 옆집에는 김봉규씨가 새집을 지어 살고 있었다. 얼마 후 1월 15일 장안면사무소에서 면에 근무하는 김명호의 손자 김석규씨를 만났다. 우연히 만난 아주 반가운 만남이었다. 김석규의 안내로 김규완의 묘소는 국립묘지에 있으며 현재 손자가 수원에 살고 있음을 파악할 수 있었다. 아울러 김명호의 묘소를 방문할 수 있었다. 묘소는 수촌리 큰말 바로 입구에 위치하고 있었다. 1993년 4월 4일에 건립된 묘비에는 〈配淑夫人 光山金氏 金寧金公明浩之墓 愛國志士通政大夫〉라고 적혀 있었다.

어느새 해는 저가고 날씨도 추워지기 시작하였다. 오늘 하루 수촌리의 꽃밭에, 용당골 등을 답사하며 독립운동가들의 흔적을 대하니 항일운동가들의 따뜻한 마음들을 접하는 것 같아 더욱 애틋하였다.

저녁에 집이 있는 수지로 돌아와 우정 장안 지역의 3·1운동에 주도적인 역할을 하였던 독립운동가 차희식씨의 손자 차창규(車昌圭, 1940년생)씨와 면담을 가졌다. 차희식의 출생지가 서울 서대문구 현저동 273번지(당시 영천동 422번지)였으며, 그곳에서 우정면 구슬원으로 이주한 사실, 부인 이유순이 장작원에 주로 사는 전주이씨 양녕대군파였다는 점, 살던 집이 구술 82번지였다는 점 등 새로운 사실들을 두루 알 수 있었다.

2) 한 독립운동가 후손의 비애-백순익의 아들 백상기

장안면은 3·1운동의 성지이다. 특히 수촌리의 큰말, 가장말, 꽃밭에, 방축골, 용당골 등은 특히 많은 독립운동가들이 배출된 곳으로 유명하다. 김여근(김명호), 김응오, 김응식, 김종학, 김규완, 김명우, 백순익, 차인범, 정순영, 백낙열, 최병한, 최병혁, 윤영선, 장소진 등 이루 숫자를 일일이 열거할 수 없을 정도로 많은 애국지사들을 거명할 수 있다. 화성을 충의 도시라 함은 장안면을 두고 일컫는 것일 것이다.

항일운동의 유적지 역시 장안면에는 다수 있다. 수촌리, 어은리, 기린골 등 항쟁의 근거지 또한 그러하다. 장안면에는 독립운동가 후손들도 다수 살고 있다. 석포리에는 차진환, 최진갑, 조암에는 김영설, 가장말에는 김수천, 방축골에는 백윤기, 용당골에는 김석규, 화전에는 김재영, 백상기 등이 그들이다.

이처럼 장안은 3·1운동의 요람이요, 항일운동의 성지이고, 그 후손들이 다수 거주하는 곳이다. 필자가 만나본 후손들은 자부심과 자긍심을 갖고 살아가고 있음을 볼수 있어 항상 마음 흐뭇하였다.

그런데 오늘 화전(꽃밭에) 살고 계신 백순익 지사의 아드님인 백상기선생께서 어렵게 생활하시는 것을 보고 못내 마음이 아팠다. 허물어진 집을 바라보며, 따뜻한 이웃들의 손길이 미쳐야 되지 않을까 생각해 본 것이다. 이방인의 주제 넘은 생각임을 알면서도 여러 장안면민들의 관심이 기다려진다.

6월 28일 우정 장안지역에서 만세운동을 전개하다 징역 3년형을 받고 옥고를 치르신 백순익지사의 둘째아드님과의 면담을 위해 화성시 장안면 화전(꽃밭에)로 향하였다. 지사께서는 1990년 건국훈장 애족장을 받으신 애국자이셨다.

화전의 골목길에 폐가처럼 다쓰러가는 집에 백순익의 차자인 백상기와 그의 부인이 살고 계셨다. 노인분들은 품위를 잃치 않고 계셨지만 1917년생인 백상기씨는 침해 등으로 거의 대화를 나눌 수 있는 상태가 아니었다. 할머니는 어지럼증으로 고생하여 수원병원에 입원했다가 남편의 뒷바라지를 위해 부득이 퇴원하실 수 밖에 없었다고 한다. 병색이 완연한 할머니를 대하며 몇마디 대화를 나누고는 대문을 나설 수 밖에 없는 필자의 마음은 무척 괴로웠다.

독립운동가 후예이신 9순의 두 노인분들을 대하며 안타까운 마음 그지없었다.

충의 도시이며, 효의 도시인 화성. 화성인들의 관심과 예우가 더욱 그리운 것은 이방인인 필자만의 생각일까. 호국보훈의 달 6월을 마감하며 구호성 외침이 아닌 장안면민과 화성인의 진정한 따뜻한 손길이 요망된다. 그것이 화성이 진정한 충과 효와 예의 도시로 나가는 첩경이 아닐까.

3) 가장말, 석포리

2002년 12월 29일 토요일 아침부터 날씨가 쌀쌀하고 흐린 가운데 조규태박사와 함께 수촌1리 가장마을로 답사를 떠났다. 이곳은 수촌리 가운데 가장 많은 사람들이 감옥살이를 한 마을이었기 때문이었다. 수지를 출발하여 서해안 고속도로를 타고 발안으로 나와 해창리를 지나 산 고개를 몇 개 넘으니 가장 마을이 있는 금산 휴게소가 나타났다. 이곳에서 수촌리지역의 항일운동에 대하여 밝으신 김수천(1929년생, 독립운동가 김응오의 후손)선생님을 만나 그의 안내로 이 지역에 살았던 운동가들에 대하여 살펴볼 수 있었다.

먼저 가장마을 전경을 바라보니 뒤 언덕을 배경으로 집이 40-50채 정도 있는 아담한 마을임을 알 수 있었다. 마을 앞에는 넓게 논들이 펼쳐져 있는 전형적인 시골마을이었다. 3·1운동 당시 수촌 1리 30여채와 방축골 2채만이 불탔으며, 다른 마을들은 불이 타지 않았다고 한다. 화수리주재소에서 발견된 태극 깃발에 쓰여 진 수촌리라는 글자 문제 때문에 큰말만 불탄 것으로 알려지고 있다.

금산휴게소를 건너 골목길을 들어서니 바로 좌측에 자그마한 집이 있는데 그곳이 오늘 우리를 안내해주는 김응오씨 집이라고 한다. 현재 번지는 568번지였다. 반대편에는 잘 지은 2층집이 나타났다. 그곳이 만세운동에 참여한 金興三의 집터라고 한다. 일제측 기록에는 번지수는 나오지 않고 수촌리 거주라고만 되어 있었다. 현재 주소지를 살펴보니 수촌리 566번지라고 되어 있다.

마을 안으로 좀더 들어가니 길가 밑으로 파란 지붕의 집이 나타났다. 바로 수촌리 584번지 김응오선생이 살던 곳이라고 한다. 그 집은 그 흔적은 알 수 없고, 다른 집으로 개조되어 있었다. 집 앞에는 개들이 뛰어 놀고 있었으며, 넓게 들판에 펼쳐져 있었다.

다시 마을 위로 최정상부로 올라가니 빈터가 나왔고 김교철 목사가 살던 집터가 나왔다. 577번지였다. 아울러 그 옆에 집의 창고부분이 김덕삼씨가 살던 573번지란다.

가장마을을 나와 우리 일행은 김응오, 김흥삼씨의 묘소를 찾아 나섰다. 김교철 목사의 시신은 화장을 해버렸다고 한다. 그리고 김덕삼의 후손은 일찍 가장마을을 떠났으므로 묘소를 알 수 없다고 한다. 가장마을에서 해창리 방향으로 차로 5분 정도 달리니 독정리, 안성 방향이 나타났다. 그곳에서 약 50미터 정도 가니 좌측으로 용정가든 맞은편 길이 나타났고 그 옆에 비석도 없는 두 개의 무덤이 나타났다. 우측에 있는 묘소가 김응오씨의 무덤이라고 한다. 아무 표석도 없는 애국지사의 묘소에 허망한 마음이 들었다. 그곳에 김응오 부부를 합장하였으며, 그 옆에는 아들인 김상덕의 묘소가 나란히 위치하고 있었다.

다시 독정리, 안중 길로 나와 언덕을 오르자마자 우측으로 들어가니 김흥삼의 묘소가 나타났다. 묘소는 잘 정돈되어 있었으며, 묘비에는 〈獨立有功者 字正奎 慶州金公興三之墓 孺人南原梁氏 合祔〉라고 되어 있었다.

다시 가장마을 쪽으로 향하여 금산주유소에서 샛길로 들어서 큰말로 조금 가니 삼거리가 나타났다. 삼거리에서 발안 골프장 쪽으로 멀리 가니 골프장 밑으로 나무들 사이에 18세에 죽은 차인범의 가묘가 멀리서 보였다 18세에 죽은 젊은 학생의 죽음이 안타깝게 느껴졌다.

길을 따라오니 수촌교회가 나타났다. 수촌교회 앞에 있는 집이 과거 차인범의 형이 살던 집이라고 한다, 아마도 차인범이 살던 692번지가 아닌 가 추정하였다, 앞으로 면사무소에 가서 지적도 등을 보아야 구체적인 내용을 알 수 있을 듯하였다.

수촌 큰말을 나와 김수천씨와 헤어지고, 다시 꽃밭에 가서 김명우씨의 묘소를 확인하고, 용당골에서 김규완 김명호씨의 집터를 재확인하였다. 지난번 방문 시 사진이 제대로 나오지 않았기 때문이었다.

다시 방축골 마을과 백낙열씨 집터를 보고, 수촌리에서 석포리로 가는 구 길을 통하여 석포 2리 버들마을로 향하였다. 석포리의 경우 석포 1리에 배 닿는 곳이 있었는데 포구에 돌이 많아 돌이 있는 포구라고 하여 석포(石浦)라고 하였다고 한다.

석포 2리에 들어가니 입구에 버들 저수지가 있었다. 1930년대에 만든 것이라고 한다. 마을로 들어가니 멀리 차씨 마을 사당이 보였고, 뒤산은 구선봉(九仙峰)이라고 한다고 한다. 마을로 들어가니 좌측 2층집이 독립운동가 차병한의 집이라고 한다. 아울러 우측에 큰 기와집 행랑채가 남아 있는데 이곳은 당시 집모양 그대로라고 한다, 독립운동가 차병혁의 집이었다. 이집에는 현재 차병혁의 손자인 차진환씨가 살고 있다. 차진환씨는 우리를 반갑게 맞아주었다. 아울러 1919년 당시 행랑채에 일본인 간척지 사무소가 있었다고 한다. 그리고 당시 집의 일부가 불탔으나 물로 껐다고 한다.

우리일행은 차희식이 살던 주곡 1리 구슬마을을 멀리 바라보았다. 파란 지붕들이 인상적이었다. 과거에는 농토가 없어 가난하게 살던 마을인데 일제시대 때 간척이 이루어진 다음부터 부유한 마을이 되었다고 한다. 차희식의 둘째 아들인 차병룡이 살던 집터인 82번지를 확인할 수 있었다.

선창포구에서 점심을 먹고 멱우 1리(방죽동)에 있는 지주인 송영만의 집을 확인하였다. 큰 기와집과 과수원이 인상적이었고 현재 송기항(宋基恒)씨가 살고 있었다. 멱우리 229번지였다. 멀리 저수지가 보였는데 예전에는 이곳에도 배가 들어와 쌍봉나루터라고 했다고 한다.

다름에는 차병한의 묘소로 향하였다. 묘소는 무봉산 아래 석포리 산 108번 지에 위치하고 있었다. 그리고 무봉산 좌측에는 석포 6리가 위치하고 있었는 데 그곳에 간척 사업하는 사람들의 숙소가 있었다고 한다. 당시에는 마을이 없었다고 한다.

4) 천도교의 성지 기린골

2003년 5월 8일 오후 장안면 기린골로 향하였다. 이곳은 팔탄면 고주리, 수 촌리 방축골 등과 더불어 천도교의 대표적인 성지였으며, 특히 3·1운동 이후 이곳 기린골은 일본군으로부터 큰 피해를 받은 곳으로 알려져 있다. 천도교 전교실이 불탔을 뿐만 아니라 가옥도 여러 채 전소되었던 것이다. 당시 전교실 은 우정면의 사기말, 덕묵리, 고온리에 있었고, 장안면에는 수촌리 기린골, 거 묵골, 장안리에 있었다.

4월 1일 2일 천도교 남양교구장 김현조(金顯助)가 김익배(金益培)와 함께 어은 리 은골 점말, 독지골, 기린골 주민들을 동원하여 남산에 올라가 봉화를 올리 며 만세운동을 전개하였다.

4월 3일 새벽 기린골 전교실에서 여러 사람이 모여 청수를 모신 다음 김익배 와 김현조가 주동이 되어 독죽골, 점말 주민들을 동원, 오전 10시가 가까워 오 자 기린골 전교실 앞으로 많은 주민들이 모여들기 시작하였다. 주민들은 장안 면사무소항쟁 및 우정면사무소항쟁, 화수리 항쟁에 적극 참여하였다. 특히 김 정식(金情植)은 화수리항쟁 시 가와바다가 쏘는 총탄에 맞아 즉사하였다.

4월 5일 오후 2시경 일본군 수비대가 기린골로 들이 닥쳤다. 기린골에는 천 도교 전교실이 아담하게 지어져 있었다. 수비대들은 전교실로 들이닥쳐 그 안

에 궁을기(弓乙旗)와 촛대, 향로가 있음을 발견하고 밖으로 끌어내어 불을 질렀
다. 그리고 집집마다 불을 지르고 닭들을 잡아갔다.

이날 수비대들의 방화로 인하여 김현조, 김익배, 김정식의 집 외에 천도교
전교실 등 13채의 가옥이 소실되어 기린골 골짜기는 검은 연기로 꽉 찼다고 한
다. 다만 13채 중 한 채만이 불을 꺼 안전할 수 있었다.

기린골은 어은 1리 은골을 지나 혜원학교를 넘어 가면 바로 나타났다. 멀리
남산을 정면에 두고 펼쳐진 마을로서 지금은 한적한 시골마을이었다. 혜원학
교를 지나 기린골로 들어서다 우연히 기린골 이장인 백남석(白南錫, 1947년생, 어
은 3리 464거주)씨를 만나게 되었다. 씨는 얼마 전 필자가 화성시청에서 이 지역
3·1운동 강연을 하는 것을 들었노라며 반갑게 맞아 주었다. 백이장남은 우선
필자를 천도교 교구장이었으며 이 지역 3·1운동을 주도한 김현조의 손자 김
창학(김종구, 1933년생, 어은 3리 462-5번지)께로 안내하였다. 씨는 내일 서울로 이
사한다면 참으로 희안한 인연이라며 반갑게 맞아 주었다. 씨는 기린이란 명칭
은 성현이 난 곳이라고 하여 기린골이라며 "기림"이라 칭하는 것은 잘못된 것
이라고 알려주었다. 또한 이 지역의 3·1운동이 실제 보다 제대로 알려지지 못
했음을 안타까워 하였다. 씨는 현재 어은 3리 459번지가 과거 천도교 전교실
이 있던 곳이라고 알려주었다. 이곳은 일본군에 의해 불탄 곳이며 3·1운동 시
주민들이 모여 활동을 한 대표적인 곳임에도 불구하고 지금껏 그 위치가 알려
지지 못했던 곳이다. 현장에는 그 이후 마을 회관이 있었으며 마을회관이 없
어진 후에는 빈 공터로 남아 있었다. 무심히 서 있는 나무 한 그루와 전보산대
만이 역사를 거증하고 있었다.

김씨에 따르면 과거 김현조씨와 함께 활동했던 김익배의 손자인 김진태(약
50여세, 어은 3리 462번지)씨가 현재에도 이 마을에 살고 있다고 알려주었다. 한
번 만나보고 싶었으나 연락이 되지 않아 후일을 기약하였다.

김씨는 일본군 수비대에 의하여 불탄 집터들을 가르키며 집안 어른들께 들은 당시의 모습을 회상하며 눈시울을 붉혔다. 백이장은 얼마 전까지만 해도 땅을 파면 검은 흙들이 나왔다고 필자에게 귀뜸 해 주었다. 필자는 백 이장님의 안내로 당시 13채 중 유일하게 불타지 않은 집이 있는 곳으로 향하였다. 어은3리 463번지였다. 지금은 나무들만이 앙상하게 목조집을 유지하고 있었다. 그곳에서 100미터 전방에 김현조씨가 살던 집터가 있었다. 493번지였다. 지금은 그 옆에 두 채의 집과 조금 떨어져 성덕사란 절이 보였다. 3·1운동 당시 천도교인들만 살던 마을에 지금은 불교사찰이 들어서 있는 것이다.

6. 천도교 3·1운동의 최대 피해지, 팔탄지역

1) 덕우리 공동묘지의 김흥열, 김성열 등의 묘소를 찾아

고주리참변은 일본군이 3·1운동 당시 고주리 지역의 독립운동가인 김흥열·김성열·김세열·김주남·김주업·김흥복 등 한 가족 6명을 참살한 사건이다. 1919년 4월 15일 오후 일본군은 제암리 학살을 자행한 후 인근 고주리의 독립운동세력을 말살하고자 하였고, 이러한 과정에서 김흥열 일가가 몰살당하였다. 일본 수비대는 그들을 집 뒤 언덕으로 끌고 가 칼로 잔인하게 처형한 후 증거인멸을 위하여 시신에 불을 질러 훼손하였다. 김흥열일가의 순국은 그 뒤 독립운동의 기폭제가 되었다.

2003년 5월 8일 오전 팔탄면 덕우리에 있는 김흥열, 김성열 등 애국지사 6인 묘를 찾아 나섰다. 발안 인터체인지를 나와 덕우리 방향으로 향하였다. 월문온천과 월문 초등학교를 지나 200-300미터쯤 가니 신안목장입구가 나왔다. 이곳에서 조금 산 쪽으로 콘크리트 포장길을 올라 가니 덕우리 공동묘지가 나타났다. 가는 길은 비포장 도로로 차가 다니기에 불편하였다. 조금 올라가 묘소 쪽을 바라보니 새로이 공장 부지를 만들기 위해 산을 반쪽정도 잘라 놓은 형상이었다. 없는 길을 만들어 겨우 묘소를 찾아갔다.

묘소 입구에는 정돈이 되지 않아 혼란스럽기 그지없었다. 다만 3개의 봉분만이 나란이 자리를 함께 하고 있었다. 무덤 주변에는 쇠줄로 봉분을 보호하고자 되어 있었다. 묘소들 옆에는 고주리에서 순군하신 애국열사들의 역사적 의미를 설명하는 안내판이 서 있었다.

고주리 애국선열 6인의 묘

1919년 4월 화성지역의 3·1운동을 주도하다 일본군에 의하여 참살당한 김흥열(金興烈) 일가의 묘역이다.

애국열사 김흥열, 김성열(金聖烈), 김세열(金世烈) 형제와 김성열의 아들 흥복(興福), 김세열의 아들 주남(周男), 주업(周業)은 본관은 경주(慶州)이며, 팔탄면 고주리 240번지에서 출생하였다.

열사들은 일찍이 천도교에 입문하여 민족의식을 고취하였으며, 특히 김흥열 열사는 삼괴지역을 대표하는 전교사로 의암 손병희 선생과 함께 3·1운동 거사를 논의하였고, 수촌리 백낙열, 가재리 이정근 열사와 함께 삼괴지역과 발안지역의 만세운동을 주도하여 민족지도자로서 그 명망이 널리 알려진 인물이었다.

1919년 4월 15일 오후 일본군은 제암리 학살을 자행한 후 인근 고주리의 독립운동 세력을 말살하였는데, 이 과정에서 김흥열 일가가 몰살당하였다. 일본 수비대는 고주리 독립운동가 6인을 집 뒤 언덕으로 끌고 가서 칼로 잔인하게 처형한 후 불을 질러 시신을 훼손하는 만행을 저질렀다.

이 참혹한 광경을 목격한 김주남의 부인 한씨는 충격으로 삼일만에 사망하였고 불에 탄 독립운동가 6인의 시신은 삼일이 지난 뒤 일본군 몰래 야간에 마을 사람들이 들 것에 담아 이곳 덕우리 산27번지 공동묘지에 매장하였다.

최근까지 2평 정도에 3개의 봉분 흔적만이 남아 있어 보는 이의 마을을 안타깝게 하였다.

화성시에서는 애국선열 6인의 순국정신을 추모하기 위하여 2001년 12월 6일 본 묘역을 단장하였다.

조국의 광복을 위해 몸바친 영혼이시어 고이 잠드소서!

2001. 12. 6

묘소를 돌아보며 덕우리 공동묘지에 방치되어 있는 선열들이 모습이 그저 안타깝고 애처로워 보였다. 이것이 바로 오늘날 한국정부의 선조들에 대한 애뜻한 마음이란 말인가. 무덤 앞에 놓인 이쁜 철쭉 꽃이 어버이날 조상을 참배한 후손의 정성인 듯하여 더욱 애처로운 마음이 들었다.

2) 고주리의 항일명소 천덕천, 천덕암

천덕산은 독립운동가이며, 천도교지도자로서, 3·1운동 당시 일제에 의하여 순국한 김흥열이 독립운동을 모의하며, 수양을 하던 곳으로 널리 알려져 있다. 그는 일찍이 이곳 칡굴산(일명 돌팍산)을 천덕산(天德山)이라고 개칭하고, 계곡에서 솟아오르는 옹달샘물을 천덕천(天德泉)이라고 명명하며 천덕산 산정상 밑 굴속에서 조국의 독립을 위해 생식을 하며 수도연성을 하였다. 또한 3·1운동 당시 우정 장안지역의 3·1운동을 주도한 백낙열이 일제의 추적을 피해 피신한 곳으로도 유명하다.

김흥열 일가의 후손인 김종택, 김연목, 그리고 고주리에 거주하시는 김영호(1933년생, 고주리 259번지 거주) 선생 등과 함께 천덕산의 천덕암(일명 수도암)과 천덕천을 답사하기 위하여 산으로 향하였다.

고주리에서 서해안 고속도로 통로를 지나 조금 가니 천덕산 입구가 나타났다. 그곳에는 산 끝자락까지 논이 있었는데 그 끝자락에 샘이 있었으며, 일명 천덕천이라고 하였다고 한다. 그곳에서 농사를 지었던 김영호씨에 의하면 샘에는 풍년초라는 풀이 있어 만약 풍년이 기대되면 풍년초가 나오고 그렇지 않으면 풍년초가 자라지 않아 사람들이 풍년여부를 알기 위해서 그곳에 와서 확인하기도 하였다고 한다.

　샘물이 있던 곳 위에는 밤나무 밭 있었는데 현재는 모두 잘라버려 보이지 않는다. 김씨 두노인들의 증언에 따르면 옛날에는 고주리서 천덕천, 천덕산을 넘어 월문초등학교를 다녔다고 한다. 이 길이 보통 샛길로 고주리에서 월문리를 지나 조암, 석포리 등으로 가는 길이었다고 한다. 아울러 고주리에서 서해안소속도로 밑의 길을 지나 우측으로 천덕산을 넘어가는 길이 장사꾼들이 보통 다니는 길이며 소를 몰고도 다니었다고 한다. 즉 현재 해창리 심술산을 지나 신작로가 나기 전에는 이 길로 모두 다녔다고 알려 주었다. 그럴 경우 고주리는 발안에서 삼괴반도로 연결되는 중간 지점으로 교통로에 위치해 있었다고 하겠다.

　천덕산 입구에서 길을 따라 성황고개로 향하였다. 가는 길은 좁은 길이었다. 중간에 사람들이 복을 빌기 위하여 돌을 쌓아둔 흔적이 보였다. 그곳에 북어를 달아두기도 하였다고 김연목씨는 전하였다. 성황당고개를 지나 고개 정상에 올라오니 길이 월문초등학교로 가는 길과 산 정산으로 가는 길로 나뉘어졌다. 원래 산 정상으로 가는 길 쪽 밑으로 조선시대 장군이었던 장 장군집에 있어 그곳으로 가는 길이 별도로 나 있었다고 하나 지금은 그 흔적을 찾아볼 수 없었다.

　정상으로 가는 길은 예전에는 없었으나 군부대의 군사도로가 나 있다고 한다. 길을 따라 100미터쯤 올라가니 정상부분이 나타났다. 정상은 평평하였으며 이곳에서 제암리, 고주리 주민들이 봉화시위도 하고 만세도 불렀다고 한다. 위에서 보니 주변의 산들이 눈 아래로 들어왔다.

　정상에 올라보니 주위가 모두 잘 보이는 듯하였다. 고주리 아래로는 뒤로 경기직업학교 쪽까지 연결되는 지내산이 보였다. 지내의 형상이라고 하여 붙여졌다고 한다. 월문리쪽으로는 발안컨트리클럽을 지나 꽃당산이 보였다. 그리고 해창리 쪽으로는 심술산이 보였다. 모든 주변의 산이 서쪽을 바라보고 있는데 이산만이 동쪽을 바라보고 있다고 하여 그렇게 명명하였다고 김 영호씨가 일러 주었다. 멀리 산봉우리들을 바라보며 4월 초 일제에 대항하여 봉화시위를 전개하던 선열들의 모습이 생생히 다가오는 듯하였다.

정상 끝 부분에서 바위를 타고 조금 내려가니 굴이 나타났다. 굴은 장정 한 사람이 가까스로 앉아 있을 수 있는 정도의 크기였다. 후손인 김종택, 김연목 씨 등은 조상님을 직접 대하듯 하였으며, 눈시울을 붉혔다. 이 굴에서 김흥열 등이 수련을 하였다고 하며, 수촌리 방축골의 백낙열 역시 이곳에 숨어 지냈 다고 알려지고 있다. 굴의 위에는 평평한 돌들이 놓여 있었다. 이곳이 바로 독 립운동을 모의하던 장소였다고 김종택씨는 귀띔하여 주었다. 조선의 독립을 위하여 이곳에 웅거하며 독립운동을 모색했던 선열들의 모습을 그려보는 듯 하였다.

7. 3·1운동의 상징 쌍봉산이 있는 우정지역

1) 천도교의 근거지 우정읍 덕묵리

우정읍(4월23일자로 우정읍으로 승격) 덕묵리는 3·1운동 당시 한세교(韓世敎), 한병 교(韓丙敎) 등 천도교세력이 중심이 되어 만세운동을 전개했던 곳이다. 현재 지명 은 이화 1리. 명산으로 알려진 지내산과 마을 뒤편의 보금산(寶金山)이 주위에 널 리 알려진 곳이다.

3·1운동 당시 이곳 덕묵리 한병교의 사랑방에서는 사람들이 모여 천도교의 시일이면, 시일식을 지내다 교인이 점차 불어나 성금을 모아 건평 30평의 전교 실을 지었다고 한다. 시일이되면 이웃 석천리, 이화리, 노진리 등에서 교인들이 모여 시일식을 보았고, 가끔 수촌리 방축골의 백낙열이 찾아와 함께 시국에 대하여 논하게도 하였다고 전해진다. 특히 덕묵리의 한병교는 노진리의 박용

석(朴龍錫)과 함께 포교를 많이 하여 1910년 1월 천도교 교주 손병희로부터 3등 표창을 받기도 하였다고 천도교월보 제1권 7호에 기록되어 있다.

4월 1일과 2일 한세교, 한병교들이 중심이 되어 불노산(不老山)에 올라가 저녁 7시를 기해 독립만세를 불렀고, 덕묵리, 백골, 뱅곳 주민들은 보금산에 올라가 봉화를 올리며 독립만세를 힘차게 외쳤다.

4월 3일 아침 일찍 한세교는 노진리로 나아가 주민들을 동원하여 우정면사무소와 화수리 주재소에서 만세운동을 전개하였다. 그리고 한흥교, 한병교 등은 덕묵리 주민들을 동원, 만세운동을 전개하였다.

만세운동 후 덕묵리의 한세교는 주모자로 몰려 발안주재소로 끌려가 5일간이나 고문을 받고 반죽음이 되어 발안 천변에 버려졌다고 한다.

2003년 5월 17일 오전 맑음. 차를 타고 조암 시내를 빠져나와 이화리 방향으로 향하였다. 조금 가니 매향리 방향과 이화리 방향으로 나뉘어졌다. 이화리 방향으로 계속하여 달리니 우측으로 보덕사 방향이 나타났다. 조그마한 이정표라 지나치기 십상이었다. 이정표 방향으로 20미터쯤 가니 교회의 모습이 나타났는데 그곳이 바로 보금산이었다. 언덕 아래로 내려가니 묘하게도 마을이 좌우로 나뉘어져 있었으며 멀리 기아자동차 공장이 보였다.

마을로 내려가 이 지역에 대하여 잘 아시는 한천덕(韓天悳, 1934년생, 이화1리 518번지)선생님을 만났다. 선생은 이 지역에 14대째 살고 계시다며 지역의 현황과 역사에 대하여 소상히 말씀하여 주었다. 씨에 따르면 덕묵리에는 조선 선조 때 韓씨와 田씨가 함께 마을 개척하게 되었으며, 마을의 우측(보금산 밑)에는 전씨가, 좌측에는 한씨가 살게 되었다고 한다. 한 선생님의 14대조의 묘소와 전씨의 조상 묘소 역시 현재 이 마을에 있어 당시를 기억하게 한다고 하신다. 세월은 흘렀지만 당시를 보는 듯 선생의 눈길을 그 옛날을 그리는 듯 하였다.

전하는 말에 의하면, 우측에 살면 높은 벼슬을 하는 사람이 나오며, 좌측에 살면 자손이 번성한다고 하여 한씨가 자손이 번성하는 쪽을 택하였다고 한다. 현재 덕묵리는 한씨 집성촌이며, 80%가 한씨라고 한다. 그리고 대구지역에서 왔던 전씨는 한집도 없다고 한다. 다만 후손들이 조상의 시제를 지내기 위하여 다녀갈 뿐이라고 일러 주었다. 그런데 이상하게도 나이가 젊은 사람이 시제를 다녀가면 꼭 객사를 하게 되어 현재는 전씨 노인들만이 다녀간다고 한다.

씨에 따르면, 덕묵리는 농사와 더불어 어업을 하여 경제적으로 풍족하였다고 한다. 특히 1928-9년경 우정면 멱우리의 송영만씨가 이 지역에 제방을 막아 농토를 확보한 이후에는 더욱 풍족한 생활을 하게 되었다. 그런데 기아자동차가 들어오면서 마을 앞에 있는 명산인 지내산을 깎아 낸 뒤로 어업에도 종사할 수 없게 되어 생활면에서 어려움이 있다고 한다. 특히 당시 동족부락인 관계로 단결하지 못하여 개별 보상을 받는 바람에 경제적인 보상을 크게 받지 못하였다고 안타까운 마음을 전하셨다.

선생은 또한 지내산에서는 주로 산신제를 지냈다고 일러 주었다. 아울러 마을 뒤의 보금산 역시 마을 사람들이 사랑하는 명산이었다며, 음력 8월 대보름에는 많은 사람들이 산에 올라가 즐겼으며, 3·1운동 당시에는 산위에 올라가 만세를 부르기도 하였다고 전하였다.

마을에서 3,1운동을 주도한 한세교, 한병교 등과 천도교 전교실이 있던 자리를 알아보고자 하였으나 세월이 흘러 알 길이 없었다. 안타까운 마음을 뒤로하며 조암으로 발길을 돌렸다.

2) 마산동, 죽말, 우정면장 최중환 집

우정면 조암의 마산동은 현재 우정 초등학교 인근에 위치하고 있다. 3·1운동 당시 호수는 40여호, 그리고 마산동 너머에 죽마을이 있다. 이들 두 지역은 모두 수성 최씨의 집성촌이다. 4월 3일 마산동 주민들은 만세운동을 전개하고 곧바로 죽말(한각 2리)로 넘어갔다.

죽말에 도착한 군중들은 우정면장 최중환(崔重煥)의 집을 포위하였다. 이때 수촌리의 정순영이 앞으로 나아가 친일파의 집을 때려 부수자고 제의하기도 하였다. 마침 최중환이 출타 중이었으므로 일행은 그의 부친 최상열(崔相烈)을 함께 동참하도록 하였다.

만세운동 이후 4월 4일, 일본군 수비대는 죽말의 최중환을 발안 주재소로 끌로 갔으며, 수원형무소에 수감하였다가 1920년 8월 9일 석방하였다.

마산동에 거주하고 있는 최중철(崔重哲선생님, 마산동 590번지, 1931년생)의 안내로 1919년 3월 당시 우정면장이었던 최중환의 집으로 향하였다. 마산동에서 한각리 방향으로 조금 가니 한각2리(죽말)가 나타났다. 마산동은 현재 70여호로 수성 최씨마을이며, 죽말 역시 수성 최씨마을로 10여호 정도 살고 있다. 주변은 소나무로 둘러싸여 경관이 좋은 마을이었다. 길을 따라 들어가니 큰집이나 폐가나 나타났다. 이곳이 바로 우정면장이던 최중환이 살던 곳이다. 최 선생님의 말에 의하면 최중환은 3·1운동 이후 얼마 안되어 작고하였고 증손까지 이곳에 살다가 지금은 폐허화되고 후손들은 수원에 나가 산다고 일러 주었다.

폐허화집들의 모습이 마음을 더욱 허망하게 하였다. 조선토종의 소나무들이 마을 뒤에 있었으나 현재는 이끼다소나무인 왜송만이 주변에 차있다고 한다.

8. 최대의 희생지 제암리의 고장, 향남

도이리 공설묘지

2003년 5월 17일 오후 2시경. 제암리 순국기념관의 문화해설사로 근무하고 있는 이길원선생의 안내로 〈제암리순국선열 유해발굴터〉로 향하였다. 이 선생님은 그동안 여러 차례 필자의 유적지 조사에 큰 가르침을 주었다. 이번에도 역시 그러하였다. 4거리에서 향남면사무소 방향으로 조금 가니 좌측으로 발안교회가 나타났으며, 그 길로 계속 따라가니 동심아파트를 지나 도이공설묘지 표지판이 나타났다. 그곳에서 차를 세워 보니 밭들과 숲들이 나타났다. 제암리순국기념관 사진에서 본 1982년 8-9월 발굴 터 현장임을 짐작해 볼 수 있었다. 지번은 화성시 향남면 도이리 산 32묘.

숲을 헤치고 좌측으로 조금 들어가니 큰 돌이 하나 나타났다. 돌 윗부분에는 〈제암리 순국 선열 유해발굴터〉라고 쓰여 있었다. 수풀만 우거져 방치되어 있는 비문을 바라보는 우리일행(이길원, 이재헌, 제암리 기념관 담당 윤선생님)은 그저 기가 막혀 안타까운 마음뿐이었다. 얼마 전 5월 8일에 답사한 고주리에서 순국하신 여러 열사들의 묘에서 느낀 기분과 같은 감정이 솟구쳐 올랐다. 덕우리 공동묘지와 도이리 공동묘지 등 선열들의 묘지 및 그 터에 대한 각별한 관심이 있어야 하지 않을까.

아울러 〈제암리 순국 선열 유해발굴터〉 비문에는 다음과 같이 적혀 있었다.

이곳은 1919년 4월 15일 제암리교회에서 일본군의 잔악한 총칼 앞에 무참히 살육당한 삼일운동의 순국선열들이 암매장되었던 터다.
1982년 9월 문화공보부는 그 날의 생존자 최응식 할아버지와 전동례 할머니의 증언에 따라 무덤조차 마련하지 못한 채 원한의 촉루로 인멸되어 가던 유해를 정중히 수습하여 제암리 순국선열묘소에 고이 모시면서 민족의 슬픔이 고인 이 자리를 기억하기 위하여 이 기록을 새겨 세운다. 김응현 씀
1983년 4월 15일 경기도세움.

숲속에 방기된 유적지를 바라보면서 6월 호국의 달을 앞두고 더욱 안타까운 마음 금할 길 없었다.

끝으로 1982년 9월 문화재관리국 서삼수선생이 보고한 〈유해발굴 경과보고〉를 추기하면서 답사록을 마친다. 이 글은 유해발굴 당시를 생생하게 증거

해주는 소중한 자료로 판단된다.

63년전 일제 정규군에 의해 무참히 학살되었던 3·1운동 제암 순국선열의 유해를 발굴 수습하여 오늘 위령제를 거행하기까지의 경과보고를 드리겠습니다.

1981년 10월 8일 대통령 각하께서는 우리 역사상 외적의 침략을 받아 수난을 겪었던 현장을 교육 도장으로 조성하여 국민에게 그 사실을 알릴 수 있는 방안을 강구, 다시는 그러한 오욕의 수난사가 일어나지 않도록 다짐한 역사 교육의 도장이 되도록 하라는 분부가 있었습니다.

대통령 각하의 이와 같은 분부에 따라 문화공보부에서는 관계학계에 자문하여 우리 역사 속에서 외적의 침략으로

① 굴욕을 당한 민족 치욕의 대표적 현장

② 군사적 패전을 겪었던 중요 격전의 현장

③ 민족 문화가 외적으로 초토화되었던 대표적 현장

④ 외적이 우리 국민을 참살하였던 대표적 현장 등

민족 수난의 현장 9개 지역을 사업 대상으로 선정 대통령 각하에게 보고 드리고 사업계획을 확정지었습니다.

이 계획의 일차년도 사업으로 일제가 우리 민족 독립운동을 가장 잔인한 방법으로 탄압하였던 대표적 사건인 제암리의 민족 수난의 현장 보존과 그 정비 사업을 착하게 된 것입니다.

1982년 9월 4일 문화공보부 관계관이 현장을 조사하고 '82년 9월 8일 이진희 문화공보부 장관의 결재를 받아 3·1운동 제암리 순국 선녈 관련 유적의 세부 추진계획을 확정하고 제1차년도 사업으로 유해발굴 사업을 착수하도록 경기도 당국에 소요 예산을 영달하는 등 구체적 사업에 들어가게 된 것입니다.

경기도에서는 이번 사업의 원만한 추진을 위해 경기도지사께서 현지를 답사하고 문공부의 사업계획과 이를 추진하기 위해 면밀한 경기도의 세부 계획을 수립하는 한편 현지 마을의 관련 정비계획도 아울러 마련하도록 지시하였습니다.

1982년 9월21일 경주 천마총 등 고분 발굴 조사에 많은 경험을 가지고 있는 문화공보부 문화재 연구소 김동현 보존 과학연구실장을 단장으로 하여 유해발굴 조사를 착수 하였습니다.

유해 수습과 위령제 거행, 유해의 안장 절차 등의 협의를 위해 1982년 9월 20일 신용석 화성군 정책자문위원을 회장으로 최상운 평화통일 정책자문위원을 총무로

안동순 유족회장, 안용웅 유족회 총무, 강신범 제암교회 목사, 안정순 향남면 구면장 등 8명을 위원으로 하는 제암리순국선열추모사업회가 구성되었습니다.

유해발굴 및 수습은 1982년 9월 21일부터 28일까지 8일간에 걸쳐 연 115명이 투입되어 유해 매장지로 추정되는 화성군 향남면 도이리 임목육종 연구소 사방사업용 채종포지내 1,300평에 대한 발굴 조사가 진행되어 모두 9개소의 유해 매장지를 확인하게 되었습니다.

이 발굴 조사에는 당시 유일한 사건 목격자인 전동례 할머니께서 사건 현장을 정리 하였고 유해매장 상태를 기억하고 있는 최응식 노인의 증언에 큰 도움을 받았습니다.

1982년 9월 22일 형태가 완전한 유해 한 구가 최초로 발굴되고 다음날인 9월 23일 그 인근 지역 8개소에서 처참하게 참살된 유해가 불탄 교회건물의 숯, 못, 화염병으로 추정되는 유리병의 조각 등과 함께 출토되었으며 9월 25일에는 또 한 구의 완전한 형태를 갖춘 유골이 발굴되었습니다.

그리고 9월 27일과 28일 이틀에 걸쳐 유해를 수습하는 과정에서 발굴지 동쪽 매장지에서는 적어도 5인 이상의 유골로 보이는 많은 유해가 한 곳에서 집중출토 되었으며 많은 곳에서 수를 헤아릴 수 없는 유골들이 발굴되었습니다.

1982년 9월 26일에는 문화재관리국의 기술지도에 의하여 이들 순국자의 유해가 묻힐 묘소의 조성 공사가 착수되어 그 다음날인 9월 27일 일단계 조성공사가 마무리 되었습니다.

1982년 9월 27일에는 유족측과 경기도 당국, 그리고 문화공보부, 제암리 순국선열추모사업회 등과 함께 유해 수습과 위령제 및 유해 안장등에 대한 의식 절차에 합의하고 마련된 절차에 따라 오늘 이 위령제를 거행하게 되었습니다.

이상 그간의 사업추진 경과에 대한 보고를 마치겠습니다.

1982년 9월 29일

문화공보부 문화재관리국 문화재기획관 서삼수

제2부

여성선각자들
:다양한 스펙트럼

외교관 부인 나혜석, 하얼빈에서의 6일
-러시아분위기와의 만남

1. 나혜석의 여행

　나혜석은 수원에서 출생하여 서울 진명학교에서 공부하고 일본으로 유학하여 외국에서의 첫 생활을 보냈다. 그러나 그가 첫 외국으로서 경험한 나라는 자본주의 국가였던 일본이었다. 일본에서 그녀는 오빠인 나경석을 통하여 아나키즘과 사회주의 사상도 접하면서 1917년 러시아혁명 이후의 러시아란 나라에 대하여 생각해 보게 되었을 것이다. 특히 1918년부터 1922년까지 일본군의 시베리아 출병은 일본에서 대학생활을 한 나혜석에게 러시아란 나라를 종종 떠올리게 하였을 것이다.

　일본에서 공부를 마치고 한국에 돌아온 후 그녀는 3·1운동에 동참한 후 남편을 따라 중국 안동에서 몇 년간의 중국 생활을 하였다. 1922년 남편 김우영이 만주 안동현 부영사로 전보되어 그를 따라갔다. 나혜석은 1922년 제1회 조선미술회 전람회에 작품 '봄'과 '농부'를 출품하였다. 아울러 동년 3월부터 안동현 태성의원(泰誠醫院) 내에 '안동현 여자야학'을 설립해 교육사업에 나서는 한편 부영사 부인의 직위를 이용해 독립운동가들을 도왔다. 또한 의열단의 김원봉 등에게 거사 자금을 비밀리에 송금하기도 했다. 후일 박태원(朴泰遠)은 『약산과 의열단』에서 '의열단에 대하여 은근히 동정을 표하여 온 사람의 수가 결코 적지 않으며, 그 가운데 여류화가로 이름이 높던 나혜석이 있었다.'고 회고하였다. 의열단 외에도 나혜석은 1923년 8월에는 중국으로 망명하던 아나키스트 정화암(鄭華岩)의 월경을 도와주기도 했다.

남편 김우영은 일본 외무성이 변방에서 일한 관리에게 주는 특별 포상인 해외 위로여행 대상자가 되었다. 1926년 일본정부 외교관 신분이던 남편 김우영에게 여비가 지원되었고, 함께 세계일주여행에 올랐다. 5년간 외교관 소임을 충실히 수행한 데 대한 총독부의 포상이었다. 그러나 의열단에 비밀리에 송금을 하던 것이 조선총독부 형사에게 포착되어 곤혹을 치루기도 한다. 그러나 해외여행은 다행히도 취소되지 않았다.

1927년 6월 19일 부산항을 출발, 나혜석 부부는 경성역(서울역)에서 열차를 타고 평양, 신의주를 거쳐 봉천(심양)에서 남만주철도로 갈아타고 하얼빈으로 갔다. 하얼빈에서 치타에서 시베리아횡단철도로 모스크바를 거쳐 한 달 만에 파리에 도착했다. 스위스에서 개최된 군축회의 총회를 참관하고, 벨기에, 네덜란드, 독일, 스웨덴, 노르웨이 등지를 관광했다. 유럽 여행 중이던 영친왕 이은 부부와도 만났고, 제네바 군축회의에 참가한 전 조선총독 사이토 마코토가 영친왕을 위해 주최한 만찬에 참가하는 호사도 누렸다. 나혜석은 여행지에서 박물관과 미술관에 들러 이름만 들었던 대가들의 작품을 직접 목격했다.

2. 러시아와의 첫 만남과 오빠 나경석

나혜석의 러시아적 분위기와의 첫 만남은 1923년에 이루어진 것 같다. 『신여성』 2호 (1923년 7월 투고, 1923년 11월 발행)에 실린 〈부처간의 문답〉과 하얼빈에서 촬영한 사진을 통해 볼 때 1923년 봄경이 아닌가 추정된다. 사진 가운데에는 오빠인 나경석이 앞줄에는 나경석의 부인 배숙경이, 그리고 나혜석의 딸인 김나열(1921년 4월생)이 앉아 있다. 그리고 그 밖의 남자들은 나경석이 봉천에서 경영하고 있는 고무공장의 직원들이 아닌가 추정된다. 이 여행에서 나혜석은 러시아인이 살고 있는 주택 근처에 살며 그들의 일상생활의 일부를 체험해본 것으로 보인다. 〈부처간의 문답〉에서 나혜석은 러시아인 나아가 서양인의 남녀 평등적 삶의 모습들을 동경하고 있음을 느껴볼 수 있다. 그 뒤 나혜석이 하얼빈을 방문한 것은 1927년 7월 하얼빈에서의 6일간이었을 것이다.

나혜석의 하얼빈 첫 방문은 오빠 나경석에 의해 이루어졌다. 그러므로 나혜석의 러시아에 대한 인식은 주로 나경석에 의해 이루어졌을 것으로 보인다. 오빠 나경석은 1910년대 일본 유학을 통해 일본의 '초기사회주의'와 '조선인친목회'라는 대중활동에 참가한 경험을 토대로 귀국 후 중앙학교 교사, 강연 등을 통한 조선청년회 활동에 참가한 '신지식인'의 일원이었다. 또한 언론매체를 통해 러시아혁명과 혁명 이후 러시아사회에 대해 긍정적인 입장에서 소개했으며, '新潟係事件' 조사위원, '자유노동조합' 이사 활동 등을 통해 당시 사회주의적 지식인들과 유사한 실천활동에 참여한 인물이다. 한편 나경석은 1923년 물산장려회가 결성된 이후 이 단체의 이사이면서 기관지 『산업계』의 발간과 물산장려운동에 관한 강연활동 등에 적극적으로 참여했지만, 사회주의적 실천활동에는 참가하지 않았다.

나경석은 1923년 당시 서울청년회계 사회주의자들과는 달리 러시아혁명을 인정하면서도 '생산력' 고양의 필요성에 대해 문제 제기를 했으며, 당시 조선사회가 안고 있는 문제해결의 단위로 '민족'을 고려했다. 그러므로 그는 전위조직을 중심으로 노농대중이 결합한 볼셰비키적 '변혁'방법을 인정하지 않았고, 이로 인해 1923년경부터 사회주의적 실천활동에 참가하지 않게 되었다. 그렇지만 나경석은 1923년 물산장려운동 논쟁에서도 사회주의와 사회주의혁명에 대한 긍정적 이해를 보였으며, 아울러 물산장려회 활동에서도 대중적 이해를 기반으로 한 '소비조합' 설립운동을 추진하여 자본주의 체제의 모순을 극복하는 방안을 모색했다는 점에서 특징이 있다.

　나경석은 이후 1924련 6월 19일 물산장려회 이사직에서 사면(辭免)하고, 같은 해 만주 봉천으로 이주하여 국내의 실천활동과 단절되었다. 그 이후 나경석은 봉천에서 농장을 개간하고, 동아일보 봉천지국장을 맡았으며, '재혜위인(在鞋偉人)'의 상황을 국내언론을 통해 소개했다. 한편 해방 직후 한민당에 참가했으나, 1946년 이후 적극적인 활동은 없었던 것으로 보이며 대종교에 참여했다.[1]

3. 나혜석의 기록: 하얼빈

1) 하얼빈과의 만남

　『삼천리』 제4권 제12호(1932년 12월 01일), 〈쏘비엣露西亞行, 歐米遊記의 其一〉에 나혜석의 하얼빈과의 만남이 전체적으로 잘 소개되어 있다. 이를 보면 다음과 같다.

長春

　밤 9시에 長春에 도착하엿다. 아마도 호텔정원에서 納凉을 하다가 남은 시간을 市街구경으로 채웟다. 長春만 해도 서양냄새가 난다. 新市街는 물론이오 中國市街는 奉天이나 安東縣에 비할 수 업시 정돈되고 깨끗한 곳이다.

　<u>露國人이 朝夕으로 출입하난이만치, 露國式 건물이 만코, 露國물품이 만흐며, 露國人 구역까지 잇난 곳이다.</u>

　고무박휘로 된 소리업시 새게 구는 馬車는 中國式 덜컥덜컥 굴느난 맘만데 馬車와는 별다른 기분을 늣기게 되엿다. 여하튼 長春이란 깨끗한 印象을 주난 곳이다.

　夜 11시에 靑色기차(기차 전체가 靑色이다)를 타게 되엿다.

　釜山서부터 新義州까지 每停車場 白色 正服에 빨간 테두리 定帽쓴 巡査가 一人 혹 二人式 번적이난 칼을 잡고 所謂 不逞鮮人 乘降에 注意찜~고 잇다. 安東縣서 長春까지는 누런 복장에 약간의 赤系를 띄운 누런 定帽쓴 滿鐵地方 主任

1　유시현, 「나경석의 '생산증식'론과 물산장려운동」, 『역사문제연구』, 2, 1997.

巡査가 비스톨 가죽주머니를 혁대에 메여차고 서서 이것이 비록 중국이나 기차연선이 滿鐵管劃이라는 자랑과 위엄을 보이고 잇다. 長春서 滿洲里까지는 검은 회색 무명을 군대군대 눕여 복장으로 입고 억개에 3等 軍卒의 별표를 붓치고 회색 定帽 비시듬이 쓰고 日本維新시대 번린칼을 사다가 질질 길게 차고 가삼이라도 를 듯한 創劍을 빼들고 멀건이 휴식하고 잇난 中國步兵 기차도착시와 출발시에 두발을 꼭 모아 氣着을 하고 잇다. 이거슨 蒙古로 內浸하fi난 馬賊을 防禦하는 樣이겟다.

露西亞管割 停車場에는 出札口에 鍾이 하나式 매달녀잇다. 그리하야 기차가 도착되면 其卽時 鍾을 한번만 따린다. 그리고 출발할 時는 두 번 울니고, 곳 회각을 불고 엇더케 할 새업시 박휘가 움지기기 시작한다. 이 鍾소리와 회각소리는 好意로 취하랴면 간단명백하고 惡意로 취하랴면 방정막고 까부는 것갓햇다. 늘신한 아라사 사람과는 도모지 조화가 들녀지지를 아니한다.

2) 하얼빈에 대한 인식-이국 풍경에 대한 설레임

하얼빈은 19세기말 제정 러시아에 의해 건설되었고, 볼셰비키혁명 이후로는 반(反)볼셰비키적 백계(白系)러시아인의 최대 근거지였다. 나혜석에게 하얼빈은 가슴 설레는 곳이었다. 바로 세계적인 곳이었기 때문이다. 나혜석은 그의 글에서 하얼빈에 대하여,

哈爾濱停車場에 도착하니 李象雨氏가 出迎하엿다. 그만해도 사람이 그리워 반가웟다. 곳 北滿호텔에 投宿하게 되엿다.
6일간 哈爾濱
哈爾濱은 北으로 歐露 及 歐羅巴 各國을 통하야 세계적 교통로가 되여 잇고 南으로 長春과 續하야 南滿洲鐵道와 연락한 곳으로 세계인의 출입이 不絶하고 露國혁명 이후 舊派 즉 白軍派가 亡命되여 이리로 多數 집합하게 되여섯다. 당시는 세계적 음악가, 미술가, 其外 各 기술가가 만히 모혀드러 處處에서 조흔 구경을 할 수 잇섯든거슨 내가 본 사실이다.

라고 잇듯이, 세계인이 출입인 끊이지 않는, 세계적인 음악가, 미술가가 모여드

는 그러한 곳으로 인식 되었던 것이다. 더욱이 하얼빈은, 여인내의 입장에서 보
아도,

> 과연 哈爾濱은 市街가 번번하고 인물이 繁華한 곳이다. <u>그러나 도로에 사람머리
> 만콤式한 돌이 깔니여 굽놉흔 구두로 거를나면 매오 힘이 든다.</u> 때는 마침 7월 極
> 炎에 處한 때라 돌발적으로 검은 구름이 하눌을 덥프면 대륙적 麼雨가 맹렬히 쏘다
> 진다. 곳 모피외투라도 입을만치 선선하다가 삽시간에 벗이 쟁쟁하게 나서 다시 푹
> 푹 찐다. <u>오후 4시쯤 나가보면 形形色色 모자와 살비치난 옷을 입은 미인들이 길가
> 에 느러섯다.</u>

라고 있듯이, "形形色色 모자와 살 비치난 옷을 입은 미인들이 길가에 느러섯
다"고 표현할 정도의 굽 높은 구두, 살비치는 옷을 입은 미인들로 상징되는 그
런 이국적인 곳이었던 것이다.

  나혜석은 하얼빈역 앞에 있는 야마토호텔에 투숙하지 않고 송화강에서 가
까운 부두공원 근처에 있는 부두구 37번지 순양식호텔인 북만호텔에 투숙하
였다. 호텔이 위치하고 있는 부두구는 네온사인으로 유명한 하얼빈의 가장 번
화한 곳으로 중국인 밀집지구인 전가전(傅家甸)과는 선명한 대비를 이루는 곳
으로 알려져 있다.[2] 이곳 키타이스카야에는 모던 호텔, 러시아자본의 백화점
인 추림양행(秋林洋行) 부두구 지점, 키타이스카야 제일의 고층건물인 송포양
행(松浦洋行)이 나란히 들어서 있다. 이효석은 그의 작품 〈하얼빈〉에서 모던 호
텔에 투숙하며 이 거리에 대하여 다음과 같이 묘사하고 있다.

> 호텔이 키타이스카야의 중심에 있자 방이 행길 편인 까닭에 창기슭에 의자를 가져가
> 면 바로 눈아래의 거리가 내려다 보인다. 삼층위의 창으로는 사람도 자그마하게 보
> 이고 수레도 단정하게 보이며, 모든 풍물이 가뜬가뜬 그 자신 잘 정된되어 보인다.

---

2 최정옥, 「작정 소설에 나타난 하얼빈의 도시 이미지」, 『만주연구』9, 2009, 13-25쪽

그러면서도 쉴새 없는 요란한 음향은 어디선지도 없이 한결같이 솟으면서 영원의 연속같이 하루하루를 지배하고 있다.

나는 이 삼층의 전망을 즐겨해서 방에 머무르고 있는 대부분의 시간을 창가의 의자에서 지내기로 했다. 아침 비스듬히 해가 드는 거리에 사람들의 왕래가 차츰차츰 늘어가려 할 때와 저녁후 등불 켜진 거리에 막 밤이 시작되려 할 때가 가장 아름다운 때이다. 조각돌을 깔아놓은 두툴두툴한 길바닥을 지나는 마차와 자동차와 발소리의 뚜벅뚜벅 거칠은 속에 신선한 기운이 넘쳐 들리고 여자들의 화장한 용모가 선명하게 눈을 끄는 것도 이러한 때이다

그러나 나혜석은 북만호텔에 대하여 특별한 기술을 하고 있지 않았다. 광고선전물에는 북만호텔에 대하여 다음과 같이 기록하고 있다.

> 객실 58개, 대식당 있음
> 찻값은 받지 않음
> 200인까지 연회에 참석 가능,
> 객실료는 3원부터 15원까지.

이효석은 그의 작품 〈벽공문한, 하〉에 북만호텔에 대하여 다음과 같이 기술하고 있다.

> 북만 호텔의 아침 한 때——
> 거리로 향한 사층 전면에 벌집같이 무수한 방을 가지고 있는 호텔——이층 한가운데 단영과 명도는 앞뒷방을 차지하고 있었다.
> 단영이 자기 방에서 세수를 하고 아침화장에 정신이 없을 때 노크를 하고 멋대로 들어온 것은 명도였다.
> 「누구예요?」
> 「나.」
> 빤히 근 줄을 알고 묻는 단영이나 그 줄을 알고 대답하는 명도나 능청맞기는 일반이다.

라고 하여, "거리로 향한 사층 전면에 벌집같이 무수한 방을 가지고 있는 호

텔"로 묘사되고 있던 것이다.

3) 러시아 여성들에 대한 동경과 조선 여성들에 대한 안타까움

나혜석은 하얼빈에서 특히 부녀생활에 주목하였다. 그녀의 관심사가 무엇인
지를 단적으로 보여주는 것이라 할 수 있다. 나혜석은 〈부녀생활과 오락기관〉
에서 러시아여성들의 부녀생활에 대하여,

부녀생활과 오락기

부녀생활의 일부분을 쓰면 이러하다. 아침 9시쯤해 이러나서 식구 一同이 빵 한 조
각과 茶 한 잔으로 朝飯을 먹는다. 주부는 광주리를 엽헤 끼고 市場으로 간다. 점
심과 저녁에 필요한 식료품을 사가지고 와서 곳 점심준비를 한다. 대개는 牛肉을
만히 쓴다. 12시로 오후 2시까지 식탁에 모혀 안저 閑談으로 盡蕩껏 점심을 먹는
다. 이 시간에는 各 상점은 鐵門을 꼭꼭 닷는다. 그리하야 점심시간에는 人蹟이
端絶해진다. 主婦는 家事를 정돈해노코 낮잠을 한숨잔다.

夕飯은 점심에 남앗든 거스로 지내고 化粧을 하고 활동사진관, 극장, 舞踏場으로
가서 놀다가 早朝5,6時頃에 도라온다. 婦女의 衣服은 自己손으로도 해입지마는
그보다도 상점에 해논 거슬 만히 사서 입는다. 冬節에는 夏節衣服에 외투만 입으
면 고만이다. 여름이면 다림질, 겨울이면 다딤이질로 一生을 虛費하는 朝鮮婦人
이 불상하다.

오락기관이 만히 생기는 원인은 구경군이 만허지는 거시다. 그러면 구경군중에는
남자보다 여자가 만흔 기슨 어느 사회를 물론하고 일반이다. 서양 各國의 오락기관
이 번창해지는 거슨 오직 其 婦女생활이 그만치 여유가 잇고 시간이 잇는거시다.
내가 전에 京城서 어느 극장압흘 지나면서 동행하든 친구에게 말한 때가 잇다. 극
장 경영을 하랴면 근본문제 즉 朝鮮婦女생활을 急先務로 改良할 필요가 잇다고
實로 여자생활에 여유가 업는 사회에 오락기관이 繁榮할 수 업는 거시다.

라고 하여, 부러워하면서, 조선 여인들의 부녀생활에 대하여는 "여름이면 다림
질, 겨울이면 다딤이질로 一生을 虛費하는 朝鮮婦人이 불상하다"고 안타까

워 하고 있다. 물론 러시아 여인들의 저녁시간에 대한 표현은 정확하다고 보기 어려운 부분이 있다.

나혜석은 일찍이 1923년에 하얼빈에 다녀온 적이 있었다. 그녀의 감상은 『신여성』 2호 1923년 11월호(1923년 7월 투고)에서 짐작해 볼 수 있다. 이를 보면 다음과 같다.

부: 그래 하얼빈이 어떠합디까.

처: 어느 방면으로 말이오

부: 일반 기분이 말이오.

처: 말만 해도 시베리아라니 크고 넓은 기분일 것은 묻지 않아도 알 것이지.

부: 그러면 일반 풍도는 어떠해

처: 자유롭고, 늘어지고, 활발합디다.

부: 남녀관계는

처: 얼마 있지 않은 동안에 어찌 알겠소마는 몇 번 활동사진에서 보니까 한 번 마음에만 들면 비록 유부녀 유처자라도 목숨을 바쳐가며 끈기 있게 사랑을 할 줄 알며 한 번 틀리는 일이 있으면 언제 알았더냐시피 씩 돌아한즉, 서면 고만이게 대담스러운 단념성이 구비하였습디다. 묘년 여자를 유혹하여 내는 수도 용하거니와 미남자의 꾀에 빠지지 아니하는 피신하는 수단도 또한 용합디다. 그만치 정도가 되어야 비로소 남녀교제라도 재미있을 것이요, 의미가 있고 자유가 있고, 평등이 있을 것입디다.

부: 그러면 그네들 가정은 어때

처: 네! 참! 내가 제일 먼저 이야기하고 싶었던 것이 그네들 가정이에요. 그 가정제도는 극히 단단하고 극히 정결하고 극히 질서가 있습디다. 그네들 사는 것이야말로 실로 살기 위하여 사는 것이요, 우리들과 같이 죽지 못하여 살아가는 것과는 천지 상반이겠지요. 제일 구미 사람들의 정신 진보한 것이 무엇이냐 하면 즉 평화의 원칙을 아는 것입디다.

원래 타인과 타인 사이에 평화스럽게 살려면 강자가 약자를 보호하여야 될 것이외다.

그런데 그네들은 이 진리를 압디다. 알 뿐 아니라 실행합디다. 무엇이든지 어렵고 괴로운 것은 남편이나 아들이 할 줄 알고 힘에 맞을 만치 하는 것은 오직 어머니나 딸입니다.

꼭 우리나라 가정제도와 정반대외다. 내가 거기 있을 때 실제로 본 것은 아침에 일찍이 일어나 보려면 옆집에서 웬 점잖은 나이 한 사십쯤 됨직한 남자가(러시아 사람) 자리옷 입은 채로 큰 물통을 두 손에 하나씩 들고 물을 긷는데 매일 꼭 그렇게 가족 중에 제일 먼저 일어나서 합디다. 그런 후 조반을 먹고 나서서 보려니까 아까 그 집에서 문이 열리더니 프록코트에 높은 모자를 쓴 썩 훌륭한 신사가 나오는데 보니까 아까 물 긷던 그 남자가 아니겠소. 나는 그 사람이 보이지 않도록 서서 보다가 과연 그네들의 생활이 평화스럽지 않을래야 않을 수 없다, 탄복을 한 끝에 우리나라 가정을 생각하니(하략)

부: 서양 풍속이라고 다 좋게 보아서는 아니 될 걸.

처: 네, 그는 꼭 그래요. 동양 풍속보다 더 못된 풍속이 많지요. 그러기에 내 말은 누구든지 동양서 사람이 되어가지고 서양을 갈 것이라고 생각해요. 사람 되기 전에 가면 그곳 풍속에 화하여 버리는 인형, 즉 수출물이 되고 말아버리지마는 사람이 된 후에 가면 그곳을 이해할 수 있는 창작가, 즉 수입물이 되는 것이 아니오니까. 그러니까 공연히 서양 서양들 하지마는 서양 아니 간 사람으로도 서양 가서 대학 졸업까지 한 사람보다 오히려 더 나은 사람이 있을 터이니까 누구든지 먼저 사람 되는 수밖에 없을 것이지요.

부: 자, 인제 고만 잡시다. 벌써 10분만 있으면 새로 한 시로구려.

처: 참, 잘 씨부렸다. 그러나 이는 내 여행담의 6분지 1밖에 되지 못해요. 참, 벼라별 것 다 볼 때마다 벼라별나게 이치를 붙여 보았지요. 나는 평생소원이 (하략)

한편 나혜석은 오락기관에 대하여 다음과 같이 언급하고 있다.

오락기관이 만히 생기는 원인은 구경군이 만허지는 거시다. 그러면 구경군중에는 남자보다 여자가 만흔 거슨 어느 사회를 물론하고 일반이다. 서양 各國의 오락기관이 번창해지는 거슨 오직 其 婦女생활이 그만치 여유가 잇고 시간이 잇는거시다. 내가 전에 京城서 어느 극장압흘 지나면서 동행하든 친구에게 말한 때가 잇다. 극장 경영을 하라면 근본문제 즉 朝鮮婦女생활을 急先務로 改良할 필요가 잇다고 實로 여자생활에 여유가 업는 사회에 오락기관이 繁榮할 수 업는 거시다.

즉, 나혜석은 오락기관의 번성은 부녀생활의 여유와 시간에 기인하는 것이라고 보고 있다. 즉, "극장 경영을 하랴면 근본문제 즉 朝鮮婦女생활을 急先務로 改良할 필요가 잇다고 實로 여자생활에 여유가 업는 사회에 오락기관이 繁榮할 수 업는 거시다."라고 하고 있다.

4) 〈印度劇과 英國寫眞을 보고〉에 보이는 나혜석의 여성인식

나혜석은 〈印度劇과 英國寫眞을 보고〉에서,

印度劇과 英國寫眞을 보고

知友 數人으로 더부러 제일 繁榮街에 잇는 商務俱樂部 埠頭公園에를 갓섯다. 이 공원은 동포 崔某와 露國人과의 合資經營인 관계상 出札口에는 露國人과 朝鮮人 各一人式잇섯다.

庭園에는 꼿이 紋의 잇게 피여잇고 극장이 잇스며 食道樂 舞踏場이 잇고 저련수 풀사이에는 활동사진이 잇서 觀衆으로 채워잇다. 초인종이 나자, 서고 안고 것고 놀고 하든 사람들이 일시에 모혀드러 극장으로 드러간다. 극장내 의자에는 입장권에 따라 안게 되엿다. 劇은 印度劇이엿다.

라고 있듯이, 부두공원에 있는 극장에 들어가 인도극을 관람하였다. 그리고 그 극의 내용을 다음과 같이 간략하게 정리하였다.

印度왕자는 佛國유학을 갓다가 졸업을 하고 온다. 인도국민 전체의 환영이 잇섯다. 그러나 오직 교회문직이가 國法에 외국 출입하는 者는 國賊이라 하엿다고 왕자를 嘲笑한다. 왕자가 佛國美人을 데리고 와서 연애철학을 父王께 알욀 때, 父王은 大怒하야 그 여자를 毆蹴하는 一面은 朝鮮사회 過度期를 連想아닐 수 업섯다.

라고 있듯이, 나혜석은 그 감상을 "왕자가 佛國美人을 데리고 와서 연애철학을 父王께 알욀 때 父王은 大怒하야 그 여자를 毆蹴하는 一面은 朝鮮사회

過度期를 連想아닐 수 업섯다."라고 표현하여 조선의 현실과 비교하는 모습을 보여주고 있다. 이어서 나혜석은 영국영화를 본 것 같다. 나혜석은,

> 또 하나는 英國寫眞이엿다. 당시 名聲이 자자하든 一流女優가 公爵의 寵愛를 밧으면서 그것에 만족지 못하고 일개 賤人 魚夫를 사랑한다. 그 魚夫는 매우 솔직하고 천진스러웟다. 魚夫는 드디어 公爵을 죽이고 10년 懲役을 하는 동안에 女優를 잇지 아니하엿다. 女優는 一時 惡魔窟에 빠젓섯스나 魚夫를 잇지 아니하엿섯다. 그리하야 두사람은 깃부게 맛나게 되엿다. 金錢이 萬能이 되고 外飾이 社交術이 되여 가면 갈수록 不絕한 노력과 진정한 사굄이 그리워진다.

라고 하여, 영화에 대하여 "金錢이 萬能이 되고 外飾이 社交術이 되여 가면 갈수록 不絕한 노력과 진정한 사굄이 그리워진다."라고 자신의 사랑관을 피력하고 있다.

5) 하얼빈풍경-이국적인 모습들

나혜석은 일요일에 하얼빈의 대표적 관광지인 태양도를 배를 타고 다녀왔다. 그곳에서 그녀는 중국적 모습보다는 이국적인 특히 러시아적인 다양한 모습을 보게 된다.

(1) 송화강 건너 태양도

松花江구경

3일은 마침 일요일이라 일요일이면 거진다 松花江으로 모혀든다는 말을 듯고 구경을 갓섯다.

此岸에서 彼岸까지 5町쯤 되는 濁流를 건넛다. 江邊에는 휴게소가 無數이 잇슬 뿐 아니라 夏節한 때 피서하는 木板바락구와 帳幕이 깔녀잇다. 수풀 우에 眞味잇는 음식으로 가족 一同이 즐겨하는 것, 두다리를 엇겨노코 두손을 한 대모아 정답게 속살거리는 戀人同志 포실포실한 나체로 徘徊하는 여자들 小柳사이로 從橫無

盡히 三三五五 作伴하야 거니는 者, 太陽島를 덥헛다. 實로 이 松花江은 할빈 시민에게 업지못할 納凉地다.

특히 나혜석은 "수풀 우에 眞味잇는 음식으로 가족 一同이 즐겨하는 것, 두 다리를 엇겨노코 두손을 한 대모아 정답게 속살거리는 戀人同志 포실포실한 나체로 徘徊하는 여자들"의 모습속에서 조선이 앞으로 나아가야할 모습을 그려보았을 것으로 보인다. 아울러 화가로서 태양도의 다양한 모습들을 그려 보고 싶은 강한 욕망은 없었을까?

(2) 러시아인묘지

나혜석은 하얼빈에서 친일관련 인사들과 만나고 있다. 조선인민회 회장집이 바로 그렇다고 볼 수 있다. 그녀는 그집에서 저녁을 먹고, 그 부인과 구경을 나섰다.

> 저녁밥은 朝鮮人會 會長집에서 지냇다. 그러고 그 夫人과 구경을 갓섯다. 그는 할 빈온 후 구경이 처음이라하고 매오 조화한다. 나는 언제든지 조흔 구경 만히한 사람 과 다니는 것보다 도모지 구경못한 이하고 다니는 거슬 조와한다. 그리하야 그 사람 이 조와하고 깃버하는 거슬 보면 퍽 유래하다. 이날도 매오 상쾌하엿섯다.

하얼빈의 이국적인 정취를 보여주는 대표적인 곳은 키타이스카야와 러시아 묘지, 그리고 니콜라이 대성당이라고 할 수 있다. 그중 러시아묘지를 방문한 나혜석은 다음과 같이 감상을 기술하고 있다.

> 여러 知友와 함께 공동묘지를 구경갓섯다. 정면에 잇는 납골당 옥상에는 金色 십자 가가 번적이고 잇서 멀니서 오는 상여를 보고 鍾을 울녀 환영의 意를 표한다. 넓은 뇨시에는 形形色色의 墓形이 잇고 아직도 푸른 잔듸로 잇는 곳은 누구의 주인이 될는지 때를 기다리고 잇다.

하얼빈 러시아정교회 공동묘지는 1958년에 황산으로 옮겨졌다.[3]

4. 하얼빈 나들이의 의미

나혜석은 하얼빈역에 도착하여 이상우의 안내를 받았다. 하얼빈지역에서 지내는 동안 안내역할을 담당하였던 이상우의 역할은 자못 컸을 것으로 보인다. 그는 일종의 안내인 역할을 하였을 것이기 때문이다. 특히, 나혜석의 남편 김우영이 외교관의 신분이었기 때문에 하얼빈주재 일본총영사관의 도움도 받았을 것으로 추정된다. 아울러 하얼빈지역 조선인 친일조직인 조선인민회의 도움 역시 컸을 것으로 짐작된다.

나혜석은 역전 앞에 있는 호텔인 야마토(大和)호텔에 투숙하지 않고, 송화강변에 있으면서 중심거리인 중앙 대가가 있는 부두공원 근처의 북만호텔에 투숙하였다. 그녀의 주된 관심이 하얼빈의 풍경과 다양한 문화를 접해보고 싶은 여행에 중점이 가 있기 때문인 것으로 추정된다. 그녀가 하얼빈에 도착한 것은 7월이었다. 아마도 무더위가 극성을 부리던 시기가 아닌가 한다. 나혜석 앨범에 실린 〈하얼빈에서 나혜석〉 사진은 당시의 사진은 아닌 것으로 추정된다. 여름 복장이 아니기 때문이다. 〈북만으로 향하는 김우영과 나혜석〉의 사진도 당시 계절과는 맞지 않는 사진들이다. 앞으로 이들 사진들에 대하여는 보다 적극적인 역사학적인 검토가 필요해 보인다.

나혜석이 하얼빈에서 6일 동안 간 곳은 부두공원의 극장 등 문화시설과 하얼빈의 정취를 느낄 수 있는 송화강변 그리고 송화강변 너머의 태양도, 러시아인묘지 등이 그 대표적인 곳들로 한다. 이들 장소 중 그녀에게 신선하게 다가온 곳은 극장, 태양도, 러시아인 묘지 등이 아닌가 추정된다. 나혜석이 방문한

---

3 James Carter 번역 김인욱, 「미래의 하얼빈사」, 『만주연구』 9, 2009, 77쪽

곳은 학생들이 수학여행 시 하얼빈을 방문하였을 때 찾아간 곳들과 거의 유사하다. 다만 나혜석은 연극과 영화 관람 등을 통하여, 그리고 지인 및 안내원 등과의 대화를 통하여 러시아 여인들의 일상생활에 대하여 많은 이야기를 청취하였던 것이다. 다만 이들 러시아인들은 주로 러시아혁명 당시 하얼빈으로 피신 온 백계 러시아인, 귀족 러시아인들이 그 중심이었을 것으로 보인다.

나혜석이 1920년대 방문한 하얼빈은 하얼빈의 황금시대였다. 하얼빈에서 성장한 작가인 안소레케(1919년생)는 〈유대인 백계 러시아인에게 만주란-하얼빈에서 성장〉에서[4] 다음과 같이 묘사하고 있다.

> 하얼빈시에는 20곳 가까운 러시아정교회 성당이 있었고, 우수한 교향악단이 있었다. 수많은 극장에서 하얼빈시의 인재나 러시아, 미국, 유럽 등에서 방문하는 예술가에 의해, 오페라, 오페레타, 연극이 상연되고, 연주회가 개최되었다. 철도클럽 빌딩 옆에 댄스홀 3개가 있었고, 그것보다 협소하지만 바나, 레스토랑, 회의실, 가타 설비들이 들어 있었다. 사유 건물도 많고, 호텔이나 영화관, 레스토랑, 다방, 빵집, 제과점 등 여러 종류의 상점들이 입거하였다, 교회와 극장에는 우수한 합창단이 있었다. 도처에서 러시아어가 사용되었다. 러시아인 주부를 위해 비단, 생선, 감자까지 모든 물건을 출입구까지 운반해주는 중국인 행상인조차 러시아어를 말하였다.
> (중략)
> 신문, 잡지, 서적이 러시아어로 출판되고, 유럽 특히 미국으로부터 수입된 영화는 러시아어로 번역되어 녹음되었다. 하얼빈시에는 음악, 노래, 시가 울려퍼졌고, 그 모두가 러시아어로 러시아 전통에 따랐다.

동양에서 맛볼 수 있는 이국적인 도시 하얼빈은 나혜석의 미래에 많은 영향을 주었을 것이다. 앞으로 나혜석에게 하얼빈이 갖는 역사적 의미를 찾아내는 일들이 중요할 것으로 판단된다.

---

4 니카미 다사오, 박선영옮김, 『만주란 무엇이었는가』, 소명출판, 2013. 471-472쪽.

이화출신 사진 신부, 차인재의 민족운동

머리말

　차인재(車仁載, 1895-1971)는 1920년 6월 경기도 수원군 수원면에서 삼일학교 교사로 근무 중 박선태(朴善泰) 등이 조직한 구국민단(救國民團)에 참여하는 한편, 대한민국임시정부에서 보낸『독립신문』,『대한민보』등의 독립 사상에 관한 신문을 배포하는 활동을 전개하였다.

　또한 1920년 7월말[1] 미국으로 이주한 후에는 1924년 대한인국민회 맥스웰지방회 학무원(學務員), 1933년 대한여자애국단 로스앤젤레스지부 부단장, 1935년 동단(同團) 서기, 1936년 재무 및 여자청년회 서기로 활동하였다. 1936년에는 대한여자애국단 총단 서기, 1937년부터 1942년까지 대한여자애국단 로스앤젤레스지부 서기, 1939년 대한인국민회 로스앤젤레스지방회 집행위원 및 총무를 역임하였다. 1941년부터 이듬해까지 대한인국민회 로스앤젤레스지방회 교육위원, 1942년 대한여자애국단 총부 위원, 1943년 대한인국민회 로스앤젤레스지방회 집행위원 및 총무, 1944년 대한여자애국단 로스앤젤레스지부 회장으로 활동하였다. 1944년 재미한족연합위원회 선전과장, 1945년 대한여자애국단 로스앤젤레스지부 위원 및 대한인국민회 로스앤젤레스지방회 총무, 재미한족연합위원회 군자금 모집 위원으로 활동하며 1922년부터 1945년

1　동아일보 1920년 8월 20일자, 매일신보 1920년 8월 20일자

까지 여러 차례 독립운동자금을 지원하였다.

차인재의 활동은 3·1운동 직후 국내에서 결성된 주요 비밀결사인 구국민단에서 시작하여 미국 이주 후까지도 현지의 대표적인 여성독립운동 단체인 대한여자애국단 등을 통해 지속적으로 독립운동을 전개한 드문 사례이다. 또한 남편 임치호(林致昊, 1879-1951)는 미주에서 대한인국민회 로스앤젤레스지방회 회장 등으로 활동하면서 임시정부 등에 지속적으로 독립운동 자금을 지원한 독립운동가이다. 그들의 만남은 일명 사진신부로 결혼한 사이여 더욱 흥미롭다.

차인재는 그동안 수원 구국민단의 간부로서 학계의 주목을 받아왔다.[2] 그러나 구국민단 참여 후 바로 사진신부로 미국에 있는 임치호에 시집간 후 미국에서 남편의 성을 따서 '임인재'란 이름으로 활동하여 우리의 기억 속에 사라져 버렸던 것이다. 차인재(임인재)는 수원여성으로서 미주에서 활동한 대표적인 인물로 추정된다. 그럼에도 불구하고 그녀의 미국에서의 활동은 전혀 알려지지 않았다. 이에 본고에서는 차인재의 인물과 국내외에서의 활동에 대하여 살펴보고자 한다.

1. 차인재의 인물과 학력

독립기념관에 소장되어있는 흥사단이력서에는 임인재란 이름으로 다음과 같이 기록되어 있다.

단우 282 임인재
1895
39세

2 박환, 「1920년대 초 수원지방의 비밀결사운동－혈복단과 구국민단을 중심으로」, 『경기지역 3·1독립운동사』(선인, 2007).

출생일 건국기원 4228년 4월 26일
출생지 조선 경기도 수원군 수원면
직업 상업
종교 야소교
단체 여자애국단
학예 보통상식
가족 남편 임치호 55세, 미국 로스앤젤레스
딸: 마실, 시실, 혜실
건국기원 4267년 8월 14일 입단
별세 1971년 4월 7일 하오 8시 30분
장례 4월 9일 하오 2시

위의 기록을 통하여 차인재는 임인재란 이름으로 활동하고 있음을 알 수 있다. 흥사단이력서에는 차인재의 출생지는 "조선 경기도 수원군 수원면"으로 기록되어 있다. 그리고 〈대정 10년(1921년-필자주) 2월에 작성된 불령단관계잡건 조선인부 재외요주의선인연명부〉에는 명치 26년(1893년-필자주) 4월 26일생, 경기도 수원군, 남감리파교도로서, 성격이 음험, 각종 불령단체와 관계가 있음으로 주의를 요함이라고 있고, 같은 자료 다른 항목에는 수원군 수원면 북수리 99번지로 되어 있다. 아울러 경기도 부천군 영흥면 내리 872라고 기록되어 있다. 영흥면은 남편의 주소를 적은 것으로 보인다.

차인재의 집안에 대하여는 알려진 바가 없다. 다만 수원읍 99번지에서 출생한 것으로 되어 있다. 그리고 다음의 『신한민보』 1936년 4월 16일 〈가정방문기 k기자〉에서 그녀의 학력과 사진신부로 나성(로스앤젤레스)에 갔음을 추정해 볼 수 있다.

임치호선생과 그의 가정
임치호

나성에서 우리 동포가 제일 많이 사는 시쪽 제37가 맥클림탁에 작은 식물상점을 설치하고 젊은 아내와 이쁜 세 따님을 거느리시고 안락한 생활을 하는 임치호선생은 언제 보아도 촌 부자집 영감님으로 보이는 수수한 분이시다. 그리고 선생은 또한 진실하여 매사에 성의를 극진히 하시는 모범적 일군이시다. (중략) 지금 국민회 나성 회장으로 시무하고 계시다.

<가정에는 젊은 아내, 인재 여사와 세 따님이 있어>

남편의 얼굴을 사진으로 보고 따라와 결혼을 하시고도 아주 재미나게 지내시는 가정은 아마 이 가정이 모범일 것이다. 부인 인재여사는 이화고보 출신으로 대단이 상당하신 분이어서 현재 나성지방 여자계의 큰 짐을 지고 나아가시는 일군이시다. 여사는 얼른보기에는 스포츠로 보일 만큼 건강한 체격을 가지셨다. 그리하여 아침부터 저녁까지 남편을 도와 사업을 보살피고 아이를 가르치시기에 쉴새가 없지만은 늘 건강하신 것이 여사의 기쁨이오, 행복이라 한다. 두 분의 슬하에는 아직도 어린 따님 세분이 자라나고 있다.

2. 수원구국민단 활동과 차인재

1) 혈복단의 결성과 활동

3·1운동 이후 일제의 감시가 강화되자 수원지방에서는 혈복단(血復團)이라는 비밀결사가 조직되었다. 수원 혈복단을 결성하는 데 중심적인 역할을 한 것은 이득수(李得壽, 일명 李鍾祥, 1899-미상)였다. 그는 경성기독교청년학관 학생으로 수원에 거주하며 서울로 통학하고 있었다.[3] 1919년 3월 서울에서 3·1운동이 전개되자 그는 만세운동에 참가하다 본정(本町) 경찰서에 체포되어 종로 구치감에서 20일 동안 구류될 정도로 항일의식을 소유하고 있던 인물이었다. 그런 그가 임시정부와 연계를 맺게 된 것은 자신의 한문 선생이었던 차관호(車寬鎬)를 통해서였다.[4] 차관호는 당시 임시정부에서 『독립신문』의 발간 및 배포에 관

---

3 동아일보 1920년 8월 20일자

4 동아일보 1921년 4월 6일자.

여하고 있던 인물이었다.[5] 차관호는 제자인 이득수에게 계속 편지를 보내 민족
의식을 고취시키는 한편 『독립신문』을 보내 이를 배포하도록 하였다.[6] 이에 이
득수는 동대문에 있는 부인병원의 박성환(朴聖煥)으로부터[7] 『독립신문』 수십
매를 인수받아 동지인 삼일여고 여교사 차인재와 함께 1919년 8-9월경까지 수
원군 수원면내의 조선인 각 집에 이를 배포하였다.[8]

그러던 중 1919년 9월 경 이득수는 휘문고등보통학교 4년생으로 수원에서
서울로 통학하고 있던 박선태를 만났다.[9] 당시 그는 상해로 망명하여 독립운
동을 전개하고자 하였다. 그러나 이득수는 상해에 가지 말고 수원을 중심으
로 동지를 규합하여 『독립신문』과 『대한민보』 등을 배포하는 것이 어떠한 가
에 대하여 박선태와 의논하였다.[10] 『독립신문』은 1919년 8월 21일부터 대한민국
임시정부의 기관지로서 간행되었으며, 오로지 민족의 독립을 위한 민족정신
의 앙양과 독립달성을 표방하고 있던 신문이었다.[11] 그러므로 임시정부에서도
『독립신문』을 국내동포들에게 전달하고자 하였으며, 이것은 임시지방연통제
와 임시지방교통사무국을 통하여 국내에 전달되었던 것이다.[12] 이에 박선태도
동조하여 이득수와 함께 독립운동을 전개하고자 생각하고 1919년 말 혈복단
을 조직하였다.[13] 이 조직이 수원 혈복단인 것이다.

---

5 국회도서관, 『한국민족독립운동사료(중국편)』(1978), .153쪽.
6 동아일보 1921년 4월 6일자
7 위와 같음
8 독립운동사편찬위원회, 『독립운동사자료집』 5(1972), 377쪽
9 동아일보 1921년 4월 6일자
10 독립운동사편찬위원회, 『독립운동사자료집』 5, 377쪽
11 최준, 「대한민국 임시정부의 언론활동」, 『한국사론』 10(국사편찬위원회, 1981), 166-168쪽
12 최준, 위의 논문, 178-182쪽
13 매일신보 1920년 11월 13일자에는 수원 혈복단이 1919년 9월경에 조직된 것으로 되어 있으나 서울 혈복단이 동년 11월에 조직된 것으로 보아 동년 연말쯤 조직되지 않았나 추측된다.

2) 수원 구국민단의 조직과 활동

수원혈복단을 조직한 휘문고등보통학교 4년생인 박선태와 경성기독학관 생도인 이득수, 수원 삼일여학교 교사 차인재 등은 수원지역에 거주하면서 서울로 통학하고 있는 학생들을 중심으로 새로운 조직을 결성하고자 하였다.[14] 이 조직의 결성에는 이득수의 한문 선생이었던 차관호 및 김보윤(金甫潤)이 후원하였던 것으로 생각된다. 왜냐하면 차관호는 1919년 8월 15일 임시정부 내무부 특파원으로 경성으로 특파된 적이 있으며,[15] 경성에서 차관호는 이득수에게『독립신문』의 수원지역 배포를 위임하였을 것으로 추측되기 때문이다.

또한 중국 상해에 있던 김보윤도 수원지역의 비밀단체 조직에 일조를 하였다.[16] 특히 여기서 주목되는 것은 차관호와 김보윤이 모두 상해 임시정부의 대한적십자회에 관여하고 있다는 사실이다. 1919년 12월 경 대한적십자회에서는 병원설립과 간호원의 양성을 위하여 적극적으로 국내에 연락을 취하여 회원을 모집하고 있었다. 이 때 김보윤은 독립대(獨立隊)의 대장으로서 안강근(安康根) 외 27명과 함께, 차관호는 십자대(十字隊)의 대장으로서 이관수(李寬洙) 외 30명과 함께 적십자회원 모집에 적극적이었던 것이다.[17] 그러므로 차관호와 김보윤은 이득수 등에게, 수원지역에『독립신문』의 배포는 물론 적십자회원 모집을 위한 조직을 만들도록 하였을 것이다.

이득수는 이러한 목적을 달성하기 위해서는 여학생들의 도움이 필요하다고 생각하였다. 그리하여 1920년 6월 경 여학생들을 가입시키기 위하여 차인재에게 도움을 요청하였고, 그녀는 이선경(李善卿), 최문순(崔文順), 임순남(林順男, 林

14 매일신보 1920년 8월 20일자
15 문일민,『한국독립운동사』,(애국동지원호회, 1956), 204쪽
16 동아일보 1920년 8월 20일자
17 金正明,『朝鮮獨立運動』1권 分冊(原書房, 1967), .238쪽

孝貞) 등 3명의 여학생을 소개하였다.[18] 차인재의 구국민단활동은 다음과 같은 예심종결서에서 확인할 수 있다.

구국민단·혈복단·수원삼일학교
ㅇ 1920년 11월 31일 경기도 수원에서 작년 3월부터 금년 7월 사이에 구국민단을 조직 한국 독립에 진력하던 이득수(李得壽) 등의 예심이 종결되어 공판에 회부되다. 그 예심 종결 내용은 다음과 같다.(중략)

피고 이종상(李鍾祥), 이득수는 이전부터 조선 독립을 희망하고 그것을 선전하고자 마음에 머금었다가 1919년 3월 말부터 상해가정부원 차관호(車寬鎬)와 연락하여 오던 바, 그 사람이 가정부의 동정 및 조선 독립에 관한 기사를 게재한 『독립신문』이라는 인쇄물을 보냈으므로 이득수는 이것을 동지되는 여교사 차인재(車仁載)와 같이 수원군 수원면의 조선인들에게 반포하였더니, 작년 9월경에 피고 박선태도 일본의 시정에 만족하지 아니하고 비밀히 상해로 건너가서 가정부에 투신하여 조선 독립에 진력하고자 계획한 그 때에, 마침 이득수의 권고에 의하여 이득수와 같이 혈복단이라 칭하여 정치의 변혁을 목적으로 함께 써서 불온 문서를 반포하여 조선 독립의 사상을 선전하여 동지를 모으고자 수원에 재주하는 조선인 등에 대하여 이 우에 말한 바의 불온 문서되는 『독립신문』과 창가집을 반포하여 오던데 1920년 6월 7일에 이르러서는, 차인재의 소개로 피고 여학생 임효정(林孝貞), 즉 임순남·최문순과 이선경 등도 역시 이득수 등의 목적을 찬동하고 그 단체에 참가하여 다시 구국민단이라고 개칭하고 동년 7월 초순경에 『대한민보』라고 하는 전기 조선독립사상에 관한 기사를 인쇄한 문서를 역시 수원면내의 조선인에게 반포하여서 안녕 질서를 방해한 것인데, 이 증거는 충분하여 피고의 소위는 1919년 제령 제7호 정치에 관한 범죄처벌령 제1조에 해당되는 것으로 사료하므로 형사소송법 제167조에 의하여, 본건을 경성지방법원의 공판에 붙일 것으로 함.

이들 3명은 이화여자고등보통학교 2년생인 임순남과 최문순, 경성여자고등보통학교 3년생인 이선경[19] 등이 그들이다. 이들은 모두 수원거주 서울통학생

18 동아일보 1921년 4월 6일자
19 이선경은 제적부와 학적부, 그리고 그의 언니 이현경의 학적부에 따르면, 광주 이씨이며, 부친

들로 항일운동의 요람인 수원종로교회[20]의 교사로서 활동하던 기독교인들이 었다.[21] 그중 임순남은 수원 삼일학교 졸업생이었고, 최문순은 수원공립보통학교 졸업생이었다.[22] 이선경(1902-1921) 역시 1918년 수원공립보통학교를 졸업하였다.[23] 그녀는 동년 4월 30일 사립 숙명여학교에 입학하여, 1919년 9월 1일 경성여자공립보통학교 2학년으로 전학하였다.[24]

박선태와 이득수는 1920년 6월 7일 수원면 西湖 부근에서 차인재, 임순남, 최문순, 이선경 등을 만나 혈복단을 구국민단으로 개칭하고,[25] 1920년 6월 20일 구국민단을 조직하는 한편[26] 단장에 박선태, 부단장에 이득수, 서무부장에 임순남, 재무부장에 최문순, 구제부장에 이선경,[27] 교제부장에 차인재를[28] 각각 임명하였다.

특히 여기서 주목되는 점은 수원 삼일학교 관련자들이 구국민단에서 중요한 역할을 하고 있다는 점이다. 수원지역의 여학생들을 가입하게 하는 데 중요한 역할을 한 차인재가 교사이며, 임순남 역시 이 학교의 졸업생인 것이다.[29]

은 李鶴九로 대금업자였다(한동민, 「수원의 여성독립운동가 이선경-독립운동가 이선경과 사회주의 운동가 이현경」, 『수원을 빛낸 항일독립운동가』, 수원박물관, 2011) 그녀의 동생인 李容成은 축구선수였으며(수원시사편찬위원회 상임위원인 리제재와의 면담에서 청취) 1952년 수원시 초대 시의원에 피선되었다(『수원시사』, 1986,. 418쪽)

20 수원에서 가장 오래된 교회로 현재 명칭은 종로교회이다

21 이선경의 경우 경성여자공립보통학교 학적부에 종교가 기독교라고 적혀있다.

22 동아일보 1920년 8월 20일자

23 이선경 경성여자공립보통학교 학적부 참조

24 이선경 숙명여학교 학적부 및 경성여자공립보통학교 학적부 참조. 이선경은 1920년 8월 3학년 1학기를 마치고 퇴학한 것으로 보인다(한동민, 「수원의 여성독립운동가 이선경-독립운동가 이선경과 사회주의 운동가 이현경」, 『수원을 빛낸 항일독립운동가』, 수원박물관, 2011)

25 매일신보 1920년 11월 13일자

26 독립운동사편찬위원회, 『독립운동사자료집』 5, 378쪽

27 동아일보 1921년 4월 6일자

28 동아일보 1920년 8월 20일자

29 동아일보 1920년 8월 20일자

이 학교는 철저한 기독교 학교로 임면수 등[30] 교사들이 독립사상이 철저한 애국지사들이었다. 즉 삼일학교는 수원지역 항일운동의 요람이었던 것이다.

3. 사진신부 차인재와 남편 임치호

1) 사진신부로 미국으로 가다

하와이와 미주에 이민한 중국·일본·한국 노동자들은 다수가 가정이 없는 청년 홀아비들이었다. 이들은 온종일 농장에서 일하다가 판자 집 숙소에 돌아오면 별다른 취미생활이 없으므로 아편을 빨고 술과 노름으로 인하여 싸움이 끊이지 않고, 촌락 풍기가 문란하여져 심각한 사회적 문제가 되었다. 그러므로 그들의 혼인을 장려하고 후원하여 안정된 생활을 하게 하기 위하여 사진혼인이라는 새로운 혼인법이 생기게 되었다.

한국인의 첫 사진혼인은 1910년 12월 2일 호놀룰루에 도착한 호남 출신의 崔사라로서, 그는 뒷날 하와이 국민총회장을 지낸 이민 유지인 이내수(李來洙)와 결혼했다. 두 번째의 사진혼인은 39세의 백만국과 혼인하기 위하여 동년 12월 24일 호놀룰루에 도착한 23세의 평북 의주 여성, 유명선(柳明善)이다. 1910년 12월로부터 1924년 10월까지 사진혼인으로 하와이에 들어 온 여성은 951명이며, 미 본토에 들어 온 여성 수는 115명이었고, 하와이에는 주로 영남 여성이, 미 본토에는 북한 여성의 이민이 많았다고 한다. 사진혼인은 외롭고 방황하던 동포들의 생활을 안정시키는 데 적지 않은 기여하였다. 그러나 사진혼인에는 정직한 중매가 이루어지지 않은 까닭에 여러 가지 심각한 가정문제와 사회문제가 제기되었다.

---

30 박환, 「필동 임면수의 민족운동」, 『잊혀진 민족운동사의 새로운 부활』(선인, 2016)

사진혼인의 가장 큰 문제점은 첫째, 남자 측이 연령을 속임으로 일어난 부부 간의 심한 연령 차이이며, 둘째, 여성 측의 학력과 지식이 남자보다 월등히 높 았던 점이다. 대부분의 여성들은 참고 살았으나, 상당수의 여성들은 끝내 가 정을 제대로 이루지 못하고 고통스럽게 살았다고 한다.[31] 이런 점에서 보면 차 인재의 사진결혼은 좀 예외적인 것 같다. 차인재는 영남 출신도 아니고, 북한 출신도 아닌 수원군 출신이다. 그리고 수원군 출신과 혼인했고, 나이 차이는 있었지만, 같은 신앙을 믿는 기독교 지도자인 임치호와 결혼하였던 것이다. 이 는 신앙적인 측면과 민족운동 측면, 아울러 일제의 추적을 피하기 위한 망명 적 성격 등 다양한 원인이 내재 된 것으로 보인다.

차인재가 신부로서 미국에 도착하였음은 다음의 신문기사를 통하여도 짐 작해 볼 수 있다. 『신한민보』 1920년 9월 2일 자 〈림치호씨의 혼례〉에서,

> 맥스웰 림치호씨는 금월 초에 본국으로 ○○○도 하는 그 신연을 잉접하기 위하여 영령 밴쿠버에 전왕하였던 바, 해 부인을 선두에서 영접하여 해지 이민국에서 성례 하고 당일로 상륙하여 부인을 대동하고, 금월 23일에 맥스웰에 안착하였다더라.

라고 있는 것이다.

미국 로스엔젤레스에서 결혼한 임치호와 차인재는 서둘러서 자녀를 가진 것으로 보인다. 임치호가 1880년생이고, 차인재는 1895년생으로 결혼 당시 임 치호는 40세, 차인재는 25세였다. 1922년 11월 16일 이들 부부는 득남을 하였 으나,[32] 1923년 2월 1일 아들이 사망하는 비운을 겪기도 하였다.[33] 그 후 임치호

---

31 박용옥, 「미주한인여성단체의 광복운동지원연구―대한여자애국난을 중심으로」(『진단학보』 78, 1994), 268쪽..

32 신한민보 1922. 11. 30. 림치호씨의 득남

33 신한민보 1923. 2. 8. 림치호씨의 참상

부부는 몇 년이 지나 1927년 12월 21일 득녀하였다.[34] 1923년부터 1927년까지 5년 동안은 그들 부부에게 큰 시련의 시기가 아닌가 추정된다. 『신한민보』 1932년 3월 3일자. 〈임치호씨 애나햄으로 이거〉에, "산타나에서 채소상점을 하던 임치호는 애나햄으로 이거하여 사업을 열음"라고 있다. 그 후 임치호 가족의 가정생활은 원만해진 것 같다. 앞서 살펴본 『신한민보』(1936. 4. 16.)〈가정방문기 - 국민회 라성지방회장 림치호 선생과 그의 가정〉는 그 일단을 살펴볼 수 있게 하여준다.

2) 1920년대 교육활동

미국으로 시집가서 임치호와 결혼을 한 차인재는 민족의식을 갖고 학생들을 위하여 교육활동을 전개하였다. 그녀가 수원에서 일찍이 교사생활을 한 것이 큰 도움이 되었을 것으로 보인다. 『신한민보』, 1921년 4월 7일자 〈림치호씨 부인의 교육 열심에〉,

> 칼리포니아주 맥스웰 3월 31일 통신을 의지한 즉, 그곳에 거류하는 한인 아해들 수요는 국어학교가 없지 못할 형편이나 경제 공황을 인하여 아직 것 없었더니, 마침 그곳 재류하는 림치호씨의 부인 차인재씨가 그를 민망히 여겨 마영준씨의 객실을 빌려 학실을 만들고, 수십일 전부터 매일 하오 3시로 5시까지 무료로 11학생을 열심 교수하여, 벌써 아동의 국어에 대한 효과가 적지 아니하다더라.

라고 있음을 통하여 짐작해 볼 수 있다. 신문기사에서 보듯이, 교사 출신이었던 차인재는 11명의 아이들의 무료교육에 헌신하였던 것이다. 그녀는 캘리포니아에서 어려운 학생들에게 마영준씨 학실을 빌려 학실을 만들어 국어교육을 진행하였던 것이다.

---

34 신한민보 1928. 2. 9. 生産

아울러 차인재는 1934년 나성 3·1학교 수전위원으로도 활동하였다.『신한민보』1934년 12월 13일자,〈라성 三一학교의 서광〉에,

임의 수년 동안을 라성 한인 공동으로 힘쓰는 국어학교는 여러 유지의 애쓰는 공으로 지금까지 계속하였으나 매우 간고를 겪었으며, 더욱이 간단한 우리 사회기 때문에 교사 월급 이후로는 일반 2세 국민을 교육하는 것이 무엇보다 중대한 줄을 알아, 명년도 1935년부터는 더욱 여기에 중심을 삼고자하여 새로 송헌주씨로 교장을 선택하고, (중략) 이하에 기록된 임원들을 만나시면 많이 후원해 주기를 바란다더라.
교장: 송헌주 수전위원: 송매리, 김알니스, 림인재, 전그레쓰, 림지영 제씨라더라
(라성 통신원)

라고 있다. 또한 차인재는『신한민보』1939년 5월 11일자〈림부인 인재씨의 독지, 국어학교 유지에 많은 공헌〉에,

라성 한인국어학교의 교수는 별항의 게재한 것과 같이 김성락 목사와 동 부인의 성력을 입었고, 아희들이 국어학교에 오게 하는 것과 또 그 경비를 모아내게 한 것은 전히 림인재씨의 주선에서 나온 것이다. 부인은 그 가정을 처리하고 아울러 상점을 돌아보는 가운데 만일 자기의 일만 위하면 실로 한가할 겨를이 없거늘 자기 일을 불구하고 늘 자동차를 타고 동리로 돌아다니며 학부형들과 동심 협력하여 국어학교를 유지하여 왔으며, 학부형과 일반 동포는 림부인의 국어학교에 대한 많은 공헌을 위하여 고맙게 여기는 것이다

라고 있듯이 교육활동에 헌신하였던 것이다. 아울러 차인재는『신한민보』1923년 12월 6일자〈멕스왤地方會〉에, 회장: 송적용(宋迪容), 부회장: 양순진(楊淳鎭), 서기: 유명선(劉明善), 재무: 임치호, 학무원: 임인재(林仁載)라고 있듯이, 1923년 12월 캘리포니아 멕스왤지방회 학무원으로 등장한다. 당시 남편인 임치호는 재무를 담당하였다.

3) 남편 임치호

미주지역에서의 차인재의 활동은 남편 임치호와 밀접한 연계를 갖고 있다고 보는 곳이 자연스럽지 않을까 한다. 흥사단이력서에 보이는 임치호는 다음과 같다.

林致昊

團友 281 임치호
1880 55세
출생일 건국기원 4212년
출생지 조선 경기도 남양군 靈興面
거생지 조선과 미주
직업 상업
종교 야소교
단체 국민회
학예 국한문
가족, 故 父 林英仁(임영인) 母 閔氏
처, 車仁載 三八, 미국 라성(로스앤젤레스)
子, 東宗(동포) 世宗(세포) 女 馮宗(마포)
건국기원 4267년 8월 12일 입단

위의 기록을 통해 볼 때, 임치호는 차인재와 15살 차이를 보이고 있다. 사진 신부의 전형이라고 할 수 있을 것이다. 고향은 경기도 남양군으로 차인재의 고향인 수원군 수원읍과 잡하고 있는 가까운 지역이라고 할 수 있다. 종교는 차인재와 마찬가지로 기독교이다. 이러한 공통점은 두 사람이 미주에서 생활하는 공통분모가 되었을 것으로 짐작된다.

임치호는 1923년 대한인국민회 맥스웰 지방회 법무, 1924년 재무, 1935~1936년 나성지방회 회장, 1937년 지방집행위원, 1940년 학무위원, 1942

년 감찰위원으로 활동하였다. 1941년 대한인국민회 중앙총회 중앙집행위원·교육위원, 1942년 후보집행위원, 1943년 중앙집행위원·구제위원, 1945년 중앙감찰위원으로 활동하였다.

1932년 상해사변 임시위원부 수전위원으로 활동하고, 1936년 캘리포니아 한인 유지 간담회에 참석해 재미한인의 단결을 촉구하였으며, 1918~1945년 여러 차례 독립운동자금을 지원하였다. 그의 활동 중 특별히 주목되는 것은 1908년 클래몬트학생양성소에 입학하는 한인학생에게 학비를 지원하고, 1911년 네브라스카 한인소년병학교에 참여하였으며, 1920년 윌로우스 비행사양성소 간사로 활동하였다는 점이다.

『신한민보』1920년 7월 15일자 〈한인비행기학교의 개교식, 성대한 예식과 선미 경영〉에,

> 7월 5일 윌로우스에서 한인 비행가 양성소 개학식을 거행하였는데 부근 각처에 있는 일반 동포가 재류국의 경절을 타서 모두 업을 정지하고 예식에 참여한 이가 200여 인인데 (중략)
> 그 후에 유지 동포들은 다 다시 모여 비행가 양성소의 유지금 확장 방침을 연구할 새 비행가 양성의 필요와 경영을 토론한 후 한 단체를 조직하였으니, 그 단체의 이름은 비행가 양성소요. 그 임원은 간사 임치호 (외 명단 생략)

라고 있듯이, 임치호는 비행기양성소 간사로 활동하고 있음을 짐작해 볼 수 있다. 또한 다음의 『신한민보』 기사를 통하여 임치호가 대한인국민회 나성지방회장으로도 활동하였음을 확인할 수 있다.

> 신한민보(1935. 2. 21) 〈三一절 기념 광고〉
> 3월 1일은 우리 전민족의 양심을 기울여 조선의 독립국임과 조선인의 자유민족임을 세계에 선언하고 공적 일본으로 더불어 싸워 애국의 피를 흘리기 시작한 이날입니다. 극동의 풍운은 날로 팽창하니 일본제국주의를 타도하고 3·1운동의 최후 성공

을 계획 실현할 기회가 멀지 않았다고 볼 수 있습니다. 제16주년 3·1절을 당한 우리는 더욱 성충을 다하여 3·1의 정신, 3·1의 성공을 기성하는 모둠이 있도록 모입시다.

당일(3월 1일) 하오 8시에 나성 한인감리교회 예배당에서 3·1기념식을 거행하오니 시내와 원근 각촌에 사시는 첨위 동포께서 많이 오시어 민족적으로 잊지 못할 이 날을 기념하십시다.

회집 시일은 3월 1일 하오 8시

회집 장소는 1416 W.37TH DRIVE, NEAR NORMANDIE, L.A., CAL.

대한인국민회 나성지방회장 임치호 백

4. 1930년대 나성(로스엔젤레스)에서 대한여자애국단 활동

1) 대한여자애국단 총부에서의 활동

1919년 3·1운동 이후 국내외에서 항일광복운동을 목적으로 하는 많은 여성단체들이 조직 되어 활동하였다. 국내에서는 서울 중심의 대한민국애국부인회와 평양 중심의 대한애국부인회를 비롯하여 서북지방에 여러 개의 단체가 조직되어 주로 상해 임시정부를 지원하였다. 한편 1919년 8월 5일에는 미주 서부지역인 캘리포니아주를 중심으로 대한여자애국단이 조직되었다. 조직목적은 가정의 일용품을 절약하여 독립운동 후원금을 마련하여 국내동포의 구제사업에 노력하며, 日貨를 배척하고 부인들에게 독립사상을 고취하는 것이다. 실제적 사업으로 임시정부의 외교선전·군사운동 등에 후원금을 보냈으며, 2세의 국어교육, 대한국민회에 대한 후원, 국내동포에 대한 재해금을 송금하였다. 중앙총단은 따유바(1919.8.~1923.10.)·샌프란시스코(1923.10.~1933.3.)·로스앤젤레스(1933.3.~현재)에 두었고, 11곳에 지부를 두었다. 재정은 단원의 연회비 3달러씩을 수합하여 경상경비에 쓰고 사업경비는 특별회비를 갹출하여 썼다. 단원

은 가장 많을 때는 150여명 정도였다.[35]

대한여자애국단의 조직은 위원 5인 이상을 두는 총부(總部)와 위원 3인 이상을 두고 총부의 지휘를 받아 의결사항을 실시하는 지부(支部)로 구성되어 있다. 총부의 인원은 총단장·서기·재무 각 1인과 위원 2인(註:1919년도는 3인)으로 구성되었으며, 총부의 임원선거는 각 지부 전체 단원의 통신투표를 통해 다수를 얻은 이를 위원으로 선정하며, 선정된 위원들이 다시 총부 임원을 호선하는데 최다 득표자가 반드시 총단장이 되지는 않는다.

지부위원의 선거는 그 지방 단원의 투표에서 다득(多得)한 단원으로 선출하고 지부 임원은 지부 위원회에서 호선한다. 총부와 지부의 임원 임기는 개정 전 규칙에서는 모두 만 1년이나 재선(再選)이 가능하여 대부분 재선 이상으로 임기가 연장되었다.

다음은 1919~1945년까지의 총단의 임원 현황이다.

대한여자애국단 총단 임원일람표

연도	총단장	서기	재무	위원	자료
1919-20	김혜원	한영숙	강원신	한성선·임원덕	『애단사』, 49쪽.
1921-23	한성선	정미선	한영숙	임성실·한신애	『신한』, 22.3.23.
1924-25	강원신	하명원	백락희	김석은·최우실	『신한』, 25.3.12.
1926	황보석	양제현	백락희	김석은·강원신	『신한』, 26.3.18.
1927	황보석	하명원	백락희	양제현·강원신	『신한』, 27.3.3
1928	황보석	하명원	백락희	양제현·최우실	『신한』, 28.3.8.
1929	양제현	황보석	백락희	하명원·최우실	『신한』, 29.3.14.
1930	양제현	하명원	황보석	백락희·최우실	『신한』, 30.3.6.
1931	최우실	양제현	황보석	백락희·신선희	『신한』, 31.3.12.
1932	최우실	양제현	백락희	전그레이스·신선희	『신한』, 32.3.17.
1933	박경신	김혜란	이성례	김혜원·최련실	『신한』, 33.3.19,23.
1934	박경신	최련실	이성례	김혜원·김혜란	『신한』, 34.1.18,2.15

---

35 김운하, 『대한여자애국단사(大韓女子愛國團史)』(신한민보사, 1979), 김원용, 『재미한인오십년사(在美韓人五十年史)』, 1959.

연도	총단장	서기	재무	위원	자료
1935	박경신	윤도연	이성례	김혜원·김혜란	『애단사』, 71쪽.
1936	박경신	윤도연	이성례	김혜원·전그레이스	『신한』, 36.1.9.
1937	박경신	전그레이스	이성례	김혜원·임메불	『애단사』, 72쪽.
1939-40	김혜원	박경신	이성례	전그레이스·임인재	『신한』, 40.1.18.
1942-44	임메불	박경신	이성례	김혜원·임인재 현신성·백락회 안혜련	『애단사』, 94-5쪽.

※ 『애단사』는 『대한여자애국단사』의 약칭임.

총부의 사무소는 1919-26은 다뉴바에, 1926-33은 샌프란시스코에, 1933-45는 로스앤젤스에 있었다. 이상의 임원상황으로 볼 때 총부사무소가 로스앤젤스로 옮겨지기 이전까지의 총부의 중심 임원은 김혜원·한성선·강원신·황보석·양제현·최우실·한영숙·백락회 등이었고, 로스앤젤스로 이전한 이후의 중심 인원은 박경신·김혜원·임메불·이성례·김혜란·최연실·윤도연·전그레이스·임인재 등이었다.[36] 이들은 미국 서부지역 한인 여성사회의 지도급 여성들이다. 여기서 임인재는 1939년부터 1944년까지 총부의 위원으로 활동하고 있음을 알 수 있다.

2) 대한여자애국단 나성(로스엔젤레스)지부에서의 활동

대한여자애국단의 활동은 교포사회 여성들의 절대적인 호응을 받았다. 그 결과 1920년 4월에 Maxwell·Delano의 여성들이 지부를 설치하였다. 이어 Oakland와 Montana 등지에도 지부가 설립되었다. 1937년 중일전쟁이 일어난 후 중국난민구제금(中國難民救濟金)을 모집하여 중국정부에 보내는 등 국제적인 항일 운동 사업을 행하면서 애국단의 활동은 보다 확대되었다.

한편 1938년 8월 29일 멕시코의 Merida 지방의 20여명의 여성들이 국치일기념식 후에 "국치를 씻고 조국을 광복하겠다"는 결심으로 메리다지

36 박용옥, 「미주한인여성단체의 광복운동지원연구-대한여자애국단을 중심으로」, 282-283쪽.

부를 설치하였다. 또한 총부에서도 지부 확대를 위하여 쿠바의 Matanzas·Havana·Galdenas 등지에 지부 설치 권유(勸誘) 서함(書函)을 보내어 지부를 설치하게 하였다.

대한여자애국단 나성지부의 임원상황을 표로 작성하면 다음과 같다.

나성지부 임원 일람표

연도	단장	부단장	서기	재무(회계)	위원(사교원)	자료
1924	김혜란					『신한』, 24.8.15.
1930	임메불					『신한』, 30.8.14.
1933	현신성	임인재	정혜경	강용순	최연실	『신한』, 33.3.2.
1934	권영복	윤도연	임인재	박정경	강용순	『신한』, 34.3.22.
1935	전그레이스		임인재	이제희	권영복·현신성	『신한』, 34.12.20.
1937	신경애		이초실	황옥석		『신한』, 36.12.17.
1938	이성례		임인재	박에다	전그레이스·임메불	『신한』, 37.12.9.
1939	이성례		임인재	박에다	전그레이스·김혜원	『신한』, 38.12.22.
1940	임메불		임인재	전그레이스	이성례·임성실	『신한』, 39.12.7.
1941	임메불			윤우로사	박에다	『신한』, 41.1.16.
1943	현신성					『신한』, 43·1.14.
1944	임인재		백락희	안혜련	이성애·윤덕애	『신한』, 43·12.23.
1945	이성례		이초실	박에다	이화목·임인재	『신한』, 44.11.30.

대한여자애국단 총부가 샌프란시스코에 있었던 1926년부터 1933년 사이의 지부 임원 중 강원신·김석은·최우실·신선희·양제현 등은 총부의 임원으로 활약하였던 여성들이다. 특히 강원신·양제현·최우실은 총부의 회장직을 역임했었다.

1933년 이후 총부는 줄곧 로스앤젤레스에 있었다. 로스앤젤레스에는 한인교포가 가장 많이 거류하고 있었으므로 거류 여성의 수도 많았다. 아울러 애국단원의 수도 자못 많아 투표참가인수가 많을 때는 150-60여명을 상회하였다. 그러므로 이곳에서는 대한여자애국단 이외로도 1930년에 설립된 나성(羅盛) 대한인여자기독교청년회(YWCA) 등 기독교 정신에 입각한 부녀단체들이 조직되어 활동하고 있었다. 여자기독교청년회는 국제여자기독청년회와 연관을 가진 국제적인 여성단체로서 주로 불쌍하고 가련한 동포들을 위하여 미국 관청 구제부에 교섭하는 일, 빈한한 동포들이 병마에 걸릴 때에 시내 병원과 교섭하여 무료로 입원 치료케 하는 일과 무료 수술을 교섭하는 일 등을 맡아 행하였다. 그런데 대한여자애국단의 중요 임원들도 바로 이 단체의 중요 임원으로도 활동하고 있었다. 즉 임인재를 비롯하여 박경신·김혜원·윤도연·임메불·이성례·권영복이 그들이었다. 이들은 애국단 총부와 라성지부에서 중책을 맡은 인물들이었다. [37]

차인재가 대한인애국단 나성지부에 처음 등장하는 것은 『신한민보』(1933. 3. 2.)〈애국단 라성지부 체임에서〉이다. 아마도 아이들이 약간 큰 다음에 사회생활이 시작된 것으로 보인다. 차인재의 나성에서의 활동은 다음의 신문기사들에서 볼수 있는 바와 같이, 1933년부터 1944년까지 지속되었다, 그녀가 맡은 직책은 서기, 재무, 부단장, 단장, 회장 등 다양하였다.

1. 『신한민보』(1933. 3. 2) 〈애국단 라성지부 체임에서〉

대한인여자애국단 라성지부에서 체임 통상회를 지난 26일 저녁 7시반에 지부 단장 현신성씨 사택에서 열고 1933년도 임원들을 선정하였는데 그 씨명은 여좌하니
단장: 현신성, 부단장: 림인재, 서기: 정혜경, 회계: 강봉순, 사교원, 최련실 (라성지국통신)

2. 『신한민보』(1934. 12. 20) 〈여자애국단 라성지부〉

대한여자애국단 라성지부 1935년도 행정 임원들은 좌와 같이 당선되었다.
단장: 전그레쓰, 서기: 림인재, 재무: 리제희 (하략)

---

37 박용옥, 「미주한인여성단체의 광복운동지원연구─대한여자애국단을 중심으로」, 288-291쪽..

3. 『신한민보』(1936. 1. 9) 〈라성 여자애국단 임원 개선〉

본월 8일 저녁에 라성 여자애국단에서는 명년도 행정 임원을 선거한바 다음과 같이 제씨가 당선되었다더라.

단장: 림메불, 서기: 김혜란, <u>재무: 림인재</u>, 위원: 김혜원, 전그레쓰

4. 『신한민보』(1936. 7. 23) 〈애국단 총단 서기 체임〉

라성에 있는 대한여자애국단 총단 서기 윤도연씨 사면한대에 <u>림인재</u>씨로 보선하였다더라. (라성 통신)

5. 『신한민보』(1937. 1. 28) 〈여자애국단 라성지부 임원 개선〉

여자애국단 라성지부에서는 지난 17일 저녁 단장 림메불씨 사택에 모여 금년도 임원을 개선한 후 체임식을 거행하였고 다음에는 림부인의 준비한 음식을 나누며 재미 있게 밤이 늦도록 놀다가 산회하였다한다.

새로 피선된 임원

단장: 안혜련, <u>서기: 림인재</u>, 재무: 전그레시, 위원: 리성례, 림메불

6. 『신한민보』(1937. 12. 9) 〈여자애국단 라성지부 임원 개선〉

대한인여자애국단 라성지부는 예년보다 한 달이 이르게 11월 28일에 안혜련씨 사회 하에 개회하고 명년도 임원을 개선한바 그 직무와 방명은 아래와 같다.

회장: 리성례, <u>서기: 림인재</u>, 재무: 박에다, 위원: 전그레이스, 림메불

7. 『신한민보』(1938. 12. 22) 〈라성 여자애국단의 임원 개선〉

구임원이 전부 연임

대한인여자애국단 라성지부에서는 지난 16일 저녁에 국민총회관내에서 체임 통상회를 열고 명년도 임원을 선거하였는데 투표의 결과 구임원이 전부 연임된바 그 직임과 씨명은 각각 아래와 같다.

단장: 리성례, <u>서기: 림인재</u>, 재무: 박에다, 위원: 전그레이스, 김혜원 (하략)

8. 『신한민보』(1939. 12. 7) 〈대한여자애국단 라성지부〉

명년도 임원 선거

대한여자애국단 라성지부는 12월 3일 하오 2시에 국민총회관 대례당에서 체임 통상회를 열고 투표 선거한 명년도 임원이 아래와 같다.

회장: 림메불, <u>서기: 림인재</u>, 재무: 전꾸레스, 위원: 리성례, 림성실(하략)

9. 『신한민보』(1940. 12. 19) 〈대한여자애국단 라성지부〉

명년도 임원 선거

대한여자애국단 라성지부는 12월 8일 하오 2시에 국민총회관 대례당에서 명년도 임원을 선거하고 의결한 사항이 아래와 같다.

단장: 림메불, 서기: 림인재, 재무: 윤으로사, 위원: 안혜련, 박에다(하략)

10. 『신한민보』(1941. 12. 4) 〈대한여자애국단 라성지부〉

명년도 임원 선거

대한여자애국단 라성지부는 12월 30일 하오 7시반에 국민총회관 대례당에체임통상회를 열고 명년도 임원을 이래와 같이 선정하였다.

단장: 리성례, 서기: 림인재, 재무: 안혜련, 위원: 김혜원, 림광명

11. 『신한민보』(1942. 1. 29) 〈대한여자애국단〉

총부 임원의 취임식

대한여자애국단 총부의 금년도 선거 결과는 아래와 같다.

총단장: 림메불, 서기: 박경신, 재무: 리성례, 위원: 김혜원, 림인재

12. 『신한민보』(1943. 12. 23) 〈대한여자애국단 라성지부〉

명년도 임원 선거

대한여자애국단 라성지부는 동 지부의 명년도 임원을 선거하였음이 아래와 같다.

회장: 림인재, 서기: 백락희, 재무: 안혜련, 위원: 리성례, 윤덕애

13. 『신한민보』(1944. 11. 30) 〈대한여자애국단 라성지부〉

명년도 임원 선거

대한여자애국단 라성지부는 11월 26일 하오 2시에 국민총회관에서 체임 통상회를 열고 명년도 임원을 선거하였고 그 피선 임원은 아래와 같다.

지부 단장: 리성례, 서기: 리초실, 재무: 박에디, 위원: 리화목, 림인재

5. 대한인국민회 나성(로스엔젤레스)지방회에서의 활동

차인재는 나성에서 대한인국민회 라성지방회에서도 활동하였다. 1936년에

는 집행위원, 1939년에는 총무, 1940년에는 집행위원겸 교육위원, 1941년에는
교육위원, 1942년에는 집헹위원 겸 총무, 1944년에는 총무 등으로 활동하였
다. 이를 『신한민보』를 통해 보면 다음과 같다.

1) 『신한민보』(1939. 6. 22) 〈라성지방회〉

라성지방회는 6월 11일 하오 8시에 국민총회관에서 전체대회를 소집하여 집행위원
장 림정수씨 사회 하에 처리한 사항이 아래와 같다. (중략)
二. 이상 궐임된 상무위원을 보충하기 위하여 집행위원 박경신, 림인재, 김성락,
리용선 제씨를 보선한 일 (하략)

2) 『신한민보』(1939. 7. 6) 〈라성지방회〉

라성지방회는 6월 24일 하오 9시에 특별회를 열고 처리한 사건이 아래와 같다.
一. 궐임된 임원을 보선
서기: 리용선   총무: 림인재
학무: 김성락 구제원: 박경신

3) 『신한민보』(1940. 12. 19) 〈라성지방회〉

라성지방회는 12월 15일 하오 2시에 국민총회관에서 지방대회를 열고 집행위원 7
인과 감찰위원 1인과 및 대표원 3인을 선거한 결과가 아래와 같다.
집행위원 7인, 박재형, 조종익, 리용선, 림정수, 윤혁, 림인재, 함병찬(중략)
동 8시에 집행위원 7인이 집행위원장과 상무위원을 호선한 결과가 아래와 같다.
집행위원장: 박재형, 총무: 조종익, 서기: 리용선,
구제위원: 림정수, 교육위원: 림인재, 실업위원: 윤혁, 선전위원: 함병찬

4) 『신한민보』(1941. 12. 18) 〈라성지방회〉

라성지방회는 12월 14일 하오 8시에 국민총회관 대례당에서 지방대회를 열고 명년
도 임원을 선거하였음이 아래와 같다.
집행위원장: 리암, 총무: 박원걸, 서기: 함병찬
구제위원: 림메불, 교육위원: 림인재, 실업위원: 박재형
선전위원: 리용선, 감찰위원: 림치호
대표원: 박원걸, 송헌주, 송종익, 윤혁, 리암

5) 『신한민보』(1942. 12. 17) 〈라성지방회〉

라성지방회는 11월 29일 하오 8시에 국민총회관 대례당에서 집행위원장 리암씨 사회 하에 지방대회를 열고 의장 송종익, 서기 함병찬 양씨를 선정하여 명년도 집행위원 7인, 감찰위원 1인과 대표원 4인을 투표 선거하였음이 아래와 같다.

집행위원 7인, 박원걸, 림인재, 함병찬, 리암, 조원두, 박재형, 리용선(중략)

12월 13일 하오 2시에 국민총회관 대례당에서 지방대회를 계속 개회하여 제7차 대표대회에 제출할 제안을 의결한 후 호선한 상무위원이 아래와 같다.

집행위원장: 박원걸

총무: 림인재,   서기: 함병찬,   구제위원: 리암

교육위원: 조원두,   실업위원: 박재형,   선전위원: 리용선

6) 『신한민보』(1944. 12. 14) 〈라성지방회〉

라성지방회는 11월 12일 년종 대회를 열고 명년도 임원을 선거하였음이 아래와 같다.

집행위원장: 박리근,   총무: 림인재,   서기: 함병찬 (하략)

7) 『신한민보』(1945. 1. 18) 〈라성지방회 二一 기념 준비〉

라성지방회는 1월 14일 통상회로서 금년 二一 기념 준비를 위하여 위원 박리근, 김영륙, 리성례, 림인재씨 등 4인을 선정하여 일체를 준비케 하고 (하략)

한편 차인재는 1940년대부터 해방이 될 때까지 미주지역의 대표적인 독립운동단체인 재미한족연합회에서도 활동하였다. 1944년 4월에는 선전과장, 특히 그녀는 군자금 모금활동을 위해 진력하였다. 1945년 1월 군자금 모집위원, 4월 수전위원 등으로 활동하였던 것이다.

6. 군자금 등 지원활동

차인재의 군자금 등 자금 지원활동은 『신한민보』를 통하여 그 일단을 찾아볼 수 있다. 『신한민보』의 날짜를 보면 다음과 같다.

『신한민보』

1920년대: 1922. 8. 10, 1923. 3. 15, 1925. 5. 7, 1927. 7. 7,
1930년대: 1935. 12. 26, 1936. 3. 5, 5. 7, 1937. 3. 4, 3. 25, 7. 1,
    10. 7, 1938. 2. 10, 1939. 2. 9, 6. 29,
1940년대: 1940. 11. 7, 1941. 3. 6, 10. 2, 12. 18, 1942. 1. 22, 6.
    18, 1944. 1. 13, 1. 27, 9. 7, 11. 30, 1945. 2. 22, 4. 26,
    8. 16.

위의 날짜들을 볼 때, 차인재는 1920년대부터 40년대에 걸쳐 자금을 내고 있음을 알 수 있다. 특히 1935년 이후 1945년 해방이 될 때까지 많은 자금을 출현하고 있음을 짐작해 볼 수 있다. 이들의 구체적인 내역을 보면 다음과 같다.

▶ 의무금: 1922. 8. 10.→5원, 1923. 3. 15.→5원, 1936. 3. 5.→2원 50전, 1937. 3. 4.→2원 50전, 1938. 2. 10.→2원 50전, 1939. 6. 29.→5원, 1942. 1. 22.→2원 50전, 1944. 1. 27.→15원, 1945. 4. 26.→15원 총액 55원.
▶ 인구세: 1925. 5. 7.→1원, 1927. 7. 7.→1원, 1936. 5. 7.→1원, 1937. 10. 7.→1원, 1942. 1. 22.→1원, 1944. 1. 13.→1원 총액 6원
▶ 보조금: 1935. 12. 26.→1원, 1944. 9. 2.(9. 7.)→5원 총액 6원
▶ 三一적립금: 1937. 3. 25.→50전
▶ 의연금: 1937. 7. 1.→4원
▶ 二一기념금: 1939. 2. 9.→1원
▶ 광복군 후원금: 1940. 11. 7.→1원, 1941. 3. 6.→5원 총액 6원
▶ 독립금: 1941. 10. 2.→5원, 1942. 6. 18.→10원 총액 15원
▶ 특별운동비: 1941. 12. 18.→5원
▶ 한인승리공채: 1944. 11. 30.→50원

- ▶ 기본금: 1945. 2. 22.→5원
- ▶ 대한여자애국단 창립 기념 의연: 1945. 8. 16.→5원

차인재가 낸 금액의 액수를 보면, 한인승리공채가 단일종목으로는 50원으로 제일 많은 액수를 차지하고 있다. 그녀의 독립에 대한 염원을 알 수 있는 부분이 아닌가 한다. 그 외 의무금이 55원으로 1920년대부터 1940년대까지 많은 부분이다. 그 외 독립금과 광복군후원금이 주목된다. 이들 비용 지출은 미주 독립운동가의 특성을 보여주는 것이라고 할 수 있겠다.

기타 다른 용도에도 차인재는 기부를 하였던 것이다. 이를 보면 다음과 같다.

『신한민보』

- ▶ 성탄구제금: 1921. 1. 6.→1원
- ▶ 본국 수재동정금: 1936. 12. 31.→1원
- ▶ 중국 동정 의연금: 1937. 10. 14.→5원
- ▶ 중국 피란민 동정금: 1938. 9. 1.→1원 85전, 11. 10.→2원
- ▶ 마탄사스 재류 동포 구제금: 1939. 6. 1.→1원
- ▶ 식자기계의연: 1940. 8. 29.→3원
- ▶ 리윤상씨 부인 동정금: 1941. 5. 29.→1원
- ▶ 상조부금: 1944. 6. 15.→1원
- ▶ 중경 동포 위문금: 1944. 12. 14.→5원

차인재가 낸 기부금에는 국내, 중국 중경, 쿠바 마탄사스 등 다양한 지역에 걸쳐져 있음을 짐작해 볼 수 있다. 오마이뉴스 [현지취재] 미주지역 독립운동가 '차인재' 지사 외손녀를 만나다(2018년 8월 20 일자)에 실린 차인재의 외손녀인 윤 패트리셔(한국이름 윤자영)의 다음의 증언은 군자금 기부의 상황을 잘 전달해 주고 있다.

"외할머니(차인재 지사)는 매우 억척스런 분이셨습니다. 외할머니는 새크라멘토에

서 식료품 가게를 하셨는데 새벽부터 밤까지 초인적인 일을 하시며 돈을 버셨지요.
그렇게 번 돈을 조국의 독립운동 자금으로 내신 것이지요. 제가 8살 무렵에 한글교
실에 다녔는데 이것은 외할머니의 영향이었습니다. 외할머니는 제가 대학을 졸업할
무렵 돌아가셨습니다."

한편 남편 임치호도 상업에 종사하면서 많은 돈을 독립을 위해 희사하였다.[38]

---

38 『신한민보』
  - 국치일 기념 적립금: 1918. 9. 12→1원
  - 독립의연: 1919. 5. 29→100원, 9. 27→100원 (2회 200원)
  - 적십자비: 1919. 9. 18→7원
  - 국민대표회 경비: 1923. 4. 26→1달러
  - 보조금: 1924. 9. 11→2원 50전, 1928. 11. 8→2원, 1935. 12. 26→2원, 1938. 10. 27→5
    원, 1944. 9. 7→10원 (5회 21원 50전)
  - 인구세: 1925. 5. 7→1원, 1928. 6. 7→1달러, 1929. 2. 14→1달러, 1936. 5. 7→1원, 1937.
    10. 7→1원 (5회 5원)
  - 중국혁명 후원금: 1928. 6. 21→2원
  - 중국군인 위로금: 1932. 3. 17→1원
  - 학생운동금: 1935. 12. 26→2원
  - 삼일적립금: 1937. 3. 25→1원
  - 중국항일전쟁 동정금: 1937. 11. 4→5원
  - 국민부담금: 1938. 8. 4→10원
  - (왜적 헌쇠 수출 규탄) 피케팅 후원: 1939. 1. 26→1원
  - (국민회) 기본금: 1940. 4. 11→5원, 1941. 2. 13→5원, 1942. 2. 26→5원, 1943. 2. 25→5
    원, 1945. 2. 22→5원 (5회 25원)
  - 광복군 후원금: 1940. 11. 7→25원, 1941. 3. 6→10원 (2회 35원)
  - 하와이 대표 여비: 1941. 5. 22→1원
  - 독립금: 1941. 6. 19→5원, 1942. 4. 16→60원, 1943. 2. 18→30원, 8. 12→30원, 1944. 2.
    17→15원, 4. 20→15원, 7. 27→15원, 10. 12→15원 (8회 185원)
  - 국방행렬참가 경비: 1941. 9. 11→1원
  - 특별운동비: 1941. 12. 18→5원
  - 중경특파원 여비: 1943. 6. 24→25원
  - 기본 적립금: 1943. 9. 16→10원, 1944. 2. 10→5원 (2회 15원)
  - 군사운동금: 1944. 6. 15→50원, 1945. 3. 15→50원 (2회 100원)
  - 대한여자애국단 내지 난민 구제 의연: 1945. 4. 5→5원
  - 국제안전대회 의연: 1945. 4. 26→25원

맺음말

차인재는 독립기념관에 소장되어 있는 흥사단이력서에 임인재란 이름으로 기록되어 있다. 차인재가 임인재가 된 것은 미국의 방식대로 남편 임치호의 성을 따랐기 때문이었다. 흥사단이력서에 차인재의 출생지는 "조선 경기도 수원군 수원면"으로 기록되어 있다. 그리고 〈대정 10년(1921년-필자주) 2월에 작성된 불령단관계잡건 조선인부 재외요주의선인연명부〉에는 명치 26년(1893년-필자주) 4월 26일생, 경기도 수원군, 남감리파교도로서, 성격이 음험, 각종 불령단체와 관계가 있음으로 주의를 요함이라고 있고, 같은 자료 다른 항목에는 수원군 수원면 북수리 99번지로 되어 있다.

『신한민보』 1936년 4월 16일 〈가정방문기 k기자〉에서 그녀가 이화여고를 졸업하였음과 사진신부로 미국 나성에 갔음을 추정해 볼 수 있다. 미국으로 시집가서 임치호와 결혼을 한 차인재는 민족의식을 갖고 학생들을 위하여 교육활동을 전개하였다. 그녀가 수원에서 일찍이 교사생활을 한 것이 큰 도움이 되었을 것으로 보인다.

1930년대에는 로스엔젤레스에서 대한여자애국단에서 활동하였다. 이 단체는 미주부인회의 합동결의안에 따라 1919년 8월 5일 조직되었다. 차인재는 1939년부터 1944년까지 총부의 위원으로 활동하였다.

1940년대부터 해방이 될 때까지 미주지역의 대표적인 독립운동단체인 재미한족연합회에서 활동하였다. 1944년 4월에는 선전과장, 특히 그녀는 군자금모금활동을 위해 진력하였다. 1945년 1월 군자금 모집위원, 4월 수전위원 등으로 활동하였던 것이다.

제3부

근대의 표상: 체육과 소방

수원지역 근대 체육의 발전

머리말

체육은 구한말에 국가를 구하기 위한 애국 체육으로서, 아울러 근대국민 만들기의 일환으로서 그 중요한 위상을 갖고 있었다. 1910-1920년대에는 국민 건강 증진과 더불어 일본신민 만들기의 일환으로, 1930-1940년대에는 황국신민 만들기 또는 전쟁에 참여하는 군인을 양성하기 위한 전투체육으로서 그 모습을 갖기도 하였다. 그러한 가운데 수원지역의 근대체육은 수원사람들의 자발적인 의지와 노력으로 점차 근대적인 모습의 형태를 갖추기 시작하였고, 해방 후에는 국위선양을 위한 국가체육을 넘어 국민을 위한, 국민과 함께 하는, 국민이 주인 되는, 가장 사랑받는 체육으로 변화하고 있었다. 그럼에도 불구하고 현재 개인의 삶 속에서, 그리고 국가적 차원에서도 가장 소중한 체육 분야에 대한 연구는 황무지라고 해도 과언이 아니다.

필자는 수원지역 근대체육의 전체적인 모습을 살펴보기 위한 한 방법으로 먼저 수원지역의 근대 운동회에 대하여 살펴보고자 한다. 다음으로는 수원지역 체육회의 설립과 활동 등을 알아보고, 이어서 수원지역에서 행해진 야구, 축구, 정구 등 다양한 종목들에 대하여도 밝혀보고자 한다.

1. 학교운동회를 통한 근대체육의 도입과 보급

근대체육은 학교운동회를 통해 대중에게 소개되었다. 이 시기의 운동회는 특히 남녀노소를 막론하고 수많은 사람들이 모인 지역사회의 대중적 문화 활동이자 새로운 운동경기를 대중에게 소개하는 장이었다.

1) 대한제국시기 수원지역 학교운동회

1896(고종 36년) 5월 2일, 영어학교 교사 허치슨이 화류(花柳)놀이를 개최하였다. 이때 그는 서울 동서문 밖 삼화평(三化坪)으로 소풍을 가 그곳에서 운동회를 개최하였는데 이것이 우리나라에서 열린 최초의 운동회이자 최초의 육상경기였다.[1] 동년 동월 30일에는 훈련원에서 소학교 운동회가 열렸다. 운동회에는 각 관립학교 소학교 학생들, 정부관리와 교원들 말고도 서울시민들이 대거 모여 자리를 채우며 한껏 분위기를 돋우웠다. 그리고 지방에서도 운동회가 성황리에 열리면 지역 주민들이 학생들 못지않게 이를 반겼다. 운동회 경기 중에서 체조가 압권이었다. 그리고 각종 경기종목은 경쟁심리를 불러일으켰다.

1899년에는 운동회 내용이 더욱 다양해졌다. 달리기, 체조 외에 넓이뛰기, 2인 삼각달리기, 공 던지기, 높이뛰기, 멀리뛰기, 축구, 타구(야구), 송구 등을 했다. 이때 운동회는 태극기 게양과 함께 시작되었다. 이처럼 운동회는 학생들이 신체를 단련하는 마당이자, 지역주민들이 즐기는 잔치였을 뿐만 아니라, 참여자들의 애국심을 고취시켜 국권수호의지를 다지는 계기가 되었다[2]

사립학교를 세운 지식인들도 운동회를 자주 열었다. 1896년에서 1910년 사이에 열린 운동회의 94%에 해당되는 204회가 1905년 이후 구한말에 열렸다.

---

1 이승원, 『학교의 탄생:100년 전 학교의 풍경으로 본 근대의 일상』, 휴머니스트, 2005, 187-188쪽.

2 김성학, 「근대 학교운동회의 탄생:화류에서 훈련과 경쟁으로」, 『한국교육사학』 제31권 제1호, 2009, 57-94쪽

운동회는 각 지역마다 개별적으로도 개최되었으나 때로는 지역마다 사립학교
들이 연합운동회를 개최함으로써 일제의 탄압에 꺾이지 않는 조선인의 단합
된 힘을 보여주었다. 서울에서는 11개 소학교의 1천여 명 학생들이 훈련원 앞
마당에 모여 각종 경기를 했다. 이때 중앙에는 태극기를 높이 걸어 학생들과
일반인들이 애국심을 느끼도록 했다. 지방에서도 마찬가지였다. 심지어 운동
회에서는 군사훈련을 방불케 하는 온갖 체육행사가 진행되었으니, 마치 군인
들이 나라를 되찾기 위해 벌이는 전쟁놀이 같았다. 운동회를 시작할 때 학생
들이 총을 메고 행진하여 운동장에 들어왔다. 물론 국권의식을 드높이고 항
일정신을 복돋우는 운동가를 불렀다. 당시 이런 모습은 운동회를 참관하던
일본인들의 간담을 서늘케 했다. 그래서 일제는 각지에서 열리는 운동회를 경
계하여 이를 점차 축소시켰고, 마침내 1910년에는 운동회가 일종의 무장 시위
로 간주되어 교육의 본지에 어긋난다고 하여 이를 중단시켰다.[3]

실제 만주지역 유하현 삼원포에서 간행된 『신흥학우보』 제2권 10호(1918년 7
월 15일 간행)에서도 독립운동준비의 일환으로 운동회가 자주 열리고 있음을
살펴볼 수 있다. 〈각 지방 운동구경(興東, 柳西)〉 등, 흥경현 동부지역, 유하현 서
부지역에서 개최된 것들이 이에 해당한다고 할 수 있을 것 같다. 기록상으로
아직 찾아볼 수는 없지만, 수원지역에서도 일찍부터 화류놀이를 하거나, 소풍
을 가는 등의 소규모의 운동회들이 열렸을 것이다. 그리고 점차 수원에서도
관립 소학교와 삼일남·여학교, 그리고 수원농림학교에서 운동회를 가졌고 해
를 거듭할수록 활발해진 운동회는 마침내 각 학교의 연합운동회로 발전하여
1905년부터 1909년 사이에는 운동회 전성시대를 이루게 되었다.

수원 보시동 시절의 삼일학교에는 체조과목이 없었다. 그러다가 학교를 종로

---

3 김성학, 「근대 학교운동회의 탄생:화류에서 훈련과 경쟁으로」, 57~94쪽

교회로 옮긴 후 체조과를 신설했으나, 운동장이 거의 없는 형편이었다. 이에 나중석이 매향동에 있는 과수원 900평을 운동장으로 쓰도록 기부했다.[4] 지금까지 삼일중학교가 사용하고 있는 아담스기념관 앞의 교정이 바로 그것이다.

국권을 회복해 보려는 희망 아래 경영했던 삼일학교에서는 일본인에게 강제로 해산당한 대한제국 군인 출신 강건식을 채용하여, 그가 학생들에게 군대식 병식훈련을 하게 하였다. 1908년 1월 제2대 체육교사로 역시 한국군대 출신인 부위(副尉) 송세호를 채용하여 군대식 훈련을 한층 강화했다. 특히 교사 송세호의 구령은 크고 힘이 있어 서울에서 연합운동회를 개최할 때마다 구령교사로 뽑혀 활약할 정도였다.[5]

1907년 연합운동회는 삼일학교·화성여학교·공립소학교 등의 참여로 초유의 대장관을 이루었다. 활발한 남녀학생들 기상은 탄성을 자아내기에 충분하였다.[6] 이듬해인 1908년 4월 20일에는 더욱 확대된 규모로 개최되었다. 운동회 장소인 연무대에는 내외빈과 주민들로 인산인해를 이루었다. 기생과 술장사들조차도 음식물을 제공하는 등 학생들 사기를 진작시켰다.[7] 이런 경우는 타 지역에서도 종종 있는 일이었다. 운동회는 폐쇄적인 신분질서에 갇혀 있었던 여성들이 공개적인 광장에서 여러 사람들과 하나가 되는 장으로 적극적으로 활용되었다. 기생도 예외는 아니었다. 장옷과 쓰개치마를 벗어던진 여성들이 학교와 운동회에 모여들었다. 운동회는 그야말로 하나의 틀로 규정될 수 없는 다양한 욕망이 들끓는 축제적 도가니였다.[8]

---

4 한동민, 「근대 수원지역 유지 나중석의 생애와 활동」, 『나혜석연구』 3, 2013, 90쪽.
5 김세한, 『삼일학교80년사』, 학교법인 삼일학원, 1983, 94~96쪽.
6 『대한매일신보』 1907년 6월 13일 잡보 「聯合運動의 校況」.
7 『대한매일신보』 1908년 4월 22일 잡보 「春期運動」; 『황성신문』 1908년 4월 19일 잡보 「華城學校聯合運動」, 4월 21일 잡보 「妓生과 酒商協議」.
8 이승원, 『학교의 탄생』, 203쪽.

한편 수원여학생의 경우도 운동회에 적극 참여하였다.[9] 수원지역의 여성교육은 '비교적' 일찍부터 시행되었다. 수원지역 최초 사립학교인 삼일여학당은 여성교육을 주도하였다. 이는 화성여학교·화양여학교·병설여학교 설립 등으로 진전되었다. 여학교 연합운동회 개최는 주민들에게 여성교육의 중요성을 일깨우는 계기였다. 남문에 거주하는 이선익은 학업을 장려하기 위한 일환으로 화양여학교과 삼일여학교 학생들을 초청하여 운동회 경비 일체를 부담하였다.[10]

또한 성공회에서 설립한 진명학교에서도 운동회를 개최하였다. 1909년 5월 하류천에서 대운동회를 개최하였는데, 이때 부재열(Bridle, George Alfred) 신부, 구르니(Rev.Gurney) 신부, 서울에서 온 부영사, 수녀 3인, 진명학교 학생들, 교사들, 학부형 등 다수가 참여하였다. 당시로서는 보기 어려운 여러 가지 종목의 경기를 펼치는 근대적인 운동회로 수천 명의 인파가 모여드는 큰 구경거리였다. 시상과 오찬은 학부모와 교우들이 담당하였다고 한다.[11] 특히 진명학교에는 영국인 신부들의 지도로 축구부와 수영부와 같은 신식운동부가 있었고, 정기적으로 운동시합을 열었다.[12] 1911년에는 충북 진천교회 축구팀과 친선경기를 갖기도 하였다.[13] 특히 주목되는 것은 축구의 경우 부재열신부가 1899년 내한하여 그해 강화도 남학당에서 한국에서 처음 축구팀을 만들기 시작하였다는 점이다. 그리고 1900년에 첫 축구팀이 조직되었다.[14] 바로 그 부재열신부가 1905년 10월 수원교회로 부임하여[15] 제2의 강화축구팀을 창단하였다고 볼 수

---

9 김형목, 「한말 수원지역 계몽운동과 운영주체」, 『한국민족운동사연구』53, 2007,

10 기호흥학회, 「학계휘문, 妙年斑志」, 『기호흥학회월보』11, 49-50쪽.

11 전삼광, 「수원교회 선교100년사」, 『수원교회 선교100년사(1904-2004)』, 대한성공회 수원교회, 2004, 31쪽, 99쪽, 위의 책자 175쪽에는 1910년 대운동회 사진이 실려 있어 이해에 도움을 준다.

12 위의 책, 174쪽.

13 위의 책, 176쪽.

14 Morning Calm, February, 1901:82. 옥성득, 한국의 첫 축구팀, 1901년 성공회 강화학당.

15 『수원교회 선교100년사(1904-2004)』, 170쪽.

있겠다. 현재 1909년, 1911년 축구부 사진이 수원교회에 남아 있다.[16]

2) 독립운동시기 수원지역 운동회

(1) 1910-20년대 운동회

수원지역의 대표적인 초등학교인 수원공립보통학교(신풍학교)의 운동회는 1910년대에 개최된 것으로 보인다. 1916년 10월 15일 수원공립보통학교장이 보호자들에게 보낸 운동회 안내장이 이를 증명해 주고 있다. 여기에는 10월 19일 오전 9시부터 추계대운동회를 개최한다는 말과 함께 많은 부형들의 참여를 희망함을 밝히고 있다. 아울러 운동회장 안내도도 동봉되어 있다. 그러나 수원지역 조선인학교의 경우, 운동회가 본격적으로 진행된 것은 3·1운동이후이다. 『동아일보』 1921년 10월 12일자, 15일자 〈수원공립운동속보〉 등을 보면, 1921년 10월 수원공립보통학교에서는 700여명의 학생과 2,000여명의 관객이 모인 가운데 63종목의 운동회를 성대히 개최하였다.

1922년 2차 조선교육령이 발표된 이후 1923년 수원공립보통학교에서 역시 운동회가 개최되었다. 수원공립보통학교 운동회는 그 후에도 지속적으로 개최되었던 것으로 보인다. 1927년, 29년 행사가 신문에 기사화 되었다. 기사에 따르면, 운동회는 1927년 10월 6일 오전 9시 동교교정에서 수천의 관중이 모인 가운데, 총 48종목이 거행되어 오후 4시 반에 폐막되었다. 아울러 1929년에도 10월 12일에 운동회가 개최되었다.

운동회의 경기 종목은 일반적으로 달리기와 청백 남녀 계주, 박 터뜨리기, 공굴리기, 장애물 경기, 줄 당기기, 넓이뛰기, 손님 찾기, 기마전 등이 있었으며 학부모 경기로는 달리기와 모래가마니 짊어지고 달리기 등이 있었다. 제일 먼

---

16 위의 책, 174쪽, 176쪽.

저 각 학년별로 달리기가 행해지는데 모든 학생들이 참여한다. 보통 한 번에 6명에서 8명까지 뛰어서 그 순서를 정하는데 결승선을 통과하는 순서대로 1, 2, 3이라는 숫자가 적힌 깃발 뒤에 앉는다. 상품으로는 공책이나 연필 등 필기도구가 주를 이루었으며 상품은 순위에 따라 차등 있게 지급하였다.

마을 주민들이 함께하는 경기는 일반적 달리기가 가장 많았는데 지원자는 모두 경기에 참여할 수 있었다. 특히 모래가마니를 짊어지고 달리는 경기는 학부모들 사이에서 대단한 인기였다. 모래가마니의 무게는 거의 20, 30kg이었으며, 자신의 아버지가 경기에 참여하면 아이들은 아버지가 일등으로 결승전을 통과하기를 바라며 열렬히 응원한다. 마을 주민들이 참여하는 경기에서도 순위에 따라 상품을 지급하는데 대개 냄비와 바가지 등 생활용품이 많았다.

운동회의 또 다른 즐거움은 바로 점심시간이다. 부모들은 운동회에 가져갈 음식을 장만하느라 분주했다. 운동회에 가져가는 음식은 대부분 직접 농사를 지은 농작물로 대개 감자, 고구마, 옥수수, 땅콩, 삶은 계란 등이며 밤은 운동회 날짜에 맞추어 미리 삶아놓기도 한다. 그리고 잘 사는 집의 경우 김밥을 싸오기도 했지만 형편이 어려운 집의 경우 보리밥에 김치만 싸가지고 가는 경우도 많았다. 운동회가 열리는 날이면 학교 안에 아이스께끼 장사가 오는데 아이들은 이것을 먹는 게 소원이었다고 한다. 아이스께끼는 주로 사이다 공병과 교환해 주는데 아이들은 이것을 먹기 위해 공병을 찾으러 다니기도 했다. 운동회 때에는 학교 근처에서 난전이 벌어지기도 했다.

전통사회에서는 오늘날과 달리 볼거리나 즐길거리가 많지 않았다. 이러한 상황에서 일년에 한번씩 개최되는 초등학교의 운동회는 아이들만의 즐거운 날이 아닌 어른들, 마을의 잔치날이었다. 평소에 잘 먹지 못했던 음식들도 먹을 수 있고 가족들이 함께 모여 즐길 수 있는 날이었다.[17]

---

17 문화콘텐츠닷컴 풍남초등학교 운동회 참조

(2) 1937년 중일전쟁 발발 이후 운동회의 변모

1938년에는 9월 24일에 화성학원, 삼일학교, 매향여자소학교, 수원유치원 등 사립초등학교 연합운동회가 화성학원 운동장에서 개최되었다. 이 운동회에는 남녀학생 1,400명이 참여하였고, 60여 종목의 경기가 있었다.[18]

1930년대 중반 이후 전시체제기에 들어가면서 운동회는 점차 개인적인 경기보다는 단체경기, 군사와 관련된 성격의 운동으로 점차 변화되었다. 이는 일본의 사례를 통하여 우선 추정해 볼 수 있다. 만주사변이 일어난 1931년경까지는 대정(大正)시대 운동회와 거의 비슷 하였다. 그 후 군국주의가 강화되자 운동회도 그 영향을 받게 되었다. 그것은 프로그램 내용에서 두드러지게 나타난다. 특히 1937년 중일전쟁이 발발하고서 더욱 그러하며 1941년 12월 태평양 전쟁이 발발할 무렵이면 더욱 그러하다. 전시체제 아래 열린 운동회는 황국신민을 양성하기 위한 중요한 수단의 하나였다.[19]

1940년대 전반기의 경우 운동회를 체육회로 변경하여 부르는 경우가 다수 있다. 체육회는 황국신민양성의 체육회였던 것이다. 그 후 체련대회, 연성대회로 바뀐 곳이 크게 늘어났다. 개회식에는 정열, 입장, 교기입장, 개회사에 이어 신궁 궁성요배, 묵도, 국기게양, 기미가요 봉창식 등의 순으로 황국신민양성을 위한 의식이 행해졌다. 계속해서 오전 22종목, 오후 18종목이 행해졌다. 이를 분석해 보면 체조종목이 많아졌고, 그냥 달리기식의 종목은 줄어들고, 돌파, 비행기놀이, 깃발 뺏기, 총력전, 장난감 전차, 군함행진곡 등 전시체제를 반영하는 종목이 많았다. 아울러 유도, 장검술, 검도 등 무도종목이 등장하였다. 이는 1941년 3월 국민학교령 및 동시행규칙에 따라 체조과는 체련과로 바뀌고, 교과목에 체련과 무도가 신설되었기 때문이다. 즉, 무도종목의 증가는 신

---

18 『조선일보』 1938년 9월 27일자, 수원사립초등교, 연합운동회 성황

19 요시미 순야 등 지음, 이태문옮김, 『운동회:근대의 신체』, 논형, 2007. 124-136쪽.

설된 체련과 무도교과목을 반영한 셈이다. 폐회식은 애국행진곡, 국기강하, 폐
회사, 만세삼창, 교기퇴장으로 막을 내린다. 즉, 1941년 이후의 운동회는 전시
색채로 모두 물들어 있다.[20]

2. 수원체육회의 설립과 수원시민대운동회의 개최

1) 수원체육회의 설립과 활동

수원지역에서는 일제 강점기부터 체육 관련단체가 설립되어 체육진흥에 힘
썼다. 1920년대 초반에는 수원청년구락부가 체육활동에 적극적이었다. 이 단
체는 1920년 6월 6일 화령전 풍화당에서 최상훈 등이 중심이 되어 지식계발과
체육증진, 풍습개선 등을 목적으로 조직되었다. 수원청년구락부의 운동부는
축구, 정구, 야구 등의 팀을 조직하여 스포츠경기를 개최하였다. 수원청년구락
부 소유의 운동장에서 시민운동회 등 수원지역의 각종 스포츠경기가 진행되
었다.

조선일보 1927년 6월 16일자 〈수원군내(水原郡內)에 체육협회창립(體育協會創
立)〉이라는 다음의 기사에서 볼 수 있듯이, 1927년 6월 10일 수원체육회가 창
립되었다.

> 창립기념사업(創立紀念事業)으로
> 시민운동대회개최(市民運動大會開催)
>
> 수원체육회 창립총회(水原體育會創立總會)는 기보(旣報)한 바와 여(如)히, 거 십
> 일 오후 구시(去十日午後九時)에 성내 영락관(城內永樂舘)에서 김노적씨 사회(金
> 露積氏司會)로 개회(開會)하야, 회칙 통과, 위원선거, 창립기념사업건 등(會則通

---

20 『운동회:근대의 신체』, 132–135쪽.

過委員選擧創立紀念事業件等)의 의사(議事)를 진행(進行)하고, 동 십이시경(同十二時頃)에 폐회(閉會)한 후, 간결(後簡潔)한 야찬(夜餐)이 잇섯다는 바, 당일(當日)의 결의사항 급 피선(決議事項及被選)된 임원(任員)은 여좌(如左)하다더라 (수원(水原))

위원장 홍사훈(委員長洪思勛)
서무부위원(庶務部委員) 이완선(李完善), 부원 윤용희(部員尹龍熙) 정광수(鄭光秀)
경리부위원(經理部委員) 김노적(金露積), 부원(部員) 방구현(方九鉉) 우성규(禹聖奎)
운동부위원(運動部委員) 박선태(朴善泰), 부원(部員) 김행권(金幸權) 방구현(方九鉉) 김현모(金顯模) 박봉득(朴奉得)
심판부위원(審判部委員) 김성환(金星煥), 부원 김종악(部員 金鍾樂) 김승환(金升煥) 이용성(李用成) 이각래(李珏來)

일(一), 창립기념사업(創立紀念事業)으로 시민육상대운동회개최(市民陸上大運動會開催)에 관(關)하야 고려(考慮)의건(件)

주요 임원으로 홍사훈, 김노적, 박선태, 이완선, 김성환, 이용성 등이 활동하였다.

한편 수원에서는 무도(武道)도 활성화되어 1929년 6월에는 수원무도관 건립 기념 제1회 무도대회를 개최되기도 하였다.[21] 〈인천 무도관 유도사범 및 수원무도관 설립자 권충일〉(이성진, 『인천뉴스』 2018년 2월 12일)의 다음의 기사는 좀 길지만 흥미롭다.

권충일은 1904년 강화도 송해면 상도리 홍의마을에서 기독교인인 권신일과 황브르스길라 사이에서 넷째로 태어났다. 부친 권신일은 1901년 강화도 교동에 기독교를

21 『동아일보』 1929년 7월 1일자. 이성진, 〈인천 무도관 유도사범 및 수원무도관 설립자 권충일〉, 『인천뉴스』 2018년 2월 12일.

처음 전파한 목회자였고 모친 황브르스길라도 전도부인으로 여성선교에 많은 활동을 하였다.

1907년 부친 권신일이 부평구역(현 계산중앙교회) 담당목사로 파송받아 1914년까지 시무하였다. 1914년 6월 조선감리교 연회에서 화도교회 담임목사로 파송받아 1920년까지 시무하였다. (한국감리교 인물사전, 2002)

권충일은 4년제 학제를 가진 영화남자소학교를 수료하였다.(1917년 영화학당 학적부) 그리고 6년제 학제인 인천공립보통학교로 편입하여 졸업하였다. 당시 상급학교 진학을 하기 위해서는 조선총독부 학력인정 학교를 졸업하여야 만 했다. 1919년 3월 인천공립보통학교 10회 졸업하였다. 동기생 중에는 대법원장 조진만, 서울대 총장 신태억, 북한 부수상 이승엽, 3·1만세운동 주도자 이만용, 체육인 박칠복, 사업가 이창문 등이 있다.(창영교 100년사, 2007) 곧이어 배재고보에 입학하여 1926년 3월 10회 졸업하였다. (배재80년사, 1965)(중략)

권충일은 유도와 검도를 배재고보에 배웠다. 배재고보를 졸업한 권충일은 협성신학교에 입학하여 목회자의 길을 걷고자 하였다. 한편으로는 유도와 검도를 배운 까닭에 우리나라 전통 무술 에 대한 관심을 갖고 택견을 사사받은 것으로 보인다. 일제강점기 온갖 탄압과 감시로 전통무술 택견이 사라졌다는 것이 전통무예사에서 정설로 받아들였다. 그러나 권충일에 의해서 이런 정설은 깨졌다. 1928년 7월 1일 인천무도관 개관 1주년 기념 무도대회가 애관극장에서 열렸다. 인천무도관 사범 유창호의 개회사 그리고 설립자 강락원의 격려사가 있은 후, 각종 무술시합이 있었다. 마지막 순서로 권충일의 택권시범이 있었는데 관객석을 꽉 채운 인천시민들로부터 갈채를 받았다.(동아일보 1928.7.3.)

1927년 강낙원에 의해 유도, 검도, 권투 등 각종 운동을 지도하는 인천무도관이 창립되었다. 운동을 통한 민족의식을 고취하고자 하는 인천 지역 열혈 청년들이 대거 입회하였다. 배재고보를 나온 후 신화수리에서 교회 아동부 교육과 신화수리 청년운동을 주도하고 있던 권충일은 배재고보 선배 이보운과 함께 인천무도관에 입회하여 유창호 사범으로부터 지도를 받았다. 이들은 배재고보 재학시 유도, 검도를 교과시간을 통해 배워 유단자가 된 실력자였다.

1928년 인천무도관 유도 승급대회에서 권충일은 공인 3단으로, 이보운은 공인 2단으로 승급되었다. 권충일은 그해 인천 신징 표관에서 개최된 세계 권투선수 초청 유도 대 권투 국제경기에서 인천무도관 대표로 출전하였다. 경성 유도 라이구에게 판정패하고 인천무도관 이귀복이 팽팽하게 경기를 진행할 때, 경기에 투입되어 탁월한 기술로 상대 선수 조지를 압도하여 관객으로부터 열화와 같은 갈채를 받았다.(조선일보 1928.11.8.)이후 공인 5단 승급하였고 인천무도관 유도사범 유창호를 뒤이어 인천 무도관 유도사범이 되었다.

1929년 4월 인천무도관 사범활동을 하던 권충일은 수원군 성내 북수리에 무도관을 창립하고자 하는 계획을 세우고 관원 모집을 하였다. 수원 무도관 설립하기 위해 관원을 모집한다는 정보를 입수한 수원경찰은 수원청년들에게 유도, 검도 등 무술을 통해 불온한 민족의식을 함양 고취한다는 혐의를 두고 4월 14일 권충일과 신간회 회원 권순희를 체포하였다. 이로 인해 4월 17일 수원무도관 창립한다는 애초 계획을 불가피하게 연기할 수밖에 없었다.

수원경찰의 집요한 방해에도 불구하고 입회 회원이 30명에 이를 정도로 호응이 좋았다. 그렇지만 수원무도관이 수원성문 밖에 위치해 있는 관계로 더 많은 회원을 수용할 수 없는 한계를 보였다. 그래서 1929년 6월 15일 조선일보 수원지국, 동아일보 수원지국 등 많은 언론사 수원지국, 수원여성단체 영우회 후원으로 수원 무도관 신축 기금 마련하고자 하는 계획을 세워 수원극장에서 음악무도대회를 열고자 하였다. 출연진은 경성, 인천의 일류음악가와 무용가였다.(동아일보 1929.6.14.)

수원경찰은 수원극장에서 수원무도관 신축기금마련을 위한 음악무도대회를 수원극장에서 개최하려고 하였으나 무도관에서 음악무도회를 개최하는 것이 합당하지 못하다는 이유로 공연금지조치를 내려 결국 중단되는 사태가 벌어졌다.(동아일보 1929.6.20.)

수원무도관은 수원경찰의 공연금지조치로 중단된 음악무도대회 대신 중소년야구대회를 6월 29일~30일 이틀 간 수원청년회 운동장에서 개최하여 수원 청년들에게 호응과 관심을 이끄는 계기로 삼았다.(동아일보 1929.6.24.)

그리고 수원경찰의 방해를 절묘하게 피해가는 방안의 하나로 6월 22일 수원무도관에서 권충일이 승급대회 심사를 하면서 동시에 무도대회를 열었다. 수원시민들이 적극적으로 참석하여 성황을 이루었다.

권충일로부터 주로 신화수리를 중심으로 만석동에서 살던 아동, 청년들은 유도, 권투, 택견, 야구 등 각종 운동을 배웠다. 그리고 배재고보, 연희전문, 이화여고보, 이화여전, 협성신학교 재학생이나 졸업생들이 화도교회 주일학교 또는 야학을 통한 연극, 웅변 등 문화예술 활동을 지도하였다. 이들은 이런 교육을 통해 강한 민족의식 및 노동자 사상을 배웠다. 그리고 청년운동으로 발전하도록 하였다.

그리고 수원에서 수원무도관을 설립하고 수원지역 청년에게 운동을 통한 민족의식 및 강한 배일의식을 갖게 하고자 하였고, 이를 간파한 수원경찰은 이를 강력하게 저지하고자 하였다. 그러나 권충일로부터 유도, 권투, 택견 등 격투기를 배우거나 야구, 축구, 정구 등 기구운동을 배운 아동과 청년들은 철저한 민족의식과 배일사상으로 무장하는 열혈청년을 변모되었다.

1920년대 후반 수원청년회의 활동이 쇠퇴해 가자 1929년 8월 30일 수원청년회의 중심인물이었던 김세환을 위원장으로 수원체육회가 새롭게 창립되게 된다.『동아일보』에서는 1929년 9월 5일자로, 〈수원체육협회 창립, 시민대운동회〉라는 제목하에,

종래 있던 체육협회는 해산, 9월내 개최하기로 결의

하등의 활동이 없다고 하여 일반에 한 말썽거리가 되어 오든 중, 이를 유감으로 여기던 수원 유지 몇몇 사람은 체육협회 간부와 상의한 결과, 무능력한 회를 해체하고, 다시 힘 있고 활동 있는 산 단체를 만드는 것이, 좋겠다고 결론하여 얼마 전에 체육회 간부가 모이어, 동회를 해체하기로 가결하여, 즉시 해체를 하자, 그 자리에서 수원체육회를 조직키로 준비회를 연 후, 각 방면으로 활동하던 바, 지난달 30일 오후 8시 반에 수원공회당에서 수원체육회 창립총회를 김세환씨 사회로 개회하고 경과보고와 임시집행부 선거로, 역시 김세환씨가 의장에 피선되어 일사천리로 규칙통과와 다음과 같은 임원선거가 있는 후에, 기타사항에 이르러, 9월안에 수원시민대운동회를 개최하기로 만창일치 가결하고 그에 대한 모든 실행방법은 이사회와 간사회에 일임하기로 한후 동야 11시반에 산회하였다더라.

피선된 임원
회장 김세환, 부회장 박선태, 이사 홍사훈씨와 9인
간사 방구현씨외 12인

라고 하고 있다. 그런데 사실 이보다 앞선 1927년 6월 10일에 영락관에서 수원체육회 창립총회가 개최되었었다. 그러나 그 활동이 미미하자 수원지역 유지들을 중심으로 1929년 8월 30일 재창립이 이루어졌다. 회장 김세환, 부회장 박

선태, 이사 홍사훈, 이완선(운곡의원), 홍사선 등이었다. 조선일보 1929년 9월 7일자에서도 다음과 같이 수원체육회 창립을 보도하였다.

수원체육회(水原體育會) 창립대회(創立大會)

거월 삼십일 오후 팔시반(去月三十日午後八時半)에 수원공회당(水原公會堂)에서 수원체육회 창립총회(水原體育會創立總會)를 김세환씨 사회(金世煥氏司會)로 개최(開催)하고 각종 협의(各種協議)와 임원선거(任員選擧)를 하엿다더라(수원(水原))

◇임(任)원(員)
회장(會長) 김세환(金世煥) 부회장 박선태(副會長朴善泰)
이사 김병호(理事金炳浩) 김세완(金世玩) 차의순(車義舜) 홍사훈(洪思勛) 이완선(李完善) 이창용(李昌鎔) 신현익(申鉉益) 홍사혁(洪思嫌) 양규봉(梁奎鳳) 홍사선 조직 선전부 상무간사(洪思先組織宣傳部常務幹事) 방구현, 간사 김승환(方九鉉 幹事金升煥) 신백균(申栢均)
서무부상무간사(庶務部常務幹事) 김도생(金道生) 간사 이종육 김현(幹事李鍾陸 金顯)ㅁ 박점동(朴点童)
경기부 상무간사 홍사극(競技部常務幹事洪思克), 축구부 김행권(蹴球部金幸權) 야구부 이용성(野球部李容成) 정구부 차철순(庭球部車哲舜) 수상경기부 이대현(水上競技部李大鉉) 육상경기부 장보라(陸上競技部張保羅)

창립된 수원체육회에서는 축구, 야구, 정구, 육상, 수영 등의 운동부를 설치 운영하였다.[22] 아울러 1929년 9월 28일 수원시민대운동회를 개최하고자 하였다. 그러나 수원체육회가 청년회의 양해 없이 수원청년회 운동장을 운동회 장소로 사용하겠다고 광고함으로써, 문제가 불거졌다.[23] 이것은 수원청년동맹과 수원체육회의 노선 갈등의 일면을 보여주는 것이 아닌가 한다. 즉 수원체육회

---

22 『중외일보』 1929년 9월 2일자 수원에서 체육회 창립
23 『조선일보』 1929년 10월 14일자, 水原靑年會運動場 使用 紛糾 後報 체육회 정식 교섭으로 사용허락, 市民運動會만은 許諾

의 김세환, 박선태 등 지도부는 민족적 성향을, 수원청년동맹은 사회주의 성향을 갖고 있었기 때문이다.

한편 수원체육회에서는 체육회관을 건립하고자 하였다. 『동아일보』 1935년 5월 4일자에,

수원체육회 대혁신, 회관 신축을 결의

【水原】수원체육회는 창립된 지 7개성상이 되도록, 부절(不絶)한 잠재력을 가지고 오던 중, 지난 4월 중에 제7회 정기총회를 열고, 전임 회장 홍사훈씨가 사임하자 신임회장 양규룡 씨가 피임되어 일반임원까지 개선함과 동시에 동회관 건축과 수원시민 대운동회를 제1차사업으로 거행하리라 하며, 그 동키에 동회(同會)로서 미비한 여러 점과 임원으로부터 회칙까지 전부를 혁신하였다는데, 신임임원씨명과 신규사업은 좌와 같다고 한다.

회장 양규룡, 부회장 서병의,
이사 홍길선, 차준담 정광현, 윤태현, 박선태, 김병호, 문중현,
간사 김학배, 김행계, 이대현 방구현 외 16인

결정된 사업 일부
1. 회관 건설 총 공사비 1100으로 7월말일까지 준공키로 함.
1. 시민 대운동회 6월 2일 화성학원 운동장에서 개최(상세한 것은 추후 발표)

라고 있듯이, 수원체육회 신임회장 양규룡을 중심으로 체육회관 건립을 적극 추진하였던 것이다. 수원체육회는 수원시민대운동회를 매년 개최하는 한편 1935년에는 남창리 156번지에 1,200여원을 들여 체육회관을 건립하기도 하였다. 최신식 양옥으로 총평수 43평, 건물 28평이었다.[24]

수원체육회에서는 1937년 6월 13일 제1회 중조선(中朝鮮) 마라톤대회를 개최

---

24 수원체육회관 건립 및 사진 등이 동아일보에 실려 있어 참조된다. 1935년 6월 25일, 〈수원체육회관 기초식(사진)〉, 10월 25일자 〈수원체육회관 신축낙성식(사진)〉

하였다. 출발 장소 화홍문 앞이었다. 아울러 연중행사의 하나로 매년 7월 중, 수원오산간 왕복 마라톤경주를 행하였다.[25] 1938년도의 경우도 화홍문 앞에서 거행하였다. 당일은 오후 4시에 화홍문 앞을 출발하여 오산역까지 직행하였다가 오산역전 광장을 돌아 수원으로 돌아오는 코스였다.[26]

빙상대회는 1937년 1월 24일 중조선빙상경기대회가 조선일보 수원지국 주최로 경동선원천역전 여천저수지(京東線遠川驛前麗川貯水池) 링크에서 개최되었다. 그리고 1940년 2월 11일 오후 1시부터 조선일보 수원지국 주최로 제4회 중조선 빙상경기대회가 서호링에서 개최되었다. 수원체육회, 수원운동구락부, 경동(京東)철도주식회사, 수원향(水鄕堂) 운동구점 4개 단체의 후원아래 이루어졌다.[27]

또한 1937년 6월 13일 수향당운동구점배 제1회 수원탁구대회가 개최되었다. 이 대회에는 총 42명의 선수가 참여하였는데, 수원고등농림학교 민관식이 우승하였다.[28] 1939년 5월 28일에도 수원체육회, 수향당운동구점, 동아일보 수원지국 등의 후원으로 전수원남자탁구대회가 개최되었다. 이 대회는 신풍초등학교 대강당에서 열렸으며 개인전과 5인단체전 등으로 나누어 있었다.[29]

한편 1927년 8월 25일 오후 3시 수원청년회 구장에서 최계남 주심, 서병수 우성규 부심으로 학생친목회 대 유니온 구락부전으로 농구대회가 열렸다. 이 대회는 수원삼월회가 주최하고 동아, 조선일보 두 지국의 후원으로 개최하는

25 『동아일보』 1937년 6월 15일자 중조선마라톤대회. 마라톤대회 참가선수 단체사진이 신문에 실려 있다. 수원광교박물관 소장 민관식자료에 마라톤출발을 기다리는 학생들이 모습이 담긴 사진이 있다.
26 『조선일보』 1938년 7월 3일 조간 3면, 水原烏山往復競走
27 『조선일보』 1940년 2월 4일 석간2 3면, 中朝鮮氷上大會, 本報水原支局 主催로
28 『동아일보』 1937년 6월 15일자 水原卓球大會 高農閔君優勝. 민관식의 우승트로피 등 사진은 수원광교박물관에 소장되어 있다.
29 『동아일보』 1939년 5월 26일자, 卓球大會開催 水原體育會 主催

수원삼구락부 농구 리-그전인데 그 기원과 발전에 대하여는 자세히 알 수 없다. 대회는 유니온 구락부 대 삼월회, 삼월회 대 학생친목회의 순서로 진행되었다.[30]

수원체육회는 1938년 일제에 의하여 압박을 받았고, 결국 1940년 수원시민대운동회를 마지막으로 해산되었다. 해방 후인 1946년 수원체육회는 재조직되었으며, 수원공설운동장에서 해방 1주년 기념 행사로 전국축구대회를 개최하였다.

2) 수원시민대운동회의 개최

수원체육회가 조직된 후 수원에서는 시민대운동회가 활발히 개최되었다. 『조선일보』 1929년 10월 16일 석간 3면에서 수원시민운동회가 개최되었음을 살펴볼 수 있다. 당시 운동회에서 진행된 행사 종목은 1935년 5월 16일 개최된 제7회 수원시민대운동회를 통해 확인할 수 있다. 이 행사는 수원체육회가 주최하고 각 신문지국과 수원실업협회, 수원포목상 조합이 후원한 대규모 운동회였다.

경기는 일반부와 학생부, 상점부, 소년부, 일반여자부로 나누어졌고, 한 사람당 5종에 참여할 수 있었다. 일반부 종목은 ① 추첨경기, ② 시대경주, ③ 통굴리기, ④ 제등경주, ⑤ 묘대경주, ⑥ 조담경주, ⑦ 장애물경주, ⑧ 200m경주, ⑨ 400m경주, ⑩ 800m경주, ⑪ 1,500m경주, ⑫ 장거리경주, ⑬ 각 동릴레이(800m), ⑭ 각 단체 릴레이(800m), ⑮ 소년단릴레이(800m)가 있었다.

학생부는 중등 이상 학생부로 ① 200m경주, ② 400m경주, ③ 800m경주, ④ 대항릴레이(800m) 등의 종목이 있었고, 상점부 종목은 ① 계산경주, ② 주산

30 『조선일보』 1927년 8월 29일 석간 4 면 地方運動, ◇水原 籠球 聯盟

경주, ③ 포장경주, ④ 자전거 배달경주, ⑤ 매물경주, ⑥ 여행경주, ⑦ 자전거 경주, ⑧ 제상경주, ⑨ 대항릴레이(800m)가 있었다. 소년부는 ① 200m경주, ② 400m경주, ③ 대항릴레이(800m) 등의 종목이, 일반여자부는 ① 50m경주, ② 재봉경주, ③ 스푼경주 등의 종목이 있었다. 대체로 육상경기가 중심이 되었고, 경기 참가자의 특성에 따라 종목에는 차이가 있었다.[31]

1938년 6월에도 시민운동회가 개최되었는데 이에 대하여 『조선일보』 1938년 6월 2일 조간 3 면에, 〈수원시민운동회, 내(來) 12일에 개최, 체육회총회에서 결정〉이라고 하여, 시민대운동회와 연식야구대회, 마라톤대회, 축구대회 등이 개최됨을 알 수 있다. 당시 집행부는 회장 차준담, 부회장 홍길선, 고문 양규룡 등이다.

3) 야구, 축구, 정구, 탁구 등 다양한 종목의 발전

수원에서는 학교 체육활동, 청년단체를 중심으로 하는 체육활동, 그리고 서울 통학생 등 근대 문물을 일찍 받아들인 지식인층을 통한 체육 활동이 점차 활발해졌다. 여러 기관이나 단체에서 운동회를 개최하거나 적극 참여하였는데, 청년운동부나 수원용맹단, 면자위단, 수원실업야구연맹 등 다양한 기관이나 단체에서도 운동경기를 개최하였다.

(1) 야구

1920년대에는 다양한 운동경기가 보급되어 주민들의 관심사로 떠올랐다. 일제시기에는 야구와 축구에 대한 관심이 높아 성황을 이루었다. 그러므로 동아일보, 조선일보 등 여러 신문 에 기사가 자주 실리고 있다.

수원에는 수원야구단, 동양척식주식회사 출장소 야구단, 수원청년회 야구

---

31 『수원시사』 9, 수원의 문화와 예술, 2014, 461-466쪽.

단 등이 있었다.[32] 야구클럽은 화성소년단, 금호단, 용호단, 동창군, 삼일군, 학생친목회 등이 존재하였다. 이를 통해 볼 때, 수원지역 야구는 상당히 활성화되어 있음을 알 수 있다. 1922년 수원용맹단 주최로 개최된 유년야구대회에는 관중이 수천 명에 이를 정도였다고 한다.

수원지역 야구팀은 서울, 인천 등 타 지역과도 활발히 교류경기를 가졌던 것으로 보인다. 1921년 7월에 서울의 경성 신명야구단[33], 배재야구단과[34], 동년 8월에는 천도교청년회야구단과[35] 시합을 하였던 것이다. 아울러 수원지역 야구단은 이웃 인천지역과도 활발한 교류를 하였다. 『조선일보』는 1923년 9월24일자, 9월 28일자에서 각각 수원소년야구팀과 인천 상우단(商友團) 소년야구부와의 동점 경기를 보도하고 있다.[36]

수원에서는 수원실업협회 주최로 화홍문에서 시민야구대회가 개최되기도 하였다.[37] 수원용맹단도 1927년 4월 안성에서 개최된 제3회 경남소년야구대회에 출전, 승리하여 개선하기도 하는 등[38] 활발한 움직임을 보여주고 있다. 아울러 1929년 5월 18-19일에는 조선일보, 동아일보, 중외일보 수원지국 후원 하에 경남소년야구대회가 준비되기도 하였다.[39] 그리고 동년 6월 3일에는 중외일보 수원지국 후원하에 중선(中鮮)소년야구대회가 개최되기도 하였다.[40]

---

32 『조선일보』 1921년 7월 12일 석간 3면 新明野球團 水原遠征

33 『조선일보』 1921년 7월 12일 석간 3면 新明野球團 水原遠征

34 『매일신보』 1921년 7월 27일, 배재축구단 원정.

35 『조선일보』 1921년 8월 23일 석간 3면 天道教青年會의 野球와 宗教劇, 야구단은 수원에서 대승하고 종교극단은 사리원으로

36 『조선일보』 1923년 9월 24일 석간 3면 川 商友團 遠征, 이십삼일에 수원으로
   『조선일보』 1923년 9월 28일 석간 4면 友對 勇猛의 野球戰

37 『조선일보』 1925년 4월 8일 조간 1면 수원시민야구대회 개최

38 『조선일보』 1927년 4월 2일 1면 水原 勇猛團 凱施

39 『중외일보』 1929년 5월 5일자. 〈京南 소년야구대회 준비, 3지국 후원하에〉

40 『중외일보』 1929년 6월 3일자

1934년 6월 초에는 수원야구대회가[41], 6월 23-24일에는 전조선 소년야구대회가 양일간 수원화성구장에서 개최되기도 하였다.[42] 동년 8월에는 월성야구팀이 수원으로 원정와 시합을 하였으며,[43] 9월 9일에는 조선중앙일보 수원지국 후원으로 제2회 소년야구가 개최되었다.[44]

1935년 8월 3-4일에는 수원체육회 주최로 중부조선야구대회가[45], 7월에는 수원 중조선천식야구대회와[46] 수원 중조선연식야구대회가 열렸다.[47] 동년 9월 24일에는 (畿湖)소년야구대회가 수원서 개최되었다.[48],

한편 1935년에 수원실업야구연맹이 조직되자 야구클럽 수는 배로 늘어났다. 실업야구연맹에 참여한 야구클럽은 경동철도야구부, 경전구락부(경성전기 수원지점), 부국원구락부,[49] 삼화구락부, 관청구락부, 조운구락부(조선운송 수원지점), 금융단(금융조합) 구락부, 소방조구락부 등이다. 야구대회는 매년 정기적으로 개최되었고, 대부분의 회사나 관청이 참여한 것으로 보인다. 또한 조선인 감독도 눈에 띄는데 삼화구락부의 양규룡, 관청팀의 김주형, 부국원의 윤태현이 활동하였다. 1937년에 경동철도야구부는 인천의 미곡검사소를 상대로 5대

41 『조선중앙일보』 1934년 6월 7일 〈수원소년야구, 8대3, 매화 석패〉
42 『조선중앙일보』 1934년 6월 13일자. 〈전조선소년 야구대회개최, 내23-4 양일간, 수원화성구장에서〉, 1934년 6월 28자, 〈수원에 개최된 소년야구대회, 매화군 遂 우승〉
43 『조선중앙일보』 1934년 8월 19일자. 조간 〈월성야구팀, 수원원정, 동지 강팀과 대전〉
44 『조선중앙일보』 1934년 9월 3일자, 석간, 〈제2회 소년야구 오는 9일에 개최, 본보지국 후원으로〉
45 『조선중앙일보』 1935년 7월 21일자, 조간 수원체육회 주최 중부조선야구, 8월 3, 4일 거행
46 『조선중앙일보』 1935년 7월 22일자 석간 수원 중조선천식야구대회
47 『조선중앙일보』 1935년 7월 22일자, 석간 수원 중조선천식야구대회
48 『조선중앙일보』 1935년 9월 12일자, 조간 畿湖소년야구, 24일 수원서 개최, 『조선중앙일보』 1935년 9월 20일자, 조간 수원, 제4회 기호 소년야구대회
49 1939년 부국원야구부가 운동기구를 구입한 영수증이 현재 수원 구 부국원전시관에 소장되어 있다. 그 내용을 보면 다음과 같다. 야구화 10원, 야구배트 6원, 총 16원. 상기와 같이 납부했음. 소화 14년(1939년-필자주) 9월 15일. 수원읍 본정 4정목 운동구 서적 水鄕堂. 한편 부국원 직원들과 가족들도 운동회를 개최하기도 하였다(조선신문 1931년 4월 29일자)

1로 승리를 거두기도 하였다.[50]

수원에서 활약한 수원출신 야구선수로는 배재출신 차철순, 보성출신 이용성, 장세걸, 제2고보출신 차인순, 방구현, 우체국직원 이한규, 너구리라는 별명으로 유명한 최응환이 있었다. 한편 수원야구의 활성화를 위하여 외지 출신들도 영입하였다. 인천 출신으로 수원야구의 대표적인 야구선수로 이름을 날린 인물은 석연봉이 그러한 예라고 볼 수 있다. 그는 배재고보출신으로 인천부(仁川府) 야구팀 선수로 활약했었다. 석연봉에 대하여는 『인천뉴스』 2019년 8월 6일자 〈수원 야구의 마중, 신화수리 출신 석연봉〉(이성진, 인천골목문화지킴이 대표)에 다음과 같은 기사가 있어 도움을 주고 있다.

고려야구단 전인천야구대회 우승

석연봉은 1915년 신화수리에서 태어났다. 1922년 영화심상보통학교를 입학하면서 야구지도를 받았다. 그리고 1927년 제 2회 전인천소년야구대회에 신화수리 소년팀 주전으로 출전해 결승전에서 사정소년군을 11:5로 승리해 우승했다. 석연봉은 서울 배재고보로 진학해 배재 야구팀 주전선수로 활동했다. 배재 야구팀에는 인천에서 같이 활약한 지성룡, 이수봉, 장귀남, 김태봉 등이 있었다. 이들은 인천 한용단 소속 고려야구단에서 주전선수로도 활약했다.

석연봉이 활약한 고려야구단은 청년단체 한용단 소속 야구팀이었다. 원래 한용야구단이었으나 일본인 팀과 경기 중 일본인 심판이 노골적으로 편파 판정을 하다가 이에 항의하는 한용야구단 선수과 싸움을 벌여 결국 한용단은 강제 해체되었다. 1926년 요코다 인천부윤이 야구를 좋아해 웃터골 공설운동장을 확장, 정비하고 이를 기념해 인천체육협회 주관으로 전인천야구대회를 개최했다. 이에 단장 곽상훈은 서병훈의 지원을 받아 한용단을 재건해 대회에 출전하고자 했다. 그러나 한용단이란 팀명으로는 출전할 수 없다고 반대하는 바람에 결국 팀명을 고려야구단으로 바꿔 출전했다. 고려야구단은 1927년부터 1931년까지 3번 우승하는 좋은 성적을 거두었다.

---

50 『수원시사』 9, 수원의 문화와 예술, 461-466쪽.

1932년 석연봉은 배재고보를 졸업하고 곧바로 인천부 야구단으로 스카우트되었다. 홈런 타자로 명성을 날렸다. 23세 때 인천 웃터골 운동장에서 열린 전조선선발팀과의 친선경기가 있었다. 석연봉은 전인천선발팀 주전선수로 출전해 투런 홈런을 날려 4:0 완봉승하는데 결정적 역할을 할 정도로 명성이 자자했다.

1936년 경동철도주식회사가 수인선 부설권을 따면서 회사 홍보를 위해 수원 연고 야구팀을 창설하고자 했다. 이때 인천부 야구단 소속 석연봉을 스카우트를 했다. 인천부 야구팀 월급이 35원이었는데, 경동철도 야구팀에서 월급 55원으로 인상하는 조건을 제시해 전격 경동철도 야구팀으로 이적했던 것이다. 그리고 황해도청 야구팀에서 주전투수로 활약하고 있는 친구 지성룡을 끌여 들여 창단 때부터 최강 전력을 갖추게 했다. 홈런 타자 석연봉과 강속구 투수 지성룡의 활약으로 당시 최강의 전력을 갖추고 있던 철도국 야구팀과의 경기에서 연승했다. 수원 야구의 명성을 전국에 알리게 되었다.
석연봉의 활약은 아직도 수원에서는 널리 알려져 전해 내려온다. 수원 화성 운동장에서 경기를 할 때 홈런을 때리면 화홍문 철간수에 떨어져 결국 공을 찾지 못하는 일이 허다했을 정도로 강타자였다고 한다. 수원야구의 명성을 널리 알리게 한 석연봉은 수원 야구 역사에서 수원야구의 마중물로 인정받고 있다.

또한 황해도청 야구팀 소속의 지성용도 수원의 경동철도야구단에서 활동하였다.[51]

해방후에도 수원야구는 활발히 이루어졌으며, 특히 인천과 교류가 있었다. 수원지역의 대표적인 독립운동가인 이현경과 이선경의 동생인 이용성이 중심적인 역할을 한 것으로 보인다.[52]

(2) 축구

축구는 야구와 더불어 일제시기 가장 많이 개최된 운동경기였다. 수원에서는 삼일학교 운동장에서 최초로 축구시합이 있었던 것으로 전해지고 있다. 삼

51 이창식, 『수원사람들은 어떻게 살았을까』, 수원문화원, 2003, 327쪽
52 독립운동가 이선경 순국100주년기념테마전, 『수원 산루리의 독립영웅들』, 수원박물관, 2021, 84-86쪽

일학교 재학생인 차선순, 김덕근, 김원성, 박윤근, 서기덕 등이 축구부를 만들었던 것이다. 이를 계기로 수원에 축구열풍이 불게 되었다고 한다. 삼일학교 운동장과 화성학원운동장이 대표적인 경기장으로 이용되었다. 당시 대표적인 축구선수는 차철순, 차선순형제와 김행권 등이었다.[53]

수원청년운동부 운동장에서는 주변 지역 원정경기팀이나 서울에서 내려온 경성팀과의 경기가 열렸다. 수원 축구팀으로는 수원학생친목운동회, 수원 유년용맹팀, 수원소년군, 수원운동구락부 등이 있었는데, 매년 축구경기를 개최하여 친목을 도모하였다. 수원 유년용맹팀의 경우, 오산 유년군과 1921년 6월 2일 오후 2시부터 수원청년회 운동부 운동장에서 축구시합을 거행하였다.[54] 동년 7월에는 배재공립보통학교 운동부와 경기를 하였으며,[55] 동년 8월에는 올 경성고보축구군 대 수원학생친목회의 경기가 개최되었다.[56] 1929년에는 제1회 수원학생친목회 주최 축구시합전이 거행되기도 하였다.[57]

또한 1926년 개최된 싸카연맹조직 축구시합에 수원고등농림학교가 출전했고, 동년 11월 18일 조선체육회가 주관한 제7회 전조선체육대회에 수원축구단이 처음으로 참여하여, 조선축구단에 2대 1로 패하기도 하였다. 1928년 수원소년군에서 주최하고, 수원청년회와 동아일보사 수원지국이 후원하는 중조선소년축구대회가 수원청년회운동장에서 개최되었다. 한편 『중외일보』 1929년 6월 7일자 〈중선(中鮮) 소년축구대회 성황, 학생친목회 우승〉의 기사에 따르면, 수원지역 독립운동가 박선태는 1929년 6월 2일 수원청년회 운동장에 개최된 제2회 중선 소년축구대회에서 개회사를 하는 등 중심적인 역할을 하고 있다.

---

53 이창식, 위의 책, 326쪽.
54 『동아일보』 1921년 6월 8일자 수원유년군 축구전.
55 『매일신보』 1921년 7월 27일, 배재축구단 원정.
56 『동아일보』 1921년 8월 1일자.
57 『조선일보』 1929년 5월 17일 석간 4면.

이 대회에서 수원학생친목회는 서울 보성고보와 경기를 진행하였다. 『조선일
보』 1929년 6월 7일 석간 4면에는,

수원소년군 축구

지난 2일 수원청년운동장에서 소년군 축구대회가 잇섯는데 다수의 관중과 선수의
용감스로운 경기로 대성황을 일우엇는데 학창단(學窓團)이 최후 우승을 하엿더라
(수원)

라고 하여 수원청년운동장에서 개최된 소년 축구대회가 다수의 군중이 참여
한 가운데 대성황을 이루고 있음을 보여주고 있다. 1933년에는 수원운동구락
부원 15명이 유진호(수원운동구락부 감독)와 함께 야구와 축구를 통한 수양과
운동을 목표로 남조선 지방으로 자전거 순회를 떠나기도 하는 등 수원 사람
들의 축구에 대한 관심은 남달랐다.

1938년 10월 2일에는 전수원축구연맹이 창립되었다. 현재 기념창립사진이
수원박물관에 소장되어 있다. 1939년 5월에 수원체육회 주최로 제2회 전수원
축구연맹전이 수원공설운동장에서 수원고농축구단, 수원농림축구단, 수원
학생회축구부 등 5개 단체가 참가한 가운데 열렸으며[58], 11월에도 수원체육회
주최로 전수원축구연맹전이 개최되었다.[59]

(3) 정구

야구, 축구와 더불어 수원지역에서 정구가 활발했던 것으로 보인다. 수원정
구구락부 등이 중심이 되어 다양한 정구대회가 수원에서 개최되었다.

1921년 6월 수원청년구락부 운동부는 동아일보사 수원지국의 후원으로 안

---

58 『동아일보』 1939년 5월 16일자 第二回 全水原蹴球聯盟戰 水原體育會 主催 東亞日報 水原支局
後援
59 『동아일보』 1939년 11월 9일자, 水原體育會 主催 全水原蹴球聯盟戰 水原支局 後援下

성으로 가서 안성청년회운동부와 정구 및 축구시합을 전개하였다[60] 1926년에
는 시대일보와 조선일보 수원지국 후원 하에 수원공립보통학교 주최로 수원
과 인근 3군 공립 사립학교 11개교, 110명의 선수가 참여한 가운데 수원보통학
교 구장에서 정구 및 축구시합이 성대히 진행되었다. 참가학교는 수원공보, 태
장공보, 팔탄공보, 남양공보, 오산공보, 기흥공보, 김량공보, 군포공보, 진위공
보, 안중공보, 서정리공보 등이다. 우승은 진위공립보통학교가 차지했다.[61] 이
어서 수원에서는 1927년에도 수원공립보통학교 주최로 4개군 초등학교 아동
정구대회가 6월 12일 개최되었다. 10학교 42개의 조가 참여하였다. 우승은 오
산공립보통학교 서점동, 김경우 조가 차지하였다. 이를 통하여 정구인구의 저
변이 얼마나 넓었는지를 짐작해 볼 수 있다.[62]

아울러 1927년 6월 26일에는 수원청년회 주최로 제6회 수원정구대회가 개최
되기도 하였다. 27개조가 참여하였고, 수원고등농림학교조가[63] 우승하였다.

맺음말

지금까지 수원지역 근대 체육의 모습을 구한말부터 1945년 해방이 되기 전
까지 전반적으로 살펴보았다. 1부에서는 수원지역에 근대체육이 수원공립보
통학교 등 근대학교를 통하여 도입되어 발전되었음을 살펴볼 수 있었다. 그리
고 그 변화는 구한말에 애국체육 또는 근대시민 만들기의 일환으로, 일제의

60 『동아일보』 1921년 6월 20일자 수원원정군 안성행.
61 『조선일보』 1926년 6월 30일 조간 水原 庭球戰 未畢
　『조선일보』1926년 7월 1일 조간 1 면 水原 庭球의 決勝은 來 四日
　『조선일보』 1926년 7월 14일 조간 1 면 水原 庭球 續戰 優勝은 振威公普軍
62 『조선일보』 1927년 6월 17일 조간 1 면
63 수원광교박물관 소강 민관식 자료에 민관식이 수원고농정구부 학생들과 함께 찍은 사진이 소
　장되어 있다.

조선 강점이후에는 일본신민 또는 황국신문을 만들기 위한 일환으로 체육이 이루어지고 있음을 짐작해 볼 수 있었다. 아울러 수원지역에서 학교운동회가 중요한 기능과 역할을 하였음도 알 수 있었다.

한편 수원지역의 김세환, 박선태 등 민족운동가들은 1920년대 수원체육회를 조직하여 수원지역에서 근대체육이 자발적으로 시민과 더불어 발전할 길을 모색하고자 하였다. 아울러 수원사람들의 공동체 의식 함양에도 크게 기여하도록 하였다. 또한 수원시민대운동회의 개최, 체육회관의 설립, 야구, 축구, 정구, 탁구 등 운동의 다양화와 활성화, 그리고 서울, 인천, 안성 등지 팀들과의 활발한 친선경기 등의 추진은 수원사람들의 공동체 의식 함양과 더불어 이웃과 함께 가는, 상생하는 수원 근대 체육 발전에 큰 기여라고 할 수 있겠다. 아울러 수원 인근지역들과의 연합 체육대회, 수원 오산간의 마라톤 대회 등이 밑거름이 되어 해방 후 수원체육은 근대적이고 자주적인 체육으로서 그 위상을 잡아간 것이 아닌가 한다. 마지막으로 영웅과 스타 중심의 체육이 아니라 국민이 주인이 되는 국민체육, 민주체육으로서 보다 발전하는 기초를 만들었다고 볼 수 있다.

수원지역의 소방과 화재

머리말

최근 수원지역의 근대화를 올바로 파악하고 연구하기 위하여 다양한 연구들이 이루어지고 있다. 학교의 근대교육, 도시화 등은 그 대표적인 경우라고 할 수 있다.[1] 그러나 그동안 그 중요성에도 불구하고 수원지역의 화재 및 소방에 대하여는 연구 된 바가 없다.[2] 사실 소방은 수원지역의 근대화뿐만 아니라, 재난 극복의 노력이라는 관점에서도 중요한 주제라고 판단된다. 그럼에도 불구하고 수원시사편찬위원회는 방대한 양의 수원시사를 최근 발간하였음에도 수원지역의 소방에 대하여는 전혀 다루고 있지 못하다.[3] 이에 본고에서는 수원지역의 소방에 대하여 주목하고자 한다.

본고에서는 우선 수원지역 소방조의 조직과 발전에 대하여 알아보고자 한

---

1 식민지시기 수원의 근대도시로의 변화에 대하여는 다음의 논문이 주목된다. 김백영, 「일제하 식민지도시 수원의 시기별 성격변화」, 『도시연구』 8, 2012.

2 일제강점기 소방에 대한 연구로는 다음을 들 수 있다.
　원영금, 「한말 일제강점기 군산소방조의 조직과 활동」(군산대학교 교육대학원 석사학위논문, 2006); 김상욱, 「한말 일제강점기(1899~1929) 목포소방조의 결성과 활동」, 『역사학연구』 34, 호남사학회, 2008
　일제강점기 소방관련 일본 측 자료로는 다음을 들 수 있다.
　朝鮮総督府警務局, 『朝鮮に於ける消防の概要』, 1926; 秋山忠三郎 編, 『群山消防組発達誌』 群山消防組詰所, 1927; 田邊理市, 『大田消防の沿革』, 1933; 木浦消防組, 『木浦消防沿革史』, 1929
　한국소방에 대한 개괄적인 저서로는 다음을 들 수 있다.
　내무부 소장국, 『한국소방행정사』, 1978.

3 수원시사편찬위원회, 『수원시사』 1-20, 2014.

다. 이 부분에서는 특히 조선인의 역할에 주목하고자 한다. 다음에는 수원소
방조에서 활동했던 구성원들에 대하여 밝혀보고자 한다. 구성원에서는 특히
조선인들에 대하여 관심을 기울일 것이다. 끝으로 1920~1930년대 수원지역에
서 발생한 화재의 원인과 내용, 그리고 그 특성에 대하여 살펴볼 것이다. 이 부
분의 경우 현황은 조선일보를 중심으로 살펴볼 것이며[4], 그 특성은 다양한 신
문자료들을 활용하여 검토될 것이다.

본 연구는 수원지역의 화재와 소방에 대한 개척적인 연구가 될 것이며, 본
연구를 계기로 소방과 밀접한 관련을 맺고 있는 상하수도에 대한 연구 등 수
원지역의 근대화에 대한 다양한 연구들이 이루어질 수 있을 것으로 기대한
다.[5] 소방의 경우 소화전 등이 상수도의 설치와 밀접한 관련을 갖고 있기 때문
이다. 그런데 수원의 경우 수자원이 풍부, 타 지역에 비해 우물을 주로 사용하
여, 상수도 설치가 늦어진 것 같다.[6] 아울러 본 연구를 통하여 그동안 독립운
동사 중심의 수원연구가 보다 다양한 시각에서 연구되는 계기가 될 수 있을
것으로 보여진다. 또한 앞으로 수원지역의 홍수와 태풍 등 다양한 주제를 입
체적으로 연구할 수 계기가 마련될 것으로 짐작된다.[7]

---

4 『일제강점기 조선일보(1920-1940) 수원(水原)관련 기사자료집』, 수원박물관, 2011
5 김영미, 「일제시기 도시의 상수도 문제와 공공성」, 『사회와 역사』73, 한국사회사학회, 2007;
   김백영, 「일제하 서울의 도시위생 문제와 공간정치-상하수도와 우물의 관계를 중심으로」, 『
   史叢』 68 2009.
6 조선총독부, 『수원군생활실태조사(1)』, 1929, 수원박물관, 이창식역, 2013,114쪽. 〈상수, 하
   수〉란을 보면, 1920년대 중반 수원의 경우 수도시설이 없고, 재래의 우물과 공동우물을 쓰고
   있다고 기록하고 있다.
7 한동민, 「화성행궁-파과와 복원사이」, 『수원을 걷는다: 근대 수원 읽기』, 수원박물관, 2012.
   한동민의 책에는 홍수 등으로 인한 수원 화성의 파손 등 다양한 읽을거리들을 찾아볼 수 있
   다.

1. 수원소방조의 조직과 발전

1) 수원소방조의 조직

수원지역의 소방조는 언제 처음 만들어진 것일까?『조선일보』1938년 11월 20일자 〈三十週年記念式 水原消防組에서 擧行〉에,

> 【水原】 십일월 십오일 오전 열시 수원경전(水原京電) 뒤 광장에서 수원소방조 삼십주년 기념식을 성대히 거행하는 동시에 추기 특별대연습을 행하야 비상시하의 방화보국의 특별한 의미로 가상(假想)적기의 내습을 보도하는 수원소방조 보도부의 발행된 호회를 제4호나 분포하얏고, 적기의 투하한 폭탄, 독까쓰, 피난구호에 관한 것과 모의 화재를 소화하는 소방수의 민활한 활동에는 일반 래객의 열렬한 찬사가 잇섯스며 특별히 수원소방조 창설 이래로 오늘까지 노력한 원로 이인에게 수원경찰서에서 감사장과 십년 근속한 소두 1인, 소방수 2인에게 근속표창장과 상품 수여가 잇섯다는데 상바든이의 씨명은 아래와 갓다.
>
> 感謝狀 近藤虎之助, 野中末吉
> 十年勤續表彰 小頭 笛田淸, 消防手 沈宜達·黑田元一

라고 있듯이, 수원소방조는 구한말 1908년경 조직된 것으로 보인다. 그러나 1908년 조직된 수원소방조의 경우 소방설비를 제대로 갖추고 있지는 못하였던 것 같다.『매일신보』1914년 12월 22일자 〈模範될 水原商議〉에,

> 현금에 至하여는 각 경찰서에 소방대를 설치하여 소방설비가 완성되었거니와, 그전에는 아무설비가 無한고로

라고 있듯이, 1914년이 되어서야 비로소 소방설비가 제대로 갖추어진 소방대가 설치된 것 같다. 그러므로 1914년 이전에는 수원상업회이소에서 실질적으로 소방대의 역할을 한 것이 아닌가 보여진다. 매일신보 1914년 12월 22일자

〈模範될 水原商議〉에,

> 수원상업회의소에서는 此亦公共의 一助로 하여, 消防諸具와 消防服을 준비하여
> 상업강습생 중 年長건장한 자로 하여금 日常 소방법을 연습히여 出火時에는 不移
> 時刻하고 소방에 종사하도록 하였는데, 該 상업회의소 당국자가 用心한 바를, 자
> 세 시찰한 즉, 타의 모범할 자가 다 多하더라

라고 있음을 통하여 짐작해 볼 수 있다.[8] 이때 수원상공회의소에서 만들어진
소방대는 수원지역의 조선인 또는 일본인유지들이 유지비를 부담하는 민간차
원의 의용소방조가 아닌가 판단된다. 이 민간차원의 의용소방대는 『조선일보』
1923년 3월 12일 석간 3면에,

水原의 火災

원인은 쥐구멍으로
재작 구일 오후 셰시오십분경에 수원(水原) 성내면 남창리(南昌里) 일백십번디 리
용희(李容熙)씨 집에서 불이나서 일시의 혼잡을 이루엇는바, 수원소방조와 수비대
와 경찰서원 밋 수원상업강습소 응급부(商業講習所應急部)에서 출동하야 불끄기
에 노력한 결과 마참 바람의 힘이 세인때이엿스나 약삼십분을 경과한후 동네시십이
분의 진화되엿는데 발화된 원인을 듯건대 안방 모통이의 쥐구멍에서 붙어 부러난온
것이라하며 손해는 대략 오십원이라더라

라고 있듯이, 1923년에도 수원상업강습소 응급부란 명칭으로 수원소방조와
함께 소방활동을 전개하고 있었다.

수원이외의 지역의 소방조의 경우는 태장공립보통학교에서 1932년에 간행
한 『태장향토사』(이창식역, 수원박물관, 2014) 〈화재예방〉의 다음의 기록을 통하여
일부 짐작해 볼 수 있다.

---

8 수원상공회의소의 소방과의 관련성에 대하여는 한동민의 다음의 논문이 참조된다. 「근대 수
    원지역의 변화와 구국교육운동─수원상업강습소와 화성학원을 중심으로」, 수원시 광복70주
    년 기념학술대회, 2015.

화제에 대비하기 위해 병점소방조가 있으나, 반월리, 기산리와 같은 각 마을에 대해서는 방재장치가 취약하기 때문에 금년 4월 간편한 펌프 2대를 구입하여 하나는 면사무소 소재지, 다른 하나는 원천리의 적당한 장소에 배치함으로써 그 갖추어지지 않은 느낌을 얼마만큼은 완화시킬 것으로 보인다.

라고 하여, 소방조가 없는 지역은 면사무소 소재지 등에 소방시설을 두고 임기응변적으로 대처하고자 하고 있음을 짐작해 볼 수 있다.

아울러 경찰당국에서는 화재를 예방하기 위하여 불조심 순찰을 하고, 포스터를 게시하는 등의 예방 활동을 적극적으로 전개하였는데, 당시 예방주의 사항은 다음과 같다.[9]

1. 온돌의 굴뚝에 완전을 기할 것
2. 온돌 아궁이 부근에는 타기 쉬운 것을 방치하지 말 것
3. 아궁이는 개량한 것을 쓸 것
4. 아궁이 부근은 항시 불이 연소되지 않도록 청소를 게을리 하지 말 것
5. 재를 버릴 때 주의할 것
6. 아이들이 불장난을 하지 못하도록 할 것
7. 담배꽁초를 함부로 버리지 말 것
8. 송진 등불을 쓰지 말 것
9. 성냥 등을 아이들에게 갖지 못하도록 할 것
10. 항상 화롯불에 주의할 것
11. 횃불을 사용하지 말 것
12. 취침 전 집 안팎을 한번 살필 것
13. 램프에 주의할 것
14. 아궁이 부근의 적당한 곳에 항상 물통 같은 것에 물을 가득히 채워둘 것

위의 주의 사항 중에 중요하게 생각되는 용어는 온돌, 굴뚝, 아궁이, 재, 담배

---

9   태장공립보통학교, 『태장향토사』, 1932(이창식 역, 수원박물관, 2014) 〈화재예방〉, 26쪽.

꽁초, 송진 등불, 횃불, 화롯불, 램프 등이다. 이는 수원군 지역의 당시 상태를
반영하는 것이라고 할 수 있을 것이다. 당시 주된 연료가 장작, 솔잎, 마른 풀,
낟알껍질, 겨 등이었다. 전등의 경우 수원면과 같은 일부 지역에서만 사용하였
다. 1927년 당시 전등을 사용한 전체 호수는 1,249호이며, 그 중 일본인 478호,
조선인, 745호, 중국인 26호 등이었다.[10] 그리고 1920년대 중반 가옥의 경우, 초
가집이 25,575호, 기와집이 541호 등이었다.[11]

2) 수원소방조의 해산과 경방단의 조직

한편 수원소방조는 『조선일보』 1939년 10월 4일 〈水原消防組 解散式〉에,

> 【水原】 수원소방조에서는 구월 삼십일 오전 열시 경전지점뒤 광장에서 해산식을 거
> 행하엿다. 수원소방조는 창립된지 삼십유여년의 기픈역사를 갓고 수원시민전체의
> 방화에노력하여 절대한 공헌이 잇던바, 금반 전국적으로 경방단(警防團)이 새로 조
> 직되기 때문이다.
> 당일은 육십여명의 소방조원과 일반내빈의 다수참석하에 추게 점검까지 하고 조두
> 청목위일(淸木爲一)씨 개회를 선언하고, 국기게양, 궁성요배, 묵도, 영지봉독, 황
> 국신민서사, 출동인원보고, 부대행진, 방수연습, 훈사강평, 내빈예사, 답사, 국기
> 강하가 잇슨 후 정오에는 영락관(永樂館)에서 조원과 내빈의오찬위로연이 잇슨후
> 무사히 산회하엿다

라고 있듯이, 1939년 9월 30일 해산식을 갖고 경방단[12]으로 새로이 조직되었
다. 『동아일보』 1939년 10월 7일자에 〈水原消防組解散(수원소방조해산)〉이라는
제목하에 수원소방조가 해산되었음을 보도하고 있다. 한편 수원소방조가 해

---

10 조선총독부, 『수원군생활실태조사(1)』, 1929, 수원박물관, 이창식역, 2013, 90~91쪽.

11 위의 책, 90쪽.

12 면단위의 경방단에 대하여는 다음의 구술이 참조된다. 「박호배」, 『지방을 살다. 지방행정.
    1930년에서 1950년대까지』국사편찬위원회, 2006, 252~254쪽.

체 될 당시 수원방호단 또한 해체되고, 경방단에 흡수 통합되었다. 『조선일보』
1939년 10월 4일 〈水原防護團 解團式〉에,

【水原】 수원은 방호단 창립된지 삼년에 민간전체의 노력이 컷던바, 금반 전국적으
로 경방단이 조직됨으로 수원도 경방단을 조직하는 한편 민간방호단을 지난 삼십일
상오 십시 수원신사에 일반 단원이 참석하여 성대한 해단식을 거행한바, 금번 수원
경방단은 단장과 부단장은 작정이 되엇스나 기타 인사 관계로 십월 사일에나 완정된
수원경방단의 결성식을 보리라한다

라고 있듯이, 민간방호단도 1939년 9월 30일 역시 해산하였던 것이다. 수원방
호단의 경우 수원출신 기업인 차준담(車濬潭)이 후원하기도 하였다.[13]

수원소방조와 민간방호단이 해체되고, 새로이 수원경방단이 조직되었다.
『조선일보』 1939년 10월 6일자 〈水原警防團結成式〉에,

---

13 차준담(車濬潭, 일본식 이름: 車田濬潭, 1906년 ~ 1980년)은 일제 강점기의 기업인이며 경
기도 수원시 출신이다. 1921년 수원공립보통학교, 1926년 중앙고등보통학교를 졸업했으며
1933년 3월 경성제국대학 법문학부 문학과를 졸업했다. 1936년 5월 수원공립농업학교 신설
비로 20,000원을 기부했고 1937년 5월 17일 조선건물(朝鮮建物)주식회사 취체역을 역임했
다. 1937년 6월 경기도 수원방호단 부단장으로 선임되었으며 1937년 10월 30일 중앙자동차
(中央自動車)주식회사 취체역을 역임했다. 1938년 8월 5일 아버지 차유순(車裕舜)의 유언에
따라 국방헌금 1,000원을 헌납하는 한편 수원신풍소학교와 수원학교조합, 수원삼일학교, 매
향여자소학교, 수원 화성학원에 500원, 제국재향군인회 수원분회에 400원, 수원소방조와 수
원방호단에 300원, 수원실업협회와 수원체육회에 200원, 진명유치원과 종로유치원에 100원
을 기부했다. 1939년 화성흥산(華城興産)주식회사 취체역을 역임했으며 1939년 11월 조선유
도연합회 참사를 역임했다. 1939년 12월 19일 경기도 수원 지역의 한해구제금으로 500원을
기부했으며 1940년 2월 28일 수원상공(水原商工)주식회사 사장, 1940년 10월 수원방범협회
간사를 역임했다. 1941년 5월 10일 경기도 도회의원으로 선출되었고 1941년 9월 조선임전보
국단 경기도 수원군 발기인으로 참여했다. 1942년 조선경동철도(朝鮮京東鐵道)주식회사 취
체역을 역임했으며 1943년 9월 국민총력조선연맹 이사로 선임되었다. 1943년 10월 징병제시
행감사 및 적미영격멸결의선양 저서공직자대회 실행위원 및 특별위원을 역임했고 1944년 6
월 국민총력조선연맹 이사로 재선임되었다. 이러한 경력으로 인해 민족문제연구소의 친일인
명사전 수록자 명단의 경제 부문, 친일단체 부문에 수록되었으며 1944년 9월 경기상공경제회
부회장을 역임했다. 1946년 8월 수원여자매향(梅香)학교에 5,000,000원을 기부했고 1956년
대한공예흥업사(大韓工藝興業社)를 설립한 뒤부터 사장을 역임했다.

【水原】인선의 난산 중에 잇던 수원경방단도 모든 준비에 분망 중이엇던 바, 사일 상오 십시 경전 뒷광장에는 수원경방단 발단의 성대한 식전의식이 끗난 후 수원경찰서 근등(近藤)경무주임사회로 개회를 선언한바, 래빈으로는 경기도지사대리를 비롯하야 또경찰부장대리 허군수 탕천(湯川)단장 한, 최(韓崔)양도회의원과 읍장 각학교장 기타 관공서대표 사오십인의 참집과 단장이하 총단원 삼백오십이면이 엄숙히 정렬한후 인원보고 국기경례 국가합장 궁성요배 묵고 단기급 분단기수여 도지사대리의 영지봉독 도지사의고사와 수원경찰서 흑소(黑沼)서장의 훈사(訓辭)래빈축사에 군수 허섭(許燮)씨와 매원(梅原)읍장의 축사가 잇고, 단장 덕홍(德弘)씨의 인사가 잇슨후 단기경례 국기경례 만세삼창으로 장엄한 식순을 맛치고 정오경에 무사히 산회하엿다 경방단역원은 다음과같다

團長 德弘國太郎 副團長 ○○龍, 三村誠一 第一分團長 洪吉○ 副分團長 洪○旭, 加棧○四郎 第二分團長 島谷○二 副分團長 ○浦英信 李承和 第三分團長○木外一 副分團長 內田 金○基

라고 하여, 수원경방단의 조직과 간부들에 대하여 보도하고 있다. 단장, 德弘國太郎, 부단장 ○○龍, 三村誠一, 제1분단장 洪吉○, 副分團長 洪○旭, 加棧○四郎, 제2분단장 島谷○二, 副分團長 ○浦英信, 李承和, 제3분단장, ○木外一 副分團長 內田, 金○基 등이다. 간부들의 구성을 보면, 조선인과 일본인으로 구성되어 있고, 총책임자인 단장은 일본인, 부단장은 조선인이 맡고 있음을 볼 수 있다.

아울러 『조선일보』 1940년 1월 9일자 〈興亞의 新正을 마저, 警防團始式盛大 楊州, 水原, 開城에서 擧行〉에,

【水原】희망의 신년을 지한 지난 일 오전 열시 삼십분 수원경전(京電)뒷광장에서 수원경방단년시식을 거행한바, 단장 덕홍국태랑(德弘國太郎)씨이하 이백오십명의 단원과 수원각계유지오십여인의 내빈출석하에 근등(近藤)경무주임사회로 개식하고 궁성요배, 국기게양, 단기경례, 국가봉창, 묵도, 복장검열, 영지복독, 흑소(黑沼)서장의 훈시, 수원군수, 허섭(許燮)씨의 축사, 황국신민서사제송, 만세삼창, 분열

식이 잇슨후 즉시자리를 수원공회당으로 옴기여 간략한연회를 맛친후 산회하니 하
오두시경이엇다

라고 하여, 수원군수 허섭[14]의 축사와 1940년 경방단의 활동의 단초를 짐작하
게 해 주고 있다.

2. 수원소방조의 구성원

수원소방조는 1908년경 설치되었다. 그 후 1915년 조선총독부령에 따라 그
구성원이 이루어졌을 것으로 보인다.[15] 그리고 1929년에 조직구성에 일정한 변
화가 이루어졌다. 조선총독부 관보 1929년 12월 17일 수원소방조 정원개정, 조
선총독부 경기도 고시 제 96호에는 〈명치 42년 1월 설치에 관련된 수원소방조
조원에 대한 정원을 좌와 같이 고친다〉라고 기록되어 있음을 통하여 이를 짐
작해 볼 수 있다. 이를 보면 다음과 같다.

총원
組頭 1, 副組頭 1, 小頭 4, 소방수 68 계 74
제1부 소두 2, 소방수 34, 계 37
제2부 소두 2, 소방수 34. 계 37

위의 기사를 통해 볼 때, 수원소방조의 경우 조두, 부조두, 소두, 소방수 등 4
계급으로 이루어져 있으며, 부서는 제1부, 제2부 등으로 나뉘어져 있다. 그리고

---

14 수원군수 許燮(1886-?)은 1911년 私立大東專門學校 졸업 후, 大東法律專門학교를 졸업하였
다. 1913년 6월 경기도 장서군 서기가 되었고 이후, 1922년 경기도 연천군수, 용인군수, 장서
군수를 역임하였다. 해방 후 韓國火災保險會社 이사 겸 韓國火災保險會社 仁川支店長을 하였
다. 그리고 1954년 11월 30일 大韓水利組合聯合會 京畿道支部 지부장을 하였다(국사편찬위
원회, 근현대인물 참조)

15 행정자치부, 『한국소방행정사』, (1999년 증보판), 39-40쪽.

매일신보 1932년 10월 25일자에,

> 수원소방조합 조두 忽那씨는 사정에 의하여 사임한 후, 靑木爲一씨로 임명하였다.
> 씨는 당지 유력자로서 많은 노력을 하리라 하며, 수원소방조합은 앞으로 면목을 일
> 신하리라 한다.

라고 있음을 통하여 1932년 수원소방조의 조두가 忽那에서, 靑木爲一로 변동
되었음을 짐작해 볼 수 있다. 청목위일에 대하여는 『조선일보』 1939년 5월 18일
자 〈水原邑會議員 定員에 二人超過〉에,

> 【水原】 지난 십오일까지 수원읍회 의원의 입후보 계출은 십육인인데 정원 십사인
> 에서 이인초과의 격전상태를 연출케 하여 각 후보자들은 별별 수단과 방식으로 애
> 를 쓰는 것이 역력하다. 그후 계출순의 후보인들을 보면 청목위일(靑木爲一, 48)씨
> 는 현재 청목트럭운송업을 하며 또 수원소방조 소두로서 과거에도 수원에서 큰 실업
> 가로 욕심이 큰 사람이요, 그 다음은 횡강길사(橫江吉四, 48)씨이니 그는 현재 경
> 동철도(京東鐵道)회사 공무과장으로 심기쾌활한 인물이니 그는 아마도 일반읍민의
> 체위향상을 위하야 많이 애쓸 이라고 믿는 바이다. 그리고 끝으로 김학배(金學培,
> 42)씨이니 그는 현재 수원상회 직조공장을 경영하는 수원의 청년실업가로써 의기가
> 충천한 이재가 그는 앞날의 읍민을 위하야 단기의 자기정신을 버리고 큰일을 위하
> 야 많이 애쓰리라고 믿는 바이다. 육백여인의 유권자 제씨 한표라도 뜻있게 읍민을
> 위하야 애쓸 이를 위하야 던지라. 그리고 십사인의 정원을 둔 회의원은 그 어느분이
> 명예로 당선될는지 그 의원 제위는 항상 이만칠천명의 수원읍민 대중의 복리를 위하
> 야 애쓰기를 바라는 바이다.

'현재 청목트럭운송업을 하며 또 수원소방조 소두로서 과거에도 수원에서
큰 실업가로 욕심이 큰 사람이요'라고 있듯이, 수원지역의 실업가로 유지인 인
물로 평가된다.

1929년에 조직구성이 개편된 수원소방조는 1933년 다시 한번 조직구성의

변동이 이루어진다. 1933년 2월 2일자, 조선총독부 경기도 고시 제7호에서는 수원군 수원소방조, 오산, 남양, 발안, 사강 및 안용소방조의 조직을 다음과 같이 변경한다고 기록하고 있다. 이를 보면 다음과 같다.

수원소방조 조두 1, 부조두 1, 소두 4, 소방수 68, 총계 74명
오산 조두 1, 부조두 1, 소두 5, 소방수 50, 총계 57명
남양 조두 1. 부조두 1. 소두 2, 소방수 50, 총계 54 명
발안 조두 1 부조두 1 소두 2 소방수 40 총계 44 명
사강 조두 1, 부조두 0, 소두 3, 소방수 30, 총계 34 명
안룡 조두 1. 부조두 2. 소두 5. 소방수 38, 총계 46명

위의 기록을 보면, 수원소방조의 경우는 변동이 없으나, 새로이 오산, 남양, 발안, 사강, 안룡 등지에 소방조가 설립되는 한편 인원도 배정되고 있음을 살펴 볼 수 있다.

수원소방조의 경우, 『조선일보』 1938년 11월 20일자 〈三十週年記念式 水原消防組에서 擧行〉에,

【水原】십일월 십오일 오전 열시 수원경전(水原京電) 뒤 광장에서 수원소방조 삼십주년 기념식을 성대히 거행하는 동시에 추기 특별대연습을 행하야 비상시하의 방화보국의 특별한 의미로 가상(假想)적기의 내습을 보도하는 수원소방조 보도부의 발행된 호회를 제사호나 분포하얏고 적기의 투하한 폭탄, 독까쓰, 피난구호에 관한 것과 모의 화재를 소화하는 소방수의 민활한 활동에는 일반 래객의 열열한 찬사가 잇섯스며 특별히 수원소방조 창설 이래로 오늘까지 노력한 원로 이인에게 수원경찰서에서 감사장과 십년 근속한 소두 일인, 소방수 이인에게 근속표창장과 상품 수여가 잇섯다는데 상바든이의 씨명은 아래와 갓다.

感謝狀 近藤虎之助, 野中末吉
十年勤續表彰 小頭 笛田淸, 消防手 沈宜達·黑田元一

라고 있음을 통하여, 1938년의 경우 소두(小頭) 적전청(笛田淸), 소방수 심의달(沈宜達), 흑전원일(黑田元一) 등이었음을 짐작해 볼 수 있다. 또한 『조선일보』 1937년 9월 2일 〈水原消防界의龜鑑〉에,

> 【水原】수원읍 구천정(水原邑龜川町)에서는 심재길(沈在吉)(二六)은 소화십년 팔월오일 수원소방조 제일부 소방수로 임명되여 그동안 자기의 생명을 불고하고 화재가 잇슬 때는 전력을 다하다가, 불행하게도 지난 사월 이십구일 오후 류시 신풍정고교모의 집에 화재가 낫슬 때에 사력을 다하야 소방에 노력하다가 실족하야 화염중에 떨어져 외인발목을 부상하엿스나, 끗까지 진화에 노력하고 이래 도립수원의원에서 치료중 돌연 특발성만저(特發性晩疽)를 병발하야 좌족발목을 잘느지 안으면 안되게되엿다, 지난 이십오일에는 담임의사가 수술시기가 점점 느저가니 하로밧비 수술을 하자한즉 심소방수는 한참 묵묵이 생각하더니, 금일은 나의당번날이니 수방소의 최후임무로 오늘 당번에 직무를맛치고 이십륙일 수술을 하자 하고, 이십오일은 심소방소로서는 최후인 소방조당번직무를 다하고 이십륙일좌족발목을 잘넛스나 수원소방조창립이후 최초의 불구자라

라고 있음을 통하여, 심재길이 1935년 수원소방소 제1부 소방수로 임명되었음을 짐작해 볼 수 있다. 한편 『중외일보』 1930년 4월 2일자 〈발안 소조 발회식〉에,

> 수원군 향남면 발안리는 186호에 더욱이 시장소재지라. 만일의 염려로 다년간 현안중에 있던 소방조는 작년에 지방유지들의 노력으로 이미 조직되어, 정식 허가를 얻고자 신청중이더니, 지난 30일 발회식을 개최하고, 森田喜代至씨의 사회로 개최되어 내빈으로는 향남공립보통학교 교장 吉田씨의 축사가 있은 후 오후 1시경에 성황리 폐회되었는데, 조두와 소두는 좌와 같다(수원)
> 조두 森田喜代至
> 소두 朴仁煥, 三谷和三郎,

라고 하고 있다. 병점소방조의 경우는 다음의 기사를 통하여 조직구성원을 파악해 볼 수 있다. 『조선일보』 1934년 8월 29일자에,

事實 摘發 投書코
誣告로 朴某 被檢
副組頭도 再次 召喚 留置
餠店 消防 組事件 續報

수원군 태장면 병점역전(台章面餠店驛前)에 잇는 병점 소방소회관과 주재소 순사 사택 건축문제로 소방소 소두 강조치(岡朝稚)씨와 순사부장 정상영문(井上榮紋)씨 에 대하여 결산보고서 불승인과 동시에 불신임안을 제출하고 부소두 엄의섭(嚴儀燮)씨 이하 십여명이 연명사직을 하엿다 함은 기보한바와 갓거니와, 이 사건에 관련 되어 지난 이십오일 병점역부(餠店驛夫) 박모(朴某)씨를 수원경찰서에 보내 엿든 바 이를 무고(誣告)라하여 검속 류치하고 방금 엄중 취조중이라 하며, 금번 사직한 부소두 엄씨도 전번에 소환하여 취조하고 돌려 보냇는데 다시 소환하여다가 류치 취 조중이라는바 이로 말미암아 사건은 점점 미궁으로 들어 간다고 하더라

라고 있듯이, 병점소방조 소두 강조치(岡朝稚), 부소두 엄의섭(嚴儀燮)임을 짐작 해 볼 수 있다.

한편 『매일신보』 1933년 4월 5일자에,

【水原】수원소방조에서는 지난 30일 오전 11시 수원경찰서장실에서 同組 신축에 대 한 지명입찰을 거행한 바, 수원 林田組가 낙찰되어 불원한 공사에 착수할 예정이라고 하며, 건평은 84평으로, 일층 洋館이라는데, 장소는 당지 富國園이라고 한다.

라고 있듯이, 수원소방조는 1933년 84평 규모의 양관 건물을 신축할 예정임을 밝 히고 있다. 아울러 『매일신보』 1933년 10월 12일자 〈수원소저 25주년 기념식〉에,

수원소방조합에서는 창립25주년 기념식을 오는 14일에 당지 청년운동장에서 거행 하고, 동일 오후 4시경부터 동조합회관내에서 축하연회까지 거행하리라 한다.

라고 있듯이, 수원소방조는 1933년 창립 25주년을 맞고 있다. 아울러 『매일신 보』 1933년 10월 18일자 〈수원소조 25주년기념 14일 성대히 거행〉에도,

수원소방조에서는 지난 14일 오전 9시부터 당지 화성학원운동장에서 추계연습을 마친 후 , 동일 오후 1시에는 동 신축회관에서 당지 유지 수백명을 초대하여 설립 25주년 기념식과 동회관 낙성식을 거행 한후, 계속헤서 동 2시부터 축하연을 개설 하고, 성대히 끝을 마치었다고 한다.

라고 있듯이, 1933년 신축회관이 건립되었음을 알 수 있다.

수원소방조의 훈련상황은 『매일신보』 1921년 1월 8일자 〈地方通信: 消防 대연습〉의 다음의 기사를 통해 짐작해 볼 수 있다.

수원읍내 소방조합에서는 지난 4일을 정기연습일로 정하고, 오전 8시경부터 소방 단원들은 치음을 전폐할뿐더러, 시각을 어기지 않고, 일일이 집합하여 당국 서장의 훈시를 받은 후, 종일토록 9칸水通에서 연습을 성대히 거행하였고, 오후 4시경에 종료하였다. 단원들은 곧 기구를 정리한 후 폐회하였다.

라고 있듯이, 수원소방조는 수원경찰서 서장의 훈시를 받은 후 연습을 하고 있음을 통해 수원경찰서 관할 하에 있음을 살펴 볼 수 있다.

3. 1920, 30년대 수원지역의 화재현황과 특성

1) 1920년대 수원지역의 화재현황과 특성

(1) 1920년대 수원지역의 화재 현황-『조선일보』를 중심으로

조선일보에 보이는 1920년대 수원지역 화재관련 기사를 보면 다음과 같다.

1. 1923년 3월 12일 석간 3면

水原의 火災

원인은 쥐구멍으로

재작 구일 오후 셰시오십분경에 수원(水原) 성내면 남창리(南昌里) 일백십번디 리용희(李容熙)씨 집에서 불이나서 일시의 혼잡을 이루엇는바 수원소방조와 수비대와 경찰서원 밋 수원상업강습소 응급부(商業講習所應急部)에서 출동하야 불끄기에 노력한 결과 마참 바람의 힘이 시인때이엿스나 약삼십분을 경과한후 동네시십이분의 진화되엿는데 발화된 원인을 듯건대 안방 모퉁이의 쥐구멍에서 붙어 부러난온 것이라하며 손해는 대략 오십원이라더라

2. 1923년 4월 11일 석간 3면

水原에 火災
손해는 오백원

지난 칠일 오전 두시경에 수원군(水原郡) 안룡면(安龍面) 가는골(細里) 김금석(金今錫) 집에서 돌연히 불이나서 맹렬한 화광은 동리 사람들의 가슴을 서늘하게 하야 매우 혼잡을 이루엇든바 동리로 말하면 수원읍내와 상거는 지척이로되 모든 셜비가 구비치 못한 까닭으로 단지 동리 사람들의 아우성치는 소리뿐이오 타올으는 불길은 형세가 뎜뎜 위급한 상태일뿐이니 이 급보를 들은 수원소방대원이 급히 달녀가서 동리 사람들과 협력하여 불끄기에 노력한 결과 략셰시간인ㅇ 다섯시경에 진화하엿는대 그 원인을 듯건대 그날은 마침 전긔 김금석 친모 박씨의 삼우(三虞)일이라 종일 쉬일새 업시 불을 때인 까닭으로 화력이 강하여 굴뚝편으로 잇는 중 방에 불이부터서 그리된듯하다하며 손해는 약오백원이라더라

3. 1924년 5월 16일 석간 3면

水原怪火
매일 사오차식

수원군(水原郡) 수원면(水原面) 남수리(南水里) 리정상(李政相)의 집에는 지난 십일 오후 한시부터 돌연히 불이나서 동리 사람들의 진력으로 간신히 진화하얏스나 약 삼십분 후에 다시 붓기 시작하야 소방수까지 출동 하얏스나 아모일 업시 진화된 후 또 다시 련속하야 당일에 다섯 번이나 붓고 그 이튿날 이십일일에 또 네 번이나 부른 괴화가 잇섯는데 전긔 리정상씨의 집에셔는 할수 업시 귀화로 몰니고 무당에게 굿까지 시키엿스나 작십이일에 또사시 붓기 시작하얏슴으로 일반은 방화로 추측하나 진상을 알슈업다더라(슈원)

4. 1926년 3월 13일 석간 2면

水原의 火災

어린애의 불작란

손해 이백원 가량

삼월십일일 오전 십일시경에 수원군 수원면 남창리 이백이십삼번디 현사수(水原郡水原面南昌里二二三玄寫秀)의 집에서 불이나서 동십이시경에 진화 되얏는데 손해는 약 이백원 가량 이라하며 이제 그 화재의 원인을 듯건대 주인의 아들 부성(富成)이라는 륙세 소아가 동리 애들과 가티 셕냥을 가지고 작란을 하다가 그와 가티 연소되엿다고 하는데 좌우간 봄날이 되야 차차 불조심을 해야 될것이며 더구나 어린아이의 불작란은 특히 주의하여야 될 일이더라(수원)

5. 1926년 12월 11일 석간 2면

水原 火災

손해 오백여원

全半燒 三戶

지난 팔일 오후 한시반경에 수원군 수원면 신풍리(水原郡水原面新豊里) 일백팔십일번디 박문선(朴文善)의 집에서 불이 일어낫는데 그때 마츰 맹렬한 서북풍이 일어나서 약세시간 동안이나 화염이 충텬하야 형세가 자못 위태 하엿스나 다행히 성내와 역전 두 소방조의 련합활동으로 간신히 진화되얏다는데 전긔 박문선의 집은 전소되고 동 일백팔십번디 황창성(黃昌成)의 집과 동 일백팔십사번디 박병규(朴炳奎)의 집은 각각 반소되야 손해 총액이 약 오백여원에 달한다 하며 화재의 원인을 듯건대 전긔 박문선과 그의 최장씨는 출타하고 그의 아들 대근(大根)(一二)이와 여섯 살 먹은 딸과 네 살 먹은 어린아이만 집에다 두엇는데 대근이가 칩다고 부억에 들어가 불을 때다가 별안간 아궁이에서 불이 왈칵 내매 놀라 도망을 한바 마츰 아궁이에 갓가히 노혓던 나무에 불이부터서 그와 가티 되엿다는데 좌우간 차차 치위가 돌아오매 더욱 불조심을 하지 아니하면 아니 될것이오 더구나 부억에 나무를 싸흘대 될 수 잇는대로 불에 갓가히 노치 아니할 것이며 또한 어린아이들의 불작란은 특히 주의할 일 이라더라(수원)

6. 1927년 1월 30일 조간 2면

水原 火災

損害 八百圓

원인은 불때다

지난 이십팔일 오후 세시반 경에 수원성내 북수리 삼백 륙십번디 김준식(金俊植)의 집에서 불이나서 동 류시까지 일대 소동을 일으켯섯는데 그때 마츰 바람이 심하야 념려가 적지아니 하엿스나 소방대와 기타 동리 사람의 진력으로 겨우 진화는 되엿는데 원인은 부엌에서 불때다가 싸어논 나무에 불이 당기엿다는 바 손해는 팔백원 가량된다더라(수원)

7. 1927년 3월 5일 조간 2면

水原의 火災

지난 삼일 오후 두시경에 수원 외세리(水原外細里) 엄ㅇ호(嚴ㅇ浩)의 집에서 주인도 업는 사이에 불이 난 것을 발견하고 곳 ㅇ화에 로력한 바 동 세시경에 진화하엿다는데 원인은 아궁이에 남엇든 불이 타 나온 것이라하며 손해는 약 이백원 가량이라고(수원)

8. 1928년 3월 7일 석간 5면

疑問의 發火 原因
보험금이 욕심나서
고의로 발화 식힌 듯
◇……水原 大火 後報

지난 사일 하오 여덜시경 수원종로교당 긔디인(水原鐘路教堂基地) 중국인 포목상 취원성(聚源成)에서 불이 닐어나 린접하엿든 림덕상(林德相)의 잡화뎜과 남뎡용(南廷用)의 도장포(圖章輔)와 교당에서 일보는 『리복쇠』의 세집이 전소되어 삼천여원의 손해가 잇섯다함은 긔보한 바와 갓거니와 이제 발화원인에 대하야는 실화보다 방화가 안인가하는 의심이 잇서서 경찰에서는 전긔 포목상 주인과 밥짓든 양모라는 두사람을 불러다 엄밀히 취됴중이라는데 이제 그 자세한 내용을 듯건대 전긔 중국인은 이삼년전부터 전긔 장소를 빌어 포목상을 경영하여 오든바 현재 잇는 물건은 칠천원에 화재보험에 들엇섯다하며 남의 부채는 그 이상된다하야 늘 걱정중에 잇든바 작년 재만동포사건이 잇슨 후부터는 물건에 매매도 업슬뿐더러 딸하서 리익도 적어 더욱 걱정으로 잇섯다는 것과 또한 지금 잇든 물건은 겨우 오륙천원에 불과하엿다는 뎜과 금번 불이 밥짓든 아궁에서 낫다하야 밥짓든 자의 얼굴이 조곰에엿스나 그럿타고 불끝념려는 조곰도 하지 안엇다는 것과 이번 화재로 뜻밧게 연소를 당한 전긔 세 가족이 알몸뚱이만 가지고 도로에서 방황하면서 칠천원이나 타게 된다는 소문을 듯고 전긔 취원성을 차저보고 애소하엿스나 나는 칠천원을 차저도 남의 빗을 갑흐면 고향길 로자도 모자라겟다고 랭대를 하엿다는 모든뎜으로 미루워 보아 전긔 중국인들이 공모하고 고의로 발화하도록 한 것이나 안인가하야 일반은 의아하는 가온대 그 결말을 감시하고 잇는 중이라더라(수원)

9. 1928년 5월 8일 석간 5면

水原의 火災

지난 오일 오후 두시경에 수원군 안룡면 세리(水原郡安龍面細里) 고인환(高仁煥) 정미소에서 불이 닐어나 몸채를 삽시간에 전소 식히고 때마츰 맹렬히 부는 바람결에 불길은 다시 이웃인 황뎡성(黃貞成) 리준익(李俊益) 박제봉(朴齊奉)의 집을 모조리 전소 식혓다는바 수원소방대의 출동진화가 잇섯스나 효력이 업섯스며 불난 원인은 긔차 연통에서 재가 날리어 발화된듯하야 텰도국에서 됴사까지 하야갓다더라(수원)

10. 1929년 4월 25일 석간 2면

水原 模範場

牧場 火災

삼십여필의

말이 타죽고

損害 數萬圓

지난 십칠일밤에 수원 권업모범장 부속 란곡목장(水原勸業模範場蘭谷牧場)에서 불이나서 오양간 두채와 어미말(母馬) 스물세마리 매아지(仔馬) 열한마리 암계 설흔 네마리를 태이어 죽엿는데 손해는 수만원이요 원인은 방화인듯하다더라

11. 1929년 6월 21일 석간 5면

水原小火

지난 십구일 오후 다섯시경에 수원군 수원면 신풍리 석희균(水原郡 水原面 新豊里 石熙均) 집 행랑에서 불이나서 약 두시간이나 대 혼잡을 닐우엇는데 수원소방조의 진력으로 진화는 하얏스나 원인과 손해는 방금 됴사중이라더라(수원)

12. 1929년 6월 28일 석간 5면

水原에 火災

매곡리에서

지난 이십사일 정오 경에 수원군 팔탄면 매곡리(水原郡 八灘面 梅谷里) 일백팔십구번디 문재운(文在雲)(四九)의 집에서 발화하야 약 네시간 동안 닐곱간 초가를 전

소하고 가구(家具) 의복 곡물 등 집안에 잇든 것은 부직강이 하나 못 끄내고 모다 태워 버리엇다는 바 발화원인은 점심 짓느라고 불때인 것이 굴뚝으로부터 감응으로 말은 집응에 당기여서 그리 되엇다하며 손해액은 약 이백 오십원 가량에 달한다하며 뜻박게 재난을 당한 십여식구는 로상에서 숙식을하는 중 조석끼니는 동리 의원조로써 연명한다더라(수원)

(2) 1920년대 수원지역 화재의 특성

조선일보에 보이는 수원지역 화재 보도기사는 총 12건 정도이다. 이를 연도별로 살펴보면, 1923년 2건, 1924년 1건, 1926년 2건, 1927년 2건, 1928년 2건, 1929년 2건 등이다. 기타 연도에는 신문에 보도될 만큼 큰 화재는 없었던 것으로 보인다. 이 중 가장 주목되는 화재는 1929년 4월 17일에 수원모범장에서 있었던 화재였다. 수원모범장 즉 권업모범장은 1906년 일제 통감부가 우리나라에서의 농업기술의 시험, 조사 및 지도를 위하여 설치하였던 기관이다.[16] 『조선일보』 1929년 4월 25일에서는 〈水原 模範場牧場 火災, 삼십여필의 말이 타죽고 損害 數萬圓〉이라는 제목 하에,

지난 십칠일밤에 수원 권업모범장 부속 란곡목장(水原勸業模範場蘭谷牧場)에서 불이나서 오양깐 두채와 어미말(母馬) 스물세마리 매아지(仔馬) 열한마리 암계 설흔네마리를 태이어 죽엿는데 손해는 수만원이요 원인은 방화인듯하다더라

라고 하여 대서특필하고 있다.

수원모범장의 경우 1930년대에도 화재가 발생하였다. 『동아일보』 1934년 7월 5일자 〈霖雨中 火災, 農事試驗場 官舍一棟燒失〉에,

---

16 권업모범장에 대하여는 다음의 논문들이 참조된다.
박수현, 「일제하 수원 권업모범장의 조직과 기능의 변천」, 『水原學研究』 21, 水原學研究所, 2005; 김도형, 「일제하 수원 권업모범장의 구성원과 식민지 농업지배」『水原學研究』 21, 水原學研究所 2005, 김주용, 「일제하 수원 권업모범장의 운영실태」, 『水原學研究』 21, 水原學研究所, 2005.

수원에 있는 조선총독부 농사시험장 관사에서는 지난 1일 오전 9시경 장마비가 내리던 중, 불이나서 기와집 한 채가 거의 타버렸는데, 원인은 담뱃재를 끄지 아니하였다가 모기장에 연소되어 그와 같이 탄 것이라 하며, 손해액은 천여원에 달한다고 한다.

라고 있다. 화재의 원인은 담뱃불이었다.

아울러 주목되는 화재는 보험금을 노리고 고의로 불을 일으킨 경우이다. 『조선일보』 1928년 3월 7일자 〈疑問의 發火 原因, 보험금이 욕심나서 고의로 발화 식힌 듯〉이라는 제목하에,

◇……水原 大火 後報
지난 사일 하오 여덜시경 수원종로교당 긔디인(水原鐘路敎堂基地) 중국인 포목상 취원성(聚源成)에서 불이 닐어나, 린접하엿든 림덕상(林德相)의 잡화점과 남뎡용(南廷用)의 도장포(圖章舖)와 교당에서 일보는 『리복쇠』의 세집이 전소되어 삼천여원의 손해가 잇섯다함은 긔보한 바와 갓거니와, 이제 발화원인에 대하야는 실화보다 방화가 안인가하는 의심이 잇서서 경찰에서는 전긔 포목상 주인과 밥짓든 양모라는 두사람을 불러다 엄밀히 취됴중이라는데, 이제 그 자세한 내용을 듯건대, 전긔 중국인은 이삼년전부터 전긔 장소를 빌어 포목상을 경영하여 오든바, 현재 잇는 물건은 칠천원에 화재보험에 들엇섯다하며 남의 부채는 그 이상된다하야 늘 걱정중에 잇든바, 작년 재만동포사건이 잇슨 후부터는 물건에 매매도 업슬뿐더러 딸하서 리익도 적어 더욱 걱정으로 잇섯다는 것과 또한 지금 잇는 물건은 겨우 오륙천원에 불과하엿다는 뎜과 금번 불이 밥짓든 아궁에서 낫다하야 밥짓든 자의 얼굴이 조곰에 엿스나 그럿타고 불끌념려는 조곰도 하지 안엇다는 것과 이번 화재로 뜻밧게 연소를 당한 전긔 세가족이 알몸뚱이만 가지고 도로에서 방황하면서 칠천원이나 타게 된다는 소문을 듯고 전긔 취원성을 차저보고 애소하엿스나, 나는 칠천원을 차저도 남의 빗을 갑흐면 고향길 로자도 모자라겟다고 랭대를 하엿다는 모든뎜으로 미루워 보아 전긔 중국인들이 공모하고 고의로 발화하도록 한 것이나 안인가하야 일반은 의아하는 가온대 그 결말을 감시하고 잇는 중이라더라(수원)

라고 하여, 1928년 3월 4일 오후 8시경 수원종로교회당 근처 중국인 포목상

취원성에서 불이나 인접한 잡화점과 도장포 그리고 교회당에서 일을 하는 리복쇠의 세집이 전소되는 사건이 발생하였는데 포목상을 경영하는 중국인이 보험금을 노리고 방화한 것으로 언급되고 있다. 1926년 수원지역에서 보험을 든 사람은 일본인 66명, 조선인 67명 정도였으며, 보험의 종류는 질병, 화재, 생명 보험 등이었다. 보험회사 지사는 14개 있었다.[17]

1920년대 조선일보 화재 기사 총 10건 중, 1월 발생은 1건, 3월은 3건, 4월은 2건, 5월은 2건, 6월은 1건, 12월 1건 등으로 3월부터 5월 사이에 화재가 제일 많았던 것으로 나타나고 있다. 신문에 보도될 정도의 일정 규모이상의 화재가 이때 주로 발생한 것이 아닌가 추정된다.[18] 다만 수원지역의 경우 1920년대는 11월부터 3월까지가 결빙시기였다.[19]

1920년대 발화장소는 수원군 성내면 남창리, 안룡면 가는길, 수원면 남수리, 수원면 남창리, 수원면 신풍리, 수원성내 북수리, 외세리, 신풍리, 팔탄면 매곡리 등 개인집에서 화재가 발생하고 있다. 그중에서도 특히 수원읍내 개인집에서 화재가 주로 발생하고 있다. 남창리, 남수리, 신풍리, 북수리 등이 그러하다. 오늘날 화성지역의 경우 안룡면 가는길, 팔탄면 매곡리 등이다.

화재로 인한 피해액을 보면 개인주택의 경우, 50원, 200원, 250원, 500원 등 다양하다. 그러나 권업모범장의 화재의 경우 피해액이 수만원에 달하는 대형 화재의 경우도 있었다.

화재의 원인은 주택의 경우, 쥐구멍, 어린아이의 불장난, 아궁이에 불을 땔 때다 등 다양한 경우이다. 한편 특이한 경우는 앞서 살펴본 바와 같이 보험금을

17 조선총독부, 『수원군생활실태조사(1)』, 1929, 수원박물관, 이창식역, 2013, 62-63쪽.
18 수원지역 화재의 경우 경찰에 의해 화재수, 원인별, 연소물건, 기타 여러해 비교 등이 파악되고 있었으나 현재 기록이 누락되어 찾아볼 수 없다(조선총독부, 『수원군생활실태조사(1)』, 1929, 수원박물관, 이창식역, 2013, 21쪽)
19 수원군, 『수원군지지』, 소화 4년 1929년 6월, 7-8쪽.

노린 사례로 있었다.

1920년대 대표적인 화재 가운데 하나는 어린아이에 의한 방화사건이다. 『동아일보』 1927년 3월 18일자에서는 〈十四歲 少女가 十三回 放火, 열네살 된 소녀가 장난삼아 논 불 다섯달이 다 못되야 전후 열세번, 判明된 水原火災事件〉라는 제목하에 1단에서 다음과 같이 대서특필하고 있다.

> 경기도 수원군 안룡면 세리 173번지 李壽男(14)은 작년 10월 7일 오후 7시경에 그 백모되는 황씨(69)의 가르침을 받어 성냥 한갑을 얻어 가지고, 그 동네 70번지 음식점 鄭元根(37)집에 불을 질렀으나, 동리 사람들이 즉시 발견하고 진화하였으므로, 그는 또다시 수삼일 간격으로 그 집에 불을 놓았으나 역시 곧 진화되였는 바, 동리사람들이 그것이 독개비장난이라고 이야기거리가 되었으므로, 그는 그것을 재미있게 여기여 그후 계속적으로 전후 7차례나 그집에 불을 질러 마침내 그 음식점은 지난 2월 3일에 전소되고 말었으며, 그는 또다시 그 동리 27번지 김금봉(金今奉)(46)의 음식점에 불을 지른 것을 즉시 발견하고, 진화하였는 바, 그는 다시 그집에도 계속적으로 방화하여 전후 열세번의 방화를 한 까닭으로 동리의 미신적 랑설은 더욱 높아오던 중, 소관 수원서에서 오랫동안 그 범인을 잡고자 하다가 마침내 수일 전에 체포되어 방금 동서에서 취조를 받는중아더라(수원)

『동아일보』 1928년 4월 9일자에도 〈水原 白晝 火災 원인은 애들의 장난〉이라는 기사가 실려 있다.

화재진압의 경우, 수원소방조(역전, 성내), 수비대, 경찰서원, 수원상업강습소 응급부 등이 하였으나, 수원읍내의 경우 주로 소방조, 화성지역의 경우 소방조와 더불어 마을 사람들이 동참하는 모습을 보여주고 있다.

1920년대에는 수원이외의 지역에서도 화재가 발생하곤 하였다. 중외일보 1929년 6월7일자에는 6월 3일, 수원군 향남면 발안리 김덕순집에서 화재가 발생하였다. 『중외일보』 1929년 6월29일자를 보면, 6월 24일 수원군 팔탄면 해창리 문재문 집에서 화재가 발생하였다.

2) 1930년대 수원지역의 화재와 그 특성

(1) 1930년대 수원지역 화재의 현황

1930년대 『조선일보』에 보도된 수원지역의 화재 현황은 다음과 같다.

1. 1930년 1월 12일 석간 3면

水原小火

지난구일 오후여섯시경에 수원군 태장면 지리 오백륙십번지 김재선(水原郡台章面池里金在善)(二六)의집에서 불이나서 경찰서원 소방대가출동하야 진력한 결과 한시동안에 진화하엿다는데 그 사실을 들으니 뒤깐에다가 불잇는 재를 버린관계라 하며 단가사리 네간집두간이소화되엿는데 손해는 사십원이며 방금도 당국에서 원인을 조사 중 이라더라(수원)

2. 1931년 7월 19일 석간 27면

水原 沙江市場
中國人家 火災
10여명을 검거

【水原】만보산사건을 계기로 몃곳에서 조중인충돌사건이 발생되엿스나 수원만은 무사하엿든바 뜻밧게 지난 본월 십이일 오전 삼시경에 수원군 송산면 사강리(水原郡松山面沙江里)에서 그곳에 거주하면서 잡화상을 경영하는 중국인 진성덕(陳盛德) 곽가훈(郭嘉訓)의 두집에다 방화(放火)한 사건이 돌발되여 근방의 인심을 소란케 하엿는데 그 당시에 동리 손덕근(孫惠根)의 안해 김씨(金氏)가 변소(便所)에 가다가 화광(火光)을 보고 불야 소리를 질너서 동리사람들이 고단한 새벽잠을 께여가지고 진화에 진력한 결과 큰일에 이르지 안코 곳 진화되엿스나 현장을 조사한 결과 진가의 집에는 큰 궤작 사오개를 싸허 놋코 그속에다 석유칠한 사람의 머리만한 솜방뱅이로 불을 노앗스며 사람은 이미 동망을 간지가 사오일이 넘고 물건만 두고 잠가둔 곽가의 집에는 양철(洋鐵)집웅이 되어서 그랫든지 솜방맹이로 불을논 이외에 동리마당에 싸하논 나무바리를 그 집 압까지 옴기여다 논 것이 발견되엿다는 바 이상의 모든 사실로 보아서 계획적 행동인 것이 판명되여 수원경찰서에서는 불을 발견한 여자외에 십여명의 청년을 본서로 검거하여 취조를 진행하는 일편 매일 사복경관

이명식을 현장에 파견하여 사건의 정체를 탐사 중이라는 그곳은 원래 삼일운동 당시에도 남에 업는 큰사건을 격근곳인 만큼 일반의 인심과 물론이흉흉하다고한다

3. 1933년 8월 15일 조간 4면

水原에 火災
富國倉庫全燒

십일일 오후 십시경에 수원 종묘업 부국원(種苗業富國園) 창고에서 발화하여 맹렬한 화재로 잠시에 함석집 창고 일동을 전소시키고 동시 경에 진화하엿는데 발화원인은 방금 조사중이며 또 이 창고에는 농산물 종자를 다수이 저장하엿든 곳이므로 종자의 수요시기인 만큼 손해가 막대하다 한다

4. 1934년 4월 17일 조간 2면

殺人放火嫌疑者
疑問의服毒自殺
飮毒한毒藥出處가 甚히 曖昧
水原留置場內의 怪變

긔보=본부를 불에 태워 죽일려다가 살인미수와 방화죄로 경긔도 수원경찰서에 검거된 수원군 태장면 릉리(臺章面陵里) 일백십삼번지 조정렬(趙貞烈)의간부인 그집 고용인 박익서(朴益緒)는 공범으로 지난 구일에 수원서에 검거되야 취조를 밧든중 십사일 아츰에 돌연히 고민하기 시작하야 십오일 오전 구시반에 드듸어 절명하엿다는데 원인은 류치장안에서 쥐잡는약을 먹엇다하야 고민할 때에 약의 출처를 조사한즉 수원 모약방에서 삿다하야 약방에 조사한즉 그런 일이 업다는 등 사실 독약을 먹고 죽엇다하면 류치장에 약을 가지고 들어가거나류치장 안에서 약을 손에 너헛슬것으로 경찰서에서 검속류치할 때의 엄중한 신체검사가 잇고 또 류치장과 외부가 엄밀히 격리되어 잇는 것으로보아 소위 본인이 과거의 죄를 후회하는 의미에서 약을 먹고 죽엇다는 원인이 너무 박약하야 의문의 죽엄으로 십륙이에 시첼를 해부하게 되엇다한다

5. 1934년 4월 25일 석간 23면

水原邑內에怪火
一夜에兩處出火
原因을보아放火嫌疑가濃厚

警察犯人搜査에 活動

【水原】지난 이십일 오후 아홉시 넘어 수원읍 남수리(水原邑南水里) 일백팔십사번 지 화성흥산주식회사(華城興産株式會社) 뒤에잇는 나무 창고에서 불이 일어나 급 보로 달녀간 소방대원의 활동으로 곳 진화되여 다행히 무사는 하엿스나 출화 원인이 미상하여 궁금해 하든 중 동야 오전 한시경에 전긔 가튼 장소에서 두 번째 불이 일어 나매 하로 밤에 두 번이나 불이 난곳이 잠을쇠로 잠근 나무창고안인 점으로보아 혹 은 방화나 아닌가하야 경찰에서는 범인을 엄탐중이라 한다

6. 1934년 6월 10일 석간 23면

水原에 前後 十一回나

怪火續出로 騷動

犯人은 十四歲의 少年

지난 삼월이래로 수원읍에는 원인들을 알 수 업는 괴상한 화재가 전후 십일회나 있 어 방화나 아닌가 하여 수원서에서는 이래 범인 수사에 노력중이든 바 지난 사일에 는 수원읍 남창리(水原邑南昌里) 리경하(李慶夏)집 울타리에다 어떤 아이가 성냥 불을 그어대어 불소동이 일어나게 되엇는데 고발에 의하여 수원서에서는 범인을 체 포하여 엄중 취조 중이라는데 그 아이는 남창리 김종환(金鍾煥)의 장남 김영태(金 永泰)라는데 취조에 떨어 전 후 십일차의 범행을 일일히 자백하엿다는 바 불이 붙어 오르고 소방대가 출동하고 사람들이 소란하게 구는 것이 재미잇서서 방화를 햇노라 고 하는 이 소년은 정신이상이 생긴 것이 아닐까 의심된다고 한다

7. 1935년 1월 15일 석간 22면

水原商店街에 大火

十五戶를 全半燒

朝鮮人側商業界에 打擊莫甚

損害六萬圓, 保險全無

【水原】십사일 새벽 다섯시경에 수원읍내에서는 시내에서도 상점가(商店街)로 가 장 번화한 곳인 남문박사거리 선일양복점(鮮一洋服店)에서 불이 이러나 불길은 사 방으로 흐터저 엽집인 철물상 정학교(鄭學奎)씨의 집을 삽시간에 전소한 후 불길 은 다시 엽집으로 올마부터 이웃 [라듸오]상회, 측음기상점, 고수명(高壽明)자전차 상점, 리창선(李昌善)양화점 기타 모자상점, 잡화점 린주단포목점, 상화상회(三和 商會), 리성우(李聖雨)씨집 등 열집을 것잡을사이업시 모조리 전소하여버, 후 다시

부근일대의 김영진(金永鎭), 리대현(李大鉉)씨집과 넓즉한 남문통길을 뛰어넘어 길넌너편인 수원모자점과 부인상회며 다시 장롱방상점 등 다섯집으로 올마붓기 시작하엿다. 이급로 달려든 수원경찰서원과 소방조의 필사적 활동으로 발화된지 네시간만인 아츰아홉시반경에야 겨우 전귀 대상점들로만 십동십오호(十棟十五戶)를 전반소시킨후 불길을 잡기시작하얏는데 아즉도 불길은 맬렁한 긔세로 간간히 뻐처올라 검은 연긔와 흰연긔가 하늘을 찌르게 용솟고 잇다.

전후 네시간반 동안에 십오호의 전반소를 내인 대화는 발화원인이 상금도 모호하야 결찰은 진화의 필사적 활동을 하는 일방 눈에 불을 켜고 원인을 조사중인데 때가 고히 잠드러잇든 새벽 다섯시에 잇든만큼 전긔 각 상점은 산적되엿든 상품을 하나도 건저내지 못하고 몸만 피하엿슬뿐으로 전부 태워버렷는데 이 불길로 인하야 전신전화선은 전부 녹아타버렷기 때문에 수원읍의 대부분인 남문일대는 전부 전신전화가 불통되여버렷다. 건물과 상품등속을 합하야 피해액이 오륙만원은 내리지 안흐리라 하나 상세한 수자는 아즉 불명한터로 상품전체를 태워버리고 페허와가티 휩쓸고 나가는 맹화를 얼빠진 사람들처럼 멍하니 바라다보고 섯는 각상점주인들의 가련한 형용은 목불인견의 참상이다. 전긔 각상점은 건물이나 상품이나 하나도 화재보험에 드러잇지 아니하엿다고 한다.

◇ 사진은 수원화재 현장광경

8. 1935년 3월 18일 석간 22면

水原에火災

四戶全半燒

【水原】 십오일 오후 다섯시경에지나 북수리(北水里) 일백이십칠번지 구민회(具敏會)씨의 집에서 불이 이러나 그집의 집응한편을태우고 불길은 이웃집인 김남훈(金南勳)씨집으로 올마부터 맹렬히 타오르는 것을 급보로 달리든 소방조원의 활동으로 큰일에는 이르지 아니하고 동여섯시경에 겨우 진화되엿는데 원인은 굴독의 부주의로 이러난 것이라하며 손해는 대략 이백원가량이라는 바 일시는 대단히 위험하얏섯다 한다. 또 하나는 십륙일 오후 두시반경에 시내 신풍리(新豊里) 삼백 사십 칠번지 정의섭(鄭義燮)의 집에서 불이 이러나 때마츰부터 오는 별풍에 불길은 하늘로 뻐처올라 삽시간에 전긔 일동 이호를 전소하고 마럿는데 소방대의 필사적 활동으로 린근의 연소는 면하얏는 바 출화된 원인은 아해들의 불작난이엿다하며 손해는 아즉미상이라한다

9. 1935년 3월 28일 석간 25면

水原邑下火災
三戸를全燒

【水原】 이십 륙일 오후 두시 수원읍성외 산루리(水原邑城外山樓里) 륙십번지 황찬재약방(黃讚在藥房)에서 불이 이러나 삽시간에 동가일호를 전소하고 다시 불길은 린가인 리근식(李根植) 김주문(金周文)의 집에 옴기여 맹렬히 타는 것을 수원소방조와 경찰서원의 민첩한 활동으로 동사시에 삼호를 전소식히고 겨우 진화하엿다는데 손해는 방금조사중이며 발화 원인을 들으면 전긔 황찬재약방에 고용으로 잇는 게집아이가 린근에 사는(鄭壽男)(假名)이란 아이와 가티 방화를 하얏다는 혐의가 농후하야 방금 수원서에서는 두아이를 엄중히 취조중이라한다

10. 1935년 10월 17일 석간 22면

水原에 怪放火

십육일 새벽 네시경에 수원읍 매산리(水原邑梅山里) 생선장수 매곡행태(梅谷幸太)의 전방 뒤 오른방에 소나무를 쌓아놓고 불을 달아놓아서 처마 끝이 맹렬히 불이 붙기 시작하는 것을 마침 지나가든 사람이 발견하고 소리를 처서 소방대까지 출동하야 겨우 껏는데 손해는 오륙원정도에 끄첫다고한다. 수원서에서는 곧 여러 방면으로 불을 지른 범인을 찾는 중인데 지금 혐의자로 세명을 붙잡아노코 엄중하게 취조하는 중이라 한다.

11. 1936년 4월 1일 석간 27면

一日兩處에火災
住家三棟全半燒
水原邑梅山里에서

【水原】 지난삼십일 오후세시경 수원읍 매산리(水原邑梅山里) 구십사번지 곽태익(郭泰翊)(十七)집에서 집웅수리하는 일군에 점심밥을 짓다가 집부스럭이가 굴둑속으로 드러가 거긔에 불이붓터 오르는것을 일군들이 발견하야 직시 소방대의 원조를 어더 진화하얏는데 동 오후 세시반경 또 그 이웃 동리에 사는 강문주(姜文周)집에서 불이 이러나 부는 바람결에 맹렬히 붓허 그 불길이 그 이웃집 송영봉(宋榮奉)집에 까지 올마가 두채가 한거번에 타버렷는데 원인은 강문주의 집나무 간 숫부스럭이에서 이러낫다 한다

12. 1936년 11월 11일 조간 2면

水原邑에도 火災

【水原】지난 구일 오전 네시경 수원읍 산누리 차한용(車漢用)씨 집에 불이 일어나서 집주위에 전부 불이될 지음 수원소방조에서 급격히 불자동차를 몰고와서 물을 자올리야고 하엿스나 긔계에 고장이 잇서서 또 얼마동안을 지체케되여 그간 전긔 차한용씨의 집은 세간하나도 끄내지 못하고 전소가 되엿스며 이웃집까지 불길이 옴기여 붓는 것을 소방조원 일동이 진력한 결과 동 여섯시 반경 진화되엿다는대 인죽에는 하등 이상이업고 다만 차한용씨집만전소가된 바 손해액은 약삼천오백원가량이라하며 발화의원인은 방금조사중이라고한다

13. 1937년 3월 14일 석간 22면

雇傭女가放火
主人집을燒失
水原邑에서 생긴일

지난 구일 오후 한시쯤에 수원읍 본정(水原邑本町) 삼정목 삼십일번지 서정인(徐廷仁)(五九)의집에서 불이 나서 그 집 한채를 전소한 사실이잇섯는데 소관 수원서에서는 그 출화원인에 수상한 점이 잇서 그 집에서 심부름을 하고 잇는 권명월(權明月)(一八)을 그서에 인치하고취조한 결과 다음과 가튼 놀라운 방화사실을 자백하엿다고 한다.

그는 지난 달 이십사일에 그집안 잠자기로 드러와 잇든 중 일상 자기의 방을 더럽게 하고 부엌소제도 잘하지 안키로 주인이 재삼 질책하엿더니 이에 분을 먹고 그복수로 그 집을 전부 태워버릴 것을 생각하야서 팔일 아츰에 불을 질럿다가 그만 주인이 곳 발견하야 실패하고 구일날 재차 불을 질러서 전기와 가티 그 집 한채를 태워버리엿다고 한다 손해는 약 천원가량이다

14. 1939년 1월 4일 석간 23면

二日, 水原邑에 出火
燐寸工場을 燒失
損害와 原因은 調査中

【水原】지난 이일 오후 삼시반 수원군 수원읍 매향정(梅香町) 육십구번지 수원인촌제함공장(水原燐寸製函工場)에서 불이 나 아직도 소수의 취흥에 겨워 새봄을 노래하고 잇는 가운데 사일렌이 울리게 되야 전시하에서 봄을 맞는 일반으로 하야금 공

습관제나 아닌가 하고 놀래게 하엿던 바 전기 공장에 정초부터 불소동을 일으켯섯는데 곧 소방대의 출동으로 네시에 진화되엿다. 손해도 상당할 듯하며 발화된 원인은 수원서에서 조사중이라 한다.

15. 1939년 8월 19일 석간 22면

水原繁華街
白晝에大火
同商店損害萬餘圓
【水原支局電話】십팔일 백주열두시이십분경 수원치고 가장번화한 본정(本町)이정목칠십삼번지 고무구두상 팔달(八達)상회=점주 김원성(金元成)씨=와 포목상 의창(義昌)상회=점주 신창기(申昌旗)씨=의집에서 돌연 불이 일어나 목조단층집두채와 상품다수를 전소하고 소방조의 활동으로 한시이십분에진화되엇다 손해는 일만원가량이며 원인은 방금조사중인데 장소가수원의 번화가인만큼 한때는 큰 혼잡을 이루엇섯다

(2) 1930년대 수원지역 화재의 특징

『조선일보』에 보이는 1930년대의 화재관련 기사는 총 15건이다. 그중 1930년 1건, 1931년 1건, 1933년 1건, 1934년 3건, 1935년 4건, 1936년 2건, 1937년 1건, 1939년 2건 등이다. 위의 건수를 볼 때, 1934, 1935년에 기사가 많은 건수를 보여주고 있다. 『동아일보』 1934년 11월 17일자 〈水原火災損害 十個月 五千圓〉에,

> 수원관서내 화재로 인한 손해액은 금년 1월 1일부터 지난 10월말까지 10개월 동안에 5천5백여원 이나 되다는 바, 건수는 34건이라하며, 예년에 비하여 감소되어 간다.

라고 있듯이, 1934년 1월부터 10월까지 화재발생이 총 34건이라고 한다. 그러나 『조선일보』에 보도된 것은 총 3건에 불과하다. 그러므로 조선일보에서 모든 화재사건을 신문에 보도하고 있는 것은 아닌 것 같다. 『동아일보』 1931년 1월 17일자에 실린 〈水原火災頻發 원인은 불명〉라는 기사는 조선일보에는 보이지 않고 있다.

지난 14일 새벽 두시반 경에 수원성외 산루리 田中澤吉의 다다미 창고의 화재로 일반시민이 놀란가슴이 아직 진정되기도 전인, 동일 오전 10시 반경에 또다시 불종이 요란스럽게 울리게 되었다. 역시 동군 동면 동리 149번지의 박재순의 기름집 헛간에서 불이 일어나 일대 소동이 일어났다. 다행이 소방대와 경관의 활동으로 곧 진회되었으며, 지난 12일에는 오늘과 같은 장소에 불이 일어나 같은 사실이 있었는바, 일반은 원인 무를 화재를 독개비의 장난이라고 미신화하는 사람들의 이야기거리가 되었다 한다.

한편 화재가 발생한 월을 살펴보면, 1월에 4건이 발생하고 있다. 특히 1935년 1월에는 수원에서 가장 큰 화재사건이 발생하고 있는데 이는 겨울철이라는 점, 그리고 수원남문 시장에서 화재가 발생한 것이 큰 이유가 될 것으로 보인다. 그리고 3월에는 6건, 4월에는 5건, 5월에는 2건, 6월에는 2건, 8월에는 1건, 11월에 1건, 12월에 1건 등이다.

화재발생은 1920년대에 비하여 시장, 창고, 약방 등지의 화재가 종종 보이는 특징을 보이고 있다. 1933년 8월 11일에는 부국원[20] 창고, 1935년 1월 14일에는 수원상점가, 1935년 3월 26일에는 약방, 1935년 10월 16일에는 생선가게, 1939년 1월 2일에는 수원인천제함공장, 1939년 8월 18일에는 수원번화가 상점 등지에서 화재가 발생하였던 것이다. 그러다보니 자연 피해액도 만원을 넘는 경우도 발행하였다.

화재의 원인 가운데에는 종종 이상한 불(怪火)이 발생하여, 사람들의 주목을 받는 경우들이 있었다. 1934년 4월 20일, 1934년 3월, 1935년 10월 16일 등

20 부국원은 1916년 4월 3일에 설립된 농사와 관련된 것들을 판매하는 일본인이 운영하는 회사이다. 1933년 당시 부국원은 자본금 300,000원, 불입금 150,000원, 적립금 5,000원이었다. 회사 목적은 종묘 및 비료의 판매, 묘포 및 식림의 경영, 양잠종 및 양잠업 기구의 제조 판매, 농산물의 매매, 부동산 및 유가증권의 취득 이용, 농업의 경영 등이었고, 사장/대표는 丸山竹丸, 중역은 (전무이사) 酒井政衛, (이사) 平出省三, 大平諮郎, 伊原五郎兵衛, (감사)寺澤捨三郎, 伊原二三男 등이었다. 주식상황의 경우 주식수는 6000인데, 대주주는 伊原(合名會社)(1392), 伊原五郎兵衛(1100), 武井覺太郎(240), 大平諮郎(200), 酒井政衛(181), 平出省三(170), 伊原二三男(160) 등이다(『朝鮮銀行會社組合要錄』, 1933년판)

이 그러하다. 아울러 1934년 4월 15일에는 살인방화 혐의자가 자살하는 경우도 발생하였다.

한편 『중외일보』 1930년 1월 19일자에 따르면, 수원소방조는 〈남양시에 대화재, 20여 호를 소실, 화재는 아직도 못 잡아, 수원소방조 출동〉에,

> 18일 정오경에 수원군 남양시에는 낫불이 나서 삽시간에 20여호가 전소되었고, 화재는 계속하여 연소 중인바, 이 소식을 듣고 수원경찰서에서는 보안주임이하 다수 경관이 소방조를 대동하고 현장으로 급행하였다더라(수원)

라고 있듯이, 인근 지역의 대화재에도 출동하고 있다. 아울러 1920년대와 달리 1930년대에는 『조선일보』 1936년 11월 11일 〈수원읍에도 화재〉에 보이듯이, 수원소방조에서 불자동차를 동원하고 있다.

1930년대 수원지역에서 발생한 화재 중 주목되는 것은 다음과 같다. 우선 주목되는 것은 1931년 7월 12일에 수원군 송산면 사강리시장에서 있었던 중국인집에 방화한 사건이다. 『조선일보』 1931년 7월 19일자에 〈水原 沙江市場 中國人家 火災 10여명을 검거〉라는 제목하에,

> 【水原】 만보산사건을 계기로 멫곳에서 조중인충돌사건이 발생되엿스나 수원만은 무사하엿든바 뜻밧게 지난 본월 십이일 오전 삼시경에 수원군 송산면 사강리(水原郡松山面沙江里)에서 그곳에 거주하면서 잡화상을 경영하는 중국인 진성덕(陳盛德) 곽가훈(郭嘉訓)의 두집에다 방화(放火)한 사건이 돌발되여 근방의 인심을 소란케 하엿는데, 그 당시에 동리 손덕근(孫惠根)의 안해 김씨(金氏)가 변소(便所)에 가다가 화광(火光)을 보고 불야 소리를 질너서 동리사람들이 고단한 새벽잠을 께여가지고 진화에 진력한 결과 큰일에 이르지 안코 곳 진화되엿스나 현장을 조사한 결과, 진가의 집에는 큰 궤작 사오개를 싸허 놋코 그속에다 석유칠한 사람의 머리만한 솜방맹이로 불을 노앗스며 사람은 이미 동망을 간지가 사오일이 넘고 물건만 두고 잠가둔 곽가의 집에는 양철(洋鐵)집웅이 되어서 그랫든지 솜방맹이로 불을는 이외에 동리마당에 싸하논 나무바리를 그 집 압까지 옴기여다 논 것이 발견되엿다는 바, 이상의 모든 사실로 보아서 계획적 행동인 것이 판명되여 수원경찰서에서는 불을 발견

한 여자외에 십여명의 청년을 본서로 검거하여 취조를 진행하는 일편 매일 사복경관
이명식을 현장에 파견하여 사건의 정체를 탐사 중이라는 그곳은 원래 삼일운동 당시
에도 남에 업는 큰사건을 격근곳인 만큼 일반의 인심과 물론이 흉흉하다고 한다.

라고 하여, 만보산사건으로 인한 중국인배척사건의 일환으로 파악하고 있다.
특히 국내의 평안도지역, 인천지역 등지에서는 중국인배척사건이 종종 있었지
만, 수원에서는 처음으로 발생한 중국인배척의 일환으로 중국인집에 방화한
사건으로 일본경찰에서도 특별히 세심한 주의를 기울였던 것이다. 만보산사건
은 1931년 7월 2일 중국 길림성(吉林省) 장춘현(長春縣) 만보산 지역에서 한인 농
민과 중국 농민 사이에 일어났던 충돌 사건이다.[21] 특히 이곳 송산면 사강지역
은 수원군지역에서 최초로 만세운동이 전개된 지역이고, 일본 경찰순사부장
노구지를 처단한 곳이어서[22] 더욱 그러하였던 것으로 보인다.

　1930년대 화재의 특징 가운데 하나는 수원지역 상가 등지에 대규모 화재가
발행한 것이다. 이것은 1920년대에는 볼 수 없었던 화재의 형태로 화재형태의
새로운 모습을 보여주는 것으로 주목된다. 이를 보면 다음과 같다.

『조선일보』 1935년 1월 15일 석간 22면

　水原商店街에 大火
　十五戶를 全半燒
　朝鮮人側商業界에 打擊莫甚
　損害六萬圓, 保險全無

라고 있듯이, 1935년 1월 14일 수원시내 상점가를 모두 불태운 대형화재임을
짐작해 볼 수 있다.[23] 일제강점기 수원에서 발생한 가장 큰 화재사건으로 보험

21　박영석, 『만보산사건연구』, 아세아문화사, 1985 참조

22　박환, 「수원군 송산지역의 3·1운동」, 『경기지역 3·1독립운동사』, 선인, 2007.

23　동아일보 1935년 1월 15일자에 〈水原商街에 大火災 今曉十二戶를 全燒 모두 朝鮮人의 重要한

에 들지 않아 가장 큰 손해가 발생한 화재라고 평가할 수 있을 것이다.

수원지역 상가화재는 이에 그치지 않고, 1939년 8월 18일에도 발생하였다. 『조선일보』 1939년 8월 19일자 〈水原繁華街 白晝에 大火, 同商店 損害 萬餘圓〉에,

【水原支局電話】 십팔일 백주 열두시 이십분경 수원치고 가장 번화한 본정(本町)이정목 칠십삼번지 고무구두상 팔달(八達)상회=점주 김원성(金元成)씨=와 포목상 의창(義昌)상회=점주 신창기(申昌旗)씨=의 집에서 돌연 불이 일어나 목조 단층집 두 채와 상품다수를 전소하고 소방조의 활동으로 한시 이십분에 진화되엇다. 손해는 일만원가량이며 원인은 방금조사중인데 장소가수원의 번화가인만큼 한때는 큰 혼잡을 이루엇섯다

라고 있듯이, 수원에서 가장 번화한 본정 이정목에서 고무 구두상, 포목상 의창상회 등에 화재가 발생하여 만 여 원의 손해를 입었던 것이다.

한편 1930년대에는 종종 방화범을 체포하지 못한 방화사건들이 발생하고 있다. 다음의 두기사는 이를 보여주고 있다.

『조선일보』 1934년 4월 25일 석간 23면

水原邑內에怪火
一夜에兩處出火
原因을보아放火嫌疑가濃厚
警察犯人搜査에活動

『조선일보』 1935년 10월 17일 석간 22면

水原에 怪放火
십육일 새벽 네시경에 수원읍 매산리(水原邑梅山里) 생선장수 매곡행태(梅谷幸太)의 전방 뒤 오른방에 소나무를 쌓아놓고 불을 달아놓아서 처마 끝이 맹렬히 불이

商店뿐 損害는 約十萬圓假量[寫]〉라고 하여 크게 보도하고 있다.

붙기 시작하는 것을 마침 지나가든 사람이 발견하고 소리를 처서 소방대까지 출동하야 겨우 껏는데 손해는 오륙원정도에 끄첫다고 한다. 수원서에서는 곧 여러 방면으로 불을 지른 범인을 찾는 중인데 지금 혐의자로 세명을 붙잡아노코 엄중하게 취조하는 중이라 한다.

『조선일보』 1934년 6월 10일자 기사는 특이한 방화범의 경우를 보여주고 있다. 기사내용을 보면 다음과 같다.

水原에 前後 十一回나
怪火續出로 騷動
犯人은 十四歲의 少年
지난 삼월이래로 수원읍에는 원인들을 알 수 업는 괴상한 화재가 전후 십일회나 있어 방화나 아닌가 하여 수원서에서는 이래 범인 수사에 노력중이든 바, 지난 사일에는 수원읍 남창리(水原邑南昌里) 리경하(李慶夏)집 울타리에다 어떤 아이가 성냥불을 그어대어 불소동이 일어나게 되엇는데 고발에 의하여 수원서에서는 범인을 체포하여 엄중 취조 중이라는데, 그 아이는 남창리 김종환(金鍾煥)의 장남 김영태(金永泰)라는데 취조에 떨어 전 후 십일차의 범행을 일일히 자백하엿다는 바, 불이 붙어 오르고 소방대가 출동하고 사람들이 소란하게 구는 것이 재미잇서서 방화를 햇노라고 하는 이 소년은 정신이상이 생긴 것이 아닐까 의심된다고 한다.

위에서 보는 바와 같이, 1934년 3월 이래 11차례에 걸쳐 방화한 사건이다, 범인은 14세 소년으로 밝혀지고 있다. 〈불이 붙어 오르고 소방대가 출동하고 사람들이 소란하게 구는 것이 재미잇서서 방화를 햇노라고〉 진술하였다고 한다.
『조선중앙일보』 1935년 4월 11일자 〈수원읍에 화재 빈발, 삼개월에 이십육건, 손해액은 일만삼천팔백여원, 원인은 대개 아희〉라고 하고 있고, 동아일보 4월 11일자에도 역시 〈水原火災統計, 一월부터 三월까지〉에,

최근 수원지역에는 화재가 많았는 바, 지난 1월부터 3월말까지의 수원서 보안서 통계에 의하면, 26건이나 된다는데, 원인을 들어보면, 어린이들의 불장난으로 인한

화재가 13건인바, 5할이상이 어린이들의 불장난이라하며, 손해액은 9,838원이라는 바, 어린아이들의 불장난으로 인하여 무서운 통계를 내게 된 것은 순전히 아이들을 감독하는 부모들의 부주의 때문이라고 한다(수원)

라고 보도될 정도로 아이들의 방화가 흔하였던 것 같다. 또한 『동아일보』 1935년 11월 6일자에도 〈어린애 불작난에 一戶一棟 全半燒 一般家庭의 注意할 일(水原)〉, 1936년 4월 8일자 〈火焰 보고 快感 얻는 少年放火狂 水原서 犯行 前後 七八次(水原)〉 등의 기사도 이를 반증해 주고 있다.

한편 가정생활의 어려움으로 화려한 생활을 동경하여 집에 방화하는 경우도 종종 발생한 것 같다.[24] 『동아일보』 1935년 12월 7일자 〈虛榮에 뜬 女子 방화타가 발각(水原)〉의 경우가 그러한 사례가 아닌가 한다

【水原】 좀더 화려한 생활을 동경하고 남편의 잠든 틈을 타서 도망하고자 불을 키어 살펴보다가 방화죄로 경찰에 인친된 사실이 있다. 그는 수원군 양감면 정문리 김을쇠의 초 유씨(22)로서 지난 2일경 가세가 곤란함을 피하여 좀더 화려한 생활을 동경하고 남편의 눈을 피하여 도망할 작정으로 미리 준비하였던 봇다리를 허리에 짊어지고, 성냥곽을 키어 남편의 잠든 여부를 살펴볼려다가 의복에 불이 붙어 소동만 일으키고 목적을 달하지 못한 그대로 검찰에 안치되었다는데, 경찰서에서는 목하 취조중이라고 한다.

또한 『동아일보』 1935년 12월 18일자 〈改嫁 못해 苦悶 自殺코저 放火, 완고한 가정의 구습에 눌려 放火犯으로 鐵窓身勢(水原)〉의 기사에,

열녀는 불경이부라는 완고한 가정의 구습을 깨트릴 수 없어 목숨을 버리고저 자기집에 불을 놓고 타 죽으려다 목적을 달하지 못하고 방화라는 무서운 죄로 경찰의 취조를 받은 가엾은 청상과부가 있다.
그는 경부선 병점역전 안화동 안사준의 처 정씨(31)로서, 10여 년 동안 전기 안사

24 김명숙, 「일제시대 여성출분연구」, 『한국학논총』 37, 국민대학교 한국학연구소, 2012.

준과 사랑의 복음자리를 누리어 오다가 금년 5월 중에 남편이 세상을 떠나게 되매, 할 수 없이 혼자 몸으로 그날그날을 지내어 왔다. 그러다가 성적고통을 제어할 수 없어 얼마 전부터는 다른 남자에게 개가하기를 꽤하였으나, 완고한 가문에 무서운 가규는 그로 하여금 뜻을 이루지 못하게 하였었고, 그 역시 열녀는 불경이부라는 인습에 젖은지라, 참다못하여 지난 15일 밤 9시경 혈혈단신으로 잠을 이루지 못하다가 죽음으로써 모든 것을 잊어버리고 자기 집에 불을 놓고 타죽으려고 하는 것을 이웃사람이 발견하고 맹렬히 타는 불속에서 겨우 끄내어 생명은 구하였으나 그 집은 전소가 되어 버리고 전기 정씨는 경찰에 체포되어 목사 수원서에 방화로 취조를 받고 있다 한다.

라고 있듯이, 당시 봉건적 윤리하에서 질곡을 이기지 못하고 자살하기 위하여 방화하는 일도 있었음을 짐작해 볼 수 있다.

한편 『동아일보』 1935년 7월 18일자 〈自家에 放火, 水原郡 飛鳳面 三化里에서 鄭鳳淳씨가 가정불화로〉라고 있듯이, 가정 불화로 자신의 집에 방화하는 경우도 있고, 개인적인 원한으로 인한 방화도 있다. 『동아일보』 1935년 10월 18일자 〈石油 뿌리고 放火 一族沒殺計劃 무슨 원한이 잇어 그랫는가, 水原에 戰慄할 犯罪〉 등도 있었다.

맺음말

지금까지 수원지역의 소방과 화재에 대하여 살펴보았다. 이를 정리함으로써 결어에 대신하고자 한다.

수원소방조는 구한말 1908년경 조직된 것으로 보인다. 그러나 당시 수원소방조의 경우 소방설비를 제대로 갖추고 있지는 못하였던 것 같다. 1914년이 되어서야 비로소 소방설비가 제대로 갖추어진 소방대가 설치된 것 같다. 그러므로 1914년 이전에는 수원상업회의소에서 실질적으로 소방대의 역할을 한 것이 아닌가 보여진다. 한편 수원소방조는 1939년 9월 30일 해산식을 갖고 경방단으로 새로이 조직되었다.

수원소방조는 1915년 조선총독부령에 따라 그 구성원이 이루어졌을 것으로 보인다. 그리고 1929년에 조직구성에 일정한 변화가 이루어졌다. 수원소방조의 경우 조두, 부조두, 소두, 소방수 등 4계급으로 이루어져 있으며, 부서는 제1부, 제2부 등으로 나뉘어져 있다. 1929년에 조직구성이 개편된 수원소방조는 1933년 다시 한번 조직구성의 변동이 이루어진다.

1920년대 『조선일보』에 보이는 수원지역 화재 보도기사는 총 12건 정도이다. 이를 연도별로 살펴보면, 1923년 2건, 1924년 1건, 1926년 2건, 1927년 2건, 1928년 2건, 1929년 2건 등이다. 기타 연도에는 신문에 보도될 만큼 큰 화재는 없었던 것으로 보인다. 이 중 가장 큰 화재는 1929년 4월 17일에 수원모범장에서 있었던 화재였다.

1920년대 『조선일보』 화재 기사 총 10건 중, 1월 발생은 1건, 3월은 3건, 4월은 2건, 5월은 2건, 6월은 1건, 12월 1건 등으로 3월부터 5월 사이에 화재가 제일 많았던 것으로 나타나고 있다.

1920년대 발화장소는 수원군 성내면 남창리, 안룡면 가는길, 수원면 남수리, 수원면 남창리, 수원면 신풍리, 수원성내 북수리, 외세리, 신풍리, 팔탄면 매곡리 등 개인집에서 화재가 발생하고 있다. 그중에서도 특히 수원읍내 개인집에서 화재가 주로 발생하고 있다. 남창리, 남수리, 심풍리, 북수리 등이 그러하다. 오늘날 화성지역의 경우 안룡면 가는길, 팔탄면 매곡리 등이다.

화재로 인한 피해액을 보면 개인주택의 경우, 50원, 200원, 250원, 500원 등 다양하다. 그러나 권업모범장의 화재의 경우 피해액이 수만원에 달하는 대형 화재의 경우도 있었다.

화재의 원인은 주택의 경우, 쥐구멍, 어린아이의 불장난, 아궁이에 불을 때다 등 다양한 경우이다. 한편 특이한 경우는 앞서 살펴본 바와 같이 보험금을 노린 사례로 있었다.

화재진압의 경우, 수원소방조(역전, 성내), 수비대, 경찰서원, 수원상업강습소 응급부 등이 하였으나, 수원읍내의 경우 주로 소방조, 화성지역의 경우 소방조와 더불어 마을 사람들이 동참하는 모습을 보여주고 있다.

1930년대 조선일보에 보이는 1930년대의 화재관련 기사는 총 15건이다. 그 중 1930년 1건, 1931년 1건, 1933년 1건, 1934년 3건, 1935년 4건, 1936년 2건, 1937년 1건, 1939년 2건 등이다. 위의 건수를 볼 때, 1934, 1935년에 기사가 많은 건수를 보여주고 있다.

화재가 발생한 월을 살펴보면, 1월에 4건이 발생하고 있다. 특히 1935년 1월에는 수원에서 가장 큰 화재사건이 발생하고 있는데 이는 겨울철이라는 점, 그리고 수원남문 시장에서 화재가 발생한 것이 큰 이유가 될 것으로 보인다. 그리고 3월에는 6건, 4월에는 5건, 5월에는 2건, 6월에는 2건, 8월에는 1건, 11월에 1건, 12월에 1건 등이다.

화재발생은 1920년대에 비하여 시장, 창고, 약방 등지의 화재가 종종 보이는 특징을 보이고 있다. 1933년 8월 11일에는 부국원 창고, 1935년 1월 14일에는 수원상점가, 1935년 3월 26일에는 약방, 1935년 10월 16일에는 생선가게, 1939년 1월 2일에는 수원인천제함공장, 1939년 8월 18일에는 수원번화가 상점 등지에서 화재가 발생하였던 것이다. 그러다보니 자연 피해액도 만원을 넘는 경우도 발행하였다.

1930년대 화재의 특징 가운데 하나는 수원지역 상가 등지에 대규모 화재가 발생한 것이다. 이것은 1920년대에는 볼 수 없었던 화재의 형태로 화재형태의 새로운 모습을 보여주는 것으로 주목된다.

제4부

구술로 보는 근대교육

수원 초등학교 교육의 산 증인 이영재

1. 이력

이영재(李榮宰)는 전주이씨로, 1928년 4월 19일 수원 신풍동에서 출생하였다. 신풍학교를 1941년 3월에 졸업하고, 이어 화성학원에서 1년간 공부하여 1942년 3월에 졸업하였다. 그 후 수원농림학교에 입학하여 해방 후 1946년 제7회로 4년제로 졸업하고, 1948년 6년제 제1회(총 8회)로 다시 수원농림학교를 졸업하였다. 그후 교원의 길을 걷게 되었다.

해방 후 처음으로 1948년 10월 16일 신풍학교에서 교편을 시작하였으며, 1950년 9월(10)월 경 매산학교로 전근하였다가 1950년 12월 군에 입대하였다. 1954년 4월 제대한 후 1954년 5월에 매산학교에 복직하였다. 그 후 1964년까지 10년간 근무하다가, 1965년 천주교계통의 사립학교인 소화초등학교로 옮겨 그곳에서 30년간 봉직하다가, 1993년 8월 퇴직하였다. 그는 수원지역의 대표적인 사립학교인 소화초등학교의 산 증인이며, 나아가 해방 후 수원지역 초등학교의 중심인물이라고 할 수 있다.

2. 학생시절: 김세영의 면담기록

이영재의 학창생활에 대하여는 수원화성박물관의 김세영이 면담하여 잘 정리하였으므로, 이 중 중요 부분을 직접 인용하면 다음과 같다.

1) 신풍학교 입학과 졸업

선생님 자라시면서 7살 때 아버님 여의시고 할아버지 밑에서 잘 성장하셨잖아요. 28년생이니깐 일제시대 때 학교를 다니시는 거잖아요, 몇 살 때 학교를 들어가셨는지...

– 8살 때 학교에 들어갔는데, 그 당시 신풍학교, 수원에 그거 하나만 있었어요. 선발을 했어요. 들어가려면은 시험을 봤는데 지능검사도 했는데, 바둑알 같은 걸로 놓고 몇 개를 빼고 얼마가 남았느냐고 하는 것도 있고, 그림 같은 거 두고 여기서 출발해서 막히지 않고 도달하는 거... 뭐 미로 찾기처럼 하는 게 있었던 거 같아요.

학급이 몇 명 정도 됐던 걸로 기억하시나요?

– 한 50, 60명이 됐을 거예요.

그러면 1학년이 몇 학급, 몇 반이나 있었나요?

– 仁, 義, 禮 나중에 智까지 나왔어요. 지까지. 인, 의는 남자였었고, 예조는 여자고. 지조는, 대개 어떤 애들이 들어왔냐면은 수원 주변 인근의 화성군(당시는 화성군이 존재하지 않았으므로 오늘날 표현-박환), 남양국민학교니, 옛날에 4년제가 많았어요. 국민학교가. 4년제를 마치고 5학년 편입한 사람들이 지조에 많이 있었어요. 한 반에 12명 남학생반이 2반 정도, 여학생반이 하나 이렇게... 그 당시에는 남녀가 굉장히 유별했죠. 남학생하고 여학생이 얘기만 해도 그냥 막 흉보고...

그때 배우셨던 과목 생각나는 게 있나요?

– 수신(修身), 조선어, 산수, 국어, 국어는 일본어고, 이과라는 게 있었고, 지금으로 말하면 과학, 그거 사회라는 건 뭘로 배웠는지 책이 있었는지 없었는지 그거는 기억이 안나요. 미술도 있었고, 서예도 있었고, 체육 있었고, 체육은 책은 없었어요.

그러면은 역사 같은 과목을 배우셨는지요?

–일본 역사 배웠지. 사회과목에 역사에 대한 일본 역사.

조선 역사에 대한 것은요?

– 그런 거는 일체 없었고요. 조선어를 3학년 때부터 배웠나 그랬어요. 재미난 게 일본말 모르는데, 학교에 들어가요. 학교에 가선 모든 생활을 일본말로 했고, 집에 오면 우리말로 생활을 했거든요. 말을 못하니깐 일본말을 못하니깐 일본말하고 한글하고 막 섞어서 말했지. 일본 선생이 담임을 했는데 조선어 가르쳐야 할

시간인데 그 사람이 그때 아버지가 한국서 살았기 때문에 한국말을 많이 했어요.
시험문제는 그때에 그 참고서 같은 걸로 그걸 뭐라고 하나 전과지. 전과. 그런 걸
로 그 참고서가 있었어요. 참고서에 나오는 답하고 틀리면 틀리는 걸로. 맞아도
전과에 나오는 답이 그것이 아니면 다 틀리는 걸로. 맞아도 전과대로 그거 아니면
틀리는 걸로 했어요. 일본 사람이 조선어를 가르쳤어요. 조선어독본이라는 것이
따로 있었어요. 거의 가르치는 것이 시간 때우고, 상식적으로 별로 학교에서 신
경을 안 썼어요. 신경썼겠어요? 당시에는 학교 생활하는 동안에도 우리말 안 쓰
고 일본 말 잘 쓰는 애들에게 뺏지를 줬어요. 그걸 자랑할라고 '日語常用'이라
는 뺏지를 주면 또 자랑스럽게 생각하고..(하하)

신풍학교에 일본인 선생님들이 많으셨어요?

– 거의 다였지요.

몇 분 정도 계셨어요?

– 3분의 2 정도가 일본 선생이었지.

교장 선생님은 물론...

– 교장 선생님도 일본 사람이었지. 교장선생님이 그때 일본말로 '구스나 다이소'라
는 사람이었는데, 그 당시에는, 나중에 느끼는 거지만 거물이었어요. 거물 교장
이였어요. 신풍학교가 지금 백 한 칠, 팔년 이상 됐을 걸요. 아마. 백년이 넘었어
요. 우습다고해야 하나 뭐. 지금으로 말하자면 장학관이예요. 옛날에는 장학관을
뭐라고 했냐면은 시학관(視學官)이라고 했어요. 시학관이 서울서 만약에 신풍학
교에 학교 시찰을 온다고 하면 학생들이 수원역까지 걸어서 역에서 마중했어요.
대단한 거였어요. 장학관 하나 오는데 마중을 나가니 그 장학관이 인사권을 가지
고 있었어요. 즉석 인사권을 말이지. '너, 1계급 특진이다' 그러면 그 자리에서
특진인거예요. '너 좌천이다' 하면 그 자리에서 좌천인거예요. 그래서 엄청난 힘
을 가지고 있었어요. 그래서 꼭 역까지 나가서 뭐 그냥 만세를 부르고... 역 쪽에
나가는 건 또 군대죠. 중일전쟁할 때 군인들 환송할 때 군가 부르고 뭐 그런 거
하라고 하죠.

모내기 참 많이 나갔어요. 모내기 할 때 나갔다가 우리 학년하고 하나 아래 학년
하고 모내기 나갔다가 선생이 하나 빠져 죽었어요. 다들 알아요. 조춘화 선생이
라고, 한국인 선생님. 함경도분이신데, 조춘화 선생님, 남자 선생님. 지금 얘기
하면 비행장 자리인데, 거기서 모내기 나갔다가 7월 달에 비가 와서 모를 냈어

요. (7월 달에요?) 그러니까 말도 안 되는 얘기죠. 사실. 모내기하고 덥다고 웅덩이 목욕들을 하다가 빠지는 바람에 선생이 애들 건지고 선생님이 죽었어요. 장례식을 대단하게 치렀어요. (학교장으로요?) 네. 해마다 위령제를 지냈었는데, 요 근래는 안 지내요. 위령제 지내면 꼭 가서 참석하곤 했는데, 요 근래는 안 지낸다고 하더라고요.[1]

그 당시는 일본인 아이들이 다니는 학교는, 지금의 매산초등학교 밖에 없었어요. 수원지역에서는 그리고 조선인들은 신풍초등학교를…

– 고관의 자녀들은 매산학교에 다녔어요. 예를 들어 군수의 자식이니 뭐 이런…

학교에서 신사참배 하러 가고 그랬나요?

– 그럼요. 신사참배 한 달에 한 번씩 꼭 가고. 그리고 학교마다 뭐가 있었냐면, 봉안전(奉安殿)이라 학교마다 다 있었어요. 거기에다 뭘 뒀느냐하면, 임금의 사진, 임금의 칙어. (일본의 천황이겠네요?) 그렇죠. 그거를 그래 가지고 월요일인가, 매월 1일인가 교원들이 전부 다 연미복 입고 의식하러 헝겊장갑 끼고 그걸 다 받들어서 전부 다 고개 숙이고… (학생들도 다 참여하고요?) 그럼요. 다 읽고, 그거 못 외우면 집에 못 갔어요. 교육칙어(敎育勅語).[2] 그거였어. 졸업사진첩에 칙어를 흔히 다 넣고… 일본 사람들은 경례가 두 가지가 있어요. 평경례는 15도에 이렇게 하는 거고요, 최경례라고 하면은 45도. 거기 봉안전에 경례하는 거는 임금한테 하는 것이기 때문에 최경례로 45도로 하고…

봉안전이라는 곳의 크기는 얼마만한 거였나요?

– 크기가 대개 거실만할 거예요. 가로, 세로 사방 2m정도. 그렇게 집을 지었어요. 돌로 해서 다. 자물통도 어마어마한 걸로(평소에는 잠궈 두고 그 식이 있는 날만 열고?) 그거 열어서 칙어 꺼내오는 거 그거 읽고 도로 또 갖다 놓고, 그거 할 때마다 거기다 대고 절하고 식민지 교육이 대단한 거죠. 우리 누님이 동경 수학여행을 갔는데, 수학여행을 동경에 갔는데, 동경시내를 가고 있는데, 그땐 전부 다 12시에 정오 친다고 사이렌을 울렸어요. 12시엔 전부 다 동경이니 조선이니 전

---

1 신풍초등학교 내에 조춘화 선생의 위령비가 서있다. 현재 학교가 이전한 뒤에도 남아있다.(박환)

2 1890년 10월에 제정된 일본 교육칙어는 유교의 삼강오륜에 기대어 일왕에 대한 충성심을 고무하는 한편 공익과 국가에 대한 의무를 강조하여 일본의 천황제 군국주의를 교육면에서 뒷받침했다. 일왕은 1911년 10월 23일 조선총독에게 교육칙어를 내려주었다. 당시 교육칙어의 암송은 모든 학생의 의무였다. 이런 점에서 1968년 제정된 박정희 군사정권의 국민교육헌장도 교육칙어와 닮은 점이 많다.

부 다 12시를 알리는 거죠, 점심시간을. 근데 그거를 한국에서 얼마나 식민지 때
와 장소를 가리지 않고 묵념을 하는 거예요. 길거리 가다가도, 공부를 하다가도
일어나서 그걸 해야 해요. 근데 동경거리를 가는데 12시 사이렌 동경거리에서 울
리는 거예요. 딱 멈추고 전부 다 목도를 하고 있는데 일본인들이 모두 나와 구경
을 했다는 거예요. 일본 사람은 그런 교육을 안 했는데, 우리한테는 식민교육을
철저하게 한 거예요. 일본 사람들은 안 했었는데, 전 일본 사람들도 하는 걸로 알
고 있었는데, 안 했거든요.

창씨개명은 하셨어요?

– 창씨개명은 몇 살 때했느냐면 국민학교 6학년 때 창씨개명을 했어요. 창씨개명을
하라는데 할아버지는 안 하려고 그러셨고, 학교에서 맨 날 하라고 했고 입학원서
를 쓰는데 창씨개명을 안 하면은 입학원서 안 써준다고 하니, 집에 와서 울고불고
하니깐, 마지막 날이 8월 몇 일인데, 마지막 날에 창씨개명을 했어요. 입학원서
때문에 했어요.

그러면 선생님은 초등학교를 44년도, 해방 바로 전이나 그때?

– 아니죠. 초등학교 졸업한 거는 42년도에 졸업을 하고.

선생님 초등학교 때 소풍은 어디로 주로 가셨나요?

– 소풍이 주로 광교산, 또 화산릉. 가까운 데는 봉녕사. 그런데 많이 다녔어요. 조
금 지금으로 생각하면 가기 어려운 데잖아요. 지금 애들이라면 가기 어려운 덴
데, 서호도 가고...

그러면 소풍 때 음식 싸가잖아요. 뭐 싸 가셨어요?

– 소풍갈 때 도시락하고 과일하고 떡이나 뭐 이런 거. 그때만 하더라도 저희가 꽤
잘 사는 건데도 생선토막 얻어먹기 힘들었어요. 도시락에 안 넣어주더라고요. 제
일 잘 먹었던 건 달걀. 달걀 3개 삶아주면 그 달걀이 맛있었어요. 선생님 과일 잡
수시면 밤, 밤을 잘 삶아갔어요. 가을이라 밤, 대추 그런 거. 감 그런 거. 감도
침시감이라는 게 있어요. (침시감이요?) 침시라는 거 탄닌을 뺀 감. 땡감은 떫잖
아요. 그 떫은 거를 뺀 감이 있어요. 그걸 침시라고해요. 그것을 많이 쌌어요. 근
데 어렸을 때는 단감이라는 거를 거의 없었어요. 단감나무가 재배가 되기 시작하
려고 할 무렵이었어요. 그리고 소풍 갈 때에는 저것이 없었어요. 그 당시에는 색
을 뭐라고 하더라. 니꾸사꾸라는 그렇게 얘기하는 거 같은데, 그거 가지고 있는 애
들이 없었어요, 저도 그걸 못 가졌어요. 전대라는 게 있어요. 전대. 중공군들 헝겊

으로 이렇게 헝겊을 이렇게 접어서 꼬맨 거예요. 그러면 양쪽으로 구멍이 뚫린 거 잖아요. 그러면 가운데로 붙들어 매면 이쪽엔 도시락, 이쪽엔 과일... 이렇게 해서 메가지고 그렇게 소풍 가는 경우가 거의 많은 애들이 그렇게 하고 갔어요.

소풍도 가면 놀이도 하잖아요?

— 놀이도 뭐 잘 기억이 안 나네. 이런 거 뭐 수건으로 동그랗게 앉아서 그런 거 많이 하고(수건돌리기요.) 또 기마전도 많이 하고, 달리기, 장기자랑 같은 것도 하고 했는데 기억이 잘 안 나네.

소풍 거리가 상당한 거린데 초등학교 학생들이 걸어 다니기에는 조금 먼...

— 근데 그것이 뭐 다리 아프고 그래서 못 가고 하는 애들은 별로 없었어요. 수원 시내에 신풍학교 하나 밖에 없었으니깐 인근에서 오는 애들은 십리 걸어오는 애들... 뭐 수지, 저쪽에서는 고색, 오목 뭐... 그래서 자전거 통학하는 애들이 있었어요. 그리고 아까 얘기한 지(智)조 애들은 지방에서 4년제 맡고 오는 애들은 학교에서 반바지를 입게 하는데 여기 털이 많이 났으니깐, 학교 올 때는 긴바지 입고 와서 올려붙이고 여기다 고무줄을 껴요. 그렇게 해서 반바지로 해서 들어오고. 또 교문 앞엔 그때도 지키고 있는 학생들이 있었어. (선도부장 같은...) 그래 가지고 그걸 다 검사하고...

2) 경복중학교 낙방 후 화성학원 재입학과 졸업

그러면은 그 다음에 진학하신 게 농업학교?

— 농업학교. 수원농업학교를 갔는데, 지가 6학년을 1년 더 했어요. 처음엔 어디 시험을 쳤냐면은 경복. 경복중학교에 떨어졌어요. 떨어져서 그냥 다른 학교를 가라는 거를... (서울 경복이요?) 네, 서울 경복이요. 그 당시 신풍학교에서 경복학교 1년에 하나 들어가면 잘 들어가고, 경기중학교는 2년에 하나 꼴로 들어갔어요. 그런데 누구하고 갔냐면 권태동씨 동화의원 아들하고 둘이 시험 치러 갔는데 저는 떨어지고 그 친구는 붙었어요. 그래서 '1년을 더해가지고, 꼭 그 학교 가겠다.' 그렇게 할아버지한테 얘기해서 할아버지가 1년을 더 넣어줬는데 그때에 학원이 있었어요. 학원이 화성학원이라는 게 있었어요. (화성학원이요?) 수원고등학교 전신이예요. (네, 화성학교 거길 다니셨어요?) 거길 6학년 또 다녔어요. 거기는 어려운 집 애들이 다녔어요. 선생님들은 애국적인 선생님들이 계셨는지 몰라도 학생들은 거의 99%가 가난한 애들이였어요. 그런 사람들이 있었겠죠. 일

제의 감시가 싫어서 거기를 보내고 하는 사람도... 거기를 다니고 또 그 다음해에 3월 달에 입학시험을 치러야하는데 그해 12월 8일날 2차 대전이 일어났어요. 그래서 서울을 못 갔어요. '장손이다, 떼놓고 못 있겠다.' 아들은 일찍 죽고 했으니, 할아버지 마음인데, 그래서 수원농업학교에 그냥 들어가고 그때도 수원농업학교가 들어가기가 한 반에서 셋 들어가기가 어려웠어요. 그땐 꽤 유명했으니깐 전국에서 다 모이고 뭐 그런 식으로 들어가기 힘들었어요.

화성학원은 다시 다녔을 때 학급은 어떻게 됐어요?

– 한 학급이예요. 한 반에 60~70명 됐을걸요. (거기는 연령이 상당히 차이 나죠?) 차이가 많죠. 어려운 애들 뭐 그냥 그래서 훨씬 우리보다 아버지 같은 층이 있었으니깐. 감히 우리가 접근하지 못하고 다리에 털이 이렇구... 여선생님보다 나이 많은 친구도 있었고, 그 당시에 선생들은, 거기 선생들은 전부 다 한국 사람이예요. (화성학원이요?) 네, 전부 다 한국 사람들이었고, 그때에 화성학원 들어갈 때 6학년 재수할 때 수원중학교에 전신이 출범했어요. 수원상업전수학교. 그래서 조회를 같이 했어요. 그래 그때 재미난 얘기 하나 할게요. 교장이 홍사운(洪思運)씨라고,[3] 돌아간 지 얼마 안 될 거예요. 그 양반이 교장인데, 칙어를 읽는 날이 있어요, 초하루 날에. 근데 그것이 일본말로, 한자로 쓰면 국본(國本)인데요. 국본을 칙어에서는 어떻게 읽느냐면은 '고꾸홍'이라고 읽게 돼있는데, 일본 글자가 음으로 읽고, 훈으로 읽고 두 개 읽잖아요. '고꾸홍'이라는 건 훈이고, '구니모도'라는 거는 음으로 읽는 거 거든요. 그 교장선생님이 일본서 대학을 나왔는데도 일본말이 서툴러가지고 그걸 뭐라고 읽었냐 하면은 '고꾸홍' 이렇게 읽어야 하는데 그 교장선생님이 '구니모도' 그렇게 읽었어요. 그래가지고 조회시간에 애들이 다 웃었어요. 그 교장이 임기응변은 참 잘했어요. 가만히 섰더라고요. 우리 말로 "이 자식들이 왜 웃어!" 그 한마디 하고 고만뒀어요. 그래서 그 교장선생님의 별명이 구니모도라고 했어요.

---

3 홍사운은 1940년 항일교육을 한다는 이유로 강제폐교 되었던 화성학원을 수원상업전수학교로 인가 받아 다시 개교하며, 초대 교장으로 부임한 인물로, 이후 30여년간 교장을 역임하였다. 이때 초대 이사장은 사촌형 홍사훈(洪思勳)이었다.

3) 수원농림학교 입학과 학교생활, 해방과 졸업(1946년)

수원농고는 얼마나 몇 년 다니셨어요. 중고등학교 다해서?

– 4학년 때 2차 대전이 끝났어요. 끝나서 그 당시 일본 전시체제로 5년제 학교였었는데, 4년제로 바꿨어요. 그래서 해방되던 다음해 4년제로 졸업했죠. (아, 46년도에 졸업하셨구나?) 네. 졸업하고 그러면서 또 학제가 개편되면서 미국 학제를 받는다고, 하이스쿨제도라는 걸 도입한다고 중학교 3년, 고등학교 3년이었는데, 그걸 통 털어서 6년제 학교로 만들었어요. 6년제 학교를 만들었는데, 그 당시 학교가 복잡해서 4년을 졸업하고 농대 가는 학생은 농대 갔고, 전문학교 가는 학생은 전문학교 가고 6년제를 들어가면 전문학교 졸업하고 대학 본과에 들어가는 것하고 똑같으다. 그래서 그 당시 형편이 어려워져 5학년으로 편입을 했죠. 6년제를 또 들어갔어요. 그리고 대학시험을 치는데 그때까지가 집안이 피질 못해서 저는 대학엔 가지를 못했죠.

수원농고에 들어가셨을 때 반은 한 학급이었어요?

– 다 한 학급이였어요.

선생님 저번에 얘기한 것 중에 수원농업학교 다니실 때 선생님 교사들 복장 얘기해주셨잖아요. 단복같이 교복 말고, 교사들 복장이요?

– 학교 교복. 아, 그것은 신사복을 국민복이라고 개량해서 입었어요. 지금 넓은 치마를 옛날에는 몸빼라고 하는데...

여기 일제시대 때 자료 같은 거 보면 관복, 국민복이라고 하고요, 여기다가 칼도 차고...

– 칼 차고 그러던 시절은 여기보다 조금 더 올라가야 하고요.

올라가서요? 선생님 다니실 때는 없었고요?

–예, 난 없었고요.

선생님 해방 전 45년도 그때 학교를 다니셨잖아요. 해방이 됐다, 그걸 어떻게 아셨어요?

– 전교생을 운동장에 모아 놓고 일본 천황이 방송하는 걸 들었죠. 방송하는 걸 듣기는 했어도 하도 왕왕거려서 무슨 얘기하는지 몰랐어요. 그리고서 수군수군 거리는데 일본이 망했단다. 그래서 그 당시에 수원농업학교에 일본군이 많았어요. 그 사람들이 일본이 망했다는 거 알고 그런 사람들 품에서 돈 뺏고 바로 그 이튿날부터 다 알아버렸죠. 일본인 선생들 다 뒤로 물러서고 한국인 선생은 하난가 있었어요. (수원농고에도요?) 네, 이과에... 그 사람 중심으로 뭉쳐가지고 자위대 같은 거 조직해서 학교 지키고 그랬죠.

그 조선인 선생님 성함 기억하세요?

– 아, 임치련인가, 임기련인가. 기련(基鍊)인 것 같은데. 잘은...

그 당시에 조선인 선생님들은요, 농업학교 시절에요, 그 선생님 말고 몇 분 더 계셨어요?

– 한국 사람은 일제시절에 그 사람 하나밖에 없었어요. 그 전에 있던 (한국인)선생
은 딴 데로, 또 가고. 그 양반이 대타로 오고, 이 사람은 나중에 전북인가 어디서
대학 학장까지 지냈다고 그러는 것 같은데...

학교가 어수선했을 거 아니예요. 수업은 하셨어요?

– 수업 당분간은 못했죠. 한국 사람 선생으로 오기 전에는 못했죠. 뭐 해방 전이
나, 해방 후나 공부 하나도 못했어요. 매일 12시가 되면 뭐가 떠오르면은 공습경
보가 울리는 거예요. 거의 11시부터 12시 사이에 그 공습경보가 울리면 다 수원
시내 경찰들 다 배석됩니다. 거기 가야 되요. 불나면 끈다고 가고 갔다 오면 점심
시간이고 공부 할 수 없었어요. 점심시간 끝나고 나면 농업학교니깐 실습도 해야
하고 거의 공부를 못하고 학교를 다녔어요. 근로봉사도 참 많이 다녔어요.[4]

근로봉사는 주로 고등학교 때 많이 다니신 거죠?

–그렇죠. 중학교 때. 초등학교 때 근로봉사는 모내기 정도, 풀 뽑기. 뭐 이런 정도
로 다녔고. 길거리 휴지 줍고 다니고 큰 일은 안 했어요.

근로보국대 작업은 주로 어디로 다녔어요?

– 중학교 때 근로봉사는 진흥청. 농업학교니깐 진흥청, 비행장 그리고 아주 대단한
것을 하러 다닌 적도 있어요. 평뜨기를 다녔어요. 논에 시골에 가서 논을 아무 논
에 가서 그 논을 실선을 쫙 그어 그 자리에서 훑어요. 그러면 몇 평이면 곱하기하
면 얼마하면 그 사람이 공출해야 할 쌀이 나와요. 그걸 저희 시켰어요. 거기 관리
들을 시키면 부정한다고 학생들은 정직하다고. (평뜨기가 공출 할 분량을 확인하
는) 그렇죠. 그래서 그때에 뭘 느꼈냐면요. 찌끔 민족이라는 것을 느끼게 되더라
고요. 만약 5되 나오면 4되라 써주고 말이죠. 그리고 그 당시 구장(區長)같은 사
람이 담배를 사다주질 않나, 술 접대를 하지 않나 뭐 그런 거를 당하고 보니깐 더
우리보다 더 상급생은 민족의식이 조금 더 많았겠죠. 그런 거 평뜨기를 할 때 적
게 해 주면은 좋다고, 고맙다고 해주고... 대단한 권세죠 뭐. 그런 걸 보름씩, 한
달씩 나가고.

---

4 근로봉사는 1941년에 일본에 의해서 조직된 근로보국대(勤勞報國隊)의 노역 작업을 말한다.
   일제는 '국민근로보국령'에 따라 조선인을 강제로 노역시키는 근로보국대를 조직하였다.

전쟁 막바지라 이런 일, 근로보국대 이런 게...

— 거의 다 그걸로 그냥 그리고 군사훈련들. 밤낮 군사훈련이 그냥 뭐 많이 당했어요. 지금 얘기하며 뭐 방학 동안에 야영훈련 가는 거 같지만 다 군사훈련이고 총 메고 그냥. (총 쏘는 것도 가르칠 수 있어요?) 그러면요. 총 쏘는 거 가르치며 실탄 쏴 보기도 하고, 또 학교에 무기고가 있었어요. 그 무기고에 무기가... (그 일본인 군인이 산 거 하고요?) 그렇죠. 연습용 있고, 실전용이 있고, 실탄 있고.

당시 일본인 군인이 학교마다 다 배치되고 있었나요?

— 그렇지. 배석 장교라는 게 있었죠.

수원농고 같은 경우에는 당시 상주군이 얼마나 되었나요? 일본인 상주하는 군인이요?

— 일본인 상주하는 군인은 하나 밖에 없어요. 교련 선생은 하나밖에 없었어요. 한 반씩밖에 없었으니까. 그리고 선생들이 장교가 같은 제 기억에 대여섯명 있었어요. 장교출신. 거의다가 육군 중위. 그리고 나머지 사람들은 전부 다 사병. 일본 군인을 개병이라고 그래가지고 선생들도 다 훈련받고 와서 지금 일등중사라고... 일단은 그런 사람들도 전쟁나면 나가요. 선생들도 머리 다 빡빡 깎고, 양복도 양복을 전부 다 국민복으로 개조해서 입고, 선생들도 전부 다 (신풍학교 다닐 때도 그랬어요?) 그렇죠. 근데 그거를 거부하는 선생도 있었어요. 그거를 보면 강요는 안했나봐. 한국인 선생 중에서 국민복 입고 머리 박박 깎은 선생이 있는가 하면은, 와이셔츠, 넥타이 다 버젓이 매고 있는 사람도 있고.

3. 학창시절: 박환의 면담기록

필자는 2011년 1월 26일 등 4차에 걸쳐 수원시 자택에서 이영재와 면담을 가졌다. 김세영의 선구적 녹취가 있었으므로 궁금한 점을 중심으로 질문을 하였다. 주요 답변 내용을 중심으로 언급하면 다음과 같다.

1) 신풍학교

〈동창생〉

— 수원 종로 명인안과(주유소 옆) 박영호씨는 신풍학교 재학 중 6학년 당시 반장이

었음. 신풍학교 졸업 후 일본유학을 하고 경기대학교 관광대학장을 역임하였음

〈운동회〉
- 1930년대 운동회 시에는 기마전을 많이 하였음.
  나무기둥 쓰러뜨리기, 흙가마니 뺏아오기, 줄다리기, 바구니 터트리기 등을 하였
  다. 운동회 때에는 집안사람들이 모두 참석하여 떡, 침시(떫은 감을 소금에 담구
  어서 티타닌뺀 것) 등을 나누어 먹었다.

〈학교생활〉
- 당시 교복은 없었고, 대부분 한복을 입었다. 생활이 넉넉한 사람은 양복을 입었
  고, 조금 있는 집안 자제는 가죽가방을 들고 다녔다. 대부분 고무신을 신었고 일
  부가 운동화, 아주 드물게 부유한 집안의 자제는 구두를 신었다.
- 여학생들은 교복이 없었으나, 매향학교는 교복이 있었다. 치마에 하얀 레이스.
  거의 치마저고리를 입었다.
- 겨울에 내복을 입은 사람은 별로 없었고, 겨울에 도시락을 난로에 올려놓고 따뜻
  하게 해서 먹었다. 도시락 반찬의 90%가 김치였다.
- 소풍갈 때는 전대를 매고, 과일과 도시락을 먹었다. 용주사, 서호, 동문밖의 봉
  녕사, 6학년 때 수학여행을 갔는데 창경원, 덕수궁 석조전 등. 인천은 수인선을
  타고 갔음.
- 두발은 특별한 규제가 없었다. 여자는 귀가 나오게 했다. 화장실의 경우 여자에
  대한 배려가 없었다. 남자는 빡빡머리였다.
- 수업을 2시간 하고 중간에 체조를 하였는데 전부 우통을 벗고 하였음. 5.6학년
  여학생들도 같이 그렇게 하다 2-3일 후 항의가 있어 그만 두었음
- 수업시간에는 과학 실험을 많이 하였음

2) 수원농림학교-1942년 입학
- 당시 농업학교 입학이 어려워 신풍학교 졸업생도 한반에 2명이 합격할 정도였다.
- 수원농림학교 시절에는 거의 실습과 교련만 한 기억이 있다. 오전만 수업하고,
  오후에는 실습, 11시쯤 공습경보가 울리면 고학년은 수원지역 관공서에 배치되
  었다. 교련이 심했으며 전국적으로 유명했다. 예비역 중위인 다가시가 훈련을 주
  도했다. 1년에 1번씩 강원도 평강에 가서 군사훈련을 받았다. 군 검열이 있었으
  며, 성적을 발표하였다.

- 농장일을 많이 하였다. 농업품평회를 하였다. 5학년이 되면 전문 분야를 맡았다.
  1학년때는 쌔끼꼬는 일을 주로 하였다. 농기구도 각자 개인 것이 있었다. 잘 관
  리하여야 하였으며, 녹이 슬거나 하면 야단을 맞았다. 작업보다 힘든 것이 연장
  관리였다. 항상 운동장을 경지정리하였다. 너무나 힘든 나날들이어서 학교를 가
  기 싫었다.
- 조회
  동쪽에 봉안전에 있으므로 동쪽을 향하여 절을 하였다. 봉안전 안에 일본 임금의
  사진과 칙어가 들어 있었다. 나팔을 부는 동안 최경례(90도 각도)를 하였다. 친
  구가 최경례시 침을 흘렸다가 천황을 모욕했다고 매를 맞았다. 황국신민서사는
  저학년용과 고학년용이 있다.
- 조선대표로 나갈 정도로 씨름이 유명하였다.,
- 해방 전에 일본군이 농업학교에 주둔하고 있었으며 방공호에 무기 수류탄 등이 있
  었음. 해방후 친구들이 봉안전에 수류탄을 던졌음.

4. 사진으로 보는 이영재

이영재의 소장 사진은 크게 2그룹으로 나눌 수 있다. 본인의 학교생활과 졸
업 후 교사생활이 그것이다. 본인의 학교생활은 일제시대와 해방이후로 나눌
수 있다. 일제시대의 경우 신풍초등학교 졸업, 화성학원 졸업, 수원농림학교
재학 등으로 나누어 볼 수 있고, 해방이후는 수원농림학교 재학과 졸업으로
볼 수 있다.

신풍학교(1941년 3월 졸업)와 화성학원(1942년 3월)의 경우는 졸업앨범을 소장
하고 있어 당시를 이해하는데 큰 도움이 된다. 다만 화성학원은 원본이나, 신
풍학교의 경우는 복사본이라 안타깝다. 특히 화성학원의 경우는 이번에 처음
으로 발굴되는 것이라 더욱 의미가 있다고 생각된다.

이영재를 비롯하여 신풍학교 졸업생들은 학교에 대한 자부심이 강했던 것
같다. 수원농림 재학시절에도 초등학교 동창생들과 함께 찍은 사진들이 종종

보이고 있다.

해방후 수원농업학교 사진의 경우 7회(1946년), 8회(1948년)졸업사진들이 있다. 특히 친구들과 함께 찍은 자연스로운 형태의 사진들이 다수 있어 학교생활을 이해하는데 도움을 주고 있다.

이영재는 해방후 신풍학교를 거쳐 매산, 소화 초등학교 등에서 근무하였다. 그중 1950-60년대 매산초등학교 사진을 몇 장 소장하고 있다. 특히 학생들이 교실에서 청소하고 있는 모습은 우리의 옛 학창시절을 떠올리게 하고 있다.

〈사진 목록〉

1) 신풍초등학교 졸업(1941.3) 2) 화성학원 졸업(1942.3)

3) 수원농림중학교 졸업(1946. 1948)

　⑴ 일제하 수원농림

　⑵ 해방 후 수원농림

1) 7회 졸업(1946) 2) 8회 졸업(1948)

　⑶ 해방 후 학교생활

　⑷ 매산(1950-1964) 소화초등학교(1965-1993)에서 근무

1) 매산초등학교 2) 소화초등학교

수원 중등학교 교육의 산 증인 리제재

1. 이력

리제재(李悌宰)는 전주이씨로서 1929년 11월 1일 경기도 수원군 양감면 신왕리 독주울 마을 233번지에서 출생하였다. 아버지는 이강련(李康璉), 어머니는 이숙자(朴淑子)여사이다. 그는 어린시절 아버지를 따라 수원의 북수동 236번지에 거주하였다. 부친의 원에 따라 신풍학교에 입학하고자 하였으나 시험 중 국어시험에 낙방하여 삼일학교에 3학년까지 다녔다. 그 후 4학년 때 고향 향리인 양감으로가 양감학교 4년제를 졸업하였다. 그리고 다시 신풍학교 시험에 합격하여 신풍학교를 졸업하였다. 그의 공식적인 학력은 다음과 같다.

    1936.4.5 –1942.3·17 수원 신풍초등학교 졸업
    1942.4.5–1946.6.21 경기공립상업학교 졸업
    1946.9.1–1951.9.29 서울대학교 법과대학 졸업

리제재의 학교 교원 경력은 다음과 같다. 그는 1948년 해방 직후 수원삼일중, 상업고등학교(야간부 포함)교사로 출발하여 1995년 2월 동수원중학교 교장으로 퇴임할 때까지 약 46년 6개월을 수원 및 그 인근 지역에서 교사 22년 6개월, 교감 8년, 교장 16년을 역임한 수원지역 중등교육의 산 증인이라고 할 수 있다.

1948.9.1-1956.4.4 수원중, 상업고등학교(야간부 포함, 교사)
1956.4.5-1961.8.31 수원여자고등학교 교사
1961.9.1-1963.2.28 양영고등학교 교사
1963.3·1-1965.2.28 수성고등학교 교사
1965.3·1-1967.2.28 양평농업고등학교 교사
1967.3·1-1969.2.28 발안농업고등학교 교사
1971.3·1-1972.6.30 이천북고등학교 교감
1972.9.1-1977.8.31 수원여자고등학교 교감
1977.9.1-1979.2.28 수성고등학교 교감
1979.3·1-1981.2.28 죽산중학교 교장
1981.3·1-1984.2.28 이천북고등학교 교장
1984.3·1-오산여자중학교 교장
그 후 수일중학교 교장을 거쳐, 1995년 2월 동수원중학교 교장으로 퇴임

위에서 보는 바와 같이 리제재는 수원삼일, 수성고등학교, 수원여고, 동수원중학교 등에서 교직생활을 하였으며, 특히 공적인 측면에서나 가정적인 측면에서도 수원여고와 깊은 인연을 맺고 있었다. 특히 리제재는 교사로 재직시 독일어를 담당하였으나 수원지역의 역사에 깊은 관심을 갖고 수원지역사를 체계화하는데 크게 기여하였다. 리제재의 증언에 따르면, 삼일학교에 다니던 초등학교 시절 담임선생이었던 김노적 선생으로부터 민족의식에 대한 큰 감화를 받아 향토사에 매진하게 되었다고 하며, 김노적 선생을 그리며 필자 앞에서 눈물을 흘리기도 하였다.

김노적은 수원상업강습소 제2회 졸업생으로 수원지역의 만세운동을 주도한 김세환의 제자였다. 그는 수원시내 3·1운동을 삼일학교 교정에서 독립선언서 낭독 이후 수원시내를 거쳐 화성학원까지 가는 만세시위로 주도했던 인물이었다. 그리고 일본경찰의 고문으로 몸이 불편한 상황이었다. 리제재는 그의 영향으로 향토사 연구를 집대성하여『수원의 옛문화』를 1995년 간행하였다.

한편 리제재는 불교에 깊은 관심을 가져 불교학생회와 불교청년회를 창립하기도 하였다. 또한 용주사, 진각국사, 창성사, 승군 등에 대한 논문을 쓰기도 하였다.

2. 리제재 소장 사진들

리제재는 사진에 일찍부터 깊은 관심을 갖고 있었다. 부인 정인숙여사에 따르면, 결혼 당시 집안 살림이 어려움에도 불구하고 사진기는 좋은 것을 갖고 있었다고 언급할 정도였다. 아마도 선생님은 사진의 중요성을 알고 있었기 때문이 아닌가 한다. 매탄동 서재에는 시기별로 잘 정리된 앨범이 다수 있다. 2020년 작고후 수원문화원에 기증되었다.

필자는 선생님에 대한 사항을 알기 위해 일차적으로 이력서를 수집하였다. 상세히 기록되어 있으나 대외비라고 판단되어 이번에 사진을 첨부하지는 않았다. 선생님 소장 사진 중 주로 일제시대 학교생활 및 수원여고 시절의 사진을 중심으로 수집하였다.

일제시대의 경우 수원군 양감면 소재(현 화성시) 양감초등학교 9회 졸업(1940년)앨범과 신풍초등학교 33회 졸업(1942년)앨범을 볼 수 있었다. 둘 다 원본 자료들이며, 상태가 좋아 도움이 되었다. 특히 한 장, 한 장 사진들에 대하여 설명을 듣게 되어 당시의 학교생활을 보다 잘 이해할 수 있었다.

해방 후의 부분은 선생님이 근무한 수원여자고등학교 사진이 특별히 주목되었다. 당시 독일어교사였던 리제재는 15회 졸업(1957-60)생의 담임으로서 학생들의 수학여행, 소풍 등 다양한 사진을 다수 소장하고 있어 학생들의 생생한 모습을 그려 볼 수 있어 자료적 가치가 높다고 판단된다.

1958년 당시 수학여행사진은 학창시절을 회상하게 하였다. 수학여행지는 부산 동래, 경주, 충북 제천 등인 것으로 보인다. 특히 경주의 경우 계림, 괘릉, 분황사, 불국사, 석굴암, 석빙고와 월성, 토함산, 첨성대, 포석정 등의 답사시마다 사진을 촬영하여 유적지의 옛 모습을 그대로 살펴볼 수 있어 흥미를 더해주고 있다. 특히 식사 후 여관에서의 장기자랑, 기차 및 도보로 이동하는 모습들 등은 더욱 우리의 옛 모습을 보는 것 같아 잔재미를 느끼게 한다.

〈사진 목록〉

1. 양감초등학교 9회졸업(1940)

2. 신풍초등학교 33회 졸업(1942)

  신풍학교 재학시절, 1942년 졸업앨범

3. 경기공립상업학교(1942-1946)

4. 서울대(1946-1951)

5. 수원여고 근무와 리제재선생님

  1) 수원여고 이모저모

    선생님들과 학생들과 함께 찍은 사진들

  2) 수원여고 소풍

    사진찍기, 선생님들과, 소풍의 즐거움, 학생들과

  3) 수원여고 수학여행(1958, 동래, 경주 등)

    동래 범어사, 경주 계림, 괘릉, 분황사, 불국사, 석굴암, 석빙고와 월성, 임해전지, 토함산, 첨성대, 포석정, 여행의 즐거움-이동의 즐거움, 여행의 즐거움

  4) 어머니날 행사

제5부

현장조사로 보는
화성지역 근대교육

화성지역 근대교육

　1876년 개항 이후 화성지역에서는 제국주의 침략과 근대화의 격동 속에서 신교육을 통한 민족교육과 인재육성을 희구하는 선각자들에 의해 근대적인 학교가 설립되었다. 1898년 10월 1일 당시 남양군 음덕면 남양리에 있던 남양 도호부 집사청을 차입하여 남양공립소학교를 개교한 것을 시작으로 1901년 미국인 목사 존스의 기부로 기독교인들이 중심이 되어 남양 보흥학교 등 학교

를 설립하여 근대교육을 통한 자주자강의 민족정신을 고취해 국가위기를 극복하고자 했다. 『대한매일신보』 1907년 11월 28일 「南校落成」에

> 남양군 사립보흥학교 부교장 이창회의 진술에 의하면, 본교는 1901년에 미국인 조원시의 기부금 매달 6원으로 기금삼아 학교를 설립하여 학부의 인허가를 얻었다.

라고 하여 1901년 미국인 목사 존스(G. H. Jones)의 기부로 학교가 만들어졌음을 밝히고 있다.

이에 반해서, 일제강점기 조선총독부의 교육정책은 한민족의 절대지배, 우민화, 경제독점화의 기조 위에 교육을 통해 일제의 메커니즘에 순응해 가는 식민지 한국을 건설하는데 그 목표를 두었다. 학교 역시 무단위협 통치의 연장으로 생각해 교사에게 군복착용, 군도착용 등 공포 분위기를 자아냈고, 수업 외의 학교생활의 연장으로 진행된 수학여행과 원족(소풍), 체조와 운동회, 학예회와 전람회 등에서도 식민지 정책이 이식되고 있었다.

중일전쟁(1937년) 이후 학교는 전쟁수행을 위한 인력수탈의 주요한 원천이 되었으며, 1941년 태평양전쟁이 발발한 이후에는 군사목적에 동원하기 위한 교육체제로 전환해 나갔다. 일제는 징병과 정신대를 선발하는 과정에서 황국신민에게 베푸는 은총으로 미화하기도 했다.

화성지역의 근대사회의 형성과 발전, 변모를 살펴보기 위하여 일차적으로 근대교육에 주목하고자 하였다. 우선 향남, 양감, 팔탄 등에 집중하고자 하였다. 그러나 이 지역에 존재하는 모든 학교를 그 대상으로 하지는 않았다. 역사와 전통이 있는 학교들을 중심으로 그 변화상을 알아보고자 하였던 것이다.

근대학교를 살펴봄에 있어서 먼저 주목할 시기는 1876년 개항이후부터 1910년 일제에 의한 조선강점까지의 시기이다. 그러나 이시기에는 우리가 주목하고자 하는 향남 팔탄 양감지역에 소위 남양지역의 남양학교, 보흥학교와 같

은 근대적인 학교들이 존재하지 않았다. 그러나 주민들은 자녀들의 학교 교육을 위해 노력하고 있었다. 향남읍과 팔탄면의 그 일단은 『발안신협20년사』에서 짐작해 볼 수 있다.

■서당(書堂)편

우리 향남면 지역은 조선, 고려, 삼국시대로 거슬러 보아도 국가 관청이 있었던 흔적을 찾을 수 없다. 따라서 국가에서 운영하는 고급 교육기관은 존재하지 못했고 각 마을 마다 산재해 있던 서당이나 글방이 유일한 교육기관이었을 것으로 추정된다.

주로 千字文으로 시작하여 童蒙先習, 通鑑, 小學 등 한학을 낙향한 선비들에 의하여 주로 사랑채에서 인근 동리의 자제들을 모아 가르친 것이 유일한 교육이었다.

일제의 신교육 정책에 의하여 소학교라는 지금의 초등학교 과정이 설립되기 전 까지는 대부분 동리 마다 존속했던 것으로 보인다.

〈백토리〉

서당명 : 道明義塾

증언 : 백토2리, 이기용

우리 지역에 있었던 서당 중에서 물증으로는 가장 역사가 깊은 것으로 보인다. 의숙(義塾)이라는 말은 어떤 출연금이나 기부에 의해서 설립된 사설 교육기관을 말하는 것으로 사진에 보이는 현판은 조선 순조때 이조판서를 지냈던 剛齊 송치규(宋穉圭) 선생의 친필 현판이라고 한다. 백토리 평창 이씨의 족보와 이기용님의 증언에 의하면 지금부터 약 270년 전(광해군) 참판을 지냈던 선조께서 장안면 원안리 지역으로 이주해 왔고 슬하의 3형제 중 막내의 집안들이 백토리에 들어와 살기 시작했다고 한다.

도명의숙은 그후 평창이씨의 후손들과 인근 아동들을 모아 사랑채에서 가르친 것이 계속 존손 되었고 일제의 정책에 의해 서당이 폐지되기까지 있었다고 한다.

〈구문천리〉

서당명 : 石川書堂

증언 : 구문천리 김진훈

구문천리 김병문氏의 증조부께서 사랑방에서 인근의 자제 10여명을 가르쳤다고 하며 일제의 폐지 정책으로 문을 닫았다고 한다. 김진훈씨 등이 수학.

〈가재리〉
서당명: 佳陵書堂
증언: 가재리 안희덕
현재 평리에 사시는 이신재씨의 조부이시고 우리 지역 독립운동의 주창자 이셨던 이정근의사께서 봉담 팔탄 등지의 학생들을 모아 가르쳤다고 한다. 많을 때는 20명이 넘었을 정도였으며 주로 사랑채를 이용하였다고 한다.

한편 양감면의 경우는 『수원근현대증언자료집』 1(2001. 수원시) 김시중(1912년생, 양감면 사창리 출생)의 증언에서 살펴볼 수 있다.

당시 야학당으로는 정문리에 신흥학당, 용소리에 있는 대화의숙, 그 다음에 사창리에 보신강습소가 있었지요.

다음으로는 식민지시대에 설립된 학교부터 살펴보고자 하였다. 향남읍의 향남초등학교, 발안초등학교, 팔탄면의 팔탄초등학교, 양감면의 양감초등학교등이 이에 해당된다. 그리고 해방직후에 만들어진 학교로는 향남읍의 상신초등학교, 팔탄면의 월문초등학교, 양감면의 사창초등학교가 그 대상이 되었다. 중등학교의 경우 식민지시대에 만들어진 학교는 없었다. 다만 해방 후 1950년대 만들어진 학교로 화남중학원, 발안중고등학교와 화성중고등학교를 들 수 있다.

근대교육 자료의 경우 일차적으로 학교를 방문하여 학교연혁지, 교사이력서, 학사보고, 졸업앨범, 졸업대장, 학적부 등을 수집하고자 하였다. 이들 자료는 교무실과 행정실 등에 보관되어 있었으나 정보공개법 등의 제약을 받고 있어 법률상 저촉을 받지 않는 범위 내에서 수집하였다. 특히 졸업앨범 등은 학교의 변화와 발전을 이해하는 데 도움을 줄 수 있어 적극적으로 수집하고자 하였으나 6.25전쟁 등과 자료 보관의 인식 부족 등 여러 원인에 의하여 큰 성과를 거두지는 못하였다.

다음으로는 졸업생들을 면담 조사하고자 하였다. 팔탄학교의 경우 남자졸업생으로서는 박태준, 홍도선, 이관호, 여학생으로는 안순영을 면담하였다. 양감학교의 경우 유정수, 리제재 등의 면담기록을 수집하였다. 유정수 양감학교 교사의 댁을 방문하여 양감학교 자료도 다수 수집하였다. 향남학교의 경우 강래진(1935년생, 갈천리 거주)을 면담하였다. 화남중학원의 경우 설립자인 신종식의 손자 신화수(1942년생)와 면담하였다.

본 연구작업에서는 이와 같은 작업을 통하여 화성지역 근대교육의 기초 문헌 자료, 구술 및 사진자료 수집을 통하여 화성근대교육을 올바로 복원시키는 토대를 마련하고자 하였다. 앞으로 이들 기초자료의 보다 광범위한 수집 정리을 통하여 화성근대교육사 나아가 화성근대사를 새로이 조망하고자 한다.

자료 수집 목차

구분		학교명	자료수집목차
향남지역	초등학교	향남초등학교	① 연혁지 ② 구직원이력서철(해방전후) ③ 졸업앨범 전체: 1937년(9회), 1938년(10회), 1941년(13회), 1949년(27회), 1957년(28회), 1958년(29회), 1972년(43회) 일부: 1961년(32회), 1964년(35회), 1968년(39회) ④ 졸업대장–일제시대 ⑤ 초창기 주요 사진 ⑥ 1972년도 주요 사진 ⑦ 제적부 ⑧ 학적부 ⑨ 향남출신 면담록: 강래진(1945년 당시 3학년, 향남읍 갈천리 거주)
		발안초등학교	① 연혁지 ② 학교력 ③ 학사보고(2011, 2012) ④ 졸업앨범 전체: 1956년(8회), 1957년(9회), 1962년(14회), 1967년(19회), 92회, 94회 ⑤ 졸업앨범 표지: 1972년(24회), 1975년(27회), 1986년(38회), 1987년(40회), 1989년, 1990년, 1991년, 1992년, 1993년, 1994년 ⑥ 발령대장

구분		학교명	자료수집목차
향남지역	초등학교	상신초등학교	① 상신초등학교 연혁지 ② 졸업장(1965, 1974), 상장 (1961) 등 ③ 졸업앨범 단체졸업사진-1회(1953)부터 40회(1992) *20회, 33-38회 없음 졸업연도별 사진분류: 1회부터 47회까지 있음 *20회 38회, 45회 없음 졸업대장: 1회부터 40회까지 있음. 16, 18, 19, 20 회, 33-38회 없음
	중등학교	발안중학교	①『발안중학교의 족적-화남중학원편』, 화남동문회, 1990. ②『발안중학교 동문회보-개교 60주년 기념호』, 2010년 5월 15일 발행 ③ 졸업앨범(1972) 4) 개근상장(1989), 표창장(1988)
		발안바이오 과학고등학교	① 졸업앨범: 1회(1957년), 2회(1958년), 3회(1959년), 5 회(1961년), 7회(1963년), 14회(1970년) ② 발안농생명산업고등학교 50년사(1954-2004) ③ 발안농생명산업고등학교 50년사(1954-2004)
		화성중학교	① 졸업앨범: 18회(1971년), 21회(1974년), 22회(1975 년), 1983년--화성여중 ② 백련학원역사관
		화성여자 상업고등학교	① 졸업앨범--5회(1986년)
팔탄지역	초등학교	팔탄초등학교	① 팔탄학교연혁지 ② 대방초등학교 학교연혁지 ③ 졸업앨범: 1927년(1회), 1938년(12회) 복사본, 1941 년(15회), 1942년 16회, 1943년 17회, 1950년(24회), 1961년(35회), 1962년(36회), 1963년(37회), 표지 1972년(46회), 1999년(73회), 2001년(75회) ④ 성적표, 상장 ⑤ 졸업대장 ⑥ 학적부 ⑦ 휴학자관 계서류철 ⑧ 교직원이력서철 ⑨ 생활기록부 표지 ⑩ 팔탄초등 학교 전경(2012) ⑪ 면담자료: 박태준, 홍도선, 이관호, 안순영(여)
		월문초등학교	① 학교연혁지 ② 졸업앨범: 1960년 (7회), 1961년(8회), 1964년(11회), 1965년(12회), 1967년(14회)

구분		학교명	자료수집목차
양감지역	강습소	보신강습소 신흥강습소 대화숙 등	–
	초등학교	양감초등학교	① 연혁지 ② 졸업앨범 등 ③ 학적부 ④ 학사보고 ⑤ 학교력 ⑥ 졸업대장 ⑦ 상장: 상장 1951년 유정순, 등상장 1950년 유정순, 우등상장 1946년 유정순, 1944년 상장 유난수, 1947년 상장 유인수, 1944년 상장 유인수, 표창장 1948년 유인수, 개근상장 1950년 유정순 ⑧ 졸업장: 1936년 유정수, 1945년 유난수, 1951년 유정순 ⑨ 통지표: 1947년 유인수, 1950년 유정순 ⑩ 유정수 이력서 ⑪ 면담록: 유정수
		사창초등학교	① 학교연혁 ② 졸업사진 ③ 지원비석

향남지역 초등학교

향남지역에는 일찍부터 학교가 설립되었다. 대표적인 초등학교는 향남초등학교와 발안초등학교이다. 전자는 1920년대에 설립되었고, 후자는 향남초등학교의 분교 즉 발안간이학교로서 1935년에 설립된 후, 1944년 발안국민학교로 성장하였다. 그 뒤 향남면 상신리에 상신초등학교가 1950년 9월 4일 개교하였다.

1. 향남초등학교

1) 향남초등학교 개관

경기도 화성시 향남읍에 있는 공립초등학교이다. 1925년 5월 14⑸일 향남공립보통학교로 설립인가를 받고 1925년 6월 23일 향남보통학교로 개교하였다. 1985년 3월 15일에는 병설유치원을 개원하였다. 1999년 3월 1일 향남초등학교로 교명을 변경하였다. 교훈은 '바르게 슬기롭게 건강하게'이며, 교목은 은행나무, 교화는 개나리이다. 6학년 6학급으로 이루어져 있다. 컴퓨터부, 시쓰기부, 가야금, 사물놀이부 등의 활동이 이루어지고 있다. 경기도 화성시 향남읍 백토리 551번지에 있다.

2) 식민지시대 학교의 주요 연혁

향남초등학교에 보관되어 있는 〈학교연혁〉에 따르면 연혁의 주요사항은 다음과 같다.

1925.5 교사 준공 / 1925.5.15 향남공립보통학교로 설립 인가 / 1925.6.22
澤幡虎夫 교장 취임 / 1925.6.23 개교 / 1925.8.23 2학급 편성 / 1926.4.1
3학급 편성 / 1928.4.1 4학급 편성 / 1928.5.11 吉田久勝 교장 취임 /
1929.3.25. 제1회 졸업 / 1930.3.25 제2회 졸업 / 1930.12.22 양잠실 창
고 준공 / 1931.3. 25 제3회 졸업 / 1932. 3.25 제4회 졸업 / 1933. 3.25
제5회 졸업 / 1934. 3.25 제6회 졸업 / 1934.3.31 伊藤九三郞 교장 취임 /
1935.3.25 제7회 졸업 / 1935. 5.1 부설 발안간이학교 개교 / 1936.3.22 제
8회 졸업 / 1937.3.25 제9회 졸업 / 1938.3.25 제10회 졸업 / 1938.4.1 津
田理八 교장 취임 / 1939.3.23 제11회 졸업 / 1940.3.25 제12회 졸업 / 1940
11.10 신교사 별관 준공 / 1941. 3.24 5.6학년 과정 수료할자 입학식 거행 /
1942.3.25 제13회 졸업 / 1943.2.28 今野邦一교장 취임 / 1943.3.25 제14
회 졸업 / 1944. 3.20 제15회 졸업 / 1945.3 25 제16회 졸업 / 1945.3.31
林泉伊八 교장 부임 / 1945.8.15 해방으로 일제교육마감 / 1945.9.24 대한건
국 교육 일제 개교 / 1945.10.31 임경환 교장 취임 / 1946. 7.1 제17회 졸업 /
1946.12.10 조종칠 교장 부임 / 1999.3·1 향남초등학교로 개명

3) 학교명의 변천

(1) 향남공립보통학교 -1925.6.23부터 개교-

1910년 8월 29일 조선을 강점하여 주권을 완전히 탈취한 일제는 1911년 8월
23일 칙령 제229호「조선교육령」전2장 30조 부칙을 공포하고, 11월 1일부터 시
행하였다.[1] 그해(1911)10월20일에는 조선교육령을 시행하기 위한 「보통학교규
칙」이 조선총독부령 제110호로 공포되었다. 이 법령에 의하여 공립보통학교교
명을 바꾸게 되었다. 그러나 이것은 교육과정을 한층 더 식민통치를 강화하는
방향으로 바꾸면서 교명에 설립구분보다 행정구역명을 앞세운데 불과하다.

1 관보 304호, 1911년 9월 1일; 관보 호외, 1911년 10월 20일

즉 교육과정에 우리나라 「역사」와 「지리」교과를 없앰으로써, 조선민을 일본천황과 일본제국에 충성하고 절대복종하는 무기력하고 노예적인 인간을 만들겠다는 것이다. 「충량한 국민을 육성」한다고 하여, 일본 국민으로서 지켜야 할 의무를 교육하여 하급근로자로서 그들이 편하게 부릴 수 있는 능력만 길러주겠다는 것이었다. 수업연한은 전과같이 4년으로 하되 지방의 실정에 따라 1년을 단축할 수 있게 하였다. 또한 일어교육을 강화함으로써 한국의 전통과 문화 그리고 생활양식을 말살하려는 것이었다.

향남공립보통학교는 1925년 5월 14(15)일 조선총독부로부터 설립인가를 받고 1925년 6월 23일 개교하였다.

(2) 향남공립심상소학교 -1938. 4. 1-

조선을 대륙침략의 병참지기로 재편성하고 황국신민화라는 동화정책을 촉진하기 위해, 우리말을 못하게 하고 국어(일어)를 상용하며 생활의 일본화, 우리글과 성명까지 빼앗아 이 지구상에서 영원히 한민족을 말살하려고 한 시기이다. 이러한 정책을 수행하기 위해 조선총독육군대장 남차랑(南次郞)은 「국체명징」(國體明徵), 「내선일체」(內鮮一體), 「인고단련」(忍苦鍛鍊)이란 3대 교육정책을 내세웠다. 그리고 이 정책을 수행하기 위해 1938년 3월 3일 칙령 제103호 제3차 「조선교육령 개정」을 공포하며, 4월1일부터 시행되었다. 그 제2조의 규정에 의하여 1938년 3월 15일 조선총독부령 제24호 「소학교규정」이 공포되었다. 그리고 이 규정 제2조 「소학교는 이를 나누어 심상소학교와 고등소학교로 한다」에 의하여 종래의 보통학교를 심상소학교로 교명을 바꾸게 되었다.

이리하여 「향남공립보통학교」를 「향남공립심상소학교」로 개칭하며, 4월 1일 학교현판을 바꾸어 달았다. 심상소학교의 수업 연한은 1922년 4월 1일 시행한 제2차 「조선교육령」을 이어 6년제이나, 지역의 실정에 따라 당분간 4년으로 할 수도 있었다. 특히 「조선어」를 필수과목에서 선택과목으로 격하하며, 사실상 학교에서 선택하지 않도록 하였다. 또한 수업시에는 국어(일어)를 쓰게 하였다.

(3) 향남공립국민학교 -1941. 4. 1-

일제의 민족말살정책은 극에 달하여 초등교육에서부터 우리 얼을 빼먹고 일본화시켜, 중일전쟁에서 태평양전쟁으로 이어지는 막대한 인적·물적자원을 조달하는데 학교가 동원됐다. 이 정책을 노골화시킨 것이 1941년 2월 28일 칙령 제148호로 공포된 「국민학교령」이다. 국민학교령에 의하여 종래의 소학교를 국민학교로 개칭하게 되어, 1941년 4월 1일 「향남공립국민학교」현판을 달게 되었다.

국민학교령에 의하여 그간 명맥만 유지하여 오던 「조선어」과목이 완전히 없어지고, 신사참배(神社參拜)를 비롯하여 열동식(閱童式: 열병), 분열행진(分列行進), 시열(視閱: 사열)등 군사훈련까지 어린 학생에게 강요되던 시기이다. 국민학교의 명칭은 「황국의 도」에 따른 교육으로 일본 국수주의에서 나온 것이다.

따라서 일본은 1945년 패전후 즉시 국민학교를 「소학교」로 환원시켰으나, 우리나라에서는 일본의 망령이 오래 학교에 붙어있다가 광복 50돌이 지나서야 1996년 3월 1일부터 「초등학교」로 바꾸게 되었다.

(4) 화성 향남국민학교 -1950. 6. 2-

1945년 8월 15일 조국 광복후 미군정(美軍政)을 거쳐, 1948년 7월 17일 대한민국 헌법이 제정되고, 그 해 8월 15일 「대한민국 독립」을 세계만방에 선포하였다. 새 헌법에 의하여 1949년 12월 31일 법률 제86호 「교육법」이 공포되었다. 자유민주주의에 입각한 새로운 「교육법」은 제83조 제2항에 「국립·공립 및 사립의 구분은 학교명에 붙일 수 없다」고 규정하였다. 이와 같이 공·사립학교의 차등을 철폐하였으므로, 교명에서 「공립」을 삭제하여 「향남국민학교」로 개칭하게 되었다.

(5) 향남국민학교 -1992. 3. 17-

지방자치제 실시에 따라 1991년 3월 8일 법률 제4347호 「지방교육자치에 관한 법률」(개정: 1991년 12월 31일, 법률 제4473호)이 공포되었다. 이 법의 시행령인 「지방교육자치에 관한 법률 시행령」은 대통령령 제13356호로 1991년 4월 23일 (개정: 1992년 3월 25일, 대통령령 제13621호) 공포되어 그날부터 시행되었다. 이에 따른 「경기도립학교 설치조례」(관리 01230-405, 1992.3·17)제2조에 의하여 하급 교육행정기관 산하의 국민학교는 교명 앞의 하부(下部)자치단체명을 안쓰게 되어, 교명이 간결하게 「향남국민학교」가 되었다.

(6) 향남초등학교 -1996. 3. 1-

국민적 합의에 기초하여 민족정기를 바로세우고 교육의 새로운 전기를 마련하기 위하여 1995년 12월 29일 법률 제5,069호 「교육법중개정법률」이 공포되었다. 그리고 시행은 1996년 3월 1일로 하였다. 이 법 제8조에 「국민학교」를 「초등학교」로 규정하였다.

이에 따라 경기도교육청 총무 81400·124(96.1.19) 「국민학교 명칭 변경에 따른 제반사항 알림」이 시달되고, 화성오산교육청 관리로 각 국민학교에 이첩 하달하였다. 1941년 4월 1일 등장한 「국민학교」라는 일제의 잔재가 민족정기를 되살리고 교육의 새로운 변화를 기대하며, 1996년 3월 1일을 기해 55년만에 「향남초등학교」로 교문 문패를 바꿔 달게 되었다.

4) 향남초등학교 교직원

1925년 개교한 향남초등학교의 초창기 교원명단 등에 대하여는 현재로서는 알 수 없다, 다만 학교에 보관되어 있는 교원명단 및 이력서를 통하여 그 일단을 살펴볼 수 있다. 조재설(趙載卨)이 그러한 경우이다. 조재설은 현재 알려진 자료로는 1926년부터 1938년 이후까지 이 학교에 근무한 대표적인 인물이다, 그는 양반출신으로 1897년 10월 22일 수원군 비봉면 양노리(兩老里) 75번지에서 출생하였다. 1921년 3월 20일 경성고등보통학교를 졸업하였으며, 1922년 3월 20일에는 경성제1고등보통학교 부속 사범과를 졸업하였다. 1922년 3월 31일에는 삭녕(朔寧)공립보통학교 훈도로 임명되었다. 1926년 6월 25일 그는 향남공립보통학교에 훈도로 임명되었고, 1938년 4월 1일에는 향남심상소학교 훈도로 재임명되고 있다. 이를 통해 볼 때 수원군 출신이었던 조재설은 1926년부터 향남학교를 지킨 대표적인 스승이 아닌가 추정된다,

(1) 교장

ㄱ. 澤幡虎夫(1925.6.22 부임)

일본 자성현(茨城縣) 출신, 자성현 사범학교 졸업,

ㄴ. 吉田久勝(1928. 5. 11)

1930년 향남학교 교장인 吉田은 발안 소방조합발회식에 참여하였다. 중외일보 1930년 4월 2일자 〈발안 소조 발회식〉에 박인환, 三谷和三郎, 吉田(향남공보교장) 등이 참여한 것으로 기록되고 있다.

ㄷ. 伊藤矢三郎(1934.3.31-1938.3)

조선일보 1936년 6월 12일 〈각계중진인물〉 剛直從義의 향남 공보(公普)교장 伊藤矢三郎씨라는 기사를 통하여 교장 선생에 대하여 다음과 같이 소개하고 있다.

씨는 명치31년(1898년-필자주) 新潟縣 출생으로 대정9년(1920년-필자주)에 조선에 와서 동 10년(1921년) 3월에 경성고보 부설 임시교원양성소를 졸업하고 황해도 각지에서 교육계에 많은 공적을 남기고 소화5년 1월에 高揚, 安城 각지 교육계로 동 9년 4월에 본 교장으로 부임한 분이라는데 , 씨는 공사거 의리에 벗어남이 없

으로 언제든지 원만한 가운데에서 자신의 포부를 충분히 발휘하여 직원과 아동 또
는 각 가정 연락에도 원만하여 초등교육자로서 적임자라고 공인하는 분이다. (사진
은 이등삼시랑씨)

학교에 보관되어 있는 있는 이력서 철에 따르면, 이등삼시랑은 1899년 4월 5
일 일본 新潟縣 西蒲原郡 和納村 大宇上和納 3704에서 출생하였다. 1920년 3
월 10일 신석현 입권(立卷) 중학교를 졸업하고, 조선으로 건너와 1921년 3월 31
일 경성고등보통학교 부설 임시교원양성소를 졸업하였다. 아울러 동년 동월
동일 황해도 해주공립보통학교 훈도 근무를 명받았다. 1921년 4월 1일에는 1
년 현역병으로 보병 제78연대 제 10중대에 입영하였다. 1922년 3월 31일에는
육군 보병 軍曹로 현역 만기제대하였다. 1924년 8월 19일에는 황해도 사리원
공립보통학교에 훈도로 임명되었으며, 1927년 3월 27일에는 평원(坪院)공립보
통학교 훈도겸 교장으로 활동하였다. 1927년 11월 24일에는 황해도 장연(長淵)
공립보통학교 훈도로 임명되어 교육하다가 1929년 3월 31일 뇌신경죄약증으
로 의원 면직되었다. 그뒤 1932년 9월 1일 조선공립실업학교 교유(敎諭)로 활
동하다가, 1934년 3월 31일 향남공립보통학교 교장으로 임명되어 봉직하다가
1938년 4월 1일 광선(光宣) 공립심상소학교 교장으로 전근되었다. 즉 이등삼사
랑은 1934년 3월 31일부터 1938년 초까지 향남공립보통학교장으로 활동하였
던 것이다.

ㄹ. 津田理八(1938.4.1-)

진전이팔은 1898년 12월 1일 일본 富山縣 高岡市 大鋸屋町 16번지에서 출생
하였다. 1916년 7월 22일 부산사범학교 강습과 제1종과정을 수료하였고, 1916
년 9월 14일 富山縣下 新川郡 黑澤심상소학교 훈도에 임명되었다. 1918년 12월
1일 징병으로 근위(近衛)사단 전신(電信)대 요원으로 근무하였다. 1919년 8월 10
일에는 시베리아에 출병하여 블라디보스토크에서 근무하였으며, 1920년 11월

1일에는 8등 욱일장(旭日章)을 수여받았고, 1922년 11월 1일에는 7등 욱일장을 수여받았다. 그리고 1922년 11월 2일 만기제대 하였다. 그의 이러한 군인 경력은 그가 교직에 복직하였을 때, 진급에 도움이 되지 않았나 짐작된다.

　1922년 12월 25일 그는 富山縣 東礪波郡 出町고등심상소학교 훈도로 임명되었다. 1924년 3월 30일에는 평북 벽동공립소학교 훈도겸 교장으로 임명되었다. 1926년 3월 30일에는 평북 인풍(仁豊)공립보통학교 교장으로 임명되었으며, 1929년 11월 30일에는 대례기념장(大禮記念章)을 수여받았다. 1930년 1월 6일에는 경기도 모현(慕賢)공립보통학교 훈도겸 교장으로, 1933년 4월 25일에는 경기도 안성 공도(孔道)공립보통학교 교장으로 역임하였다. 1938년 4월 1일에는 향남공립심상소학교 교장으로, 1941년 4월 1일에는 향남공립초등학교 교장에 임명되었다.

(2) 교사

　향남학교의 1920년대 교사명단은 현재로서는 파악되고 있지 않다. 향남초등학교에 보관되어 있는 이력서 및 조선총독부 및 소속관서직원록을 통하여 파악할 수 있는 명단을 연도별로 작성해 보면 다음과 같다.

ㄱ. 향남공립보통학교

1. 金奎晃(1933. 3. 31-1936. 11. 6)

김규황은 1910년 7월 2일 경기도 수원군 의왕면 왕곡리 105번지에서 출생하였다. 그는 1921년 4월 1일 군포공립보통학교에 입학하여, 1925년 3월 24일 5학년을 수료하였다. 1926년 4월 1일 경성제1고등보통학교 1학년에 입학하여, 1927년 3월 24일 2학년을 수료하였다. 1927년 4월 1일 경기도 공립사범학교 특과 제1학년에 입학하여, 1930년 3월 24일 특과 제3학년을 졸업하였다. 그리고 1930년 5월 6일 조선공립보통학교 훈도로 임명되어 월급을 42원 받게 되었다. 동년 동월 동일 淸平공립보통학교 훈도로 임명되었으며, 1933년 3월 31일 향남공립보통학교에 근무하게 되었다. 1936년 11월 6일 吉川공립보통학교로 전근가게 되었다.

2. 趙慶男(1936. 4. 1-1937. 12. 31)

1913년 12월 5일에 경기도 진위군 청북면 용성리 541번지에서 출생하였다. 1936년 3월 30일 대구사범학교 심상과를 졸업하고, 1936년 4월 1일 향남공립보통학교 근무를 명받았다. 그러나 재직 중 1937년 12월 31일 사망하였다.

3. 金点如(汝)(1936. 12. 2-1938)

1909년 9월 28일 경남 마산부 都町 1丁目에서 출생하였다. 1927년 3월 20일 경남 마산공립고등여학교를 졸업하고, 1928년 3월 25일 경성사범학교 여자 연습과를 졸업하였다. 1928년 3월 31일 삼랑진공립보통학교 훈도에 임명되었으며, 1934년 6월 30일에는 집안일로 퇴직하였다. 1936년 12월 2일 향남공립보통학교 교원에 촉탁으로 근무하였으며, 봉급은 월 45원이었다. 1938년 葛川 심상소학교 근무를 명받았다.

4. 朴基鍾(1936.3.31-)

박기종은 1907년 7월 20일 경기도 고양군 한지면 신촌리 73번지에서 출생하였으며, 1928년 3월 25일 경기도 공립사범학교 특과 제3학년을 졸업하였다. 동년 동일 南漢山 공립보통학교 훈도로 임명된 후 1932년 4월 7일에는 午川공립보통학교 훈도로, 1936년 3월 31일에는 향남공립보통학교에 훈도로 임명되었다.

한편 박기종에 대하여 국사편찬위원회 한국데이타베이스에 기록된 자료를 보면 다음과 같다.

이름 박기종(朴基鍾)
민족구분: 한국인
생년월일: 1907
출신지: 서울시 출신
현주소: 서울市 城東區 鷹峯洞 73
현직업: 교육자
경력 및 활동
1) 서울南漢山國民學校, 午川國民學校, 鄕南國民學校, 서울渼洞國民學校

教員生活 10餘年

解放後 서울舞鶴公立國民學校 校監에 就任하야 1949년 현재에 이름

2) 舞鶴國民學校 校監, 漢南國民學校 校監, 芳山國民學校 校監 역임

서울特別市 教育獎學士, 紫陽國民學校 교장, 光熙國民學校 교장 역임

서울彌阿國民學校 校長(1967년 현재)

ㄴ. 향남심상소학교

① 1938년

津田理人 / (관직): 교장 겸 訓導, 趙載凒 / (관직): 訓導, 柏井定雄 / (관직): 訓導, 金載濬 / (관직): 訓導, 金貞順 / (관직): 囑託教員, 朴基鍾 / (관직): 訓導, 尹泰鼎 / (관직): 訓導

② 1939년

津田理八 / (관직) :교장 겸 訓導, 柏井定雄 / (관직): 訓導, 李永馥 / (관직): 訓導, 申鉉角 / (관직): 囑託教員, 尹泰鼎 / (관직): 訓導, 高德圭 / (관직): 訓導

③ 1940년

津田理八 / (관직): 교장 겸 訓導, 尹泰鼎 / (관직): 訓導, 市川篤三 / (관직): 訓導, 栢井定雄 / (관직): 訓導, 金鳳鉉 / (관직): 訓導, 鯰江文子 / (관직): 訓導, 黃德圭 / (관직): 訓導

이중 김봉현에 대한 국사편찬위원회 데이타베이스에 기록을 보면 다음과 같다.

김봉현(金鳳鉉)

민족구분: 한국인

나이: 39세(1949년 현재)

출신지: 平安南道 江西郡

현주소: 京畿道 水原郡 雨汀面 朝岩里 661

현직업: 교육자

학력: 京畿道師範學校 特別科 卒業

경력 및 활동

始興國民學校, 金良國民學校, 鄕南國民學校 등 敎員을 歷任
1950년 現在 水原郡 雨汀公立國民學校 校長
종교: 기독교

ㄷ. 향남국민학교

① 1941년도

津田理八 / (관직): 교장 겸 訓導, 朝山泰正 / (관직): 訓導, 市川篤三 / (관직):
訓導, 金本義一 / (관직): 訓導, 橫山德行 / (관직): 訓導, 中山貞輝 / (관직):
訓導, 安東忠夫 / (관직): 訓導, 李信永 / (관직): 訓導, 富永康夫 / (관직): 訓
導, 松田璟洙 / (관직): 訓導

5) 졸업식

① 신문에 보도된 졸업식 관련 기사

조선일보 1939년 3월 16일자에는 〈수원공사립학교 25교의 졸업식 일자〉가
실려 있다. 〈수원〉 수원전군에 있는 공사립학교 26교에서 거행되는 졸업일은
아래와 같다는 바, 수원군에서는 각 학교에 군수대리를 파견하기로 하였다

교명, 월일, 임석관(臨席官) 순서대로 적으면 다음과 같다.

수원가정여학교 3·15 군수, 수원삼일학교 3·17 山下視學, 신풍소학교 3·17 군
수, 오산소학교 3·18 권업과장, 성호소학교 3·18 군수, 수원소학교 3·18 산
하시학, 팔탄소학교 3·18 張 屬, 매향여자소학교 3·18 내무과장, 남양소학교
3.20 내무과장, 태장소학교 3.20 笹野 屬, 장안3.20 장 속, 반월 3.20 산하시
학, 정남 3.21 군수, 서신 3.21 河本 屬, 우정 3.21 金 屬, 파장 3.21 권업과
장, 양감 3.21 俞 屬, 동탄 3.23 하본 속, 안룡 3.23 산하시학, 발안 3.23 내무
과장, 내무과장, 비봉 3.24 산하시학

6) 졸업앨범과 사진

(1) 식민지시대

향남초등학교에는 졸업앨범이 다수 보관되어 있다. 개교기념사진을 포함하여 2회(1930년)부터 1935년 7회까지 그리고 1945년 3월의 15회 졸업사진 등이 낱장으로 보관되어 있다. 그러나 다행스럽게도 1937년 9회 졸업앨범과 1938년도 10회 졸업 앨범이 전체적으로 남아 있어 당시 학교 생활을 이해하는데 크게 도움이 되고 있다. 이를 보면 다음과 같다.

ㄱ. 1937년 3월 25일 향남공립보통학교 제9회 졸업 앨범

표지를 포함하여 총 11장으로 구성되어 있다. 각 장별 내용을 보면 다음과 같다.

표지: 소화 12년(1937년) 3월 25일, 제9회, 졸업기념, 향남공립보통학교 수원읍 팔달사진관 安吉洙 謹製

2면: 교장의 독사진이 실려 있다

3면: 9회에 졸업하는 학생 명단 67명이 실려 있다. 그 중 남학생이 60명, 여학생이 7명이다. 이들 가운데 일본인은 伊藤直哉 1명이다.

4면: 교장, 교사 및 지역 기관장 지역 유지 등이 모여 촬영한 것으로 보이나, 개개인에 대하여는 알 수 없다. 여교사가 1명 있는데 金点如가 아닌가 추정된다.

5면: 학생들이 도열한 가운데 일장기를 앞세우고 조회하는 모습이 보인다

6면: 겨울에 난로를 핀 가운데 수업을 하는 모습이다. 수업의 제목은 〈獅子와 武士〉이다. 교사가 양복을 입고 넥타이를 매고 있다.

7면: 소풍사진으로, 배경은 西湖로 보인다.

8면: 학생들이 재배한 배추와 무 등을 보여주고 있다.

9면: 운동회 장면이다.

ㄴ. 1938년도 졸업 앨범 10회 졸업

표지: 소화 13년(1938년) 3월 제 10회 졸업기념, 경기도 수원군 향남공립보통학교 조선 수원읍내 팔탄사진관 안길수 근제

2면: 일장기 아래 조회 사진

3면: 교장 사진

4면: 교장과 교사 사진 총6명(1명은 여교사)

5면: 졸업생 명단 총 78명 이름 기록, 여학생은 모두 1열에 앉아 있으며 총 11명
이다. 남학생들이 교모와 교복을 입고 있는 것이 인상적이다.

6면: 수업장면인데 남녀 합반임을 알 수 있다. 교사는 역시 양복에 넥타이를 매고
있다. 교실 뒤에 北支那(중국북부지역–필자주)지도가 걸려 있는 것이 인상적
이다. 아울러 "대화는 국어로"라고 하여 당시의 일본어상용의 시대적 분위기
를 보여주고 있다.

7면: 논에서 농촌활동을 하는 모습이다.

8면: 학생들이 재배한 농산물을 품평회를 하기 위해 전시하여 놓은 것이다.

9면: 운동회 장면인데 여학생들의 율동이 눈에 띈다.

*1938년도 앨범에는 학생들의 소풍 모습이 보이지 않고 있다.

ㄷ. 1941년도 향남공립심상소학교 부설 학술강습소 제1회 졸업 앨범

표지: 소화 16년(1941년) 3월 졸업기념, 제1회 향남공립심상소학교 부설 학술강습소

2면: 조회

3면: 교사 일동(8명, 그중 여교사 2명)

4면: 졸업생 43명 명단

5면: 졸업생 일동 사진

6면: 수업광경

7면: 농촌 실습

8면: 수학여행(조선신궁)

9면 운동회

특히 이 앨범에는 조선신궁에 가서 촬영한 사진, 학생들 모두가 창씨개명한
점, 운동회에서 기마전을 하고 있는 점 등 전쟁시기 당시의 황국신민화교육의
특징을 잘 보여주고 있다.

(2) 해방이후 앨범

해방이후 것은 22회(1951.8.1), 25회(1954.3.22), 26회(1955), 33회(1962.2.8), 48회

(1977), 49회(1978), 50회(1979) 등이 낱장으로 남아있다. 그리고 27회(1956), 28회(1957), 29회(1958), 32회((1961). 39회(1968), 43회(1972), 60회(1989), 61회(1990) 등의 경우 앨범이 남아 있다. 다만 흥미로운 것은 1972년 일반앨범 전체가 남아 있어 당시를 이해하는데 큰 도움을 주고 있다. 특히 웅변 등의 모습, 체육대회, 학예회 등의 사진은 흥미롭다.

7) 학적부

향남학교의 경우 식민지시대의 경우 학적부의 일부만이 남아 있다. 특히 1920년대 학적부는 거의 없는 형편이다. 다만 졸업대장은 식민지시대 전체부분이 남아 있다.

화성지역의 대표적인 근대학교인 남양학교의 100년사를 참고로 생활기록부의 변천과정을 보면 다음과 같다.

① 변천 과정

우리나라는 언제부터 어떤 목적으로 학생에 대한 기록이 시작되었는지 확실하지 않으나 공·사립 교육기관이 생기기 시작한 고려 시대부터 학생 개개인의 가정환경, 활동사항, 행동 등에 대한 기록의 필요성을 느끼고 일정한 양식이나 틀이 없이 교수자의 생각이나 의도에 따라 여러 가지 사항들을 임의대로 기록하여 학생의 지도에 참고하였을 것으로 사료되나 근거 자료가 없어 확인할 길이 없는 것이 매우 안타까울 뿐이다. 그러나 개화의 물결과 함께 근대 교육이 시작되는 1890년대에 사용한 당시의 기록부에 학생의 성명, 연령, 주소 및 보증인의 성명, 직업, 입학년월일 등의 학적사항이 기록되었던 것으로 미루어 보아 근대적 학교가 발족되면서 오늘날 사용하고 있는 종합생활기록부의 전신으로 보는 것이 타당할 것이다. 이것은 다른 나라의 예와 같이 교사의 관찰에 의해서 학생을 이해할 수 있는 여러 가지 사실들을 누가 기록하여 학생의 이해자료, 통계자료와 외부에 대한 증명원부로서의 기능을 갖고 있었음을 알 수 있다.

1908년대에 이르러서는 위에 언급한 학적사항 외에 학업 성적이 첨가되었으며,

1915년경부터는 학적 사항도 좀 더 구체적으로 되면서 신체 상황란이 새로 첨가되어 어느 정도 체제를 갖추게 되었다.

1920년대 이후 신체 상황란도 포괄적으로 되고 가족 기록란, 장래 희망란, 학생의 성형개평란 등의 신설로 학생 개개인의 특성을 좀 더 구체적으로 파악하려는 흔적이 엿보인다 할 수 있겠다. 이것은 세계 제1차 대전 이후 세계적으로 번진 자유주의 교육 운동과 3·1운동 이후 일제의 문화정책 등에 의해 영향을 받은 것이라 하겠다. 이러한 사조는 1930년 초까지 계속되었으나 일본의 보수적, 국수주의가 세력을 잡기 시작하면서, 개체의 잠재력을 발휘하는 방향에서 획일적 제국주의적 경향으로 흐르면서 학생의 기록부도 외부에 대한 증명원부로서의 성질만 강조되는 풍조가 1945년 해방이 될 때까지 계속되었다.

② 보존 상태

생활기록부는 50년간 학교에 보관하도록 된 법적 공부로서 학교의 보관 서류 중 졸업 대장과 함께 가장 중요한 일종의 학적 서류이다. 그러나 오랜 세월을 지나면서 학교의 이전, 6.25사변 및 학교 서류 보관 창고의 화재로 인한 학적 서류의 소실과 손실은 학교사의 연구에 크나큰 어려움을 남기게 되었다.

③ 평가 기록

ㄱ 1945년까지의 학적부 평가 기록 상황을 학업 성적과 성형개평으로 구분하여 학업 성적은 10점 단위로 평정하고, 성형개평은 서술형으로 기록하였다.

ㄴ 1945년 광복 이후 1946년부터는 학업 성적을 100점 단위로 평정하여 평균과 석차를 기록하였고, 성형개평은 종전과 같이 기록하였다.

ㄷ 1955학년도부터 「학적부」가 「생활기록부」로 변경되면서 '학업성적'을 '교과학습 발달상황'으로 '성형개평'을 '행동발달상황'으로 고쳤다. 기록 방법도 달라져 교과학습 발달상황에서 1, 2학년은 과목별로 5단계(수,우,미,양,가)로 평정하고, 3학년 이상은 각 과목별, 영역별로 5단계 평정을 하였으며, 행동발달 상황은 친절, 예의 등 16개의 항목을 가,나,다로 3단계 평정을 하였다.

향남학교의 학적 서류 보존 실태를 보면 1920년대 것은 거의 보존되어 있지 않으나 1929년 이후 것은 보존상태가 양호한 편이다.

8) 교육 행사

(1) 운동회

매년 1회씩 맑은 가을 하늘 아래서 치루어지는 운동회는 근대 학교가 생겨난 이래 학교와 지역 사회의 축제 형식으로 성대히 거행되는 학교 행사 중 가장 큰 교육행사이다. 농촌 지역에서는 대개 운동회를 추석 전후로 날짜를 잡아 실시하고 있는데 이것은 모처럼 고향을 찾은 사람들에게 초등학교 시절의 모교를 찾아 옛 추억을 더듬어 보면서 즐거운 시간을 보낼 수 있는 기회를 제공하고, 많은 학부모와 친지 및 지역 주민들이 함께 참여하여 화합의 장을 펼치게 한다. 이는 친목을 더욱 돈독히 하여 이웃 사랑을 다시 한 번 확인하면서 애향심을 갖도록 하기 위한 학교와 지역 사회가 함께 어우러지는 한마당의 축제의 장을 펼치기 위함일 것이다.

향남학교의 경우 1931년 9월 27일 추계운동회 사진이 있어 당시 운동회의 모습을 잘 살펴볼 수 있다. 이 운동회는 매일신보 1931년 10월 2일자에도 보도되어 세간의 관심을 끈 것으로 보인다.

제목: 향남보교 추계운동회 성황리 종막
〈발안〉 지난 27일 오전 8시부터 향남공립보통학교에서 추계운동회를 동교정에서 개최하였는데, 일반 민중들은 정각전부터 몰려들어 넓은 운동장은 입추의 여지없이 人海를 이룬 가운데 갈채와 박수소리는 산천을 움직일 듯, 대성황속에 정막하였다더라.

한편 해방이후의 경우는 1972년 운동회 사진이 남아있다. 특히 어머니날을 맞이하여 개최한 운동회에 참여한 어머니들의 사진들이 눈길을 끈다.

(2) 학예회

학예회는 학교의 연간 교육 계획의 일환으로 학생들의 자주적인 계획과 실천으로서 음악, 무용극, 인형극, 시 낭독, 실험 연구 발표 등의 여러 가지 종목을 종합적으로 발표하는 일종의 종합 예술제의 성격을 띠고 있다. 학예회 활동은 건전한 취미의 육성과 정서적인 만족감을 느끼게 하는 한편 학급 학년을 초월한 인간적 접촉을 통하여 도덕적 심성을 육성하는데 교육적 의의가 있다.

학예회는 본질상 학생의 창의와 자발성에 기초를 두고 집단 활동을 원칙적으로 하는 관계로 전 학년에 걸쳐 출연자 상호간의 아름다운 인간 관계를 통해 협동성과 타인에 대한 따뜻한 사회적 심정을 육성할 수 있다. 또 학생들의 특수한 능력과 기능을 발달시켜 고상한 취미를 양성하고 잠재 능력을 조기에 발굴 계발, 육성하여줌으로써 일생을 통하여 더욱 좋은 삶의 질을 영위할 수 있게 해 준다. 이러한 목적과 기능을 가진 학예활동은 일제시대 때부터 있었음을 앨범을 통하여 알 수 있다.

학예회 활동 프로그램은 그 시대의 사회적 현상을 반영하여 조금씩 달리 행하여졌겠지만 학부모 및 지역 유지들을 모시고 학생들이 학교에서 배우고 익힌 내용을 체계적이고 종합적으로 연습하여 발표하는 것은 예나 지금이나 별 차이가 없다. 그러나 문화의 혜택을 받지 못했던 시절에는 지역 사회의 작은 문화 행사의 일환으로 지역 사람들에게 볼거리를 제공하고 지역 문화를 창조하는데 기여한 적도 있었다.

해방이전과 1972년도 앨범에 웅변, 학예회 등 사진이 실려 있어 수업 외에 학생들의 과외활동을 살펴보는데 큰 도움을 주고 있다.

9) 학생모집

한편 향남초등학교는 한때 학생모집에 어려움이 있었던 것으로 보인다. 『동아일보』1931년 4월 1일자에 〈水原鄕南公普 募集定員未滿〉이란 기사로 이를 짐작해 볼 수 있다.

2. 발안초등학교

1) 학교의 설립

1935년 5월 1일 향남공립보통학교의 부설 발안간이학교로 출발한 발안학교는 1944년 4월 1일 발안공립국민학교로 승격하였다. 발안학교의 역사에 대하여 단편적이지만 『발안신협20년사』에는 다음과 같이 기록하고 있다.

〈발안 국민학교〉

일제가 학교교육의 직업교육강화를 목적으로 2년제 간이학교를 설치한 당시 1935년 5월 1일 鄕南公立普通學校 附設 發安簡易學校로 개교 하였다. 당시의 발안 간이학교는 지금 발안리 조태희씨 목장 뒤편에 있었다. 발안 심상소학교는 일본인 자제가 주로 다녔으며 지금의 발안 양조장(평리) 뒤편에 있었다고 한다. 그후 간이학교, 심상소학교가 폐지되고 1944년 4월 1일 發安公立國民學校로 승격하여 지금의 자리로 옮기게 되었다고 한다.

학교의 설립을 위하여 인근 부락의 주민들 모두가 쌀과 돈 등을 마을마다 할당 추렴하였고 학교부지의 터를 닦기 위해서 온 주민이 동원됐다고 한다. 당시에 간이학교를 다녔던 학생들은 대부분 고령이어서 선생님과의 나이 차이가 2-3세 정도의 학생도 부지기수였다고 한다. 정규 국민학교로 승격되며 다시 입학생을 받게 되었던 관계로 간이학교를 다녔던 학생들은 심상소학교를 거치는 등 1학년 과정을 몇 년씩 수학하기도 했으며 1회부터 4회 졸업생까지는 학교 운동장 조성을 위해서 운동장 부역이 수업보다 비중이 컸을 정도라고 한다. 6·25를 지나고 군자재의 지원을 받아 그래도 학교 모양을 갖추기 시작했다고 한다. 지역에 계시는 송흥용, 송현목(60)씨 등이 이 학교의 1회 졸업들이다.

2) 수집자료

발안초등학교의 식민지시대를 살펴볼 수 있는 사진으로는 1937년 발안간이학교 제1회 졸업기념 사진이 남아 있어 역사적 중요성을 갖는다. 사진에는 제일 앞줄에 교사, 관리, 지역 유지 등 10명이, 다음 줄에는 여학생 13명, 3째, 4째

줄에는 남학생 24명이 있다. 이 사진을 통하여 당시 발안지역 교육의 일단을 살펴 볼 수 있을 것이다. 아울러 발안시내에서 오랫동안 사진관을 운영한 이신재씨가 소장하고 있던 사진 가운데 1980년대 발안학교 정문 수리사진이 있다.

발안초등학교를 방문하여 수집한 자료는 다음과 같다.

1. 연혁지 / 2. 학교력 / 3. 학사보고(2011, 2012)
4. 졸업앨범 전체
　1) 1956년(8회) / 2) 1957년(9회) / 3) 1962년(14회) / 4) 1967년(19회)
　5) 졸업앨범 표지
　　1972년(24회), 1975년(27회), 1986년(38회), 1987(40회), 1989,
　　1990, 1991, 1992, 1993, 1994

3) 발안초등학교 연혁

1935.5.1	발안간이학교로 개교(향남공립초등학교 부설)
1944.4.1	발안장 공립국민학교로 승격
194545.9.24	초대 고덕규 교장 부임
1946.2.23	제2대 조상현 교장 부임
1946.9.14	수원농회 창고 가교사로 채용
1948.8.21	제3대 이상균 교장 부임
1948.9.1	2학급 모집으로 10학급 편성
1948.12.3	발안공립국민학교로 교명 변경
1949.6.25	3교실 증축
1949.7.20	제1회 졸업식
1949.9.1	12학급 편성
1950.5.8	제2회 졸업식
1950.11.21	5대 이필원 교장 부임
1951.1.4	전란으로 교사 전소
1956.9.21	박태식 교장 부임

한편 1950년에 발안초등학교 교장이었던 李彌元 교장 및 徐喜安 교감의 경우 대한민국직원록 1952년판에 이름이 기록되어 있다.

4) 앨범사진

(1) 1950년대 사진

발안학교의 경우 해방 후 앨범은 1956, 1957년도 것이 제일 오래된 것이어서 개교이후의 학교모습 및 상황 등을 살펴보는데 일정한 한계를 보이고 있으나 1950년대 발안초등학교 이해에 큰 도움을 주고 있다. 1956년도 8회 졸업앨범의 구성을 보면 다음과 같다.

표지: 4289.3, 졸업기념 제8회 발안초등학교 발안사진관 제작
2면: 교장, 교기, 학교 전경, 교가
3면: 교사 14명(여교사 3명)
4면: 남학생 졸업생 명단
5면: 남학생 단체 사진
6면: 여학생명단
7면: 여학생 단체사진
8면: 교무실, 조회
9면: 수업광경
10면: 훈화 등교 모습, 체육회
11면: 운동회
12면: 재봉, 가정, 수학여행(용주사)
13면: 모내기 추수 씨름 *이대통령각하 제80회 탄신기념식수
14면: 저금, 반학생회의

위의 사진을 통해 볼 때, 우신, 1950년대의 학교 전경, 교가, 교기 등을 살펴볼 수 있어 의미가 크다. 이승만대통령각하 제80회 탄신기념식수 사진이 실려

있는 것이 특이하다. 아울러 체육회 사진이 많이 실려 있으며, 여학생들의 재봉수업, 음식 만드는 수업 등도 주목을 끈다. 반은 2개 반으로 보이며, 남녀 학생이 남자부, 여자부로 나뉘어져 있다.

(2) 1960년대 사진

1960년대는 1962년 앨범 회상을 통하여 살펴볼 수 있다.

표지: 回想 14회, 1962
2면: 졸업기념 제14회 4295년
3면: 교장, 교기, 학교전경
4면: 교사 15명(여교사 6면)
5면-12면: 학생 사진
13면: 수업
14면: 운동회
15면: 소풍, 수학여행
16면: 등교, 추수, 운동부

다만 50년대부터 현재에 이르기까지 시대별로는 앨범들이 일부씩 남아 있어 학교를 이해하는데 일정한 도움은 주고 있다.

3. 발안심상소학교

한편 일본인이 다녔던 발안공립심상소학교는 1916년 12월 11일 설립인가를 받았다. 3·1운동당시 학교가 파괴된 것으로 알려지고 있다. 발안심상소학교 교사 명단은 조선총독부기록에 다음과 같이 나오고 있다.

千葉正郎 / (관직) : 訓導 조선총독부및소속관서직원록 1926년도
石橋兵矣 / (관직) : 訓導 조선총독부및소속관서직원록 1927년도
石橋兵矣 / (관직) : 訓導 조선총독부및소속관서직원록 1928년도
石橋兵矣 / (관직) : 訓導 조선총독부및소속관서직원록 1929년도
石橋兵矣 / (관직) : 訓導 조선총독부및소속관서직원록 1930년도
深利靜男 / (관직) : 訓導 조선총독부및소속관서직원록 1931년도
八木勝正 / (관직) : 訓導 조선총독부및소속관서직원록 1932년도
八木勝正 / (관직) : 訓導 조선총독부및소속관서직원록 1933년도
八木勝正 / (관직) : 訓導 조선총독부및소속관서직원록 1934년도
八木勝正 / (관직) : 訓導 조선총독부및소속관서직원록 1935년도
增田格平 / (관직) : 訓導 조선총독부및소속관서직원록 1936년도
本田久直 / (관직) : 訓導 조선총독부및소속관서직원록 1936년도
增田格平 / (관직) : 訓導 조선총독부및소속관서직원록 1937년도
本田久直 / (관직) : 訓導 조선총독부및소속관서직원록 1937년도
敏　　鳳 / (관직) : 訓導 조선총독부및소속관서직원록 1938년도
本田久直 / (관직) : 訓導 조선총독부및소속관서직원록 1938년도
嶋敏胤 / (관직) : 訓導 조선총독부및소속관서직원록 1939년도
柏井定雄 / (관직) : 訓導 조선총독부및소속관서직원록 1939년도
嶋敏胤 / (관직) : 訓導 조선총독부및소속관서직원록 1940년도
嶋敏胤 / (관직) : 訓導 조선총독부및소속관서직원록 1941년도

4. 상신초등학교

1) 학교의 설립

상신초등학교는 향남면 상신리에 위치하고 있다. 1952년 9월 4일에 개교하여 올해로 60년이 되었지만 그 역사에 비하여 학교는 잘 알려져 있지 않은 편이다. 2012년 7월 학교를 방문하여 학교 연혁지, 졸업앨범, 졸업장, 상장 등을 살펴볼 수 있었다. 학교 연혁지의 경우는 학교 설립이전 상황이 비교적 상세히 기록되어 있는 편이었다. 졸업앨범의 경우는 1회부터 3회까지는 보존되어 있지 않아 초창기 모습을 살피는 데에는 어려움이 있었지만 다른 연도 것은 비교적 많이 남아 있는 편이었다.

『발안신협20년사』에는 상신초등학교가 개교에 이르는 과정을 다음과 같이 소상히 기록하고 있다.

〈상신초등학교〉

1. 개교

상신리, 구문천리, 하길리 등의 주민들은 초등교육기관인 향남과 발안국민학교가 먼 거리에 있어 학생들이 힘들게 통학해야 하는 불편을 해소 하고자 1947년 2월 1일 교사건축기성회를 구성하고 학교 유치 운동을 벌이게 되었다. 당시 기성회 회장직을 맡았던 김영찬씨와 김문기, 신창호 등 이사 16명과 주민들은 상신리 山20-2 임야 1,500평등 부지 2,840평을 구입하고 1947년 12월 5일부터 교사 건축을 착공하였다.

이듬해 7월 건축중이던 교사가 폭우로 붕괴되는 어려움을 겪기도 하면서 총공사비 789,000원(당시 쌀1斗300원)을 들여 완공하고 1948년 11월 발안국민학교 분교장으로 학교설치 허가를 받아 1학년 25명 2학년 29명등 54명 1학급으로 1949년 2月 개교기념식을 거행하게 되었다.

그후 1952년 9월 4일 상신국민학교로 승격 6학급으로 편성 되면서 오늘에 이르게 되었다.

이 학교의 1회 졸업생으로 구문천리의 신창식씨 등이 있다.

상신초등학교 연혁지를 통하여 설립과정을 보다 구체적으로 살펴보면 다음
과 같다.

1947. 2. 1 교사건축기성회 조직

　　　　　회장 김영찬, 이사 김문기외 16명, 고문 향남면장. 지서주임, 공사감독
　　　　　신병식

1947. 4. 2 校地 매수

　　　　　화성군 향남면 상신리 산 20-2 임야 1500평(부지) / 874번지 밭
　　　　　1340평(운동장)

1947. 12. 5 교사 건축 착공

1948. 7. 12 폭풍우로 건축중인 교사 붕괴

1948. 8. 31일 재건 착수

1948. 11. 15 자로 준교사 정윤식 발령받음

　　　　　11. 30 발안초등학교 상신분교장으로 설치인가

　　　　　12. 20 교사 3교실 준공

1949. 1. 11 상신분교장 후원회 조직

1949. 2. 12 개교기념식 거행-1학급, 1학년 25명, 2학년 29명 총 54명, 담임
　　　　　정윤식, 이당균 교장겸임

1950. 6. 1 2학급 편성 남 101명, 여 88명, 총 189명.

　　　　　6. 8 준교사 신성호 부임

　　　　　7. 1 6.25전쟁으로 휴교

1951. 6. 1 수복 개교

1951. 9. 1. 학급편제-교장 이필원, 교감 서희안

　　　　　1학년 남 30 여 25 계 55 담임 정윤식

　　　　　2학년 남 23 여 19 계 42 담임 이하형

　　　　　3학년 남 24 여 23 계 47 담임 이하형

　　　　　4학년 남 36, 여 27 계 63 담임 태기현

　　　　　5학년 남 29 여 20 계 49 담임 신성호

　　　　　합계 남 142, 여 114, 계 256

1952년 6학년도 생기고 제1회 졸업생도 배출, 1952년 9월 4일자로 상신초등학
교 설립인가.

상신초등학교에 남아 있는 연혁지를 통하여 설립당시의 학교 상황을 보면 다음과 같다.

1952. 9.4 상신초등학교 설립 인가

1. 학교 환경

가교사 초가 미류목조 12평 교실 3개, 흙바닥

사무실 겸 숙직실 초가 온돌 6평

막사 6평

변소 6평

우물 새로 팠으나 물이 나오지 않음

운동장 새로 조성 600평

교사용 사무탁자 6개 새로 구입(師親會경비)

흑판 6개 새로구입(敎育區 경비)

2. 제1회 졸업생 배출

남 23명, 여 21명 계 44명

3. 교과목: 문교부 지시에 의함

4. 학급 편제

1학년 남 23 여 18 담임 김부임

2학년 남 31 여 23 담임 김정희

3학년 남 19. 여 17 담임 홍창희

4학년 남 33, 여 21 담임 김진덕

5학년 남 34, 여 22 담임 태기현

6학년 남 26, 여 22 담임 신성호

계 남 166, 여 122 총원 289명

5. 학교 행사

4.1 시업식 / 4.3 입학식 / 4.21 등기산 소풍 / 5.5 童話 대회 / 5.13 사친회임원회 / 6.13 장감예방주사 / 6.25 반공의 날 행사 / 6.30 −7.6 농번기가

정실습 / 7.18-7.20 농번기 가정실습 / 7.24 BCG접종 / 9.5-9.30 뇌염임
시휴업 / 10.6 결식아동 급식실시 / 10.13 덕지산 소풍 / 10.17 교감 부임 /
11.18 사친회 총회 / 12.30 교장부임 / 2.17 화폐교환 / 3·1 3·1절 기념행
사 / 3·16 연합고사실시 / 3·17 제1회 졸업식 / 3.28 수업식 / 3.31 선거구
역 변경결정

2) 교장

연혁지에 보이는 교장명단은 다음과 같다.

이성용(1대 1952.12.25-1954.2.14), 박종각, 김도생, 김종철, 이정수, 안상
현, 김광현, 전황진, 박봉희, 김정환. 한홍희, 강선정. 조갑순, 김옥환, 임경식,
최일섭, 전한희, 강양호, 이규역(2010. 3,1-현재)

3) 졸업앨범

졸업앨범은 1956년(4회)부터 1964년까지와 1966년 것이 있다. 즉, 1-3회가 없
고 1965년 것이 없다. 그 뒤에는 1970년대 것이 없고, 1985년(33회)부터 1987년
것이 있다. 1994년(42회)가 있다. 그러므로 초창기와 1970년대를 살피는 데는
어려움이 있다. 졸업장은 1961, 1965년 것을 소장하고 있다. 1961년 것이 남아
있는 것 중 제일 오래된 것으로 보인다.

1954년도 앨범의 전체 구성을 보면 다음과 같다.

표지: 4289.3 졸업기념 제4회 상신초등학교
2면: 모교 신축교사 전경, 일부 찢어짐(교장)
3면: 은사님들의 모습(6명 그중 1명 여교사)
4면: 졸업생 명단
5면. 어학생 12명 남학생 26명(1명 걸시 포함)
6면: 수업(과학, 자아 칠판을 봐요)
7면: 조회 체조 수업

8면: 운동회
9면: 추수, 무우뽑기 등
10면: 수업
11면: 교무실, 종치기, 씨름
12면: 저축, 성적채점, 물당번
13면: 청소 재봉시간

위의 앨범 뒷부분의 경우 학생들의 다양한 생활을 흥미있게 설명을 적어 보여주어 신선함과 자유분방함을 보여주고 있어 재미있다. 특히 여학생들의 청소하는 모습, 그리고 학생들의 당번 활동, 저축, 성적채점 등도 기억속의 옛 학교 정경을 떠오르게 하는 재미있는 소재들인 것 같다.

향남지역 중등학교

향남지역의 중등학교로는 발안에 있는 발안중학교와 발안바이오과학고등학교, 향남읍 장짐리에 있는 화성중학교와 화성고등학교를 들 수 있다. 향남면 발안리에서는 1950년 화남중학원이 설립되었다가 1955년 발안중학교로 발전적으로 해체되었다. 한편 팔탄면 구장리에서는 1949년에 팔탄고등공민학교가 팔탄면 하저리의 이풍(팔탄면장 역임)에 의하여 만들어졌다. 그 후 팔탄면 지월리로 이전하였다가 1953년에 화성중학교로 되었다가 1974년 최정호에 의해 인수되어 백련재단에서 운영하고 있다. 오늘날 화성고등학교의 경우 화성여자상업고등학교가 발전한 것이다.

1. 발안중학교

1) 발안중학교의 설립과정: 화남중학원

발안중학교는 발안바이오고등학교와는 달리 학교의 역사를 체계적으로 수집 정리해 놓고 있지 않은 것 같다. 일단 학교가 60년이 지났음에도 불구하고 50년사, 60년사 등이 발행되고 있지 않은 실정이다.

발안중학교의 모태는 1950년에 설립된 〈화남중학원〉이었다. 이 학교의 역사의 경우 『발안신협20년사』(발안신용협동조합,1996)에 실려 있는 발안신협의기관지 〈이웃사촌〉 50호(1991.12) 〈향토의 뿌리를 찾아서〉에서 그 일단을 살펴볼 수 있다. 이를 보면 다음과 같다.

> 발안중학의 전신인 華南中學院은 해방후 1948년 대한민국 정부가 수립되면서 덴마크의 국민고등학교 형식의 중학과정 고등공민학교 설립을 권장하고 있었다. 당시 발안지역에는 팔탄과 조암에만 중학과정의 학교가 있을뿐 우리 향남지역에는 없어 배움의 길이 끊기는 아쉬움을 염려한 이관형, 이종성, 신종식씨 등이 함께 협의한 것이 시초라고 할 수 있다.
> 임시교사로 수원의 차준담씨의 양곡창고를 빌리고 교무실로는 발안2리 나홍수씨의 사랑방을 사용하면서 1950년 5월 15일 발안국민학교 교정에서 51명의 학생이 개교식을 가짐으로 개교되었다.
> 화성군의 "華"자와 향남면의 "南"자를 따서 화남학원이라 부르게 되었고 지금의 학교부지는 김문봉씨가 1ha정도 희사했고 허계남씨 상환농지 500여평 정계환씨의 옹기공장 일부의 희사로 마련되었고 교실은 면민들의 노력봉사와 학생들의 부역으로 흙벽돌 교실 4개를 신축할 수 있었다.
> 학교의 설립인가는 이종성씨의 은사이신 황문철선생의 도움으로 3日만에 취득할 수 있었다고 하며 그후 기성회와 주민, 관계에서는 공립중학교로의 정식인가를 원해 1954년 1월 정식 중학교로 인가를 얻어 오늘에 이르고 있다.
> 1954년 7월에는 발안농업고등학교의 설립인가를 얻어 10월 2일 농업과 1학급으로 농고가 개교하였고 1973년에는 축산과, 원예과를 증설 12학급으로 증설하여 농업 인력을 배출하고 있다.
> 화남중학원을 졸업한 1회(1954) 졸업생으로는 오익선, 유해설, 이우긍, 성낙경씨 등이 있다.

그러나 간단하여 화남중학원의 전체적인 모습을 살펴보는 데는 어려움이 있었다. 이에 필자는 향남지역 향토사학자라고 할 수 있을 정도로 이 지역의 역사에 대하여 박식한 송선영의 도움을 통하여 화남중학원의 설립자인 전 향남면장 신종식의 손자 신화수(1942년생, 전 인천일보 사장)와 면담할 수 있게 되었다. 아울러 화성향토박물관을 통하여 화남중학원 1회 졸업생 성낙경(향남면 상신리 384거주)이 기증한 『발안중학교의 족적-화남중학원편』, 1990)을 입수할 수 있었다. 이를 통하여 화남중학원의 설립경위와 설립, 발전 그리고 발안중학교 설립 당시의 초기 사진들을 찾아볼 수 있게 되었다.

『발안중학교의 족적-화남중학원편』은 애국, 근면, 성실 등의 교훈과 교가(이종성 작사, 최창균 작곡)가 실려 있다. 아울러 고인이 된 신종식 원장, 신철식, 황규옥, 임순창선생 등의 사진이 실려 있다. 특히 본서에는 〈발안중학개교의 족적을 회고해 본다〉라는 제목의 면담록이 실려 있어 화남중학원의 전체상을 살펴보는데 큰 도움을 주고 있다. 참석자는 이종성, 박정현, 안정순 등이었고, 사회는 1회 졸업생인 오인석이 담당하였다. 기록은 신증호, 성낙경 등이 하였다.

화남중학원 사진으로 주목되는 것은 개교당시의 임시교사(1950-1952.11, 1952.5-1955 붕괴까지) 1951년 1.4후퇴 수복후 천막교사, 1955년 태풍으로 붕괴된 교사(1955), 소풍사진(봉림사, 고온리), 학교교사 건축 모습, 조회장면, 축구부, 학도호국대 사열. 화남중학원 제1회 졸업사진(1954.3·10) 등을 들 수 있다. 아울러 주목되는 것은 발안중학교 초창기 사진들이다. 발안중하교 인가서 전달 및 축하식, 학교 인가 당시 선생님들(1954. 2.15, 1954.3.22), 교사건축 및 완공된 교사 모습 등을 들 수 있다.

화남중학원 전체 사진목록

구분	사진목록
개교당시의 모습	1. 개교당시의 임시교사 전경 2. 흔적조차 찾아 볼 수 없는 지금의 임시교사 옛터 3. 교실이 부족하여 1951년 14후퇴 수복 후 당시 피난민 수용으로 사용되던 천막이 보충되다 4. 개교당시 교무실로 사용하던 민가대문 좌측 창문 5. 학교모습(일제하 가마니창고를 빌려 교실 2개와 한쪽붙임의 교무실과 학교 간판), 하교간판은 향남면 부면장 신홍필의 친필 6. 제2교사의 옛터전의 현재 모습 7. 소풍(남양면 무송리 봉림사 4285.4.26) 8. 학창시절 모습

구분	사진목록
개교당시의 모습	9. 우정면 고온포 소풍 10. 4285.5.8 고온포 소풍, 여학생들 11. 소풍(4286.5.6) 고온포 12. 1학년 b반 고온포 소풍 4286.5.6-여학생 13. 1학년 a반 소풍기념-남학생 14. 교사들(이종성 이해원 김덕규 현줄길) 15. 고온포 소풍 기념 16. 고온포 소풍기념 4286. 5.6-남자 1A반 17. 우정면 고온포 소풍(자전거 행열) 18. 고온포 소풍 기념 1학년 b반 4286.5.6 19. 휴전반대시위(화남중학 학도호국단) 20. 학교 재단의 염전의 논으로 변한 모습(향남면 구문천 3리와 청북면 고잔리 사이 일면 개섬 앞)

화남중학원의
도약
비로소
내집 마련의
시작!
	1. 여학생들의 학교 신축 모습
	2. 향남면 행정리 65번지 소재 과수원(김문봉, 류병환씨 소유)1.5ha 구
	   릉지대에 면민을 동원하여 학교 신축장면
	3. 이해원선생이 상량문을 쓰다
	4. 본조골격의 완성 단계
	5. 목조골격의 완성단계에서 마지막 갓쇼를 올리는 모습
	6. 고사드리는 장면 1
	7. 고사드리는 장면 2
	8. 최종적으로 오르는 상량들보
	9. 학교를 짓고 난 다음 우물을 파는 모습
	10. 운동장과 주변 정리를 위해 블도저로 작업하는 장면
	11. 블도저가 고장 안나도록 고사를 지내는 장면
	12. 상급학교 진학을 위한 예비소집을 마치고(수원에서)
	13. 조회장면
	14. 축구부
	15. 학도호국대 사열모습
	16. 우승컵 수여장면
	17. 우승 후 교사들과 함께
	18. 학적부(이해원 교사 소장)
	19. 사친회비 고지서와 영수증(매월 3500원), 1952.4.1일 발부 12개월
	   월납제, 향남면 구문천 2리 김택수동문 소장)
	20. 화남중학교 표지
	21. 자유신보 경기판 4287.3.28일자/발안중학교 인가
	22. 중학교 인가서 전달 및 축하식 장면
	23. 중학교 인가 축하 장면

구분	사진목록
화남중학원의 도약 비로소 내집 마련의 시작!	24. 발안시내에 세워진 축하솔문과 축하행진 25. 학교인가 당시의 교사들(1954.2.15) 26. 화남중학원 졸업증서 수여 원부(단기 4287년이후) 27. 학적부(단기 4285년도 입학 학적부, 발안중학원) 28. 화남중학원 제1회졸업기념(4287, 3·10) 29. 2학년 B반 소풍(노하리, 4287.4.29) 30. 방안중학교 개교식 기념 4287.3.22 교직원 일동 31. 폭풍우로 붕괴된 교사 (오른쪽 위로 보이는 초가가 당시의 교무실) 32. 중학교와 농고부지에 많은 기여를 한 류병환(왼쪽)과 이종성 선생 33. 발안중학교 정문 앞 학생들과 교기
웅장한 교사의 변모	1. 개교 당시의 교사 1950-1952.11 2. 우리의 힘으로 처음 지은 교사 1952.5-1955년 붕괴까지 3. 초가 교사 붕괴 후 임시가교사 4. 주한 미공군의 지원으로 근대식 교사 건축 장면 5. 근대식 교사 건축 장면 6. 상량문을 쓰다 7. 미공군에 감사장 수여(물자지원) 8. 신교사 낙성식 전경 9. 이종성선생님 정년퇴임 사은회를 마치고 10. 교사 정문 1990년

2) 『발안중학교의 족적-화남중학원편』: 화남중학교관련자들의 대담기록

『발안중학교의 족적-화남중학원편』에는 화남중학교관련자들의 대화기록이 있다. 이를 보면 다음과 같다.

發安中學開校의 足跡을 回顧해 본다

■ **일 시:** 1990년 3월 14일 10시

■ **장 소:** 발안중학교 교장실

■ **참석자:** 이종성 선생 (전 발안농고 교장)

　　　　　박정현 교장 (현 발안중 교장)

　　　　　안정순 회장 (향남면 육영회장)

■ **사 회:** 오익선

■기 록: 신증호, 성낙경

사회: 날씨도 불순하고 바쁘신데 시간을 내주셔서 감사합니다.

오늘 여러 선생님을 모시게 된 것은 예고드린대로 현 발안중학교 전신인 화남중학원 설립의 피땀어린 발자국을 더듬어 밝힘으로서 인간완성(人間完成)의 구도적 입장(求道的 立場)에서 배우고져 모여든 학생과 가르치고쟈 정열을 쏟으셨던 선생님들과 인격도야(人格陶冶)의 상아탑(象牙塔)인 교사(校舍)를 짓고져 헌신 노력했던 당시 전체 면민(面民)들의 애정어린 그 순수했던 마음씨의 결실이 어느덧 1만 여명의 졸업생과 현 재학생 및 영원히 배출되는 후배들에게 창조나 창업이란 그리 간단하지 않다는 교훈이 되었으면 하는 뜻에서 이 자리를 만들게 되었습니다. 이종성 선생님부터 말씀해 주시지요.

이: 화남중학원의 기원(起源)을 더듬자면 먼저 당시 우리나라 농촌에 중등교육 상황부터 말씀해야겠지요. 해방 후 1948년 대한민국정부가 수립되면서 덴마크의 국민고등학교를 본떠서 면단위(面單位)로 고등공민학교(중학교과정)설립을 권장하고 있었는데 당시 발안지역에는 팔탄면과 조암에 있을 뿐 화성군내의 교통, 경제의 중심지라 할 발안지역에 없는 점을 착안(着眼)하고 당시 발안금융조합(현 농협지점)에 근무 중이던 이관영씨와 자리를 함께 하고 발안에 중학교설립을 여러 차례 논의 했으나 너무도 빈약한 농촌실정을 들면서 절대 불가능하다는 말을 듣고 얼마간 쉬었다가 다시 선친(先親)의 소개를 받아 향남면장 신종식씨와 상면(相面)하여 논의 끝에 쾌히 합의 된 것이 시초가 되겠지요.

박: 그때 나는 몸이 불편하여 집에서 쉬고 있을 땐데 李선생님이 찾아오셔서 발안에 중학교설립의 청사진을 말씀하시면서 함께 일해보자고 하시기에 향남면 전체가 육영사업운동이 전개되는 시초에서 미력하나마 협력의 일익(一翼)으로 생각하고 응락을 했었지요.

이: 박교장선생님 말씀을 들으니 그 때의 부분적 일들이 떠오르군요. 학교설립추진의 산파실은 면장님실이었지요. 그리고 가장 어렵게 생각했던 점은 학생을 가르칠 선생님들 확보였는데(무보수 때문에) 천우신조라 할까 최소한의 기본적 구성원이 무난했던 일을 일차적 성공으로서 다른 일들이 하나하나 준비되어 나갔지요. 임시교사로는 수원의 차준담씨 소유 양곡창고(일명 꺼먹창고 현 발안2리 107번지 김병준씨의 대지)를 임차하고 교무실로는 100여m 떨어진 현 발안2리 122번지 나홍수씨댁 사랑방을 사용키로 하며 각 마을 이장들과 발안시장 몇 군데에 학생모집광고를 한 것으로 기억되는군요.

박: 40여년전 일이니 특이한 것이 아니면 생각이 잘 떠오르질 않는군요. 교실이래야 도회지의 지주(地主)가 도조(賭租) 받아 쌓는 창고요, 교무실이래야 개인집 사랑채였으니 지금에 비할바 못되고 옛이야기책에 나오는 일들 같았지요. 개교 준비에 여념이 없던 차 드디어 1950년 5월 15일에 발안초등학교 교정에서 면 내 유지 및 학부형 면민 다수가 참석리에 입학생 51명이 개교식을 가짐으로써 발안지역사회에 중등교육기회의 적막을 깨뜨리는 참으로 장한 서막을 올렸지요.

사회: 그 때 교명을 화남(華南)이라고 작명(作名)한 연유는 어디에서 찾았나요. 여러 설이 있었는데요. 그리고 개교 당시의 선생님들은 네댓분 되셨던 것으로 생각되는 데요.

이: 앞에 말씀대로 팔탄과 조암에 고등공민학교가 운영되고 있기 때문에 발안은 지역적 위치의 유리점을 감안 처음부터 고등공민학교가 아닌 정규중학교 설립을 목표로 하고 이름도 폭넓게 화성군의 '화'자와 향남면의 '남'자를 따서 초안되었는데 당시 기성회의 전원찬성으로 결정됐지요.

박: 개교식으로부터 6.25동란으로 휴교할 때까지의 교사로는 저하고 여기 계신 李 교장선생님과 임순창(1988년 별세) 선생, 황규순(6.25당시 피살) 선생 그렇게 네분이었지요.

이: 지금 박 교장선생님 말씀중에 6.25동난 말씀이 나와서 생각나는 점은 천신만고 끝에 개교한지 두달도 못되어 휴교하게 되는 비통함을 당하게 됐는데 6.25로 정부가 남하한 후 휴교검토중에 북한치하가 되자 향남면 인민위원회로부터 북한노래를 가르치라는 통치가 누차와 고민중에 마침 발안 상공에서 공중전끝에 북한 전투기의 격추 발생을 계기로 학생들에게 막연하게 9월쯤에 다시 만나기로 휴교하게 되었지요.

사회: 다음으로는 학교부지에 대하여 말씀해 주실까요. 제가 알기로는 당시 어른들께서 말씀하시기를 문봉씨가 희사하였다고 기억되는데요.

이: 그렇게 된 것이 아니고 현 농업고등학교 부지를 염가로 매도및 일부를 희사한 류병한씨의 서랑되는 김문봉씨(현 발안1리 만물상회자리에서 상업했던분)가 1ha정도의 희사와 1부는 염가로 매도한 것이었지요.

안: 이선생님 말씀하시니 생각나는데요. 몇 해 전 중학교에서 연락이 왔었는데 희사된 김문봉씨 소유 일부분이 등기이전이 안되어 고심 중에 있던 중 마침 류병한씨 장례에 참석을 계기로 협의 끝에 쾌히 승낙을 얻어 깨끗이 끝냈지요. 그리고 1년인가 지나 그분이 타계했다는 소식을 들었는데 우리 발안사회의 육영진흥을

위해서 크게 공헌한 숨은 은인이었는데 참 안되었어요.

사회: 학교부지가 그분들의 것 뿐이었나요. 우리동네 허계남씨의 상환농지 500여 평(현 오산선도로 옆)과 학교동편 정계환씨의 옹기공장 일부가 희사되지 않았으면 동편(東便)경계가 직선으로 되지 않았지요.

안: 마련된 학교부지를 각 부락별로 분할 정지사업을 했었는데 그 때 면민들이 고생 많이 했지요. 학교세우다가 농사망친다고 그리고 경제적으로 춘궁과 칠궁이 있던 마른 봄판에 온 종일 지계와 삽질을 한다는 것 지금은 상상도 못하지요. 그런 역사적인 희생위에 오늘이 있게 마련이고 또 일이 계속될 때 역사발전이라 하겠지요. 그렇게 힘들여 작업(1명 부역)을 하다가 농사철이 임박하여 중단했는데 6.25가 났지요. 그 이후는 학교에서 불도저로 완공한 것으로 짐작되네요.

이: 그랬지요. 불도저로 운동장 및 교사부지 일부를 하는 도중 고장이 자주나 불도저앞에 제수를 차려놓고 고사를 지내는 기이(奇異)한 일도 있었지요.

사회: 다음으로 학교재단을 구성코저 염전 조성사업이 면민의 부역으로 이루어진 것으로 생각합니다. 이 부분에 대하여 말씀해 주시지요.

안: 재단구성의 일차적 사업인 염전조성 위치는 향남면 구문천2리와 평택군 청북면 고잔리 사이에 잡종지 및 간사지(동척면의 국유화된것인데 인근주민의 자력 개간으로 기성논도 일부 있었음)로 5ha 중 3ha를 1차로 조성됐는데 그 당시는 지금과 같은 토목장비는 꿈에도 못 본 것이고 삽과 지계, 가래, 나래(소가 끄는 도구)등으로 면민이 장기일간 동원 되어 작업 끝에 완공되어 육영사업의 힘겨운 한 장을 넘겼지요.

이: 그 때 염전조성에 1차적 토목공사는 끝냈으나 그에 부수되는 설비와 운영비가 없어 고심하던 차에 염전조성 융자금제도가 있다는 소식을 듣고 전매청 염전조성 담당관과 수차례 접촉 끝에 일금30만환을 받았었는데 지금은 어디서 생존해 있을지 모르지만 이름은 기억되는데 이삼영(충북출신)씨의 도움이 컸어요.

안: 염전 때문에 한가지 더 생각나는 점은 일차적 토목공사가 완료되면서 6.25동란으로 2년간 휴업상태에서 파생된 토목소실이 많아 보수공사가 컸지요. 또한 운영에 어려움으로 몇분이 책임을 지고 사채를 차입하여 운영하였는데 설상가상으로 신설염전이어서 여러조건이 부합되지 않아 소금생산량이 적어 더욱 운영에 어려움이 많았지요.

사회: 지금까지 말씀하여 주신 부분은 현 발안중학교의 전신인 화남중학원의 개교와 6.25동난으로 휴교된 초기의 험난했던 일들을 거의 다 되돌아 보았다고

생각됩니다. 1.4후퇴후 수복되어 개학준비로부터 새학년 학생모집까지 말씀
해 주시지요.

이: 1951 1.4후퇴후 수복되어 10월에 개학을 하였으나 개교당시 교사로 사용하던
(꺼먹창고)곳은 난민이 수용되어 있어서 그 앞 마당에다 난민용 여분의 천막을
치고 수업을 하기 시작하는 상황이었는데, 얼마있다가 임시교사를 접수하여 사
용하였지요. 당시에는 전쟁중이어서 한강 이북으로는 민간인의 도강이 금지되
어 있으므로 발안지역에 피난나온 학생들과 6.25전 미진학자들이 다수 입학되
어 기존시설로는 수용의 한계와 또한 신학기 신입생모집준비에 여념이 없었지
요. 학교기성회에서는 교실난 해소로 일제하에 가마니 수매장소로 사용하던 곳
을 수리하여 교실 2개와 옆에다 10여평을 증축하여 비로서 교무실을 따로 갖게
되는 기쁨을 맞았지요. 당시는 선생님들이 증원되어 현준길, 신철식, 한택우,
이해원, 김덕규 선생님들이 계셨지요.

사회: 선생님말씀을 들으니 그 시기에 교복과 모표가 제정되었던 것 갔습니다. 신입
생수험장에 선생님들의 조역관계로 학도호국단 간부들에게 서둘러 지정업소
에 맞추라고 하신 기억이 나십니까?

이: 하 하 하 – 회장은 그런면에 더 자세하군. 신입생에 대하여 학교의 명예와 상급
생으로서의 권위 그리고 대외적인 체면도 있고 해서… 모표의 도안은 남양면 무
송리출신 한성대선생(일본 우에노 미대출신)의 고안이었고 교복은 교직원 모두
의 의견종합이었던 것으로 기억되는데… 그 때 전시라 모표는 철로 만드는 것이
없어서 도안을 프린트하여 학생 각자가 색실(노랑)로 수놓아 부착하고 다녔지
요. 그리고 신입생 입학시험을 치를만한 장소가 허용되지 않아 멀리 향남국민학
교의 교실 2개를 빌려 그곳에서 수험했는데 당시 발안국민학교는 1.4후퇴시 폭
격으로 전소되어 잿더미었기 때문이었죠.

사회: 지금까지 들려주신 말씀으로 발안시장내에 임시교사에서 현 발안중학교 위치
로 이전하기 전까지의 묻혀진 역사가 대충 밝혀졌다고 생각됩니다. 초가집일
망정 내집을 짓고 이전하는 면에서부터 말씀해 주시지요.

이: 1952년도 신입생입학과 함께 기성회측에 교실부족난을 설명하면서 흙벽돌집
이라도 학교를 지어야 할 시기가 왔다고 간청했으나 기성회측은 당시 전세는 확
대뒤고 누구나 먹을 식량이 부족하여 어려움을 겪는 상황에서 학교를 어떻게 짓
느냐고 반대를 거듭했으나 교직원회의 결과를 신원장(당시 면장)께 보고하고 학
생들과 흙벽돌을 만들기 시작했지요.

박: 그 때 학생들이 공부도 제대로 못하고 고생 많이 했지요. 어느 일이던 무에서 유를 창조하는 사람들의 고통과 고뇌는 이루 말할 수 없는 남모르는 피눈물의 발자국을 걷게 마련이고 기록으로 다 남길 수 없지요. 흙이 메말라 여학생들은 이웃집 식수와 저 앞논에서 물을 길어오고 남학생들은 등교시에 짚을 갖어와 썰어서 흙을 파서 이기고 벽돌을 찍었지요. 지금에 비교하여 그 때를 회고해 보면 학생들의 마음씨나 하는 일들이 갸륵했어요. 어느덧 흰머리가 저렇게 힛끗힛끗한걸 보니 함께 늙어가고 있네요. 하하하…

안: 말씀을 들으니 그 때 생각이 나는군요. 면장님께서 기성회측과 이장몇명에게 요 사이 며칠째 학생들이 흙벽돌을 찍고 있으니 가서 격려라도 하자고 하셔서 가서 보니까 대단한 역사였어요. 그러나 면장님께서 깨진 도막들을 보시고 어느 학생에게 벽돌을 들어 던져보라며 던져진 벽돌이 부서짐을 보고 몇 개를 더 던져 보고(당시 현준길선생님이 던짐. 작업지도 담당) 흙벽돌로는 안전도가 문제가 되겠다며 긴급 기성회와 잇다라 이장회의를 소집 면유림나무를 베고 마을마다 수수대와 이엉(짚으로 엮은 것)을 할당하여 목조로 흙벽에다 흰회를 바르고 지분은 이엉으로 덮어 교실 4개를 신축했었지요. 가을철이라 바빴지요.

사회: 안회장님께서는 왜 학생들의 부역은 말씀 안하시고 면민부역만 강조하십니까? 하하하.
  그때로 건축비 줄인다고 그 넓고 깊은 구덩이파고 발안냇가에서 모래 자갈 파서싣고 내렸지요. 참 배고프고 힘들었지요. 그 때 학우들이 다들 어디에서 무엇을 하고있는지 만나고 싶은데 주소확인이 어렵군요.

사회: 이제 발안중학교로 이름을 갖기전 묻혀진 사실들을 헤쳐보는 끝부분이 되겠습니다. 화남중학원 인가 문제에 대하여 말씀해 주십시요.

이: 그 내용을 말하자면 소설책 1권이 될 것 같은데… 당시에 팔탄고등공민학교가 학교법인 대한학원 화성중학교로 먼저 인가되어 대단히 어려웠어요. 법률관계상 4km이내에는 중등학교가 1개교 이상 인가할 수 없다는 경기도 학무관계관의 불응으로 난관에 봉착했지요.(당시 화성중학교의 서모, 이모씨의 집요한 인가반대로 로비의 활동이 있었음이 영향으로 후에 밝혀짐) 그러나 지속적인 인가취득 추진중 도청에서(당시 경기도청은 옛 화성군청에 임시 있었음) 우연히 은사이신 황문철선생님을 상봉케되어 그분의 도움으로 3일만에 우선 학원인가를 취득했었지요.

박: 그때를 생각하면 참으로 안타까웠어요. 얼마안있으면 첫 졸업생을 배출하여 상

급학교엘 진학시켜야겠는데 인가는 늦어지고 옆에서 방해는 놓고 말은 할 수 없고 교직원들은 고뇌속에 당황도 하였던 걸로 생각되네요.

이: 그 때를 말로 형언할 수 없지요. 그래서 끝내 최악의 경우 진학 학생들을 생각해서 화남농업고등학원을 구상까지 했었지요.

사회: 끝으로 화남중학설립 당시에 면민의 열정 어린 희생으로 이루어진 학교가 왜 공립중학교로 인가되었는지 당시의 상황을 말씀해 주시지요.

박: 당시에 학교 교직원들은 재단도 구성되었고 또한 고등학교설립의 계획도 완성되었기 때문에 고등학교와 더불어 중학교인가를 추진하려 했는데 관존민비의 뿌리깊은 사상과 지속적인 면민들의 추가부담을 기피하려 기성회와 면민들이 공립을 원하였고 인가 당국도 1면 공립을 은연중에 종용했기 때문이었지요.

이: 그로인하여 3년간 무보수로 봉직하셨던 선생님들은 개인적으로도 막대한 손실을 입게되었으며 발안중학교로 공립인가가 나오기까지는 향남면과는 아무 인연이 없으면서도 절대적으로 기여한 분으로는 김인태의원(화성갑구 국회의원)과 김법린장관(문교부장관, 동대총장)이 두분의 공로는 영원히 기려야겠지요.

사회: 이선생님께서 기억나시는지요. 학교인가가 나자마자 교가를 작사하신 것 말씀예요. 어느 절인지 모르겠는데 "아- 그 이름도 빛나는 발안중학교라고" 쓰시길래 이절은 북쪽노래와 같은 느낌이니 다른 표현이 좋겠다고 말씀드리자 선생님께서는 "단어 하나를 가지고 그렇게 생각하느냐"며 잠시후에 "그 이름도"를 "그 자태"로 고치신 부분말입니다. 작곡은 당시 음악성샌님이신 최찬균선생님의 작곡으로 며칠사이에 전교생이 처음으로 힘차게 교가를 불렀었지요.

이: 아- 그런 일이 있었든가.

사회: 40년전 선생님들께서 청년시기에 의로운 일을 하시고자 고통과 고뇌를 인내로 극복하시면서 활동하셨던 지난일들을 더듬어 격의없이 장시간 말씀해 주셔서 생동감있는 발자욱을 되짚어 보는 느낌입니다. 지금까지 들려주신 말씀들은 발안중학교에 영원한 역사적 기록으로 남게 되겠지요. 끝으로 개교당시 선생님들 중 타계하신 임순창선생님과 황규순선생님의 뒤늦은 명복을 빌어드리며 이 자리를 모두 마칩니다. 대단히 감사합니다.

2. 발안바이오과학고등학교

발안바이오과학고등학교의 경우 개교 50주년을 맞이하여 학교사 및 졸업 앨범을 체계적으로 정리하여 학교 홈페이지에 올려놓고 있다. 특히 졸업앨범의 경우 1회(1957)부터 55년사를 전자앨범으로 정리해 두고 있다. 다만 1960, 1962, 1973, 1982년 앨범이 누락되어 있다. 이 학교는 1954년 개교한 이후 발안 농고, 발안농생명산업고등학교, 발안바이오과학고등학교 등으로 변신하며 지역사회 발전에 기여하고 있다.

학교 연혁

[전신]

1950.5.15	화남중학원 설립(원장 신종식, 부원장 이종성)
1954.3.22	발안중학교 개교(9학급)
1954.07.07	발안농업고등학교 설립 인가(6학급)
1954.09.25	초대 김현순 교장 취임
1954.10.02	발안농업고등학교 개교
	(농업과 1학급 20명)
1961.03.09	발안실업고등학교로 개편
	(농업과 3, 상업과 3학급, 총 6학급 인가)
1964.01.10	발안농업고등학교로 개편
	(상업과를 농업협동조합과 3학급으로)
1976.02.28	발안중·고등학교 분리
1998.10.09	발안농생명산업고등학교로 교명 변경
	학칙개정(원예과 1학급을 식물자원과로 개편)
2002.02.15	제46회 졸업식(졸업생 94명, 누계 6,048명)
2002.03.01	경기도교육청 지정 시범학교(자율학교) 운영 개시(3년간)
	(과제: 농업교육의 특성화를 통한 우수 농업산업인력 육성 방안)

3. 화성중학교

화성중학교의 역사에 대하여는 잘 알려져 있지 않다. 다만 『발안신협20년
사』에서 그 일단을 살펴볼 수 있다.

〈화성 여자중학교〉

1949년 5월 18일 팔탄면 구장리에서 팔탄고등공민학교로 개교후 전쟁을 겪는등
근근히 명맥을 유지하다가 1952년 1·4후퇴로 발안지역에 피난을 왔던 이강훈(李
康勳)선생을 영입하자 학생수가 급격히 늘어나기 시작하여 80여명에 이르렀다고
한다.

그 후 신상의 이유로 이선생은 부산으로 가셨고 지역에 정규 중학교의 설립을 원하
는 윤인섭, 김유현, 이풍, 이윤호씨 등이 부산의 이선생을 수차 방문하여 다시 영입
하고 정규인가 작업을 서두르게 되었다.

학교의 인가작업은 당시 문교부장관 백낙준박사가 이교장과 사제간으로 많은 도움
을 받았다고 한다.

1953년 8월 19일 재단법인 대한학원 화성중학교로 인가를 받은 후 학부모들과
최희덕씨 등 지역인사들의 적극적인 도움으로 팔탄면 지월리에 교사를 신축하고
1954년 학교를 이전하였다.

1963년 이강훈 교장의 사임후 정철진씨가 이사장으로 취임(1964. 8. 11일)하고
부터 학교내외의 잡음이 일기 시작하여 관선 이사회에서 학교 운영을 하는 어려움을
겪기도 하였다(1973년)

官選理事會에서는 적당한 학교 경영자를 물색한 결과 현 최정호(崔正晧)이사장을
선임하여 1974년 6월 6일 정식으로 이사장에 취임하고 학교의 면모를 일신하기 위
해서 재단법인 백련학원이라 개명하고 여자중학교로 전환하였다.

1974년 崔命洶교장이 취임한 후 1979년에는 여자상업고등학교를 설립하며 교세를
발전시켜 새로운 운영진이 출범한 1974년 당시 6학급 284名에 불과했던 것이 지금
은 중학생 530名, 고등학생 900名에 이르는 지역 굴지의 학교로 발전하게 되었다.

화성중학교에는 역사관이 있어 학교의 역사를 살펴볼 수 있었다. 그러나
1974년 새로운 현 재단의 역사를 중심으로 이루어져 있어 초창기의 역사를 살

펴보는데 어려움이 있었다. 이에 역사관에 보관되어 있는 앨범 중 가장 오래된 1971년 졸업앨범, 1974년 졸업앨범을 통하여 초창기 역사를 살펴보고자 하였다. 아울러 1974년 이후의 상황을 이해하기 위하여 1975년 졸업앨범을 촬영하였다.

한편 1983년 화성여자중학교 앨범은 양감면 유정수댁에서 수집하여 촬영하였다. 화성여자중학교 시절을 이해하는데 도움을 주고 있다.

4. 화성 고등학교

1) 연혁

1978.11.27 화성여자상업고등학교로 설립인가
1979.3.5   개교(상업과 3학급)
1979.3.5   최명순 교장 취임
2002.10.9   화성고등학교로 명칭 개명

화성여자상업학교의 경우 1986년 5회 졸업 앨범은 수집할 수 있었다. 학교는 크게 발전하고 있으나 연륜은 짧은 편이다. 자료로서는 1986년 5회 졸업 앨범의 일부를 촬영하였다.

팔탄지역 초등학교

1. 팔탄초등학교

팔탄지역의 대표적인 학교로는 팔탄초등학교와 월문초등학교를 들 수 있다. 이들 가운데 중심적인 학교는 팔탄초등학교이다. 이 학교는 1920년대에 성립된 학교로 6년제 학교로서 주목된다. 월문초등학교는 팔탄학교의 분교로서 설립되었다가 1953년 초등학교로 발전하야 오늘에 이르고 있다.

팔탄학교 자료와 관련하여 우선 수집한 것은 팔탄학교 연혁지와 분교인 대방초등학교 학교연혁지등이다. 이들을 통하여 학교의 설립과 발전에 대하여 파악할 수 있을 것이다.

졸업앨범은 지역의 졸업생들을 통하여 1회(1927년), 16회(1942년), 17회(1943년), 27회(1950년) 등을 구할 수 있었다. 그 외에 1941년 앨범 전체, 1938년(복사본), 1961년 35회, 1962년 36회, 1963년 37회 등도 수집하였다. 그리고 1972년 46회, 1999년, 2001년 앨범은 표지만 촬영하였다.

행정실에서 졸업대장, 학적부, 생활기록부, 휴학자관계서류철, 구직원이력서철 일부, 현직원이력서철 일부 등을 살펴 볼 수 있었다. 학적부의 경우 보존연한이 50년이라 폐기되어 안타까웠다.

면담은 16회 졸업생인 박태준, 17회 졸업생으로 여학생인 안순영, 27회인 홍도선, 이관호 등을 면담했다. 홍도선은 팔탄학교 출신독립운동가 홍사묵의 조카로서 학교에 대한 면담과 현장 답사도 진행하였다.

1) 팔탄공립보통학교 개교

팔탄공립보통학교는 1921년 10월 21일 조선총독부로부터 설립인가를 받았
다.[1] 그 후 팔탄공립보통학교는 1922년 4월 4일 개교하였다. 화성지역에서는
1920년 11월 16일에 개교한 송산공립보통학교에 이어 두 번째로 일찍 설립된
학교이다.[2]

『동아일보』 1925년 4월 12일자에는, 다음과 같은 신문기사가 있다.

> 팔탄공보 확장
> 교사를 증축
> 여자부를 설치
>
> 수원군 팔탄은 원래 僻鄕窮村이라. 교육기관이 無하야 재래의 사숙도 불충분하여
> 일반학부형도 유감으로 思하던 바, 대정9년(1920년)에 尹元榮씨 외 일반 학부형
> 의 열성으로, 팔탄공립기성회를 조직하는 동시에 천신만고로 대정 10년도(1921
> 년)에 공립보통학교를 설립하고 이래 4학급으로만 교수하여 오던 바, 대정 13년
> (1924년)에 6학급으로 도당국에 허가 신청중 거일일에 허가됨을 딸라 교사를 증축
> 하는 동시에, 여자부까지 증설케 되었음으로 일반학부형은 교육기관이 완비됨을 기
> 뻐한다고(수원)

위의 기사에서 보는 바와 팔탄공립보통학교는 개교시에는 4학년제이었다.
1924년 6학년제로로 허가받은 후 1925년 교사를 증축하고, 여자부를 증설하
였다. 팔탄공립보통학교는 설립이후 1938년도에 이름이 팔탄공립심상소학교
로, 이어 1941년 팔탄국민학교, 해방후에는 팔탄국민학교, 팔탄초등학교로 변
모하였다.

팔탄공립보통학교는 1920년 윤원형외 일반학부형의 열성으로 팔탄공립기

---

1   조선총독부 관보, 동아일보 1921년 10월 27일자
2   화성시사 1권, 465쪽.

성회를 조직하여 학교가 설립하였다. 이 학교 설립에 기여한 윤원영은 국채보
상운동에 참여한 인물이다. 이는 황성신문 1907년 6월 21일자를 통하여 살펴
볼 수 있다.

皇城新聞

國債報償義務金集送人員及額數

坡州 泉峴面 文平里 全州李氏宗中 李建龍, 四, 南陽 八灘面中 尹元榮 等 二拾

아울러 조선총독부 직원록에 따르면, 윤원영은 1919년부터 1925년까지 팔
탄면장으로 일하였던 인물이다.

2) 학교 연혁

1920.	윤원영 외 일반 학부형 팔탄공립기성회 조직
1921.10.21	팔탄공립보통학교 조선총독부로부터 설립인가(조선총독부관보)
1922. 4. 4.	개교 4학년
1924.	6학년 경기도에 신청
1925.	6학급 허가, 교사 증축, 여자부 신설
1938. 4. 1	교육령 개정에 의하여 필탄공립심상소학교로 개칭
1941. 4. 1	초등학교령 시행에 의하여 필탄공립국민학교로 교명 개칭
1945. 9. 24	광복 후 「팔탄공립국민학교」로 개교.
1996. 3. 1	팔탄초등학교로 교명개칭

3) 팔탄학교 교직원들

(1) 교장

ㄱ 1927년도 교장: 酒井貞男(酒井貞男)

민족구분: 일본인

생년월일: 1890년 8월

나이: 45세(1935년 현재)

출신지: 長野縣 埴科郡 寺尾村字東寺尾143(원적)

현주소: 京畿道 高陽郡 崇仁面 鐘岩里

기념표창자: 613

현 직업: 崇仁公立普通學校長

경력 및 활동

1911년 長野縣 縣立長野中學校 졸업후 鄕里인 園里尋常小學校에서 代用교원
으로 근무했으나, 1912년 3월 조선총독부 중학교부속 임시교원양성소에 입소하기
위해 조선으로 와서, 1913년 3월 同所를 졸업하여 경기도 龍山公立尋常高等小
學校 訓導가 되었다. 이후 同 烏山公立尋常高等小學校 訓導, 同 台章공립보통
학교장, 동 八灘공립보통학교장을 역임했고 이어서 1934년 3월 崇仁공립보통학
교장에 임명되어 1935년에 이른다.

1913년 3월 31일 任 朝鮮公立小學校訓導 龍山公立尋常小學校 在勤

1913년 11월 10일 開城公立尋常高等小學校 在勤

1921년 5월 31일 任 烏山公立尋常高等小學校長

1925년 3월 28일 任 朝鮮公立普通學校訓導 補 臺章公立普通學校 訓導 兼
校長

1927년 8월 23일 補 八灘公立普通學校 訓導 兼 校長

1931년 9월 8일 敍勳八等授瑞寶章

1933년 6월 2일 敍從七位

1934년 3월 31일 任 崇仁公立普通學校長 高等官八等 待遇

1934년 7월 4일 敍勳七等授瑞寶章

從七位勳七等

[출처: 국사편찬위원회 한국사데이터베이스 http://db.history.go.kr]

ㄴ『조선일보』1936년 6월 12일 〈각계중진〉 건강제일주의 팔탄공보교장 宮
本伊之吉씨

宮本伊之吉씨는 명치 27년(1894년-필자주) 取鳥縣 氣高郡 출생으로 대정 6년
(1917년-필자주) 동현립사범학교를 졸업하고 일본 내지에서 오랫동안 교육계에 노

력하다가 소화 5년(1930년) 5월에 조선에 건너와 안성공보에서 근무, 동 7년 4월 一竹 공보교장으로 승진하였다가 동 9년 4월에 팔탄공보교장으로 전임한 분이라는 데 씨의 교육상 방침의 특성은 다음과 같다고 한다.

개성존중

자기의 마음에 하고 싶다고 생각되는 바가 있으면, 그를 숨길 것 없이 선악을 물론 하고 실현하여라. 그 실현되는 곳에는 순진한 아동이니 만큼 그 立志로 실현한데로 교양할 수도 있으며, 지도할 수도 있다. 여기에서 비로소 교육자의 힘이 필요케 되고 그 아동에 대한 개성의 특징을 알게 되며, 따라서 자기의 제일 희망하는 바로 교양시킬 수가 잇게 된다.

가령 예를 들어 말하면, 싸움을 잘하는 아동이라면 그 반면에 반드시 美點이 있다. 그 미점을 물어보지 않아도 알 것이니, 첫째 건실한 체질이다. 만일 건실한 체질이 아니라면 그 아동은 교육시킬 수도 없게 된다. 이 싸움의 결과는 반드시 선악이 있을 것도 모르고 0할지도 모른다. 이러고 보니 그 판단과 지도가 곧 우리교육자의 책임이다. 그러한 중 만일 악한 점이 있다 하더라도 나의 주의는 그 0齊 에 無 00한 恒例의 罰로써 지도하고 싶지는 않다. 그 악한 점은 악으로 취급하지 말고 그 건실을 도모하여 주고자 한다. 그러면 거기에는 또 부지중 0美點이 되고, 그 아동이 이를 몰0에도 자기조차 기뻐하게 된다. 이와 같이 악한 점이 있을 때에는 그 악한 것을 계속적으로 말하지 말고 그 당시에 전부 適算식히고, 선한 것이 있을 때에는 이는 언제든지 연결하여 그 아동의 마음에 구김이 없는 깁0을 주어야 된다. 나는 직원들과도 늘 말하기를 절대적 악이 없고, 절대적 선이 없다고 하며, 우리교육의 책임은 초등교육이니 만큼 아동의 심신이 되여 가지고 敢0에 서지 않으면 아니되겠다고 주장하며 나가는 바이다. 사진 궁본이지길씨

(2) 교사

ㄱ. 1923년 조선총독부및소속관서직원록(팔탄공립보통학교)

小原國雄 / (관직): 訓導, 洪元杓 / (관직): 訓導, 朴昌來 / (관직): 訓導
金鎭龍 / (관직): 訓導

ㄴ. 1924년

小原國雄 / (관직): 訓導, 朴昌來 / (관직): 訓導, 洪元杓 / (관직): 訓導
李郁穡 / (관직): 訓導 , 文順祿 / (관직): 訓導

ㄷ. 1925년

尹命求 / (관직): 訓導, 小原國雄 / (관직): 訓導, 文順祿 / (관직): 訓導
洪元杓 / (관직): 訓導, 李郃稙 / (관직): 訓導, 高柳純雄 / (관직): 訓導

ㄹ. 1938년: 팔탄심상소학교

李殷模 / (관직): 訓導, 尹庚喜 / (관직): 囑託敎員, 宮本伊之吉 / (관직): 訓導
梁壽德 / (관직): 訓導, 中江幸一 / (관직): 訓導, 李恩秀 / (관직): 囑託敎員
松本隆夫 / (관직): 訓導, 金東旭 / (관직): 訓導, 中江幸一 / (관직): 訓導

ㅁ. 1939년

宮本伊之吉 / (관직): 訓導, 李恩秀 / (관직): 訓導, 安喜燮 / (관직): 囑託敎員
朴善卿 / (관직): 囑託敎員, 李殷模 / (관직): 訓導, 梁壽德

ㅂ. 1940년

宮本伊之吉 / (관직): 訓導, 梁壽德 / (관직): 訓導, 楠原喜一 / (관직): 訓導
安喜燮 / (관직): 訓導, 李殷模 / (관직): 訓導

ㅅ. 1941년 팔탄국민학교

橫井久 / (관직): 訓導, 平原殷模 / (관직): 訓導, 井本完 / (관직): 訓導
成正子 / (관직): 訓導, 梁川恭德 / (관직): 訓導

ㅇ. 1952년도 화성군 팔탄초등학교

李殷模 / (관직): 校長 대한민국직원록 1952년도, 李德順 / (관직): 校監

4) 졸업생 및 앨범

(1) 팔탄공립보통학교

팔탄공립보통학교는 1927년에 제1회 졸업생을 배출하였다. 1회 졸업생의 경우 단체사진과 학적부 그리고 전체명단과 주소, 나이 등이 남아있어 당시 상황을 엿보는데 큰 도움을 주고 있다.

1927년 3월에 촬영한 1회 졸업사진을 보면 앞줄에 선생님들이 앉아 있다. 남자 5명, 여선생님 2명으로 이루어져 있다. 여자선생님의 경우 한 분은 일본, 한 분은 한국인으로 보인다. 학생수는 총 41명이다. 학생들은 모두 희거나 검은 두르마기를 입고 있다. 요사이로 말하면 동복, 춘추복이 아닌가 짐작된다. 뒤의 건물사진을 통하여 개교 당시 건립한 팔탄공립보통학교를 짐작해 볼 수 있다. 1927년도 교장은 酒井貞男이다.

팔탄공립보통학교 졸업생 명부를 보면, 1회 졸업생은 김영규, 안희태, 이용재, 이중석, 박어원, 권윤복, 홍사칠 등 총 41명으로 모두 남학생이다. 이들은 대부분 팔탄면에 거주하고 있다. 다만 권오규와 김춘기의 경우 봉담면 출신이고, 李晶九는 비봉면 출신이다. 민경표는 당진군 출신이라 주목된다. 졸업생 명부에서 주목되는 것은 학생들의 출생연도이다. 대부분 1909, 1910년생이다. 그러나 대중에는 이학범의 경우는 1904년생이고, 김영규는 1914년생이다. 나이 차이가 많이 나는 학생들이 함께 다닌 것을 자료로서 직접 확인 할 수 있다.

다음으로 김영규의 학적부를 통하여 1회 졸업생에 대하여 좀 더 접근해 보기로 하자. 그는 1914년 6월 21일 출생으로, 1922년 4월 1일 팔탄공립보통학교에 입학하였다. 주소는 팔탄면 구장리 550번지이고, 학교에 입학 전에 서당에서 2년간 공부한 것으로 되어 있다. 아버지는 金然昕이고, 대서업에 종사하는 것으로 되어 있다.

1회 졸업생 등은 1940년대 전쟁시기에 30, 40대였으므로 징병 징용되기도 하였다. 홍사칠은 1944년 2월경 일제에 의해 중국 남경, 한구 등 중부지역에 군무원으로 강제동원되었다가 근무 중 말라리아 등에 걸려 1946년 5월 경에 귀환 후 한 달여 만에 사망하기도 하였다.

1938년 팔탄학교를 졸업한 홍사칠의 둘째 동생인 홍사묵은 1940년대 초 독립운동을 한 공로로 2006년도에 건국훈장 애족장을 수여받았다.

2회 졸업생 명단에 따르면 1923년 4월 1일에 입학하여 김지학등 총 67명이 1928년 3월에 졸업하였다. 1회 졸업생보다 26명이 증가한 숫자이다. 그중 申㻾圭의 학적부를 보면 다음과 같다. 그는 1915년 8월 31일생으로 1923년 4월 1일에 입학하여 1929년 3월 13일 졸업하였다. 팔탄면 구장리 72번지에 주소를 두고 있으며, 조부는 신상(申相)이다.

3회(4회) 졸업생 명단에 따르면, 1924년 4월 1일에 입학하여 1930년 3월에 졸업하였다. 金周命의 학적부에 따르면, 그는 1918년 1월 28일 생으로, 팔탄면 구정리 214번지에 주소를 두고 있다. 1924년 4월 1일에 입학하여 1930년 3월 23일에 졸업하였다. 그는 농사를 짓는 김동한(金東翰)의 손자이다.

5회 졸업자 명부, 6회 졸업생명부에 따르면 졸업생은 각각 49명, 57명 등이다.

(2) 팔탄공립심상소학교

ㄱ. 팔탄공립심상소학교 제3회(1941년 3월 졸업)
1면 표지에는 소화 16년 3월 졸업기념 제3회, 경기도 수원군 팔탄공립심상소학교, 2면 교육칙어, 戊申詔書, 3면 아침행사, 4면 조회, 5면 직원과 후원회원이 있다. 후원회원이 함께 촬영한 것이 눈에 띤다. 교사는 9명이고, 후원회 2명 등으로 보여진다. 여교사가 2명이다. 6면, 졸업생 단체 사진이다. 그 중 여학생은 9명이다. 7면 단체사진의 졸업생 및 선생님 명단이다. 교장 宮本伊之吉은 일본인으로 경찰복 같은 것을 입고 있다. 8면은 실내 수업, 9면은 여학생들 9명의 재봉 수업, 여교사가 두명이 가르치고 있다. 10면은 야채밭 실습, 11면은 수학여행(남산에 있던 조선신궁), 12면, 운동회, 13면 운동회 등이다.

ㄴ. 팔탄공립심상소학교 여학생들 사진(1943년)
여학생 20명, 교사 4명 등이다. 1941년보다 여학생의 수가 많아진 것으로 보인다. 이들 중 제일 좌편의 여선생의 경우 일본인이라고 한다. 안필영(1926년생)이 17세 시 촬영한 사진이라고 한다.

ㄷ. 기타
상장 1940년 3월 28일 제5학년 정보배
상징 1941년 3월 19일 6학년 昌村道代

(3) 해방과 팔탄초등학교

ㄱ. 졸업앨범 24회(1950년)

1950년 5월 9일 팔탄공립초등학교 제24회 졸업식이 거행되었다. 6.25전쟁이
발발하기 1달여 전의 일이다. 앨범은 총 16장(표지 2장 포함)으로 되어 있다. 제
작은 수원 화남 사진관에서 제작하였다. 구성은 다음과 같다.

1면은 졸업기념, 4283으로 되어 있다. 2면에는 단기4283년 5월 제24회, 졸업기
념, 팔탄공립국민학교, 수원화남사장 근제라고 되어 있다. 3면에는 교기, 김영학교
장, 학교전경 , 4면에는 아침모임부터 씩씩하게, 신선한 공기를 마음껏, 5면에는
선생님들의 이름이 적혀 있다. 앞줄1열 좌측부터 안승준, 김갑, 박상학, 김영학,
이대훈, 이필훈, 방우용, 2열 좌측부터 방학선(여) 최영자(여). 최각규, 조병흡, 박
재현, 최무, 3열 좌측부터 고희원(여), 남기정(여), 이인영(여), 이장근, 최종철, 임
원빈, 안동균, 이만교 등 모두 21명이다. 6면은 잊지못할 선생님들, 7면은 졸업생
전체 명단과 김영학 교장, 이대훈, 박상학 선생님의 명단이 있다. 8면은 언제나 잊
지 못할 동무들 9면, 10면은 우리들은 이렇게 배웠다. 11면은 작업시간과 즐거운
운동회, 12면은 박상학 선생님과 학생들, 13면은 학생들, 14면은 이대훈 선생님
과 학생들, 15면은 즐거운 봉임사에서의 하루, 16면 표지 등이다.

위의 내용으로 보면, 1950년 당시 팔탄공립보통학교의 경우 교장 김영학, 교
사 20명(남 15명, 여5명)으로 되어 있는 것 같다. 6학년은 2학급으로 박상학, 이
대훈 선생님이 담임을 맡은 것으로 보인다.

24회 학생 중 이관호선생을 통하여 앨범을 구할 수 있었으며, 이 자리를 통
하여 감사를 드린다, 아울러 24회 졸업생인 홍도선은 그의 부친 홍칠우가 1회
졸업생이어서 각별한 인연을 갖고 있다.

ㄴ. 35회 졸업 앨범(1961년)

1961년은 4.19혁명이 있던 다음해이기도 하고, 5.16군사쿠테타가 있던 역사적인 해이다. 그런 시기에 화성군 팔탄면에서 학생들의 모습은 많은 것을 떠오르게 한다.

졸업앨범 1면에는 회상, 4294라고 적혀 있다. 2면은 졸업기념, 제35회, 4294년 3월 팔탄초등학교, 3면은 교기, 이은모 교장, 학교의 앞 옆 전경, 4면 이치운 교감, 전람회 작품, 학교의 앞 옆 전경, 5면에는 선생님들의 사진이 실려 있다. 박철호, 배진선, 김남원, 박상학, 안승준, 이필우, 이호영, 안필영, 오승환, 김매열, 이희숙, 김혜성, 김보애(여), 방숙자(여) 등이다. 6면은 6학년 1반 학생명단이 실려 있다. 7면에는 6학년 1반 학생들의 단체사진이 실려 있다. 남학생들로 교복을 입고 있다. 8면에는 6학년 2반 학생 명단이, 9면에는 6학년 2반 여학생들의 단체사진인데 자유복을 입고 있다. 10면 이후에는 수업, 체육회, 단체 사진들이 실려 있다.

ㄷ. 학생들의 활동에 대한 신문 자료

① 『매일신보』 1930년 11월 8일
제목: 팔탄 송산양교 농산품평회 개최
【水原】 수원군내 팔탄及송산의 두공립 보통학교는 실과교육지도교로서 실시이래 언제든지 우수한 성적을 擧하야 오다가 본월 6일은 팔탄보교에서, 동 9일은 송산보교에서 自校의 실습생도의 생산된 농산물의 품평회를 개최하고, 사업의 발달장려 及 勤勞美風을 함양시킬터이고 그레고 실과교육지도는 鄕黨일반의 호평으로써 환영함으로, 당일 품평회는 더욱 의의 있는 주최로서 일반은 상당히 기대한다.

② 『매일신보』 1934년 5월 29일
제목: 팔탄보교지도생 楊普實習地視學
【議政府】 수원군 팔탄공보 지도생 20명을 동교 교장 宮本氏가 인솔하고, 今 26일에 楊洲公普校 실습지와 양주군 柴屯面 佳陵里에 新設한 경기도 농사훈련소를 견학하였다.

③ 『매일신보』 1938년 11월 11일
발안소학생 13명 血染國旗를 헌납-童心赤誠에 일반 감격
수원군 향남면 평리에 사는 팔탄소학교 생도 李敬煥(15)외 2명과 발안소학교 생도 黃泰山(12) 외 2명, 향남소학교 생도 崔明玉(10)외 3명, 발안간이학교 생도 李圭

賢(12)외 1명 도합 13명은 각각 손가락을 비고 피를 내여 국기 13개를 만들어 황
군장병에게 보내는 편지를 첨부하여 지난 6일 발안주재소 서부대장에게 보내였다는
데, 이외에도 전기 13명은 논으로 도로단이면서 떠러진 벼이삭을 주어 팔어가지고
위문대까지 하여 보내였음으로 일반은 칭찬이 자자하다.

5) 면담록

(1) 면담자명: 박태준(朴泰濬, 1928.6.21)-16회(1942년 3월 졸업)

면담지: 화성시 팔탄면 구장2리 복지회관 1층

거주지: 수원군 팔탄면 구장리 735번지(출생지임)

면담일시: 2012년 6월 9일

면담자 특징

팔탄초등학교 16회 졸업(9살 입학 15세 졸업, 심상소학교 3회 졸업)

팔탄 청년훈련소 훈련 받음

해방후 면에 임시직으로 들어감

정부수립후 정식 면서기로 됨

6.25 발발 후 제주도에서 입대

인제에서 전투 중 중공군 포로(금강산 내금강 황해도 사리원, 평안도 개천 등지에서
포로수용소 수감)

1953년 7월 종전후 8월에 포로교환으로 귀대

육군 군복무 마치고 팔탄면으로 복귀

1973년부터 3년간 필탄면장

현재 16회 졸업생 모임을 매달하고 있음(이해원씨는 당시 반장 했음, 대경상고 교
감으로 퇴직, 수원거주), 수원역 금정역 등에서 매달 만남)

부친인 朴商鎬(1928.10.24 사망) 1회 졸업생임

일가 친척인 박어원도 1회 졸업임.

면담 내용

1. 1회 졸업생인 부친 박상호

박태준이 태어난 지 5개월 만에 사망

토지 37마지기 소유 부자였음

1-2회는 한 학교실에서 수업 같이 들음. 줄만 달랐음
1회 졸업 〈사진〉 중 3열 좌측 5번째가 박상호임
동창인 박어원은 일가 아저씨임
아버지가 재학시 서울 동물원에 가서 그림을 그린 것을 병풍으로 오래 갖고 있었음.

2. 박태준의 학교생활

1) 입학

입학시험 보았음, 너 이름을 한자로 써 보아라. 이것은 무슨 새냐?
6살 많은 사람도 있었는데 이해원임. 반장했음.
71명이 입학하였고, 그 중 여학생이 21명임
현재 생존자 8명임. 매달 모임하고 있음.

2) 담임

1학년 조선여자 윤경희인데, 면장한 해평 윤씨 윤원영의 딸임, 윤원영은 학교만드는데도 기여하였고, 팔탄면장 하다가 왜정말기 나중에 향남면장을 함.
4, 5, 6학년은 이은모 선생님이 담당--돼지 닭키우는 데 선수. 평택분, 당시 팔탄면 지월리에 살았음.
*윤원영과 교사인 윤명구가 학교 만드는데 기여함, 4촌인지 6촌인지 모름.

3) 졸업

1941년 3월 신상소학교 3회 졸업

4) 월사금

47전. 전해진 봉투가 있어서 어머니(이업순, 전주이씨, 전주이씨 경영군파, 남양 신남리)가 봉투에 넣어주면, 담임이 도장을 찍어 줌.

5) 소풍

1학년: 바다(노하리), 2학년: 기천리 건달산, 3학년 봉림사
4학년 용주사, 5학년: 수원 화홍문, 6학년: 남산 조선신궁
당시 6학년은 중학교에 진학해야 하므로 공부 때문에 안감. 5.6학년이 합쳐서 서울 남산 등에 감.

6) 교복

4학년시 1938년 심상소학교로 바뀌면서 교복을 입으라고 했음, 여름에는 파리똥 양복, 겨울에는 검은 양복. 여학생은 흰저고리에 까만치마.

7) 머리

남자는 빡빡, 여자는 머리 따는 것, 부자는 머리 단발했음.

8) 실업

4학년: 닭 토끼 키움

5학년: 돼지 먹임

가을이면 뽕따다가 누에 키움

(2) 면담자명: 안순영(安順榮, 1926년생, 여)-17회(1943년 3월 졸업)

면담지: 회성시 봉담읍 와우리 신일아파트 105동 402호

거주지: 위와 같음

면담일시: 2012년 6월 26일

면담자 특징

팔탄초등학교 17회 졸업(12살 입학 19세 졸업)

여학생의 경우임

현재 1987년 17회 졸업생들 단체사진 있음.

학교 정문앞 촬영(다리)

입학 50주년 기념

안필영이 부자였는데 팔탄학교 졸업하였고, 8촌오빠였음.

면담 내용

팔탄면 가재리에서 넉넉하게 살고 있던 安承烈과 김아맹의 2남 2녀 중 첫째로 태어남. 여동생이 있으며 남동생은 1935, 1949년 출생임

12살에 팔탄학교에 입학하였으며, 19세에 졸업하였음. 가재리에서는 여자 가운데에는 유일하게 보통학교에 입학하였음. 입학시험으로 그림으로 그린 집에 젓가락을 그림모양대로 가져다 놓는 시험을 보았음, 당시 30명 정도 입학하였으며, 여학생은 10여명 정도. 기억나는 친구로는 김정배, 황선우 등 여학생이 있음

학교까지는 집에서 5리 정도 되었음

재학 중 여름, 겨울에 모두 하얀적삼, 검은 치마를 입었음

머리는 따았으며, 5학년때 잘랐는데 부친이 학교 가서 항의하며 자른 머리를 받아왔다고 기억하고 있음.

4학년까지는 우수한 성적을 받았으나 5.6학년은 보통이었음, 지리 역사를 잘 못하였음

음악시간에는 일본 노래를 주로 불렀으며, 우라시마다라는 일본사람을 그림을 그려 가기도 하였음.

당시 교장은 미야모도였고, 선생님들이 자주 바뀌어 기억나는 선생님은 없음

운동회시에는 청군 백군이 나뉘어져서 청군 이겨라, 백군이겨라를 외쳤음.

화장실에 간 기억은 별로 없으나, 학교 건물안에 있었다고 생각됨

소풍은 노화리 등지로 간 기억이 남.

19세에 졸업하자 정신대에 잡혀갈까봐 결혼을 하였음. 당시 정신대문제 때문에 남 자라면 병신한테라도 시집을 가는 분위기였음.

(3) 면담자명: 홍도선(洪道善, 1935년생)-24회(1950년 5월 9일) 졸업

면담지: 화성시 팔탄면 하저리 868-4

면담 일시: 2012년 6월 6일

면담자 특징

팔탄 초등학교 24회 졸업(1950년 5월 9일)

부친 洪思七은 팔탄공립보통학교 1회 졸업

형제들 모두 팔탄초등학교 졸업(홍영선, 홍숙향(여), 홍도선, 홍갑선)

면담자의 작은 아버지 洪思黙이 독립운동가임

면담 내용

1. 학교 입학과 생활

1944년 3월 1일 입학(당시 나이 9-10세)

입학연령이 많았던 것은 당시 누나인 홍숙향이 팔탄초등학교에 먼저 입학하였기 때 문에 경제적으로 어려워서임

부친 홍사칠이 장사를 하였으므로 자녀들을 학교에 모두 보냄

학교까지는 개울 건너 걸어다님(1시간 정도 소요됨)

*팔탄학교는 당시 6년제였음. 팔탄의 경우 지역적으로 학교가 있을 만한 위치가 아 닌데 이곳에 학교가 있었던 것은 제암리사건으로 민심이 어수선 하여 이를 만회하기 위한 일제의 회유정책이 아닌가 생각됨

팔탄학교는 공동묘지를 닦아서 만들었다고 들었음

팔탄학교 학교 건물 옆에 신사가 있었고 올라가는 계단이 있었음

1948년 8월에 해방이 된후 혼란스러워 학교를 다니지 못하고 그 다음해 3월부터

학교를 다님

졸업식의 경우 12월에도 하다가 1950년의 경우 빨라져서 5월 9일에 할 수 있었음. 초등학교의 경우 본인은 4년 반 정도 다닌 것이 됨.

*하저리의 경우 남양가는 길에 중석광산이 있어 1936년부터 전기가 들어온 지역임.

2. 교사

1) 이대훈

6학년 당시 2반이었고 담임선생님은 이대훈이었음.

연희전문학교를 졸업하였음. 이북출신. 해방 후 교가를 지은 분임

실력이 좋았음

2반은 남녀 합반이었음

2) 박상학

1반은 박상학 선생님이었음. 박상학의 부친 박진원이 해방후 팔탄 면장이 됨

3) 6.25전쟁과 교사들

선생님들이 불행하게 되었음. 인민군이 들어왔을 때 활동하다 국군이 왔을 때 부역죄로 됨

박한선은 미군의 위안부 생활

고의선: 수원에서 다방

3. 소풍

노하리 방농장, 용주사 등지로 갔음. 방농장의 경우 바다도 볼 수 있어서 좋았음

구장교 다리(발안천)

4. 학교 건물

교문: 현재는 교문이 학생들의 안전을 위해 측면에 있으나 예전에는 정면에 있었음

신사자리: 정면에서 좌측임. 현재는 공장이 있음

교사: 현재 있는 건물에는 123학년 교사가 있었음

그 옆에 교사를 위한 기숙사, 화장실

그 다음에 고학년(4, 5, 6학년)을 위한 건물이 있었으나, 현재는 없음.

교장 숙사: 정면 하단 건물 좌측에 교장 숙사가 있었음

(4) 면담자명: 이호관(1937년. 2.28생)-24회(1950년 5월 9일 졸업)

면담지: 화성시 향남읍 평리 영화다방

주소지: 화성시 팔탄면 가재리 276-2

면담 일시: 2012년 6월 6일

면담자 특징: 팔탄 초등학교 24회 졸업(1950년 5월 9일)

면담내용

7살에 입학, 입학시험을 통하여 학교에 입학. 그림 같은 것을 시험 보았음

가제 3리에서 학교까지 걸어서 다녔는데 20-25분 정도 걸림

당시 B29가 오면 방공호에 숨었음

20회까지는 1반, 21회부터는 2반. 1946년도에는 여러 반을 두었음

입학 당시 1937년생은 2-3사람. 33년생부터 있고, 34.35년생이 제일 많. 나이 차이가 7살까지 남. *팔탄학교 졸업 후 성동공업고등학교 다님

한반에 남매, 형제도 있었음, 소풍은 서봉산, 건달산, 봉림사 등으로 갔음

1.교사

1) 박상학

금융조합 다니다가 해방후 교사를 하였음

댄스를 잘함. 당수도 잘함

2) 고희원: 6.25시 여성동맹을 해서 곤욕을 당함. 수원에서 늦게까지 다방을 했음

3) 이장근: 집안분임. 전주이씨. 경기도청 산림과에 다님

4) 최각규: 정남면 신리분임. 그곳에서 학교까지 서봉산을 넘어 걸어다님. 하숙도 함

5) 안동균: 안세균의 형? 동생? 6.25시 월북

6) 남기정: 팔탄면 무송리(하저리 근처) 교사에게 시집 감

7) 박한선: 구장리 분임.

2. 월문초등학교

월문초등학교를 방문하여 학교연혁지와 졸업앨범 등을 조사하였다. 졸업앨범의 경우 오래된 것으로는 1960, 1961, 1964, 1965, 1967년 것을 찾아볼 수 있었다. 학교 2층 역사관에 전시되어 있다.

1) 연혁

연혁지의 앞부분에 학교설립과정에 대한 정유현(팔탄면 해창리)실기를 초록한 내용이 실려 있다.

> 월문분교 창립유래(海倉 鄭有賢 선생으로부터 傳記)
> 팔탄면은 지리상 龍體形으로 北頭南尾 구장리 팔탄국민에 통학거리가 8키로이상 9키로까지됨. 남부 매곡 해창 삼암 월문 화당 서근 덕우 고주 8개부락 아동은 동지 대한 북풍 설한에 통학 중 수족 동상처를 받으며, 하절염천에는 홍수로 하천을 월천치 못하는 등으로 인하여 연중 결석수는 6,70회에 달하였으며, 6.7세에 신입할 아동은 자연 가정에서 장년을 기다려 9.10세에 만학하게 되었으며 불취학하게 되는 아동들도 허다한 현상이었다.
> 혹 교육에 열성이 있는 가정의 자녀들은 학령 6.7세에 입학은 시키나 불가항력의 환경으로 인하여 근 100일씩이나 결석을 하게 되는 중, 심지어는 수족 동상증의 걸려 신음케 되니 어느 겨를에 완전한 취업이수가 되지 못함은 역역한 사실이었다.

이어서 정유현이 학교 설립을 위하여 당시 팔탄면장 박신원, 다음 면장인 이풍 그리고 화성군수인 민태정과 논의한 과정 등이 상세히 수록되어 있다.

아울러 교지기증자 명단이 실려 있는데, 장윤오(서울 서대문구 중림동), 차준담(수원군 남창동 52), 김현태(팔탄면 월문리) 등이 그들이며, 기증 토지는 총 4,461평으로 기록되고 있다.

학교연혁은 다음과 같다.

1947. 9.9	팔탄월문분교장 설치 결정 및 기공
1948. 9.9	준공낙성식 거행(교실 2, 직원실 1)
1949.9.6	팔탄초등학교 월문분교장 개교
1950.6.27	6.25전쟁으로 휴교
1950.11.10	수복으로 개교
1951.1.5	중공군 침략으로 휴교
1951.4.1	수복으로 개교
1952.4.1	5학급 편성
1953.4.12	월문국민학교 개교
1953.6.16	초대교장 진동혁 취임
1953·10.1	개교기념식 및 신축낙성식
1954. 3. 25	제1회 졸업식
1985.9.6	월문초등학교 병설 유치원 개원

2) 졸업앨범

사진으로 주목되는 것은 1953년 4월 23일 5학년학생들의 소풍사진이다. 남학생들은 빡빡머리이고, 여학생들은 단발머리로 일제시대 학생분위기를 그대로 연출하고 있다. 학부형들도 일부 함께 한 사진으로 흥미롭다.

졸업앨범의 경우 오래된 것으로는 1960, 1961, 1964, 1965, 1967년 것을 찾아볼 수 있었다. 사진의 특징은 페이지당 조그마한 사진을 많이 넣어 다양한 볼거리를 제공해 주고 있다.

1960년 제7회 졸업앨범의 구성을 보면 다음과 같다.

표지 추억 4293
2면: 채상원 교장, 교훈, 학교전경(짤림)
3면: 교사 사진 (남 5, 여 1명)
4면: 수업장면 5장, 난로가 있는 교실이 정겹다
5면: 운동회의 사진이 다양하게 11장이 있다.

6면: 소풍, 청소, 꽃 가꾸기 등 7장

7면: 하교 등교 청소 송충이잡기, 졸업 등 8장

8면: 소풍, 5.6학년 아리랑 등 8장

9면: 소풍(천덕산, 석포리 바닷가, 석포리 염전 등)6장

10면: 학교 생활 이모저모 7장

1960년 월문학교 앨범을 보면 타학교에 비하여 학생들의 활동사진을 많이 수록하고 있는 특징을 보이고 있다. 특히 월문학교 근처인 석포리 바닷가, 염전 등의 소풍과 학교 옆의 천덕산 소풍 등은 이채롭다. 7면의 송충이잡기 등은 옛 추억을 떠오르게 한다.

1961년 앨범을 통하여 1960년대 학교 전경을 비로소 살펴 볼 수 있다. 아울러 남학생들이 교복을 입고 있는 모습이 눈에 띤다. 전체 구성을 보면 다음과 같다.

표지: 발자취 4294

2면: 졸업기념 제8회 월문초등학교

3면: 교훈 교장 교기 교가, 교사전경(가위로 오려 없어짐)

4면: 교감 1명, 교사 5명(여교사 1명포함)

5면: 졸업생 명단

6면: 조회, 체조—학교 전경을 볼 수 있음

7면: 수업(음악, 국어 등)

8면: 소풍(방농장, 덕수궁 남산, 한강 인도교 등)

9면: 남산 덕수궁 창경원. 독재자 이승만박사가 떨어진 동상터에서

10면: 한강

11면 체육대회, 씨름. 태극기 게양식

12면 학교생활 이모저모

1961년 앨범을 통하여 월문학교의 전체적인 전경을 파악할 수 있다. 특히 이 앨범의 경우 학생들이 서울로 소풍간 사진을 다수 싣고 있어 흥미롭다. 남산,

창경원, 덕수궁, 한강 인도교 등 당시의 주요 명소를 구경한 것으로 보인다. 특히 주목되는 것은 독재자 이승만박사에 대한 것이 실려 있다는 점이다, 1960년 4.19이후의 시대의 변화를 감지해 볼 수 있다.또한 주목되는 것은 여학생들은 자유복을 입고 있는데 반하여 남학생들은 중학생들과 같은 교복을 입고 있다는 점이다.

양감의 근대교육

양감지역의 대표적인 초등학교로는 양감초등학교와 사창초등학교를 들 수 있다. 양감초등학교는 1930년대 만들어졌으나 사창초등학교는 해방 후에 개교하였다. 그러나 양감지역의 사람들은 일찍부터 학교 교육에 깊은 관심을 기울였다. 그 결과 사창리, 용소리, 정문리, 송산리 등에는 일찍부터 서당과 강습소 등이 발전하였다.

1. 양감공립보통학교가 만들어지기 전 양감의 교육

양감공립보통학교가 만들어지기 전 양감의 교육상황은 〈김시중 면담기〉(『수원근현대사 증언자료집』(1))에 잘 나타나 있다. 이를 인용하면 다음과 같다.

김시중(金時中)

- 1912년 12월 13일(음) 출생
- 경기도 수원군 양감면 사창리
- 1927년 중앙고보 입학
- 남로당 수원군당 부위원장
- 화성군인민위원회 서기장
- 1952년 수감
- 1982년 출감

문: 태어나신 때는?

답: 1912년 12월 13일인데, 양력은 13년 1월 18일이죠. 사창리 요골에서 8남매 장남으로 태어났죠.

문: 아버님이 요골에서 서당을 하셨지요?

답: 아버지가 얼굴 용에 철학할 철이요. 김용철(金容哲). 아버지가 열여섯 살부터 한문선생을 하면서…. 그 한문선생을 할려고 한 게 아니라 선생을 두 번인가 데려 왔대요, 독선생을. 그런데 배울려고 얘길 해보면 선생이 머리에 아무 것도 없거든. 그러니까 보내놓고 더는 선생 구할 수 없으니까 혼자 독학을 하는데, "너 혼자 할려면 좀 가르쳐 줘가면서 같이 하게" 그렇게 시작한 게 열여섯 살 때예요.

문: 요골이 그 당시 중심역할을 했나요?

답: 동네도 크고 한 거는 사창(社倉)이고, 그런데 그 때 서당할 때부터 향남면 저쪽, 여기 이쪽 양감면을 말할 것도 없고 모두…….
내 들어서 3·1운동을 서당 중심으로 치는 걸, 내가 그 때 일곱 살 때인가 기억이 있구요. 어렸을 때니까. 일곱 살, 여덟살…….
수원지방, 그 때는 수원군이니까. 수원지방에서는 그래도 여기 보다도 조암·남양 그쪽이 셌죠. 남양, 여기 홍면옥(洪冕玉) 선생, 들어보셨죠? 홍면옥 선생. 10년을 옥고 치르고 나왔는데.

문: 야학이 양감지역, 특히 용소리를 비롯하나 이쪽이 활발했는데?

답: 당시 야학당으로 정문리에 신흥학당(新興學堂), 용소리에 있는 대화의숙(大化義塾), 그 다음에 사창리에 보신강습소(普信講習所)가 있었지요.

문: 보신강습소는 서당하고는 어떤 관계가 있습니까?

답: 없어요. 7촌 당숙, 재당숙 김용묵(金容默)씨가 세운 거예요. 우리 큰 집안이예요, 거기가.

문: 요골의 글방은 따로 있는데 보신강습소를 만든 이유는?

답: 큰댁의 아저씨 김용묵 그 양반이 생각하기에 '한문 공부시켜야 써먹지 못한다. 그래 학교 공부를 시켜야 한다.' 이런 생각을 해 가지고 그 보신강습소를 한 거예요. 그 때 큰 돈이예요. 3,000원. 김씨 문중에서 3천원을 털어서 교실 3개를, 보통학교 규격으로 30미터인가 그렇게 한 칸이 한 교실을 3개를 지은 거예요.

문: 원래 있었던 한옥을 이용한 것이 아니군요?

답: 아니예요. 새로 지은 거예요. 1년 걸려서 그 때 그거를 지었다구요. 22년에 착공해서 23년 봄에 완공된 거예요. 보통학교 건물같은 규격으로.

한 방에 50명씩 한 150명 정도 수용할 능력이 있는데, 23년 4월 1일, 그 때 개학이 4월 1일인데, 개학을 하고 보니까 주변 10리 밖 한 20리 데는 데서까지 이렇게 한 20먹은 이런 사람들, 상투틀고 후미입고 온 사람이 있고, 부자(父子)가 같이 온 사람들도 있을 정도로……. 그 뒤 1면 1교제(1面1校制)가 30년인가? 그 때에 일본 놈들이 군대 보내고 뭐 할라고 그렇게 하기 전이니까, 그 근처 소위 그 공립학교라는 게 별로 없었죠. 서신에 있고, 팔타면 거기 있었고, 그것 뿐이었어요. 수원에 신풍, 오산, 그리고 조금 늦게 반월에……. 그런 순으로 아마 됐을 거예요.

문: 선생님도 그럼 입학했습니까?

답: 했는데, 10살이죠. 1학년에 들어갔고. 머리 큰 사람. 나이 먹은 사람들은 2학년에 수용해 가지고 4년 동안에 보통학교 6년 꺼를 마쳐서 졸업시키기로 한 건대. 아 20씩 먹을 사람들은 한문은 다 도통한 사람이야. 거의가. 그러니 그 사람들한테는 그것도 너무 더디다. 그러니 이번만은 2년만에 졸업시키자. 2년만에 6학년까지 마친거예요. 그 때 아주 요골 읍내라는 소리가 나고, 아침이면 여기저기서 백 한 이십 명이 모여들고. 그 때 그 근처 학교라고는 없구. 나가려면 오산 나가야 했고.

문: 2년만에 졸업했습니까?

답: 아니요. 4년이예요. 27년에 첫 졸업을 했지요. 첫 졸업생은 열댓 명됐지요.

문: 당시 선생님은?

답: 아버지가 맡으셨지요. 서당에 보낼려면 여름에 겉보리 1가마. 보리는 찧으면 그렇게 줄지 않지요. 아마 7말이나 8말이 될 거요. 벼는 반이 준다고 봐야하는데, 나락으로 200근, 큰 돈이지요. 1년이라도. 그 때 1섬을 낸다, 보리 여름에 1가마를 낸다, 그 당시에는 큰 부담이지요. 겉보리로 1가마 10말. 벼로는 20말.

문: 다 가르쳤던 건가요?

답: 2학년 과목을 다 가르쳤는데, 이 양반이 학교도 다니지 않았는데 어떻게 일본말을 가르쳤느냐 하면. 스무 살 전에 독학을 하면서 4촌동생, 6촌 동생들이 와서 가르치다가, 동네 다다른 사람들이 와서 자연스럽게 서당이 되버린거야, 그러니까 또 외척들, 아버지 고모들 천안 이씨넨데, 온양 온천 신창의 외숙, 아버지 처남, 안성읍의 조씨네, 나한테 고모부고 아버지한테는 매제지. 이 셋이 공부하러 온 거야. 아버지한테. 그 이들은 모두 보통학교 6학년을 나왔어요. 보통학교를 나오고 중학교를 못가고 건달로 어영부영하니까 그렇게 처 조카고 한문 실

력이 대단하고 한문선생하고 있으니까, 한문공부나 배우자. 그렇게 세 양반이 몰려 온 거여. 이러니 우리집에서는 이 양반들 밥 해먹여야지, 겨울옷은 몰라도 여름이면 저고리 적삼쯤 해줘야하네. 같은 일가끼리는 그렇게 안해도. 옛날부터 그래왔던 버릇이 있어요. 그렇게 해가면서 그 양반들 가르켰거든. 그 양반들한테 아버지가 그 동안 일본말을 배우고 보통학교에서 배우던 정도의 수학 같은 거를 습득했어요. 재주가 있고 하니까 보통학교 나왔다는 사람보다 훌륭하게 교편을 잡았던 거지요.

문: 4년 동안 다니는 동안 선생님들은?

답: 외지에서 온 선생님들이지요. 김씨들은 아니지만, 인연은 없어도…….

문: 보신강습소가 생기면서 서당은 자동으로 없어진 건가요?

답: 그렇지요.

문: 보신강습소가 없어지면서 다시 서당이 생겼나요?

답: 아니지요. 29년 공황 이후 완전히 없어졌거든요. 나도 크고 일본에 가고 했으니까…….

아버지가 약국을 그 동안에 했어요. 삽교. 예산 근처 삽다리에서 약국을 했거든요. 할아버지는 아산군 둔포에서 했고. 내가 서울로 가고 그러니. 현금으로 쓰는 가용은 전부 할아버지가 보내주셨거든요, 둔포서.

앞으로 내가 서울 가게 되면 돈이 더 드니 내가 보탤 수 없다. 그러니 너도 한약 건재상을 해라. 그래서 아버지가 건재상을 하게 된 거지요. 재료를 팔기도 하고 약을 썰어 가지고 조제하는. 아버지가 점치는 공부도 했지. 약에 대한 의술에 대한 공부도 했지.

문: 그 당시 보신강습소 말고 용소리 대화의숙, 정문리에 있는 신흥학당의 규모나 간판은?

답: 규모는 조그맣지. 보신강습소 반 정도. 교실이 하나 좀 크게. 시골의 강당, 사랑당보다 커요. 화의숙도 신흥학당도 학교건물 식으로 판자로 지었는데, 넓은 방 하나에서 흑판을 이쪽도 달고 저쪽도 달고, 한 군데서 다 가르쳤죠.

문: 대화의숙 같은 경우는 여기에 수진농조 사무실이었죠?

답: 그렇죠. 대화의숙에는 수진농민조합(水振農民組合), 신흥학당 쪽에는 조선소년동맹 수원지회 양감분회(朝鮮少年同盟 水原支會 楊甘分會) 간판이 있었죠. 보신강습소에는 맨 처음에는 청년동맹(靑年同盟) 간판도 있었고, 신간회(新幹會) 간판도 맨 처음에는 있었죠. 27년인가 28년에 신간회 양감면 지회가

생기면서 붙였는데, 설립자 재당숙되는 김용묵씨가 대지주여, 군하고 접촉하기
쉽다고 보신강습소 소장을 양감면장이던 이광우(李光雨)씨 명의로 하고, 김용
묵씨가 학감. 그래서…….

문: 보신강습소가 언제까지 유지됩니까?

답: 30년 여름 내가 일본으로 갈 때까지 했으니까. 내가 일본 가면서 바로 없어졌
을 거여. 김용찬씨라고 동네 일가 분이 있었는데 나보다 한 살인가 두 살인가
아래인데, 그 사람이 맡기로 했는데…….

문: 최소한 33년말 이후에는 없어진 거네요?

답: 그렇게 봐야죠. 그래서 양감 신왕리에 있는 양감공립보통학교를 증축할 때 헐어
갔대요.

문: 황구지리에도 학교가 있었나요? 야학이?

답: 야학이 있었죠. 거기도 낮에도 하고 야학도 하고. 학교 이름은 내가 지금 모르
구요.

위의 증언에서 보는 바와 같이, 양감면 사창리에는 보신강습소, 용소리에는
대화의숙, 정문리에는 신흥학당 등이 만들어졌던 것이다. 아울러 이들 학교들
은 당시 양감면 청년들의 활동의 근거지가 되기도 하였던 것 같다. 보신강습소
는 청년동맹 및 신간회 사무실로, 대화의숙은 수진농민조합 사무실로, 정문
리 신흥학당은 조선소년동맹 수원지회 양감분회 사무실로 이용되기도 하였던
것이다. 그 중 1923년에 만들어지고 가장 규모가 큰 것은 사창리의 보신강습
소였다. 그러므로 중외일보 1930년 5월 12일자 수원무산아동교육기관 순방(2)
에서 언급하고 있다. 이 학교는 1930년대 초 폐교되고, 학교 교사는 양감학교
를 짓는데 이용되었다고 한다.

2. 보신강습소

보신(普新)강습소는 1923년 4월 1일 양감면 사창리에 설립되었다. 수원지역의 대표적인 사회주의자인 박승극이 1924년 2학년에 입학하여 다닌 학교로도 알려져 있는 것으로서, 1929년 1월 1일자『동아일보』〈찬연한 지방문화〉에도 다음과 같이 소개되고 있다.

> 양감보신강습소 설립일자 1923년 4월 1일, 설립자 金容黙, 설립시 생도수 45명, 현재 생도수 48명 교원수 2명, 소장 李光雨

보신강습소에 대하여는 김시중이 쓴 〈내가 만난 박승극형〉에서도 살펴볼 수 있다.

> 내가 박승극 형을 알게 된 것은 1923년 4월이었다. 내가 살고 있던 경기도 화성군 양감면 사창리에 당시 계몽운동의 바람을 타고 보신강습소가 개설되었다. 이 강습소에 나는 1학년에, 박형은 2학년에 입학하였다. 여기서는 보통학교 6년과정을 4년에 속성으로 이수시키는 것으로 되어 있었다. 자의 선친이 2학년을 담당하고 있었는데(중략) 1927년 봄 나도 중앙고등보통학교에 입학했고, 여름방학에 집에 와서 보신강습소 운동장에서 정구에 열중할 때, 오랜만에 마주한 박승극 형은 이미 성장한 청년사상가로서 그 실천에 발을 내딛고 있었으니, 조선청년연맹 양감지부와 신간회 양감지회 간판을 보신강습소 간판 옆에 걸어 놓고 2학기를 맞아 상경했던 것이다. 이 시골에 저런 간판이 붙는 것을 보니, "세상은 개화하고 또한 진보하는 구나"하는 막연한 생각을 했을 뿐, 그때 나는 더 이상의 관심은 갖지 못했던 것 같다.

1930년에 들어서면서 보신강습소는 경영난에 봉착한 것 같다.『동아일보』 1931년 4월 26일자에는 〈모교 유지를 위하여 교우들이 의무로, 장학계금 보조도 결의해, 수원보신교 경영난〉이라는 다음과 같은 기사가 보이고 있다.

【烏山】 수원군 양감면 사창리에 있는 보신강습소는 지금으로부터 9년전에 설립된 것으로서, 그동안 경영난에 빠져 있는 바, 이를 유감으로 생각한 동창생들은 지난 21일 동강습소에 모이어 보신강습교우회를 창립, 총회를 열고 임원을 선거한 후 모교유지방침에 들어가서 교우회원이 매년 의무금을 제출할 것과 곡초대금을 경비에 편입할 것과 양감장학계금을 보통학교 건축비로 기부할 것이 아니라 이러한 교육기관에 보조하는 것이 당연한 일이라 하여4백원을 청구하여 퇴락한 지붕과 교사를 개수하기로 한 후 교섭위원까지 선거하였다한다.
임원 회장 金時中, 부회장 朴勝極, 위원 韓彰洙 金容贊 張潤秀

김시중의 증언에 따르면, 그는 1930년 집안의 경제적 어려움으로 중앙고보를 중퇴하고 사창리에 와 있었다. 그때 그는 정문리에 있는 박승극과 자주 만난 것으로 알려지고 있다. 당시 부친 김용철은 충청도 삽교에서 약국을 운영하고 있었으나 1928, 1929년 외상으로 인한 적자로 사업이 실패하게 되었다. 이에 부친은 가출하여 강원도, 황해도, 인천 등지의 절에서 생활하여 지냈다고 한다. 이에 김용묵이 인천에 가서 억지로 데리고 와 1933년부터 다시 글방을 시작하게 되었다고 한다.

보신강습소 교우회의 경우, 회장은 김시중, 부회장은 정문2리의 박승극. 위원은 정문1리의 한창수가 맡았다. 한창수는 정문1리의 청주한씨로 보성전문을 졸업하고 나중에 양감면장을 역임하였다. 그의 부친 한기석 역시 양감면장을 역임하였으며 일본 유학을 한 것으로 알려지고 있다(한상업, 1957년생. 정문1리거주 증언) 장윤수는 보신강습소를 졸업한 인물로 용소리 출신이 아닌가 추정된다. 용소리의 경우 장씨의 집성촌이기 때문이다. 김용찬은 오산공립보통학교 출신이다. 즉 위원의 경우 정문 1리의 한창수, 사창리의 김용찬, 용소리의 장윤수를 각각 두었던 것으로 보인다.

1930년 보신강습소의 문을 닫기에 이르자 김시중, 김용찬 등이 적극 나서게 되었다. 김시중의 회고 〈내가 만나본 박승극형〉에 다음의 기록이 있어 참조된다.

내가 1930년 봄에 서울 하숙집에서 짐을 꾸려가지고 고향집에 와서 실의의 날을 보낼 때, 내 모교인 보신강습소도 문을 받게되었다. 학생들이 줄어들기 시작한 것이다. 점심 도시락이 문제가 아니다. 아침 저녁에 조죽도 제대로 못 먹으니 부모들이 냉수만 먹여서 보낼 수 없기 때문이다.

강습소 설립자요 학감직을 맡고 있는 칠촌아자씨를 찾아서 내가 무보수로 학교를 지키며 학생들을 가르치겠다고 말씀을 드렸더니, 승낙을 해서 한 동리에 사는 김용찬씨를 찾아 두사람이 해보자고 했다. 김용찬 선생은 지주 가정이고 나와 같은 나이 또래로 중등학교를 중퇴하고 고향에 와서 그는 이미 강습소 무보수 강사로 있었다. 이렇게 되니 보수를 받고 있던 선생은 떠나버리고, 내가 3.4학년을, 용찬씨가 1.2학년을 담당했다. 내가 상급학년을 담당하겠다고 나선 것은 학생들에게 왜놈말인 일본어나 산수보다 세상돌아가는 사정을 들려주면서 공부시키겠다고 마음 먹은 것이다. 보신강습소 등 대화의숙, 신흥학당 등은 1932년까지 그런대로 유지되었다. 정문리 신흥학당에서 교편을 잡고 있는 친구들이 가끔와서는 소년동맹에서 같이 일하자고 권했고, 그래서 그들과 뜻을 같이 한다는 마음의 표시로 정가 5전인 월간 《별나라》지를 선물해 주었다. 나는 이 소년 잡지를 당시 "조선"이라는 우리만의 내밀한 수업시간과 작문시간에 교재로 했고, 역사(일본사)시간에는 조선역사를 우리말로 가르쳤다. 당시, 조선역사에 대한 내 지식은 중앙고보 재학시 역사선생님이었던 권덕규 선생이 저작한 〈조선유기〉를 배운 것이 전부였다.

한편 김시중의 회고에 의하면, 1931년 2월 1일 보신강습소, 신흥학당 등 학생들을 중심으로 〈전조선 청소년 얼레공〉대회를 양감면 용소리 앞 들판에서 진행하였다. 『조선일보』, 『동아일보』에 수원지국발 기사로 연일 게재되었고, 대회는 성황을 이루었다. 함경북도 북청 소년동맹에서 대회 당일 축전이 답지해서 크게 고무되기도 하였다고 한다.

『동아일보』1931.02.05 기사(뉴스)
우리競技(경기) 復興(부흥)의 烽火(봉화) 體育界(체육계)의 첫試驗(시험)
杖球(장구)얼네공大會開催(대회개최)

技競(기경)리우
火烽(화봉)의 興復(흥복)
體育界(체육계)의 첫 試驗(시험)
杖球(장구)얼네공大會開催(대회개최)
생후 처음으로 대회에 출전하여 보는
농촌의 천진스런 소년소녀들의 깃븜
◇百六十餘名出戰(백육십여명출전)의 盛況(성황)
卅二(이십삼)틤接戰(접전)끄테
杜陵夜學(두릉야학)이 優勝(우승)
단체와 유지의 의연답지

【烏山】우리 땅의 고래 운동을 무흥하는 의미 기픈 장거인데다가 더욱이 일반 무산 아동들에게도 체육을 장려하자는 "슬로간"알에 수원소년동맹양감지부(水原少年同盟楊甘支部) 주최 "별나라"양감지사와 수원청년동맹양감지부,조선,동아랑일보 오산 분국후원으로 제一(일)회 전조선"얼네공"대회는 지난一(일)일 오전十(십)시에 수원군 양감면 룡소리(龍沼里)압 천변에서 성대히 막을 열엇다.
천변 운동장에는 얼음우에 푸른솔로 대회정문을 만들어 노앗고 그우에 주최측의 긔ㅅ발이 휘날리어 의의 기픈대회를 장식하얏다. 이대회에 출전한 선수는 천진스러운 농촌의 소년 소녀 三十二(삼십이)팀으로 一(일)백六十(육십)여명에 달하얏다. 이 세상에 태여난 뒤 처음으로 이러하게 장식한 장엄한 대회에 출전하는 깃븜에 어찌할 줄 모르고 날뛰는 어린 남녀들의 입장식이 끗난뒤 넓은 눈벌판에 천여 명 관중이 모인 가운데서 오산(烏山)군과 두릉(杜陵)군의 제一(일)회전으로 근대조선체육사(體育史)의 새로운 "페-지"를 획시긔적으로 꾸밀 경긔의 막은 열리엇다

별항과 가티 대회가 열리자 처음 출전하는 소년소녀들의 깃븜에 넘치는 동작으로 영예를 위하야 활약하는 광경은 장관을 이루엇스며 특히 "두릉"야학과 신흥학당(新興學堂)전은 가장 백열전을 연출하얏다. 소년소녀가 한데 어울러 접전에 접전을 거듭한결과 최후의 우승은 두릉야학(杜陵夜學)팀이 획득하얏다. 경기의경과는 략하거니와 이상과 가티 우리 조선체육사상에 긔념할 제一(일)회 전조선소년소녀 "얼네공"대회는 만세三(삼)창으로 성항러에 원만히 막을 거두엇는데 이대회를 위하야 금품으로 성원한 단체와 유지는 다음과 갓다.

京城(경성)별나라社(사), 振威振安協同組合(진위진안협동조합), 平和醫院(평화의원), 車公焄醫院(차공훈의원), 洪建杓(홍건표), 嚴翼鴻(엄익홍), 金聖培(김성배), 水原東亞日報支局(수원동아일보지국), 朝鮮日報烏山分局(조선일보오산분국), 李光雨(이광우), 韓彰洙(한창수), 朴海秉(박해병), 金容俊(김용준), 韓基錫(한기석), 水原靑年同盟楊甘支部(수원청년동맹양감지부)

『조선일보』에서도 다음과 같이 크게 보도하고 있다.

1931년 1월 20일 석간 26면
얼네공 大會
수원 양감에서

수원군 양감면 정문리(水原郡楊甘面旌問里)에 잇는 수원동맹 양감지부에서는 『우리 프로레타리아 소년들도 체육을 장려하자』는 이유로 얼네공 대회를 각 사회단체와 신문지국의 후원으로 다음과 같이 개최한다는 바, 이것이 첫 시험이고 또 누구나 할 수 있는 운동이니 만치 각지에서 만히 참가하여 주기를 바란다하며 그 자세한 규정은 다음과 같다고 한다.

時日 二月 一日 午前 十時
場所: 水原郡 楊甘面 龍沼里 前川邊(西井里驛 下車 西北間十里)
參加金: 一組 五十餞
參加資格: 十八歲 以上의 少年少女로서 一組의 單位는 五人式.
規定: 用球는 고무製 堅球, 木杖은 具經木 四尺 限.
申請: 當日 競技 前까지 各 支部 事務所
其他: 詳細는 直接 問議
主催: 水原 少年同盟 楊甘支部
後援: 水原 靑年同盟 楊甘支部, 東亞日報社 烏山分局, 朝鮮日報 烏山支局,
     별나라社 楊甘支社.

한편 여세를 몰아 양감면소년동맹지부는 1931년 5월의 행사를 준비했다. 박승극의 제안이었다고 한다. 1931년 5월 1일은 첫 번째 일요일이어서 어린이날이자 노동절이었다. 정문리 신흥학당에서 오전 9시 사창리 보신강습소, 용소리 대화의숙, 정문리 신흥학생 수를 합치면 150여명이므로 이들을 주축으로 진행하고자 하였다. 일찍이 1930년에도 일제는 이 행사를 탄압하였다. 『조선일보』 다음의 기사가 주목된다.

1930년 5월 12일 석간 3면
水原 警察의 高壓
集會를 一切 禁止
엇더한 회합이든지간에

수원경찰서 고등계(水原警察)에서는 근일에 검속(檢束)과 수색(搜索)으로 종사하더니 또한 각 사회단체의 집회(集會)까지도 일체로 금지한다는 바, 양감면내(楊甘面內)에 있는 각 사회단체에 대하여 우심한터로 소년동맹 양감지부(少年同盟楊甘支部)주최로 거행하려던 어린이날 기념식과 기행렬(旗行列) 등 금지를 비롯하여 금월 십일일에 열려든 동 지부 제일회 임시대회(第一回臨時大會)와 지난 오일에 열려든 청년동맹 양감지부(靑年同盟楊甘支部)집행위원회(執行委員會)까지 무조건으로 금지함으로 이에 분개한 일반의 비난성은 자못 높다고 한다

그러나 1931년의 행사도 일제의 탄압으로 수진농조 장주문, 이원섭, 대화의숙 구직회, 한중석, 김시중, 박승극 등이 체포되었던 것이다. 이와 관련하여 『동아일보』에서는 다음과 같이 보도하고 있다.

『동아일보』 1931.05.15 기사(뉴스)
水原署事件(수원서사건) 六人(육인)은 釋放(석방)
水原署事件(수원서사건)
六人(육인)은 釋放(석방)
【烏山】 수원경찰서 고등게(水原警察署高等係)에서는 지난 三十(삼십)일에 돌연 긴장하야 읍내에서 수원청년동맹 집행위원장 박승극(朴勝極)씨를 검거하더니 이달 三(삼)일에는 이른 아츰부터 아연 긴장한빗을 띄우고 고등, 보안 두주임 이하의 다수한 경관대가 자동차로 동군 양감면(楊甘面)에 달려가서 그곳에 잇는 소년동맹지부(少盟支部)주최로 어린이날을 거행하랴고 신흥학당(新興學堂)에 모인 수다한 소

년들을 해산시키고 소년동맹지부(少年同盟支部) 김시중(金時中), 한중석(韓重錫)과 청년동맹지부(靑年同盟支部) 장주문(張柱文), 구직회(具直會), 이원섭(李元燮)씨 등 五(오)인을 즉시 검거한후 수원본서로 압송하야 자못 엄중한 속에서 련일 취조를 하더니 근일에는 일단락을 지어서 九(구)일에 박승극씨와 아울러 六(육)인은 전부 석방되엇다 한다.

이번사건에 대하야 상세한말을 들어 보면, 양감에서 어린이날을 "무산 소년(無産少年)데이"로 전환하야 시위 행렬이나 또 다른운동을 할 계획을 하얏다하야 그가티 활동한 것이라 하며 전긔 박승극(朴勝極)씨는 五(오)월一(일)일 "메이데이"로 예비검속이 되엇다가 이사건이 이러나자 관련이 잇다고 취조를 바든것이라한다.

『동아일보』 1931년 5월 12일 석간 23면

楊甘 메데事件

全部 釋放

구일 수원서에서

수원경찰서(水原警察署) 고등계에서는 지난 삼십일 밤에 수원읍내(邑內)에서 박승극(朴勝極) 씨를 검거한 후 삼일 아침에는 돌연 긴장하여 고등계 주임 이하의 다수 경찰이 자동차를 모라서 군 하 수원소년동맹 양감지부(水原少盟支部)주최와 청년동맹 지부등 각 단체의 후원으로 『어린이날』를 성대히 거행하려고 양감면 정문리 신흥학당(新興學堂)에 모여 잇든 수백의 농민 학생 소년들을 해산시키는 동시에 청년동맹지부(靑盟支部)의 장주문(張柱文) 구직회(具直會) 리원섭(李元燮)과 소년동맹 지부(少盟支部)의 김시중 한중석등 오인을 검거하고 가택을 수색한 후 다수의 문서를 압수 하여다가 수원 경찰서에서 연일 엄중한 취조를 하던 중, 지난 구일 오후에 오인 전부가 석방 되엇다는데 이 사건에 대한 자세한 내용을 탐문하면 오월 삼일을 『무산소년 데-이』(無産少年日)로 규정하고 시위행렬(示威行列) 가튼 것을 할 계획이나 업나하여 그 같이 검거 취조 한 것이라 한다

▲ 朴勝極씨도 釋放

별항 보도한 박승극(朴勝極)씨는 『메~데~』의 삐라 검속으로 양감 무산 소년데-이(楊甘無産少年日事件)가 일어나자 거기에 관련이 업나하여 취조를 받은 것이라 하며 그 역시 구일밤에 석방 되엇다 한다

『동아일보』 1931년 5월 20일 석간 23면
수원 楊甘事件 詳報
避難者 尙今 不歸
사건의 내용을 포착치 못한 일

오월 삼일 이래로 본보 지상에 보도한 수원(水原)과 양감(楊甘) 등지의 검거사건(檢擧事件)에 대하여 이제 자세한 것을 조사한 바에 의하면, 수원군 양감면에 잇는 소년동맹지부(少盟支部)에서 어린이날을 거행하려다가 사정에 의하여 『소년데이』의 기념식(記念式)만 하기로 하여 오월 일일에 소년동맹과 청년동맹지부의 간부들이 모여 의논 한것과 이일밤에는 동면 룡소리(龍沼里)에서 수십명의 농민청년들이 모이여 『무산소년데이』와 계급의식(階級意識)을 고취한 것과 일전에 수진농민조합 서구지부 (水原農民組合西區支部) 설치 준비위원들 선거 한것이 수원경찰(水原警察)에서 탐시케 되어 삼일 아침에 고등계 주임 이하의 형사대가 와서 기보한 이인을 검속하여 주재소를 거치어 수원 본서(本署)에 인치하고 발안(發安) 주재소원까지 용케 특파하여 부근일대를 종일토록 경계 하엿스며, 삼일밤에는 그곳에서 고용살이(雇傭)하고 잇는 리유봉 홍승봉 신주석(李有俸 洪承鳳 申柱植) 등 삼인을 검거하여다가 읍내(邑內) 모려관에 육일간이나 구류 식혀 노코 엄중 취조를 하엿스며, 팔일 오후에는 전중 경찰서장(田中署長)까지 고등계 주임을 대동하고 와서 가택을 수색한 김근배, 라도성(金根培, 羅燾成) 이인을 압송하는 등 연일 이같이 젊은 농민들을 검거하고

또 『에피소-드』가 될 만한 일은 심지어 조선복(朝鮮服)입은 순사(巡査)가 나귀를 타고 와서 경계를 하여 불안이 날로 높아감으로 교육긔간(敎育機關)까지 일시 휴학(休學)상태에 빠졋고 젊은 사람들은 모조리 피난하여 버렷스며 남녀로소들이 전전긍긍하여 외출을 끈어서 실로 란시(亂時)사태를 이루엇든 바, 일이 중대치 안흔것이 겨우 판명 되어서 지난 구일에 십일인(十一人)전부가 석방된 것이라는데, 주로 『무산 소년 데이』와 용산경찰서(龍山署)사건에 관련이 업는 것과 청년소맹을 해체하고 농민조합 지부를 둔다는 것과 일본에서 발행하는 잡지 전긔(戰旗) 구독 등에 대하여 취조를 받은 것이라 하며, 세상 사람은 전원 엇지된 영문도 몰랏다 하며, 피난 간 청년들 중 아직까지도 돌아오지 않은 사람이 잇다고 한다

〈보신강습소 관련 면담록〉일시 2012년 7월 18일, 대담자 박환

1. 김철중(金喆中)과의 면담

• 1933년생, 보신강습소 설립자 金容黙의 조카, 김용묵의 동생인 金容俊의 아들

부친인 김용준은 보신강습소 설립자인 김용묵의 친동생으로 1900년(1901년?) 출생으로 보성중학을 졸업하고 미국에서 5년동안 가 있다가 고향 사창리에 있다가 1933년 만주로 간후 이후 소식이 끊긴 상태이다. 보성중학교 다닐 때에는 야구부로 활동하였다.

김철중에 따르면, 김용준은 형인 보신강습소 학감인 김용묵을 도와 보신강습소의 일을 도운 것으로 알고 있다고 한다.

김용묵의 부친은 金振洙로 한의사이며, 수원 구천동에서 활동하였다. 재산은 몇 백석에 이르렀다.

김용준은 광주이씨이며 수원 파장동에 살고 있던 이언년과 혼인하여 김철중을 낳았다.

2. 김선기(金善基)와의 면담

• 1927년생, 김용묵의 손자, 양감면 사창2리 678번지 안요골길 80-2

김용묵은 1895년생으로 93세에 사망하였다. 김용묵은 부친 김진수가 있는 수원에 종종 가있었으며, 수원에서 학생들을 가르친 경험이 있다.

김진수는 김시중의 부친인 김용철과 한약방을 같이 하였다. 조부인 김용묵은 재산이 있어도 고리대금업은 하지 않았다.

김선기는 신풍학교를 졸업하고 수원상업학교를 졸업하였다.

사창2리는 95%가 광산김씨 마을이며, 현재 할아버지가 사시던 사랑채가 남아 있다.

3. 김석중(金奭中)과의 면담

• 1926년생, 김용철의 4남 4녀 중 여섯째, 아들로는 막내

보신강습소에서 교사로 활동한 金容哲(호 경암)의 아들임.

부친 김용철의 호는 敬菴, 문집없고, 자서전 없음. 한문가르치심, 약방했음

김용묵 김용준 형제는 갑부였으므로 학교를 설립하였고, 김용묵은 학감, 소장은 양감면장인 이광우였다. 김용철은 학교를 그만두고 한학을 전수함, 김용철 이후에는 김용철의 장남인 金時中과 일가이며 중동중학을 다닌 金容贊이 가르킴, 김용찬의 아들은 현재 사창리에 살고 있음.

보신강습소 앞에는 벚꽃이 심어져 있었는데 김시중이 이를 베고 무궁화 두 그루를

심었다고 전해짐

1930년초 학교가 폐교된후 교실 건물은 양감학교 증축에 사용되었고, 일부 부속 건물은 사창리 김의연이 사감.

3) 양감청년회 주최 노동강습회

1928년 11월 다음의 『조선일보』 기사를 보면 양감면 양감청년회에서는 농한기를 맞이하여 무산노동자와 농민과 그 자제들을 대상으로 노동강습회를 개최하고자 하였다.

『조선일보』 1928년 11월 7일 석간 5면

水原 講習會도

警察이 閉鎖命令

덥허노코 상부의 명령

一般의 非難이 만타

수원군 양감면 양감청년회(水原郡楊甘面楊甘靑年會)에서는 만흔 장애가 속출함을 불구하고 십일월 일일부터 농한긔(農閑期)가 됨을 따라 무산로동자 농민과 그 자뎨들을 문맹에서 버서나게하기 위하야 로동강습회를 개최하고 만흔 긔대를 가지고 잇든 중, 당디 경찰관주재소에서 동청년회 간부와 강사를 소환하야 상부의 명령으로 강습회의 명칭이 불온할뿐 아니라 적화를 선뎐할 념려가 잇슴으로 금지 식힌다하매, 동 강습회 책임자들은 하는 수 업시 금지를 당하고 말엇다하며 넘우나 심한 경찰의 간섭은 배움에 주린 사람들에게 큰 유감을 주엇다더라.

이 양감청년회는 다음의 기사에서 보는 바와 같이, 박승극이 그 중심인물이었다.

『조선일보』 1928년 11월 18일 석간 5면

檢束者 釋放

수원군 양감면(水原郡楊甘面) 반도청년회(半島靑年會)의 간부요 또한 수원신간지회(水原新幹支會)의 간사인 박승극(朴勝極)씨는 지난 팔일 수원서에 예비검속이

되엇다가 작 십오일에 석방되엇다는데 내여 보낼때 수원서로부터 훈시하고를 나가
거든 청년회를 탈퇴하와 딸아 아모 간섭도 하지 말라고 하엿다더라(수원)

즉 박승극은 청년회를 통하여 노동강습회를 열고자 하였으나 일이 뜻대로
이루어지지 않자 정문리에 신흥학당을 만든 것이 아닌가 추정된다.

4) 신흥학당

김시중은 신흥학당에 대하여 〈내가 만난 박승극형〉에서 다음과 같이 기술
하고 있다

박승극형은 고향 정문리에다 사재를 들여 신흥학당을 설립하고 빈농층무산자의 지
녀교육을 시작했고, 나보다 1년후배인 요꼴 보신강습소를 졸업한 소년들을 내세워
신흥학당에 조선소년동맹 양감면 지부 간판을 걸게 했다. 소년동맹에 참여한 동무들
은 한긍수, 한중석, 장윤수 등이었는데 , 신흥학당에 가르치는 일도 이들이 담당했
다. 머슴살이하는 청소년이나 부모를 도와 낮에는 들일을 해야 하는 청소년들을 밤
에 가르쳤던 것이다.(중략)
1930년 4월 신흥학당에서 소년동맹 양감지부 총회가 있었다. 총회 진행을 박승극
형이 돕고 있었는데, 당시 위원장 한긍수씨가 일본에 가서 고학으로 공부한다고 위
원장직을 사표를 냈고, 박승극 형의 추천으로 내가 위원장 자리를 맡게 됨으로써 나
와 박승극형과의 공적인 교류가 시작된 것이다.

위의 회고에서 신흥학당은 박승극이 설립한 것으로 되어 있다. 그런데 현재
정문 1리 학당밭으로 알려진 그곳은 반남박씨 박만서의 토지로 알려지고 있
다. 현재 그는 사망하고 그의 아들 박찬웅, 박찬무의 소유로 되어 있다.(박씨 집
안의 외손 이중섭 증언, 한상업 증언). 한편 1931년 만주사변 이후 그곳에는 일제가
지어진 진흥회관(마을회관)이 들어섰다. 정문 1리, 2리의 중간지점이기 때문이
다. 구조는 마루와 목욕탕으로 이루어져 있었다.(한남수 증언, 1931년생) 교사는
김시중의 회고처럼 보신강습소를 졸업한 한긍수, 한중석, 장윤수 등이 담당

하였다.

한중석은 구학문을 한 인물로 대서소업을 했으며, 해방후 대한청년단 단장을 했다. 그런연유로 6.25시 사망하였다. 그의 아들 한응수는 서울 법대를 졸업하고 석탄공사에 근무하였다(한남수, 1931년생 증언, 2012.7.)

한편 위의 언급에서 보는 바와 같이 신흥학당은 조선소년동맹 양감지부의 역할도 하였던 것이다.

5) 대화의숙

『중외일보』1930년 4월 13일자를 보면, 양감면 용소리의 대화의숙에 대한 자세한 정보를 알 수 있다. 이를 보면 다음과 같다.

〈성황이룬 大化塾 낙성식—유지회 준비위원도 선정〉
수원군 양감면 용소리의 대화의숙은 마을 사람들의 지지하에 지난 9일 오후 1시부터 낙성식을 성대히 거행하였는바, 장주문씨의 개식사를 비롯하여 축사에 水靑오산지부집행위원 趙明載씨와 수청청년동맹위원장 박승극씨와 수청오산지부 집행위원 李德萬씨 등의 축사가 있었고, 양감면장 李光雨씨의 축사가 있은 후, 장래유지방침은 후원회를 조직하되, 좌기와 같이 00위원을 선정하여 15일에 마을 사람 전부를 소집하여 후원회를 조직하기로 하고, 역원과 당일 기부한 사람의 씨명은 좌와 같더라(오산)

준비위원: 李彰林 羅景淵, 宋寅基 孫俊石 崔準錫 李圭相,
역원 씨명: 의숙감 최준석, 학감 송인기, 간사 정주문 김ㅇ배 羅景淵
기부인 씨명: 이광우 최준식 5원씩, 崔永大, 李圭根? 洪建杓, 張容煥, 정훈, 鄭東?, 鄭東憲, 수원청년동맹 오산지부, 수원청년동맹, 申東植, 安在俊, 신간회 수원지회 鄭高煥 張眞秀 이상 각 1원씩, 나경원, 장용덕? 김ㅇ배 각 2원씩, 장주문 3원 손준석 80전 합계 30원 80전

즉, 위에서 보는 바와 같이 대화숙은 1930년 4월 9일 양감면 용소리에서 설

립되었던 것이다. 숙감은 최준석, 학감은 송인기가 담당하였다. 축사 및 후원에
서 보는 바와 같이 그 지역의 유지인 박승극, 장주문 등이 일정한 역할을 한 것
으로 보인다. 아울러 수원청년동맹, 수원청년동맹 오산지부, 신간회 수원지회
등과 일정한 연대를 갖고 있음을 알 수 있다. 용소1리에 살고 있는 최덕우(1932
년생 용소리 305-4번지)의 증언에 따르면, 용인사람 구직회가 주로 교사로서 활
동했다고 한다. 그는 수원지역 문학익으로 알려져 있다.[1]

---

1   박태일, 1930년대 한국계급주의 소년소설과 소년소설육인집」,『현대문학이론연구』, 183-220쪽.

2. 양감초등학교

1) 양감초등학교 개관과 역사

(1) 개관

소재지: 경기 화성시 양감면 신왕리 475-1

교훈: 건강한 몸과 고운 마음을 가진 슬기로운 사람

교목: 소나무

교화: 목련

교육목표는 예절 바른 어린이, 스스로 공부하는 어린이, 창조하는 어린이, 건강한 어린이, 근검절약하는 어린이를 육성하는 것이다.

1933년 1월 19일 양감공립보통학교로 설립인가를 받아, 1945년 9월 24일 개교하였다. 1981년 3월 병설 유치원을 개원하고, 1996년 3월 양감초등학교로 교명을 변경하였다. 2001년 10월 4일 발안중학교 양감분교에서 승격된 양감중학교와 통합하여 새롭게 개교식을 갖고 2002년 2월 15일 공동으로 졸업식을 거행하였다. 2002년 현재 6학급, 학생수 120여 명, 교직원 11명이다.

예절 및 질서의 생활화를 목표로 실천 위주의 인성교육을 강화하고, 1인 1 기능 갖기를 통하여 특기적성 교육을 강화하고 있으며, 월 2권 책 읽기를 권장하고 교내 독서왕을 선발하는 등 독서교육을 활발히 하고 있다.(출처: 양감초등학교 [楊甘初等學校, Yanggam Elementary School])

(2) 학교 연혁

1933·1.19 양감공립 보통학교 인가
1933.3.25 제1회 졸업
1945.9.24 광복 후 개교, 제1대 안성진 교장 취임

1946.4.1 양감초등학교 사창분교 개교
1949.9.1 사창초등학교 본교 승격
1981.3·10 양감초등학교 병설유치원 개원
2011.9.1 조진형 교장 취임
2012.2.14 양감초등학교 80회 졸업(3,609명)
2012.3.1 유치원 1학급, 초등학교 6학급 편성

(3) 양감공립보통학교의 설립과정

양감공립보통학교는 1933년 1월 19일 조선총독부로부터 양감공립보통학교 인가를 받고 설립되었다. 이 학교는 타면 지역에 비하여 늦게 이루어 졌지만 양감면에서 처음으로 만들어진 학교라는 측면에서 큰 의미가 있다고 보여진다. 양감공립보통학교가 만들어지기 전에 학생들은 이웃해 있는 청북공립보통학교, 향남공립보통학교, 평택 서정리에 있는 학교들 등에 다녔을 것으로 보인다.(한남수 증언 1931년생, 정문1리) 양감면 요당리에 사는 유정수의 경우도 청북공립보통학교를 다닌 경우라고 판단된다.

양감공립보통학교 설립에 있어서는 지역 유지들의 노력이 크게 작용하였다. 다음의 『조선일보』 기사는 이를 잘 보여주고 있다.

『조선일보』 1936년 6월 12일
각계중진인물 공보설립은인 양감면장 李光雨씨

씨는 명치15년(1882년) 4월에 충남 진천에서 출생한 분으로, 일직이 경성으로 올라와 주식회사 工商은행에서 오래동안 노력하다가 복잡한 世情의 부대김을 피하고자 양감면으로 下鄕한 것인데, 또다시 동면민의 추대로 대정 8년(1919년) 2월에 양감면장으로 취임한 이래 온후한 性德으로 써 面治에 노력한 결과 본시 빈곤하던 면민도 지금에 와서는 매우 유족한 상태에 있으며, 기타 숨은 실적을 열거하면 많으나 씨의 공적을 하나만 소개하고 싶다.
전술한 바와 같이 동면은 극빈한 면에, 面區 역시 협소하야 무슨 시설이든지 시급히 실현시킬 수 없음을 씨는 부임당시부터 깊이 맛보았다. 지금으로부터 15년전 즉 대정 10년(1921년) 가을부터 5개월동안 機積하야 매호당 매월 5전식 합계 금 25전을 팔백호에게 갹출한 것이 총계 금 200원이 되었섰다 한다. 이것으로써 교육기관 설립기금을 조성코자 하여 동면민에게 극저리로 일반 산업자금에 운영시키며 천신만고로 소화4년(1929년)까지 꾸준히 붙들고 내려온 결과 이것이 大0할 만한 거금 4천 3백여원에 달하여 씨는 복안을 실현할만한 자금이 되었음을 알고 그 즉시로 당국과 타협하여 동년 11월에 현 양감공보가 출현케 되었다. 이를 본 동면민은 물론이요, 인근 면군에서도 씨의 00에 大0하야 누구나 감복하였다.

만일 씨의 여차한 誠力이 없었던들 빈곤한 동면으로서는 일시 다대한 기부금을 갹출하기도 불능하고 따라서 그 교육기관도 하시에 실현될는지 막연하다고 일반은 말한다. 이 학교가 실현된 후 벌써 수백의 아동을 교양시키어 혹은 현사회로 혹은 상급학교로, 각각 진출하여 그 사명을 다하고 있다. 이와 같이 씨는 外貧內福의 사업을 계획하는 분임으로 앞으로 어떠한 복안이 실현될른지 모른다고 한다.

즉, 위의 신문기사에서 볼 수 있듯이, 양감면장 이광우의 노력으로 양감면에서는 늦게나마 학교를 만들 수 있었던 것이다. 이광우에 대하여는 국사편찬위원회 인물록에서 다음과 같이 기록하고 있다.

이광우李光雨
민족구분: 한국인
출신지: 京畿道 (원적)
현주소: 京畿道 水原郡 楊甘面 松山里
현직업: 楊甘面長
경력 및 활동: 1919년 2월 6일 水原郡 楊甘面長 被命
참고문헌: 조선총독부시정25주년기념표창자명감

즉, 양감공립보통학교 설립에 기여한 이광우는 1919년 2월 6일부터 수원군 양감면장으로 일한 인물로, 조선총독부 시정 25주년 기념표창을 받았다. 결국 이광우 등 양감면장과 면민들의 노력으로 조선총독부로부터 1931년 7월 21일 양감공립보통학교 설립인가를 받았던 것이다.

ㄱ. 설립인가

양감공립보통학교는 다음의 조선총독부관보에서 볼 수 있는 바와 같이 1931년 7월 21일 설립인가를 받았다.

> 京畿道 水原郡 楊甘面 新旺里에 楊甘公立普通學校의 設立이 認可되다.
> 朝鮮總督府官報 1931.7.21

그러나 『동아일보』 1931년 3월 13일자, 3월 17일자를 보면 학교 설립에 있어서 약간의 문제가 발생하였던 것으로 보인다.

> 『동아일보』 1931년 3월 13일자
> 〈公普建築寄附(공보건축기부)에 贊否兩派(찬부양파)가分立(분립)-경찰의 경계도 엄증하였든, 양감장학계 총회광경〉
>
> 【烏山】 수원군 양감면에 있는 양감장학계는 10여년전에 창립된 근검저축장려조합의 후신으로 재작년에는 기본금 속에서 구장의 박람회 관광비 지출로 말미암아 한동안 문제가 되었었고, 작년에는 게 소유건물을 강습소에 기부하였다는 것으로 일부에서 말썽이 있었던 바, 금년에는 공립보통학교 건축비로 기금 4천여원을 기부하겠느냐, 아니하겠느냐에 대하여 비공식 논의가 있어 왔던터로, 지난 9일에는 이것을 결정적으로 논의하기 위하여 게의 총회를 개최하였다.
>
> 평소에 그 같이 말썽이 있던 관계인지 의외에도 게원은 300명을 초과하였고, 경찰측에서도 고등계주임이하 정사복 경관의 삼엄한 경계가 있었으며, 또 군청에서 까지 군속이 와서 방청하고 있었다. 개회정각이 되자 벌써부터 보통학교 건축 찬성자와 반대자의 의논이 분립되어 장내는 수라장으로 화한 가운데에, 경찰의 제지를 받아가며 회의는 겨우 진행하였는데, 반대측들은 끝끝내 반대하기로 되어, 게에서 탈퇴할 터이니, 게금과 아울러 지출하라는 등 자못 긴장한 가운데 찬성의 승리로 돌아갔으나, 반대측에서는 어데까지라도 게금의 기부를 반대하기로 하였다고 한다. 이에 대하여 반대측과 찬성측들의 의견을 각각 들어보면 다음과 같다.
> 〈반대측 某씨 談〉 양감면에 있어서는 공립보통학교가 불필요합니다. 학교에 보낼 만한 사람은 지금 다 근처학교에 보내고 있을 뿐만 아니라, 작년에 홍수로 말미암

아 전답에 茨沙가 많이 나서 그것을 파내어야 농사를 시작하고 또 가난한 사람들은 품을 팔아서라도 구명도생을 하여야 할터이니 어느새에 부역을 합니까. 장학계금을 공립보통학교 건축에 기부하라는 법은 없으나까요
〈찬성측 모씨 談〉 우리들도 양감면에 있어서 학교가 없어서 공부를 못하는 것은 아님으로 보통학교가 불필요한 것을 잘압니다마는 면장의 체면이라든지, 모든 것을 보아서 건축하는 것이 좋다고 생각하는 것입니다.

위의 기사 내용을 통하여 볼 때, 양감에서는 당시 학교의 설치가 그리 중요하고 시급한 문제는 아니었던 것 같다. 다만 1면 1교 제도라는 일본의 지시에 충실하기 위하여 현실을 무시하고 면장의 위신을 고려하여 학교 설립에 나선 측면도 있는 것으로 보인다. 따라서 당시 농민들의 생존권을 중시하던 입장에서는 학교보다는 농민들이 입장을 좀 더 고려하였던 것으로 보인다. 이 문제는 총회 이후에도 계속 된 것으로 보인다.

『동아일보』 1931년 3월 17일자 〈水原楊甘奬學稧(수원양감장학설) 總會無效(총회무효)를 主張(주장)-通議文을 게장에게 발송〉이라는 기사에서 다음과 같이 보도하고 있다.

【烏山】 (중략) 그 후에 반대측은 진용을 더욱 국게 해 가지고 지난 11일 전번 총회를 불법으로 인정한다는 통의문을 대표자의 명의로 게장 이광우씨에게 발송하였는데 , 이것이 중대한 문제이니만치 게장의 성의있는 회답이 없을시에는 경성 모변호사를 대리인으로 하여 법적수속을 밟기로 되었다 한다.

아울러 『조선일보』에서도 다음과 같이 보도하고 있다.

1931년 3월 14일 석간2 6 면
波瀾 이르킨 水原 楊甘 奬學稧
公普校 建築費 問題로
總會서 兩派로 對立

수원군 양감면(水原郡楊甘面)에 잇는 양감 장학계(楊甘奬學稧)는 십여년전에 창립된 근검 저축 장려조합(勤儉貯蓄奬勵組合)의 후신으로서 재작년에는 기금(基金)속에서 구장(區長)의 박람회(博覽會)관람비 부당지출로 말미암아 문제가 있었고 작년에는 계 소유 건물(建物)을 강습소에 기부 하였다는 것으로 일부에서 말성이 잇섯든 바, 금년에는 공립보통학교(公普校)건축비로 기금 사천여원을 기부 하겟느냐 아니하겟느냐에 대하여 비공식적(非公式的)논의가 있어 오던 터로, 지난 구일에는 이것을 결정적으로 논의하기 위하여 계의 총회(總會)를 개최하였는데 평소에 그같이 말성이 잇든 관계인지 의외에도 계원 삼백명을 초과하였고 경찰 측에서도 고등계 주임 이하 정사복 경찰의 삼엄한 경계가 잇섯스며 또 군청(郡廳)에서까지 군속이 와서 무엇을 조정 하는듯 하였다. 개회 정각이 되자 벌서부터 보통학교 건축 찬성자와 반대자의 이론이 분립 되여 장내에는 수라장으로 화한 가운데에 경찰의 제지를 받어가며 회의는 겨우 진행 하엿는데 반대측들은 끝끝내 반대를 하기로 되여 계에서 탈퇴를 할 터이니 계금과 아울러서 지출하라는 등 자못 긴장된 가운데에 찬성파에 승리로 돌아 갓스나, 반대측에서는 이때까지라도 계금 기부를 반대하기로 하였다고 한다
이에 대하여 반대측과 찬성자들의 의견을 들어보면 다음과 같다

【반대측 모씨담】
보시는 바와 같이, 양감면(楊甘面)에 잇서서는 공립 보통학교가 불필요 합니다. 첫째는 금년같은 불경기(不景氣)에 여러 사람들이 먹고 살기에도 곤란 할 뿐아니라 다니던 학교도 점점 못 다니게 되는데 한달에 일원이상의 학비를 지출하고 학교에 보낼 사람이 며치나 되겠습니까. 아마 열사람이 못 되리라고 생각 합니다. 둘째는, 학교에 보낼만한 사람은 지금 다 근처학교에 보내고 있을뿐 아니라 양감면의 지세(地勢)로 보아 큰 산(山)이 가루막히어 잇기 때문에 산꼭대기에 지을 수는 업스니까 천상 산넘어 어느 곳에라도 지을 것인데 그렇게 되면 한편에서는 교통상 학교에 다니지 못하게 될 터이니 학생이 더욱 적을것이 필연한 이치입니다. 셋째는, 작년의 홍수로 말미암아 전답(田畓)에 복사가 많이 나서 그것을 파내야 농사를 시작하고 또 가난한 사람들은 풀을 뜯어서라도 구명도 생육하여야 할 터이니 어느 새에 부역을 합니까 또한 장학계금을 공립보통학교 건립에 기부하라는 법(法)은 업스니까요 이 모든 점을 보아서 장학계금 사천여원을 기부하는 공립 보통학교 건축을 절대로 반대 합니다

【찬성측 모씨담】

우리들도 양감면에 잇어서는 학교가 없어 공부를 못하는 것은 아님으로 보통학교가
불필요(不必要)한것을 잘 압니다마는, 면장의 체면 이라던지 또 여러가지를 보아서
건축 하는것을 찬성하는 것입니다

(4) 교장 및 교직원

ㄱ. 교장

〈1936년도 교장〉

1936년 3월 23일 '柳艶秀' 졸업장 4년제에 따르면, 교장은 武井勇이다. 그에
대하여 『조선일보』 1936년 6월 12일 〈각계중진인물〉 溫順淡雅한 양감공보교
장 武井勇씨라는 기사가 있다.

> 씨는 群馬縣 碓(대)永郡 출생으로 대정 3년(1914년) 3월에 동현립사범학교를 졸
> 업한 후 동군 각지소학교로 30년동안 교육계에 노력하다가 소화5년(1930년) 6월
> 에 조선에 와서 팔탄공보로, 동6년에 양감공보교장으로 榮進한 분이라는데, 씨는
> 여자와 같이 아동을 대하며 항상 담아한 태도로 시종이 여일하게 실질과 이론을 절
> 충하여 누구에게나 尊崇하는 마음으로 더욱이 아동에게 까지 각자의 결점을 아지
> 못하는 가운데에서 回省케 하는 특성을 가진 분이라고 한다,

〈1945년 3월 27일 교장〉

柳澤蘭秀(1931. 3. 16일생 6년졸업)의 졸업증명서에 따르면, 1945년 3월 27일 교
장은 安田匡男이다.

ㄴ. 교사

1. 1931년도 武井勇, 沈萬燮 / 2. 1932년도 무정용, 심만섭

3. 1933년 무정용, 심만섭, 金鳳鎬 / 4. 1934년 무정용, 심만섭.

5. 1935년 무정용, 김봉호 / 6. 1936년 무정용 / 7. 1937년 今野邦,

8. 양감심상소학교 1938년

　　今野邦一 / (관직): 訓導

　　宋圭文 / (관직): 訓導, 金鍾泰 / (관직): 訓導

9 1939년

　　上內兵馬 / (관직): 訓導, 李相應, 林灌吉 / (관직): 訓導

10. 1940년

　　梧村相應, 嚴基燮, 上ノ內兵馬 / (관직): 訓導

11. 1941년도 양감국민학교

　　上ノ內兵馬 / (관직): 訓導

　　嚴島健一 / (관직): 訓導, 李龍姬 / (관직): 訓導, 梧村明秀 / (관직): 訓導

12. 1952년도 국민학교

　　李炳昇 / (관직): 校監, 李忠來 / (관직): 校長

(5) 졸업생 면담록

유정수(1925. 양감 요당1리, 2005.8.16): 4회 졸업생(1936년)
양감면 요당1리 유정수 선생님 댁입니다. 유정수 선생님께 양감의 일제시대의 교육
문제라던가 이런부분에 관해서 말씀을 듣도록 하겠습니다.

문: 선생님은 25년 26년생이신데 여기서 공부는 어떻게 하셨어요?

답: 글쎄 이제 그때 중요한 역산데?

문: 네 그러니까

답: 나보다 몇 살위 선배들.. 그러니까 한 3~4살 위서부터 6살 위까지 이런 사람
　　들은 강습소에 가서.. 초등학교 안댕겼으니까 근데 우리 저 옛날엔 수원군이
　　죠? 거기서 신풍학교가 제일먼저 생겼지

문: 그렇죠 수원에 지금 수원시내에 신풍학교

답: 그리고 이제 저 매송.. 매송도 생기고?

문: 매송학교 되게 오래된 학교죠?

답: 그 일본놈.. 또 거기 일본 아이들이?

문: 일본아이들이 주로 매송 다녔습니까?

답: 예예

문: 그리구요? 그리구 저기 장안 그 저기 팔탄면에 팔탄학교도 오래됐죠?

답: 그러니까 이렇게 된거예요 각 지역중심 오산엔 성호

문: 그렇죠 오산엔 성호 오산에 있는게 성호면이죠?

답: 팔탄에는 구장리 그다음엔 이제 우정 장안을 합해서 장안 그런데 발안은 그게 아냐 그 발안은 왜 그게 아니냐? 그게 팔탄이 가깝죠? 팔탄이 가깝죠 그러니까 일본놈이 학교를 지어놨거든? 지금 지 자식들을 가르쳐야 될거아냐? 거기서 경찰관 장사꾼에 그러니까 발안에다가 일본학교지 일본 국민학교로 진거야

문: 그게 발안초등학교의 전신이죠?

답: 그렇지 그게 이제 정치적으로.. 그래가지고 향남 국민학교란건 이제 수원 백토리 거기다가

문: 백토리 인가요? 거기가?

답: 예

문: 백토리가 그게 향남초등학교가

답: 글로 진거지.. 그래서 그

문: 지금 보니까 학교가 쪼그만 하데요 학교가

답: 그렇지 이제 그 뭐 아주

문: 그리고 지금 양감에 양감 공립학교..

답: 이제 요게 일개군에서 군청소재지라든지 인구가 많은데 그때는 수원시내 아니면은 오산장이 컸잖아요? 그러니까 이제 신풍학교 수원엔 신풍학교요? 오산엔 성호학교거든 이제 큰 데일수록 그다음엔 남양은 남양반도의 중심지니까

문: 오산에 성호초등학교고 그 다음이 남양이군요 그러니 남양초등학교가 백년이 넘었죠

답: 그 다음에 이제 여기 발안지구는 팔탄하고 장안.. 그렇게 순서를 잡은거요 그러니깐 장터가 있던 곳에는 인구가 많은데 그러면 저 양감 어때요? 양감은 저 그냥 뭐 장터가 있어? 그냥 뭐 자연부락이나 있다뿐이지, 워낙 또 양감이 시방도 조그마하 잖아요 그때도 조그마하고 그러니까 그 순위가 맨 끄트머리지

문: 여기가 제일 늦게 생겼고요

답: 응 그러니까 향남같은거 짓고 또 몇 해 후에 지은거야, 그러면 학교 들어간 얘기 할께요. 나보다 나이 많은 이들은 예를 들어서 신풍야, 성호가 다 한 10년전

엔 지워졌지.

문: 예 잠깐만요 선생님 지금 이제 학교 다니신 이야기를 좀 듣는데요 선생님 이제 양감학교, 양감학교는 그 당시에 4년제죠? 4년제고 그때 학교 이름이 뭡니까 선생님?

답: 학교이름이 양감공립보통학교

문: 양감공립보통학교, 양감공립보통학교가 4년제고요? 그죠? 그러면 청북면에 있는학교는?

답: 청북공립보통학교

문: 공립보통학교.. 이건 6년제입니까?

답: 아니야 내가 4년을 졸업맞고 어디든 다시가야할꺼 아냐? 그래서 가는 방법이 내가 아까도 얘기했지만 향남으로 가는 방법이 있고 그렇죠?

문: 그런데 향남이나 이런데로 특별히 가는 이유는 뭡니까?

답: 아니 4년에 맞출 수가 없으니까 5년은 넘겨야 하니까 5~6년은 다녀야하니까

문: 그렇죠

답: 그게 또 이렇다구요 그리고 신풍이 맨 먼저 됐으면은? 신풍도 4년되다 6년됐는지 어떻게 됐는지 모르지만 시골에 있는 학교들은 처음에 4년제만 했다가 증축을 했다고 왜 처음에 4년제만 하냐 하면은 교실 둘 짓고, 한칸에 1.3학년 2.4학년 이렇게 하고 선생 누구면 한사람이 두학급을 가르키고 이게 다 경제적으로도 그렇고 학생이 또 부족하니까 처음엔 그러니까 한반에 20~30명 뭐 이렇게 있었죠 그러다가 애들도 늘고 지은지도 한 10년되고 그러면 이제 5~6학년을 증설을 한단 말이야.. 다 그래요 향남도 그렇고 청북도 그렇고 그런데 여기 내가 4년을 졸업맞았는데 인제 지어가지고 4년밖에 안된거고 저기는 4년제를 10년전에 지은거지 청북보통학교는 그때 마침 불이 났어.. 전소됐어.. 불이 나니까 이왕 짓는김에 교실 6칸 짓자 그래가지고 5~6학년이 생겼단 말이야.. 그래서 이제 그때 내가 여기 졸업하니까 거기 저 6학년 까지 있으니까, 5학년 과정을 모집해

문: 그래서 선생님 나중에 청북다니셨어요?

답: 청북 1회졸업생이지

문: 청북공립보통학교가 선생님이 1회졸업이고 그 다음에 양감공립보통학교는 4회졸업이고.. 32년도에 입학하셨고..

답: 이거보세요? 또 하나 저 이 사람들이 말이야 교육자에 서던지.. 이 학교가 언제

설립됐는지 여기 교장도 잘 몰라

문: 선생님 양감.. 여기는 몇 년도에 만들어진 겁니까?

답: 이거 보세요 이게 정상적으로 계산을 못하는것이? 그러면은 내가 4년제니까 나만 저 1학년으로 들어가서 4학년으로 졸업해서 됐는데 우리 삼촌은 여기 이 양반은

문: 1회졸업

답: 남양국민학교를 다니다가 양감으로 이렇게 전학을 해서 4년제 졸업했단 말이지 그게 또 왜그렇게 되느냐? 이제 그게 또 설명하자면 또 그다음에.. 그게 왜그렇게 되느냐면요? 여기 양감엔 학교가 없었거든? 그리고 우리 삼촌도 여기서 이 집에서 생활하니까

문: 1회졸업이면은 32년도 졸업인가요? 이거는?

답: 가만있어.. 내가 몇 년..

문: 선생님이 보니까 36년도 졸업

답: 1회졸업이면은? 30년에 입학했어요

문: 졸업한 연도는?

답: 그러니까 정상적으로 생각하면 이 양반이 1회졸업생이니까 나보단 4년 먼저 입학한게 되는거 아니겠어요? 그런데 그게 아니고 남양국민학교 다니다가 양감학교가 세웠거든 지니까 양감학교에서 그럼 1학년만 데리고 가르킬수 없거든? 나가있는 사람을 끌어 놨어 이 양감면 사는데 학교가 없어서 못다닌 사람이 성호학교, 향남학교, 팔탄학교

문: 거기서 다 이렇게 왔군요? 편입을 시켜서..

답: 그런데로 댕기는 거를 와라..

문: 그래서 졸업한 연도는 그럼..

답: 그러니까 나보단 우리 삼촌이 이태먼저 졸업했나.. 나 그게 잘 기억이 안나..

문: 이태.. 소화 9년이면 25를 하면.. 34년인가요?

답: 졸업이? 34년 아마 그렇게 됐을 거야 근데 그건 고증을 해야돼

문: 선생님이 선생님은 이제 양감 여기 졸업하시고 그 다음에 선생님 청북졸업하시고

답: 그다음에는 서울

(6) 양감학교 자료 수집 현황

양감초등학교 자료는 양감학교와 제4회 졸업생인 유정수의 자택에서 주로 수집하였다. 학교에서는 연혁지, 최근 졸업앨범, 학적부, 학사보고, 학교력, 교

원명부 등을 볼 수 있었다. 대표적인 것을 보면 다음과 같다.

〈양감초등학교 소장 자료〉

1. 1933년 이후 졸업대장(1933년 3월 25일 제1회졸업생 제4학년졸업, 최해동, 장주일 등)

2. 학적부
   1) 아동학적부 (1931년도 제3학년 무정용, 1932년도 제4학년 무정용)
   2) 아동학적부(1932년 1학년 담임 심만섭 2학년 담인 심만섭, 3학년 담임 무정용, 1935년 4학년 담임 무정용)
   3) 아동학적부(1932년 2학년 담임 심만섭, 3학년 무정용, 4학년 무정용)
   4) 아동학적부(1933년 제1학년 담임 심만섭 2학년 심만섭, 3학년 담임 김봉호, 1936년 무정용)
   5) 아동학적부(1935년 1학년 담임 김봉호, 1936년 2학년 담임, 무정용, 1937년 3학년 담임 금야방, 1938년 4학년 담임 금야방
   6) 1940년 졸업(8회, 1936년 입학), 학적부
   7) 1941년 3월 졸업(4년) 9회 아동학적부 김학영, 류은수

3. 〈성적고사부〉1931년 제2학년 심만섭, 1932년 3학년 무정용, 1933년도 무정용

〈유정수선생 소장자료〉

유정수의 자택에서 양감학교관련 자료를 수집할 수 있었다. 이를 보면 다음과 같다.

1. 졸업증서
   1) 1945년 3월 27일
      柳澤蘭秀 1931. 3. 16일생 6년졸업 교장 安田匡男
   2) 1936년 3월 23일 柳艶秀 졸업장 4년제 교장 武井勇
   3) 유정순 4271년 10월 7일 생, 단기 4284년 8월 22일, 1951년 양감초등학교장 이충래

2. 표창장
   〈표창장〉 유인수 4281년 6월 25일 경기도 지사 구자옥

3. 유정수 선생님 이력서 2장

4. 소학시절 친구들 3명과, 자녀들 사진, 독사진, 1937년 10월 24일 조선신궁 참배사진

5. 졸업앨범

1) 해방 전

양감 제1회 졸업사진 남학생 13, 여학생 3명(조선인 2, 일본인? 1명) 조선여
선생 1명

양감 제4회 양감공립보통학교 1936년 3월 남학생 23명, 여학생 7명

*양감공립심상소학교(1940년 3월 제9회 졸업앨범)

1면: 표지 / 2면: 교육칙어, 戊申조서 / 3면: 국민정신작흥에 관한 조서

4면: 조회 / 5면: 교사 上노兵馬 교장, 李相應 훈도, 林灌吉 훈도 崔O淳 교원

6면: 졸업생 명단 남 38, 여 8명(1명 결석), 총 46명. 이상응 교사와 교장

7면: 수업장면 천조대신에 대한 수업 / 8면: 야채밭 새끼꼬기 / 9면: 운동회

10면: 소풍 / 11면: 뒷 표지

* 양감공립초등학교 제2회 졸업(1945년 3월)

2) 해방 후

1946년 수업생 일동과

양감공립국민학교 제6회 졸업기념 1948년

양감국민학교 제19회 졸업-1951.8.20,

22회 1954년 3월 23일

25회 1957년 3월

27회 1959년 3월 10일

28회 1960년 3년 3일

32회 1963년도 5장 유정수 선생님 있음

33회 1964년

34회 1965년

35회 1966년 1월 25일

36회 1967년 추억

37회 1968년

38회 1969년 유정수 선생님사진 있음

39회 1970년

6. 교사들

양감 공민학교 교사들 사진, 학예회기념

7. 상장

상장 유정순 (1951) / 우등상장 유정순(1950) / 우등상장 1학년 유정순(1946)
상장 유난수(1944) / 상장 유인수(1947) / 상장 유인수(1944)

8. 통지표: 유인수, 4280, 유정순, 4283

9. 개근상장: 유정순, 4283

10. 일기: 1969년 유정수의 딸 유정주

위에서 보는 바와 같이 유정수는 양감학교에 대한 다양한 자료들을 소장하고 있다. 유정수 개인뿐만 아니라 형제들, 자녀들 역시 양감학교 출신들이기 때문이다. 졸업장, 통지표, 상장, 졸업사진 등이 모두 그러하다. 유정수 자택에서 특별히 수집한 자료 가운데 주목되는 것은 식민지시대 졸업 사진들이다. 1회(1933). 2회(1934), 4회(1936) 사진이 있다. 한편 사창초등학교에는 1942년 봄 양감학생들의 조선신궁 참배사진이 있다. 해방 후 사진으로는 낱장으로는 1951년(19회), 1954년(22회), 1957년(25회), 1959년(27회), 1960년(28회), 1966년(34회) 등이 있고, 앨범으로는 1964년(32회), 1965년(33회) 등이 있다. 표지로는 37회-39회(1968-1970)이 있다.

〈일기〉

유정수자료 중 주목되는 것으로는 양감초등학교를 졸업한 1969년 유영주의 일기이다. 일기는 1969년 4월 16일부터 6월 6일까지이다, 당시 농촌여학생의 생동감있는 일상을 느껴볼 수 있다.

〈면담록〉

면담록으로는 유정수의 것을 들 수 있다.

3. 사창초등학교

사창초등학교에서는 〈학교연혁〉, 졸업사진 등을 수집할 수 있었다. 먼저 학교연혁을 통하여 교가, 교화, 교목을 보면 다음과 같다.

1) 학교 연혁

(1) 교가:신민식 작사, 임종명 작곡

봉재산줄기마다 피어난 꽃–동산
아름다운 꽃향기가 이곳에 모였네
우리의 슬기가 뭉치고 뭉쳐
이나라 이–마을에 일꾼되리라
사창–사–창–사창 사창 어린이
부지런히 배우는 사창 어린–이

(2) 교목·교화

교목명: [느티나무, 상징] 꾸준히 발전하려는 인내와 용기를 나타냄
교화명: [장미, 상징] 적극적으로 활동하려는 의욕을 나타냄

연혁지 중 학교의 주요 연혁을 보면 다음과 같다.

(3) 학교 연혁

년월일	내용	비고
1946. 4. 1	양감국민학교 사창분교장으로 설립	
9. 24	교사 1동(3교실) 준공 개교	
1948. 9. 1	사창국민학교로 승격(5학급편성)	
	제1대 박종각 교장 취임	
1949. 9. 1	6학급 편성	
1950. 6. 1	8학급 편성	
11. 15	제2대 최 영 교장 취임	
1951. 3. 25	제1회 졸업식 거행	총29명
9. 1	6학급 편성	
1952. 3. 27	제2회 졸업식 거행	총43명
4. 1	7학급 편성	

년월일	내용	비고
7. 18	제3대 홍사정 교장 취임	
11. 30	가교사 (움집) 3간 건축	
1953. 3. 23	제3회 졸업식 거행	총57명
4. 1	7학급 편성	
1954. 3. 25	제4회 졸업식 거행	총60명
4. 1	8학급 편성	
1955. 3. 24	제5회 졸업식 거행	총68명
7. 20	교사 증축 1동 (정규5실, 직원실, 현관)	
8. 26	구 교사 보수 75평	
1956. 3. 24	제6회 졸업식 거행	총53명
1957. 3. 24	제7회 졸업식 거행	총49명
4. 13	제4대 채상원 교장 취임	
12. 13	교장 사택 준공 (16평)	
1958. 3. 21	제8회 졸업식 거행	총44명
1959. 3. 16	제9회 졸업식 거행	총88명
5. 21	제5대 이진수 교장 취임	

1946. 4. 1이후   社倉初等學校

년월일	내용	비고
1960. 3. 2	제10회 졸업식 거행	총67명
7. 15	변소 1동 준공(동편)	
12. 23	제6대 박계도 교장 취임	
1961. 3. 2	제11회 졸업식 거행	총56명
5. 3	제7대 이동주 교장 취임	
1962. 2. 8	제12회 졸업식 거행	총62명(남32,여30)
6. 9	양토장 건립	
1963. 2. 9	제13회 졸업식 거행	총54명(남23,여31)
12. 30	숙직실 및 창고 준공	
1964. 2. 7	제14회 졸업식거행	총59명(남32,여27)
1965. 2. 1	제15회 졸업식거행	총79명(남46,여33)
3. 1	9학급 편성	
1966. 1. 25	제16회 졸업식 거행	총90명(남45, 여45)
3. 1	제8대 김점룡 교장취임	
1967. 2. 17	제17회 졸업식 거행	총60명(남28, 여32)
8. 15	교사 증축(후관 정규 2교실)	
1968. 2. 10	제18회 졸업식 거행	총66명(남33, 여33)
3. 1	제9대 김도생 교장 취임	

년월일	내용	비고
1969. 2. 13	제19회 졸업식 거행	총84명(남42, 여42)
1970. 2. 9	제20회 졸업식 거행	총78명(남42, 여36)
3. 1	12학급 편성	
9. 1	제10대 정영석 교장 취임	
11. 17	동편 2개교실 신축 준공	
1971. 2. 12	제21회 졸업식 거행	총96명(남42, 여54)
1972. 2. 21	제22회 졸업식 거행	총98명(남52, 여46)
9. 13	동편 변소 1동 개축	
1973. 2. 13	제23회 졸업식 거행	총97명(남42, 여55)
9. 1	제11대 김용혁 교장 취임	
1974. 2. 19	제24회 졸업식 거행	총111명(남52, 여59)
1975. 2. 7	제25회 졸업식 거행	총73명(남44, 여29)
1976. 2. 18	제26회 졸업식 거행	총93명(남44, 여49)
9. 1	제12대 김원중 교장 취임	
1977. 2. 14	제27회 졸업식 거행	총86명(남43, 여43)
12. 5	본관 5개 교실 개축(목조건물철거)	현관 포함
1978. 2. 16	제28회 졸업식 거행	총90명(남48, 여42)
1979. 2. 16	제29회 졸업식 거행	총97명(남48, 여49)
1980. 2. 14	제30회 졸업식 거행	총71명(남38, 여33)
1981. 2. 17	제31회 졸업식 거행	총75명(남31, 여44)
9. 1	제13대 노두찬 교장 취임	
1982. 2. 15	제32회 졸업식 거행	총53명(남26, 여27)
1983. 2. 12	사창초등학교 병설 유치원 인가	
2. 15	제33회 졸업식 거행	총44명(남19, 여25)
1983. 3. 8	사창국민학교 병설유치원 개원	
1984. 2. 14	제34회 졸업식 거행	총63명(남34, 여29)
1985. 2. 14	제35회 졸업식 거행	총51명(남24, 여27)
1986. 2. 14	제36회 졸업식 거행	총53명(남28,여25)
1987. 2. 14	제37회 졸업식 거행	총49명(남20,여29)
2. 24	노두찬교장 정년퇴임식 거행	
3. 1	제14대 박부희 교장 취임	
1988. 2. 13	제38회 졸업식 거행	총44명(남24,여20)
4. 28	성웅 이순신장군 동상 제막	5회 동창회 기증
1989. 2. 15	제39회 졸업식 거행	총39명(남28,여21)
3. 1	제15대 우 상익 교장 취임	
1990. 2. 15	제40회 졸업식 거행	총41명(남15,여26)
9. 22	세종대왕 동상건립	12회 동창회에서 기증

년월일	내용	비고
1991. 2. 12	제41회 졸업식 거행	총32명(남20,여13)
2. 23	우상익 교장 정년퇴임식 거행	
3. 1	제16대 정훈채 교장 취임	
1992. 1. 14	급식소 건물 준공(53평 175㎡)	5,930만원
2. 14	제42회 졸업식 거행	총38명(남14,여24)
3. 12	급식 실시	
1993. 2. 12	제43회 졸업식 거행	총36명(남16,여20)
8. 31	정훈채 교장 광명시 광문국교로 전출	
9. 1	제17대 황규일 교장 취임	
1994. 2. 15	제44회 졸업식 거행	총34명(남16,여18)
1995. 2. 13	제45회 졸업식 거행	총26명(남13,여13)
1996. 2. 15	제46회 졸업식 거행	
3. 1	사창초등학교로 개칭	
1997. 2. 14	제47회 졸업식 거행	총17명(남10,여7)
10. 29	제18대 양영길 교장 취임	수원영일초 용인풍덕초
1998. 2. 19	제48회 졸업식 거행	총13명(남8,여5)
3. 5	학교 역사관 신설	진열장 ; 4대 90만원 학교연대표 ; 65만원
1999. 2. 19	제49회 졸업식 거행	총18명(남8,여10)
9. 1	제19대 홍종덕 교장 부임	
2000. 2. 16	제50회 졸업식	총16명(남6,여10)
9. 1	제20대 송종권 교장 부임	
10. 30	수학여행 5,6학년 동해 설악산	
2001. 2. 16	제51회 졸업식	총12명(남9,여3)
2002. 2. 21	제52회 졸업식	총15명(남7,여8)
9. 1	제21대 고재연 교장 취임	
2003. 2. 14	제53회 졸업식	총9명(남4,여5)
2004. 2. 14	제54회 졸업식	총15명(남7,여8)
9. 1	제22대 이순자 교장 취임	
2005. 2. 18	제55회 졸업식	총17명(남10,여7)
2006. 2. 17	제56회 졸업식	총11명(남6,여5)
2007. 2. 14	제57회 졸업식	총20명(남11,여9)
2007. 3. 1	제23대 김희영 교장 취임	
2009. 2.13	제59회졸업식	8명 총3050명
3. 1	제24대 최일섭교장 취임	
2010. 2.11	제60회졸업식	8명 총3058명
2011. 2.17	제61회졸업식	11명 총3069명

년월일	내용	비고
2012. 2.15	제62회졸업식	남4 여6 10명 총3079명

(4) 역대 교장 및 교감 명담

대	교장명	근무기간	대	교감명	근무기간
1	박종각	1948. 9. 29~1950. 11. 14	1	이정우	1950. 6. 15~1952. 1. 31
2	최 영	1950. 11. 15~1952. 7. 17	2	박순택	1952. 2. 1~1954. 8. 1
3	홍사정	1952. 7. 18~1957. 4. 12	3	이춘강	1954. 8. 2~1954. 9. 20
4	채상원	1957. 4. 13~1959. 5. 20	4	신희균	1954. 12.15~1958. 3. 28
5	이진수	1959. 5. 21~1960. 3. 1	5	오진근	1958. 11. 12~1963. 8. 31
6	박계도	1960. 3. 2~1961. 5. 2	6	이기순	1964. 3. 20~1965. 2. 28
7	이동주	1961. 5. 3~1966. 2. 28	7	이병덕	1965. 3. 1~1967. 4. 26
8	김점용	1966. 3. 1~1968. 2. 28	8	김교선	1967. 5. 1~1971. 2. 28
9	김도생	1968. 3. 1~1970. 8. 31	9	박부희	1971. 3. 1~1973. 2. 28
10	정영석	1970. 9. 1~1973. 8. 31	10	장주련	1973. 3. 1~1974. 2. 28
11	김용혁	1973. 9. 1~1976. 8. 31	11	오화섭	1974. 3. 1~1978. 2. 28
12	김원중	1976. 9. 1~1981. 8. 31	12	유재석	1978. 3. 1~1980. 2. 28
13	노두찬	1981. 9. 1~1987. 2. 28	13	최응렬	1980. 3. 1~1983. 8. 31
14	박부희	1987. 3. 1~1989. 2. 28	14	허 수	1983. 9. 1~1985. 8. 31
15	우상익	1989. 3. 1~1991. 2. 28	15	원문상	1985. 9. 1~1988. 2. 28
16	정훈재	1991. 3. 1~1993. 8. 31	16	양주현	1988. 3. 1~1990. 8. 31
17	황규일	1993. 9. 1~1997. 10. 28	17	정진욱	1990. 9. 1~1995.8. 31
18	양영길	1997. 10. 29~1999. 8. 31	18	이상민	1995. 9. 1~1999. 8.31
19	홍종덕	1999. 9. 1~2000. 8. 31	19	김지선	1999. 9. 1~2004. 2. 28
20	송종권	2000. 9. 1~2002. 8. 31	20	김재기	2004. 3. 1~2006. 2. 28
21	고재연	2002. 9. 1~2004. 8. 31	21	전성기	2006. 3. 1~2010. 8. 31
22	이순자	2004. 9. 1~2007. 2. 28	22	강미숙	2010. 9. 1~
23	김희영	2007. 3. 1~2009.2.28			~
24	최일섭	2009. 3. 1~			~

(5) 학급 편성

년도	인가 학급수( ) 안은 학생수	편성 학급수( ) 안은 학생수	특기(비고)
1961	8학급	8학급(493)	

년도	인가 학급수( ) 안은 학생수	편성 학급수( ) 안은 학생수	특기(비고)
1962	8학급	8학급(465)	
1963	8학급	8학급(508)	
1964	8학급	8학급(516)	
1965	9학급	9학급(547)	
1966	9학급	9학급(549)	
1967	10학급	10학급(598)	
1968	11학급	11학급(665)	
1969	11학급	11학급	
1970	12학급	12학급(662)	
1971	12학급	12학급(616)	
1972	12학급	12학급(614)	
1973	12학급	12학급(586)	
1974	12학급	12학급(549)	
1975	12학급	12학급(552)	
1976	11학급	11학급(505)	
1977	10학급	10학급(474)	
1978	10학급	10학급(453)	
1979	10학급	10학급(418)	
1980	9학급	9학급(401)	
1981	8학급	8학급(367)	
1982	8학급	8학급(354)	
1983	8학급	8학급(338)	
1948	6학급	6학급(310)	
1985	8학급	8학급(304)	
1986	7학급	7학급(283)	
1987	9학급	9학급(283)	
1988			
1989	6학급	6학급(257)	
1990	6학급	6학급(240)	
1991	6학급	6학급( )	
1992	6학급	6학급( )	
1993	6학급	6학급(175)	
1994	6학급	6학급(162)	

년도	인가 학급수 ( ) 안은 학생수	편성 학급수 ( ) 안은 학생수	특기(비고)
1995	6학급	6학급(129)	
1996	6학급	6학급(146)	
1997	6학급	6학급(124)	
1998	6학급	6학급(130)	
1999	6학급	6학급(135)	
2000	6학급	6학급(127)	
2001	6학급	6학급(116)	
2002	6학급	6학급(115)	
2003	6학급	6학급(122)	
2004	6학급	6학급(107)	
2005	6학급	6학급(93)	
2006	6학급	6학급(81)	
2007	6학급	6학급(59)	
2008	6학급	6학급(58)	
2009	6학급	6학급(53)	
2010	6학급	6학급(56)	
2011	6학급	6학급(58)	남26 여32 총 58

(6) 졸업생 현황

년도	제 회	졸업생수	누계	특기 진학	특기 가사	비고
1950학년도	1	29	29	8	21	
1951학년도	2	43	72	8	35	
1952학년도	3	57	129	16	41	
1953학년도	4	60	189	23	37	
1954학년도	5	68	257	28	40	
1955학년도	6	53	310	26	27	
1956학년도	7	49	359	23	26	
1957학년도	8	44	403	22	22	
1958학년도	9	88	491	40	48	
1959학년도	10	67	558	33	34	
1960학년도	11	56	614	26	30	
1961학년도	12	62	676	24	38	
1962학년도	13	54	730	17	37	

년도	제 회	졸업생수	누계	특기		비고
				진학	가사	
1963학년도	14	59	789	23	36	
1964학년도	15	79	868	36	43	
1965학년도	16	80	948	17	63	
1966학년도	17	60	1,008	17	43	
1967학년도	18	66	1,074	29	37	
1968학년도	19	84	1,158	32	52	
1969학년도	20	78	1,236	34	44	
1970학년도	21	96	1,332	51	45	
1971학년도	22	98	1,430	66	32	
1972학년도	23	97	1,527	61	36	
1973학년도	24	111	1,638	83	28	
1974학년도	25	73	1,711	52	21	
1975학년도	26	93	1,804	73	20	
1976학년도	27	86	1890	73	13	
1977학년도	28	90	1980	83	7	
1978학년도	29	97	2077	94	3	
1979학년도	30	71	2148	69	2	가사계961 진학계1,262
1980학년도	31	75	2223	75	.	
1981학년도	32	53	2276	53	.	
1982학년도	33	44	2320	44	.	가사계961 진학계1,359
1983학년도	34	63	2383	62	1	가사계961 진학계1,421
1984학년도	35	51	2434	51	.	
1985학년도	36	53	2487	52	1	
1986학년도	37	49	2536	49	.	
1987학년도	38	44	2580	44	.	
1988학년도	39	49	2629	49	.	
1989학년도	40	41	2670	41	.	
1990학년도	41	43	2713	43	.	
1991학년도	42	38	2751	38	.	
1992학년도	43	36	2387	36	.	
1993학년도	44	34	2821	34	.	

년도	제 회	졸업생수	누계	특기		비고
				진학	가사	
1994학년도	45	26	2847	26	.	
1995학년도	46	22	2869	22	.	
1996학년도	47	17	2886	17	.	
1997학년도	48	13	2899	13	.	
1998학년도	49	18	2917	18	.	
1999학년도	50	16	2933	16	.	
2000학년도	51	12	2945	12		
2001학년도	52	15	2960	15		
2002학년도	53	9	2969	9		
2003학년도	54	15	2984	15		
2004학년도	55	17	3001	17		
2005학년도	56	11	3012	11		
2006학년도	57	20	3032	20		
2007학년도	58	10	3042	9		
2008학년도	59	8	3050	8		
2009학년도	60	8	3058	8		
2010학년도	61	11	3069	11		
2011학년도	62	10	3079	10		

(7) 주요 사업 실적

년도	학교장 성명	주요 사업 실적 및 특색
1982	노두찬	창고 20평 개축, 정문 옆 배수로 및 축대 40m 공사 교사 뒤 우물 도랑 콘크리트 포장
1983	노두찬	앞문 진입로 20m 콘크리트 포장, 정문 남쪽 축대 9m 시설 수초원 및 양어장 설치, 국민정신 교육관 및 해양 탐구관 설치
1984	노두찬	능목 1대 설치, 교장 사택 철거, 온실 설치 (4평)
1985	노두찬	테니스장 울타리 망 설치
1986	노두찬	피아노 1대 기증(학교 새마을 어머니회), 실내(복도) 상수도 2개소 설치, 현관 층계 준공, 서쪽 축대 37.5m 설치, 송구 골대 설치, 정글집 설치, 고져곡선 유동목 설치, 그네 설치(유치원용) 피라밋오름대(유치원용)
1987	박부희	시소(철제)(유치원용), 춘향그네(유치원용), 미끄럼틀(유치원용) 육각정글(유치원용)
1988	박부희	이순신 장군 동상. 교문 개축, 종합 관찰원 설치
1990	우상익	체육창고 겸 구령대 신설. 세종대왕상 건립. 국기게양대

년도	학교장 성명	주요 사업 실적 및 특색
1991	정훈채	10개 교실 천장 단열공사. 4개 교실 마루바닥 교체(후도링). 급식소 준공(175.77㎡). 수세식 화장실 준공(43.2㎡). 본관 북쪽 2중창(8개 교실)
1992	정훈채	사택 개축 공사(30.6㎡)
1993	황규일	동편 하수도 설치(400만원)
1994	황규일	지하수 우물 개발(수심150m) 학교 급수용. 급식소 통로 천막시설(180만원)
1995	황규일	야외 등나무 독서장 신설. 교실 조명 시설(9개 교실). 지하수 배관공사(복도 2개소, 유치원, 수도장에 연결)
1997	황규일	후관 개축 공사(유치원, 과학실, 컴퓨터실):158,949,500원. 후정 배수로 공사(128m):800만원
1998	양영길	교실 바닥 교체 공사(콘크리트) 6실: 49,410,000원. 학교 3원화 방송 시설: 14,370,000원. 본관 복도 천장 텍스 공사(10실)
1999	양영길	유원장 주변 울타리 공사(판넬블럭-154.8m):650만원. 학교 온실 개축(19.8㎡):940만원. 유치원 다목적 미끄럼틀 설치:250만원
1999	홍종덕	교육용SW구입(110만). 학내망설치(1535만). 급식소방수(600만). 냉온수 정수기(192만). 무인자동경비시스템설치(90만). 교내전선정비(288만). 축열식난로10개실설치,복도환경정비(261만). 컴퓨터 2대구입(227만). 급식시설개선비(227만)상수도공사(270만)
2000	송종권	화단 및 통행로 공사261만원. 철봉 스텐레스 스틸교체공사 171만원, 급식소 에어콘 설치358만원, 본관옥상 방수공사 500만원, 보도블록 공사 1000만원.
2001	송종권	배수로설치1200만원, 교문설치 1800만원, 오수정화시설 1500만원, 동상보수공사 676만원, 유치원 바닥 온돌공사 621만원, 학생도서구입 535만원, 야외무대 설치, 샤워실 건축 480만원
2002	고재연	교사복지시설개선 140만원, 급식실 도색 296만원, 시계탑 건축 418만원, 학생도서구입 820만원, 5~6학년 에어컨 설치 218만원, 테니스장 설치 5500만원, 도서실의자구입 193만원
2003	고재연	정-후문 출입구 교체공사 815만원, 온실화분진열대 공사 380만원, 현관 및 출입구 대리석 보수공사 280만원, 화장실보수공사 150만원, 급식실 후드 및 닥트설치 공사 200만원
2004	이순자	도서실 보완공사 700만원, 학생도서구입 500만원, 스텐레스 벤취설치 680만원, 운동기구 설치 143만원, 국기대 보수 128만원, 화장실 정비 98만원
2005	이순자	교사 개보수 공사 1억원, 조회대 보수공사 3000만원, 전관방송시설개선공사 3000만원, 학생용 책걸상 교체 450만원, 학내망서버 교체 300만원, 과학실 연결통로(차광막) 설치 1800만원, 학생용 도서구입 123만원

년도	학교장 성명	주요 사업 실적 및 특색
2006	이순자	교내 키폰 설치 420만원, 본교 조경 공사 850만원, 야외무대 지붕 개축350만, 3,4학년 교실바닥 공사 380만원, 본관 옥상 계단 설치 280만원, 강당 및 급식실 신축 7억원
2007	김희영	복사기 및 플로터 구입(334만원, 440만원), 급식실 우천통로 설치 230만원, 체육교재 교구 구입(평균대 외 22종 400만원), 운동장 체육시설 교체(미끄럼틀 외 5종 2200만원)
2008	김희영	교장실 인테리어, 어학실, 도서관 준공(후관 2층), 과학실현화 사업
2009	최일섭	교문-본관 진입로 공사(3,000만), 소규모학교 살리기 지원 사업(2,000만), 후관 현대식화장실 증축(20,000만), 저학년 보육실 개축. 운영(3,000만), 종일돌봄실 개축. 운동(5,000), 학력향상중심학교 지정운영(2,600만)
2010	최일섭	소규모학교 살리기 지원사업(1,000만), 돌봄교실지원 사업(6,500만), 학력향상목표관리제 운영(2,600만), 학교 실내외 도색작업(800만), 학교숲가꾸기 및 담장현대화사업(1,000만)
2011	최일섭	소규모학교 살리기 지원사업(1,000만), 돌봄교실지원 사업(7,300만), 학력향상창의경영학교 운영(1,800만), 화장실 증축(17,000만), 디지털기상관측설치(2,000만), 컴퓨터실 현대화(2,000만)

2) 사진

1951년 8월 1회 졸업사진과 졸업장, 6회(1956). 16회(1966), 24회(1974)부터 35회(1985)까지의 졸업사진이 있다. 특히 1회의 것은 주목된다. 아울러 51회(2001)부터 61회(2011)까지의 졸업사진이 있으나 그 중간부분은 없다.

제6부

근대민족운동의 재발견

【여성】
광주학생운동에 참여한 여학생 문봉식

　광주학생운동은 1929년 광주 지역의 학생이 주동이 되어 일으킨 항일독립
만세운동이다. 이 운동에 동조하여 서울 실천여학교 학생 문봉식은 구류 20
일을 받았다. 그녀는 수원 매산리 21번지에 거주하면서 서울 종로 수송동에
있던 실천여학교로 기차통학을 하던 여학생이었다. 뿐만 아니라 수원에서 만
들어진 최초의 여성단체인 영우회 회원이었으며, 수원에서 학생들이 간행한
문예지 『향적』의 회원이기도 하였다. 그러나 문봉식은 우리에게 그동안 잊혀
진 인물이었다.

1. 광주학생운동으로 구류 20일

　광주 학생의 항일 운동은 3·1운동 이후 최대의 민족 항쟁이라 할 수 있다. 이
런 점에서 광주 학생들의 대일민족항쟁은 어떤 특정 지역 학생이나 주민의 문
제가 아니라 전국 학생과 전 민족의 당면 과제였다. 따라서, 학생이 항쟁 주체
였으나 민족 각 계층의 성원과 지원을 받을 수 있었다.
　광주 학생의 항일 의지는 목포·나주·함평 등으로 번졌고 드디어 서울 학생의
궐기를 촉구하였다. 뿐만 아니라, 전국으로 확대되어 전국의 학생은 최악의 조
건들을 뚫고 지성의 결의와 행동력을 발휘함으로써 항일 학생 사상 불멸의 기
록을 남기게 되었다.

먼저 목포상업학교에서는 11월 3일 광주 학생 항쟁의 소식을 전해들은 최창호(崔昌鎬)·강영수(姜榮秀) 등 몇 사람이 주동이 되어 광주 학생과 연락 끝에 11월 19일 '피감금학생즉시탈환', '총독폭압정치 절대반대' 라는 기치 아래 시위를 전개하다 36명이 검속되었고 72명이 무기정학과 근신 등의 처분을 받았다. 그리고 27일에는 나주농업보습학교와 나주보통학교에서도 독자적으로 항일시위가 있었다.

이와 같이 광주 학생의 항일 운동은 목포·나주를 비롯하여 곧 서울로 점화되었으며, 이어 전국으로 확대되었다. 이에는 신간회(新幹會)의 영향이 컸는데, 중앙 본부의 간부이며 변호사인 김병로(金炳魯)와 허헌(許憲), 서기장 황상규(黃尚奎) 등이 광주학생항쟁운동의 진상을 조사하기 위하여 광주에 다녀와서 진상을 보고하자, 한용운(韓龍雲)·조병옥(趙炳玉) 등이 중심이 되어 민중운동을 준비하였다.

그러나 12월 9일 서울 학생들의 궐기로 12월 13일 예정했던 신간회의 민중운동은 경찰의 탄압으로 실패하였다. 이때 조병옥·권동진(權東鎭)·한용운 등 신간회 회원 44명과 근우(槿友)·청총(靑總)·노총(勞總) 등의 관계자 47명이 검거되었다. 또한, 중앙청년동맹·조선학생과학연구회 등에서도 광주의 진상 조사를 하였다.

이와 같이 신간회와 청년단체·학생단체에서 광주 사태에 대하여 '진상 조사'라는 명목으로 적극적인 개입과 지원 운동을 전개하였다는 사실은 학생들의 대일 항쟁의 분위기가 성숙되어 가고 있었다는 것을 입증하는 것이다.

드디어, 1929년 12월 2일 밤과 3일 새벽 사이에 경성제국대학을 비롯한 주요 공립·사립학교와 시내 요소에 광주 학생운동의 전국화를 위해 학생과 민중의 총궐기를 촉구하는 격렬한 격문이 살포되었다.

경찰은 종로경찰서에 수사 총본부를 설치하고 4일 정오까지 각 사상단체·청년단체·근우회의 간부와 학생 등 127명을 검거하고 조사에 나섰다. 5일 아침에 도 40여명을 더 검거하였다.

그리고 12월 5일 경성제이고등보통학교에서는 '학우회의 자치', '조선 역사의 교수', '광주 학생에 대한 응원', '식민지 교육 반대' 등을 내용으로 하는 진정서를 제출하고 교내 시위에 들어갔으며, 7일에는 경성제일고등보통학교가 교내 시위를 했다.

그 뒤 같은 취지로 경신·중동·보성·중앙·휘문·협성실업·숙명·근화·배재학교 등이, 11일에는 이화·여자상업·동덕·실천여학교(實踐女學校)·경성농업학교·법정학교·고등예비학교·전기학교·선린상업학교 한국인 학생 등이 광주 학생 지원을 위해 분기하자, 배화·진명·중앙보육·정신간이상공 등의 각 학교는 휴학을 선언하였다.

그러나 1930년 1월 개학되자 항일 운동은 다시 시동되었다. 1월 15일 보성전문학교를 비롯한 고등보통학교·여자고등보통학교 학생 등 서울 학생들은 광주학생 지원과 일제의 살인 정책을 규탄하고 성토·시위·동맹휴교 등을 단행하였다.

서울 학생의 항일 운동은 곧 전국적으로 참가 한 학교 194개, 학생 수 5만 4,000여 명이었으며, 퇴학 처분자 582명, 무기정학 2,330명, 피검자 1,642명으로 이 운동은 3·1운동 이후 최대의 대일민족항쟁이었다. 이러한 과정에서 수원에서 서울로 통학하며 실천여학교에 다니던 문봉식도 체포되어 동료 여학생들 10명과 과 함께 1930년 1월 15일부터 구류 20일을 받았던 것이다.

다음의 일본 측 기록에 문봉식의 이름이 등장하고 있다.

문서철명 思想에 關한 情報綴 第2冊
문서번호 京西高秘 제578호
문서제목 만세소요에 의한 구류 여학생에 관한 건
발신자 京城 서대문 경찰서장

수신자 京城지방법원 검사정

발신일 1930년 02월 06일

이름: 閔年順, 尹河只, 朴貞仁, 李英子, 李起淑, 文鳳植, 金貞淑, 崔恩田, 宋玉憲, 金点子, 郭鍾淑

〈자료〉 국사편찬위원회 검색: 문봉식

라고 하여, 문봉식은 10명의 실천여자고등보통학교 학생들과 더불어 만세운동에 참여하였던 것이다. 당시 문봉식은 3학년, 18세, 소격동 53번지 거주로 기록되어 있다.

2. 수원 최초의 여성단체 영우회에 참여하다

3·1운동·애국부인회 활동의 경험으로 여성의 각성이 고무되어 있는 가운데, 일제의 지배정책이 '문화정치'로 바뀌어 표면상 집회·결사의 자유가 허용되는 객관정세의 변화와도 관련하여 1920년부터는 공개적·합법적인 여성단체가 전국적으로 조직되었다. 1920년대 초반에 전국적으로 출현한 여성운동단체는 여자의 힘을 중요한 민력(民力)으로 간주함과 동시에 독립된 개체로서의 삶을 영위할 여성의 실력향상을 위한 여성계몽운동이 주류를 이루었다. 이러한 계몽운동·교양운동은 이시기 전국적으로 일어난 청년운동이 신문화 건설·실력양성을 위한 지육(智育)·덕육(德育)·체육(體育)을 중심으로 활발히 전개되었던 것과도 깊은 연관을 갖는다.

1920년대 전반기 여성계몽운동은 여자청년회·부인회 등의 여성단체나 여자기독청년회 등의 종교여성단체를 통해 전개되었다. 종교여성단체는 선교와 신앙생활에 1차적인 목적을 둔 종교운동단체였지만, 여성운동이 아직 미약한 1920년대의 조건에서 종교여성단체들의 교육계몽적 역할은 무시할 수 없을

만큼 컸으며, 종교를 표방하지 않은 일반 교육계몽단체들과 활동내용도 거의
유사하고 조직적으로나 인적으로 중복되는 경우가 많았다.

『동아일보』 1927년 8월 23일자 〈수원여학생회, 회규내용은 확대해〉에,

> 수원 여학생 영우회에서는 19일 상오 11시에, 시내 삼일여고보 강당에서 임시총회
> 를 열고 동회의 현안이던 회규범위를 확대하자든, 점에 대하여 현대와 같이 경성통
> 학생에게만 한 할것이 아니라, 졸업생과 또한 가정에 들어 안즌 부인네들까지라도
> 회원될 수 있도록 변경하도록 하고 즉석에서 좌의 5부를 두고, 사업을 진행하기로
> 하였다더라. 서무부 재무부 교육부 선전부 조사부

라고 있듯이, 1927년에 수원여학생 영우회가 있음을 알 수 있다.

『동아일보』 1928년 7월 30일자 〈水原永友會定總〉에는,

> 수원에 침체한 여성계에 오직 독무대를 차지하고 활동하여 가는 수원영우회에서는
> 지난 26일 하오 3시부터 당시 삼일보통학교안에서 제2회 정기총회를 열고 여러 가
> 지 사항을 결의하고 재미있는 여흥으로 끝을 맺었다더라(수원)

라고 하여, 영우회가 1927년에 조직되었음을 짐작해 볼수 있다. 한편 중외일보
에서는 영우회 2차 정기총회 내용에 대하여 보다 구체적으로 언급하고 있다.
『중외일보』 1929년 8월 10일자
〈永友會 定總〉을 보면 다음과 같다,

> 경기 수원에 있는 여성단체인 영우회 정기총회가 지난 6일 오후 1시 반 당지 삼일
> 여학교 강당 내에서 다수 회원 출석으로 개최케 된 바, 임시의장 李年積씨 사회로,
> 임원개선이 있었고, 영우회 창립식은 5월 중에 진행되는 것이 예년의 예에 있는데,
> 일반회원의 사정상 불편을 주무로 종국에 가서는 8월 중에 진행하기로 결정하였다
> 는데, 금년기념식도 오는 16일에 성대히 하겠다고 한다, 개선된 임원은 좌와 같다.
> 서무부 최남순, 이연적 김영?, 재무부 최중규(생) 차인관, 교육부 차아태, 최장희,

선전부 유영숙 차인귀, 운동부 최성순 문봉식 김영순, 문예부 林順德, 최마리아.

위의 기사 내용을 통해 보면, 문봉식은 1929년 영우회의 운동부에서 활동하고 있음을 짐작해 볼수 있다.

영우회는 『중외일보』 1930년 8월 2일 〈女性團體 永友會解散 善後策은 保留〉에,

> 水原永友會는 水原의 唯一한 女性團體로서 ○膿하나마 命派을 支持하여 오든 中 去七月 三十日 午後 三時 水原 三一女子普校 講堂에서 臨時總會를 李年積氏 司會下에 開會하고 議事를 進行하든 中 現在 朝鮮女性解放運動의 唯一한 有機體인 權友會가 嚴然히 存在함에도 不拘하고 明白한 表面行動도 업스며 正體를 잡을 수 업는 永友會를 支持한다는 것은 水原女性運動의 新局面을 展開하는데 잇서서 큰 支障이라고 永友會의 解體를 滿場一致로 可決하고 善後策에 대한 討議에 何等의 具體案도 업시 有耶無耶한 中에 開會하엿는 바 一部 權友支會로 變革시키자는 意見도 잇서스나 監席監官으로부터 討議좃차 中止시켯스며 一般會員의 無氣力하고 時代意議이 缺乏한데 悲憤하여 感想을 말하는 司會는 ○름조차 禁止 當하엿다더라

라고 있듯이, 1930년 해산의 길을 걷게 된다.

한편 수원에서 간행된 문예지 『향적(鄕跡)』에 수원학생명단에 수원 신풍정에 적을 둔 문봉식의 이름이 등장하고 있다. 다만 1929년 광주학생운동 채포당시의 이름은 한자로 문봉식(文鳳植)인데, 『향적』에는 문봉식(文奉植)으로 적혀 있다.

3. 자유연애로 결혼, 고부 갈등으로 가출

그 후 문봉식은 재학 중 수원읍 신풍정에 살며 보성전문학교에 다니던 이기덕과 혼인하였다. 우연히 길거리에서 자주 만난 것이 인연이 되어 자유연애로

결혼에 이르렀던 것이다. 그러나 시어머니와의 갈등으로 결국 가출을 하게 되고, 서울에서 봉변을 당하기에 이르는 기구한 운명을 만나게 된다. 『매일신보 1939년 2월 1일자』〈깨여진 "大陸의 꿈", 시어머니와 불화로 집을 나온 美貌의 人妻逢變記〉에서 문봉식의 사진과 함께 상세히 보도하고 있다.

시어머니와 불화하야 『인테리』녀성이 집을 나왓다가 객지에서 봉변을 하게 된 이야기

그는 수원읍 신풍정(水原邑 新豊町)에 사는 리긔덕(李起德)(二六)의 안해 문봉식(文鳳植)으로 다섯해 전에 그 남편은 경성에서 보전(普專)을 다니고 그는 수송정 실천녀학교(實賤女學校)에 재학당시 우연히 길거리에서 자조 만난 것이 인연이 되어 자유연애로 결국 부부까지 되엇스나 시어머니와 항상 뜻이 맛지 못하야 가정의 풍화가 끈일 사이가 업든 중 수원에서 사는 김생선(金生仙)(三〇)이라는 여자가 북지 석가장(石家莊)에서 유행 가수로 유명한 신(申) 『카나리아』의 남편 임서방(任曙芳)이 경영하는 『빠』에 잇는데 수입이 만타하야 그는 괴로운 가정생활을 하는 것보다 차라리 그 동무 김생선을 차저가서 홍등가에서 녀급 노릇을 하야서라도 독립된 생활을 하고저 一개월 전에 경성으로 와서 부내 관철정 삼산려관(三山旅館)에 와서 묵고 잇게 되엇다.

그러나 얼마 아니 가지고 온 려비는 다 업서지고 밥값이 돌이여 밀리는 주인에게 독촉을 밧고 잇든중 三十일 밤에는 우연히도 그 려관에 와서 묵고잇든 만주국 관리 채갑성(蔡甲成)(三八)=가명=을 알게되어 북지로가서 간호부 노릇을 하겟스나 려비와 식가가 업서 걱정이라고 그의 안타까운 심정을 호소하자 채씨는 려관 밥값 十八원과 용돈 등 전후 一백三十五원을 무러주고 三十一일은 가티 북귀로 가기로 하엿스나 그 여자는 홀연히 남편이 잇는 몸이라 양심상 갈 수가 업다고 거절을 함으로 채씨는 三十一일 아츰 그 여자를 다리고 종로서로 와서 북지를 가티 가지 못할진대 꾸여준 돈이라도 돌려보내도록 설유를 하야달나고 탄원을 하얏다. 그러나 경찰에서는 개인의 일을 간섭할 수 업다하야 그대로 돌려보내엇는데 장차 그들사이에는 엇더한 해결을 짓게 될 것인지 흥미를 끌고 있다.

【디아스포라】
멕시코에서 독립운동의 선봉에 서다
-잊혀진 혁명가 김정식-

김정식(金正植, 1888-미상)은 수원군 삼동(三洞) 자라목(현재 화성시 매송면 매곡) 출생이다. 이명은 김무봉(金戊逢)이다. 그는 1905년 경 멕시코로 이민 간 인물로서, 멕시코 유카탄 반도 메리나에서 대한인국민회 메리다 지방회 회장으로서 독립운동을 전개한 혁명가이다. 미주에서 간행된 『신한민보』 1941년 12월 11일자에서 〈유카탄 한인사회의 4각적 인물-김정식씨〉라는 제목하에 그에 대하여 다음과 같이 언급할 정도로 그는 멕시코에서 유명한 인물이었다.

김정식씨는 20여세로 비롯하여 60당년이 되도록 한인사회에 몸을 바쳤다. 김정식씨는 성품이 온유, 겸손하며 근실, 충직하다. 그의 식솔은 20명의 큰 가정이지만, 부모 잃은 고아를 양육하여 성혼까지 시켜준 자선적 특성을 가졌다. 김정식씨가 연속 재선하여 지방회의 중대한 임무를 띠게 된 것은 물론 그의 인격도 상당하거니와 묵국(멕시코-필자주) 우리사회의 선각자들은 모두 70당년, 80당년 노동들인고로 청년들에게 우리 국민회의 모든 사무를 맞기고 노인들은 뒤에서 고문이라 하여 주라고 생각하였으나, 청년들은 영업상에 분주한 것은 고사하고, 국민회의 회장이라는 중임을 맡아 가지고 실수하여 공중의 심리를 저상케 하면, 어떻게 하나 하는 염려가 있어 모두 사양하게 되는 고로, 김정식씨가 회장이라는 무거운 짐을 지고, 유카탄 한인의 복리를 도모하게 되었다. 그러나 김씨는 유카탄 수부인 메리나 시내에 거류하지 않고, 메리다에서 상거 수백리되는 농촌에서 영업을 하나 교통이 불편과 자신 생애를 불구하고 통상회, 특별회, 여자애국단회에 출석하여 인도를 한다고 김씨를 칭찬하지 않는 이가 없다.

또한 김정식은 대한민국임시정부 광복군을 후원하기 위하여 많은 노력을

경주하였다. 그러므로 신한민보 1942년 10월 22일자에서는 〈김정식씨의 애국성충〉이라는 제목하에,

> 메리다지방회에서 9월 17일 광복군 성립 제 2주년을 기념하는 석상에 김정식씨는 광복군 후원을 위하여 1백원이라는 큰 숫자를 드렸고, 이로 말미암아 당일 광복군 후원금 220여원을 모집하게 되었음으로 당지 동포는 씨의 애국성충을 찬하한다더라.

라고 하여, 그에게 존경심을 표하고 있는 정도로 김정식은 애국자로서 높이 평가 받고 있다. 그럼에도 불구하고 지금까지 김정식은 우리에게 전혀 알려지지 않은 인물이었다.

김정식의 인적사항은 그가 도산 안창호가 조직한 흥사단에 제출한 이력서를 통하여 살펴볼 수 있다.

출생시: 1888년 3월 18일
출생지: 경기도 수원군 삼동 자라목
거주지: 1888-1898년 출생지
1899년-1901년 서울
1902년-1904년 출생지
1905년-1918년 멕시코 유카탄 메리다
직업: 1899년-1904년 농업, 1905년-1918녀 어저귀 따는 것
학예: 국문 대략 통함
종교: 기독교
단체: 국민회
기능: 근검
취미: 실업
개명: 무봉
가족: 부:성오(聖五, 작고), 모-김씨(62세), 형-정규(正圭, 34세), 동생 갑봉(甲逢, 25세),
처 강씨(21세), 딸 한양(漢陽, 2세)
현주소: 멕시코 유카탄 메리다

위에서 살펴보는 바와 같이, 김정식은 수원군 출생으로 1905년 멕시코로 이주한 인물이다. 그는 이 시기에 수원지역에 설치된 멕시코 이민 대리점의 소개로 이민간 것으로 추정된다. 당시 수원에서는 이 지역의 대표적인 유지이며, 계몽운동가인 임면수가 대리점을 운영하고 있었다. 멕시코로 이주한 김정식은 그곳 농장에서 도착직 후부터 어저귀 따는 일에 종사하였다. 멕시코로 이민을 간 조선인들은 혹독한 노동에 시달리며 노예나 다름없는 생활을 해야 했다. 김정식 또한 예외는 아니었을 것이다. 그러나 그는 그러한 역경속에서도 조국을 잊지 않았다. 즉, 김정식은 단순이 생업에만 종사하지 않고 미주지역에 조직된 대한인국민회에서 교민들의 자치활동과 독립운동에 매진하였던 것이다.

김정식은 1911년 대한인국민회 신한동지방회, 192년 메리다지방회 회원으로 활동하였고, 이후 메리다지방호에서 19년 버무, 1922년 회장, 1924년 서기 겸 재무, 법무원, 1925년 재무, 1927년 부회장, 1930년 1934년 1943년 초무, 1936녀 1938년 감찰원, 1940년 1941녀 1944년에는 집행위위장으로 활동하였다. 뿐만 아니라 그는 1909년부터 1945년까지 지속적으로 독립운동을 위해 자금을 지원하였다. 특히 그는 1923년 , 1934년, 1936년에는 본국에 수재가 나자 10달러, 10달러, 4달러를 각각 수제구제금을 후원하였다. 고국 고향인 수원을 생가한 그의 마음이 그대로 전달되는 느낌이다. 아울러 그는 1931년 10월 1일 이충무공 유적 보존금으로 1달러를 희사하기도 하였다.

김정식은 애국적인 연설을 통하여 동포들에게 민족의식을 고취시키고자 하였다. 1918년 12월 1일에는 〈우리 장래의 벌전〉이라는 제목으로, 1920년 3월 1일에는 독립선언 2주년을 맞이하여 경축 연설을 행하였다. 1925년 2월 1일에는 국민회 창립 제16주년을 맞이하여 그리고 1928년 3월 3·1절 경축모임에서도 동포 80여명이 참석한 가운데 경축 연설을 행하였던 것이다. 그리고 1937년 5월 1일에는 김정식은 메리다에서 순국선현 추도식을 지도하기도 히였다.

광복 77주년을 맞이하여 잊혀진 수원출신 독립운동가들에 대하여 알아보는 것은 큰 의미가 있다고 판단된다. 특히 김정식은 이억만리 멕시코에서 활동한 인물이기에 더욱 마음이 끌린다.

【여행】
옛날, 학생들의 수학여행은 어떠했을까

1. 수학여행

1900년대부터 시작된 수학여행은 1910년대부터 본격적인 시대의 막을 올렸다. 1920년대에 들어서면 한국은 수학여행의 붐으로 들끓었다. 경인선(1899년) 개통을 시발로 경부선(1905년), 경의선(1906년), 호남선(1914년), 경원선(1914년)이 연달아 기적을 울렸다.

학생들의 수학여행은 경성(서울), 금강산, 평양, 개성, 인천, 대전 등 국내각지는 물론 만주나 일본 등지로도 갔다. 1929년 당시 경성의 학생이 수학여행으로 금강산을 다녀오는데 드는 비용은 15원 정도였다. 수학여행의 일정은 여행지에 따라 달랐지만, 경성에서 부여, 강경, 대전을 다녀올 경우, 보통 4박 5일의 일정이 소요되었다. 교통수단은 주로 기차를 이용하였다. 이 경우 운임을 할인받고 출발과 도착 시 야간열차를 이용함으로써 숙박을 해결할 수도 있었다. 그러나 경제적 부담, 준비, 학생지도의 부족을 이유로 수학여행에 반대하는 교육계의 목소리도 높았다. 일각에서는 수학여행대신에 소풍을 권유하는 목소리도 높았다.

2. 초등학생들의 수학여행

수원지역의 학생들도 일찍부터 수학여행을 다녀왔다. 1911년 5월 11일자 『매일신보』의 다음의 기사가 주목된다.

> 공립수원보통학교 교감이하 임원제씨가 이 학교 생도일동을 대동하고 수학여행차로 어제 상경하여 한성미술품공장과 창덕궁내 동식물원과 박물관을 관람 한 후, 경복궁을 배관(拜觀)하였더러.

위의 기사에서 보는 바와 같이, 신풍학교 학생들은 일제의 조선 강점 직후 서울로 상경하여 서울 미술품공장과, 창덕궁 내 동물원과 식물원을 관람하였던 것이다. 특히 학생들에게조선왕궁인 창덕궁 관람은 큰 혼돈을 야기시켰을 것으로 보인다. 1910년 8월에 나라가 망하였는데, 몇 달 후인 1911년 5월에 동식물원으로 변한 창덕궁의 모습을 보았기 때문이다.

1920년대에는 좀 더 멀리 수학여행을 떠나고 있다. 1929년 5월 3일에 작성된 수원공립보통학교 인천수학여행 안내서를 통하여 이를 짐작해 볼 수 있다. 안내서에는 수원에서 기차로 출발하고 있고, 영등포에서 환승하여, 인천에 이르는 여정이 상세하다. 즉 학생들은 수원에서 탑승하여 군포, 안양, 시흥을 거쳐 영등포에서 기차를 갈아타고 있다. 다시 오류동, 소사, 부평, 주안을 거쳐 상인천에 도착하는 것으로 되어 있으며 각 정류장 별 거리를 리수로 적어 놓아 교육적 효과를 높이고자 하였다.

5월 3일은 금요일이었다. 소사는 과수원이 많은 곳으로 표시되어 있다.(사과 복숭아 포도), 주안은 염전이 있으며, 면적은 약 500정보로 천일제염이다. 상인천과 인천사이에는 관측소와 서공원이 그려져 있고, 인천부의 위치, 면적, 호수, 인구, 역사상 유명한 곳을 기록하였으며, 월미도를 비롯한 여러 섬들의 설명도 자세하다.

1930년대 수학여행상황은, 수원공립보통학교를 28회(1937년 졸업)로 졸업한 민영환이 〈선죽교〉라는 제목 하에 쓴 다음의 회고를 통하여 살펴볼 수 있다.

오늘은 보통학교에서 마지막여행인 개성행 수학여행 날이다. 간밤에는 잠 한잠 못 잤다. 경성은 이모댁이 있어서 몇 번 가보았지만 개성은 난생 처음이다. 경성까지 1시간 15분, 경성에서 개성까지 1시간 50분, 3시간이나 기차를 탔다. 신난다. 하늘을 보니 검게 흐렸다.(중략) 입학학지 얼마 안 된 4월 중순경 원족(소풍)을 간다. 1학년은 서호, 2학년은 원천 저수지, 3학년은 화산능이나 지지대고개, 4학년은 경성, 5학년은 인천, 6학년은 개성이다. 그때 걸어서 가는 소풍은 원족, 기차를 타면 수학여행이라고 했다.

내가 어느새 12살이 되었고. 최고 학년인 6학년이다, 오늘이 이 학교에서 마지막 수학여행이다. 전교생이 교정에 모여 동시에 출발을 한다. 물론 고학년은 수원역에 모인다. 작년 인천 여행 때는 주안의 염전이라는 신기한 소금밭을 보고, 인천 성냥 공장에서는 누나 아가씨들의 성냥개비 담는 빠른 솜씨에 모두들 놀랐다. 오늘은 즐거운 개성행 수학여행, 새벽에 수원역에 모여 기차를 타고 출발하니 왼쪽에 서호, 그리고 군포, 안양, 시흥, 영등포, 노량진, 한강이다. 조금 후 경성역에 내리니 역사가 그렇게 클 수가 없다. 개성행 기차를 바꿔타고 북으로 북으로 모두가 낯선 풍경 새롭기만 하다. 10여개 정거장을 지나 10시 30분경 드디어 개성역에 도착했다. 열을 정돈한 우리 일행은 남문, 人蔘館 등 시내 구경을 한 후 만월대(고려조 궁터)에서 점심을 들고 선죽교로 향했다. 이때 봄비는 보슬보슬 내리기 시작, 선생님 설명대로 선죽교에는 정몽주님의 피가 있을까?. 가슴을 설레며 선죽교에 당도했다. 비에 젖은 선죽교에는 과연 검붉은(검정 9, 붉음 1)피가 또렷하다. 544년 전인 1392년 이방원의 철퇴로 56세를 일생으로 별세하신 정몽주님의 피가 분명할 것이다.[1]

3. 중등학교 학생들의 국내외 수학여행

장거리 국내수학여행은 중학생들에게 허락되었다. 수원농림학교의 다음과 같은 사례가 이를 증명해주고 있다.

1939년 9월, 6일간, 1인당 12원, 대상학생-1회 졸업반(당시 3학년)

---

1 신풍백년사, 민영환, 〈선죽교〉, 444~445쪽.

일정: 수원,서울, 경원선, 철원전기철도, 내금강, 장안사역, 비로봉, 외금강, 해금강, 안변, 세미, 일본인 이민촌등.[2]

1939년의 수학여행의 경우 수원을 출발하여 서울을 경유해서 한국의 대표적인 명산인 금강산일대에 대한 관광을 주로 하고 있음을 알 수 있다. 그러나 수원농림학교의 수학여행의 경우 국내에만 그치지 않고, 일본의 중심도시인 도쿄, 오사카 등지로도 이어졌다.

1939년 10월, 2주일간, 1인당 38원, 대상학생-1회 졸업반(당시 4학년), 2회 졸업반(당시 3학년)
일정:수원-부산, 시모노세끼, 오오사카, 도쿄, 日光,

위의 일정표를 통하여 볼 때, 수원을 출발하여 부산에서 배를 타고 오오사카 일대를 관람하고, 도쿄로 이동한 것으로 보인다. 일본의 발전된 모습을 젊은 학생들에게 보여줌으로써 일본에 보다 충실한 황국신민이 될 것을 기대하였을 것으로 보인다.

중등학생들의 수학여행은 일본의 중심지에만 그치지 않고 만주지역으로도 이어졌다.

1940년 5월, 8일간, 1인당 40원, 1회 졸업반(당시 5학년), 2회 졸업반(당시 4학년)
일정:수원, 여순, 장춘, 하얼빈[3]

위의 일정표에서 볼 수 있는 바와 같이, 수원역을 출발하여 압록강 철교를 지나, 안동(현재 지명은 단둥), 심양을 거쳐, 여순으로 그리고 다시 여순에서 장춘, 하얼빈에 이르는 여정을 답사하였던 것이다. 이들 지역은 일본제국주의의

2 수농50년사, 1986, 47쪽.
3 위와 같음

자신감을 조선인학생들에게 보여줄 수 있는 가장 대표적인 지역들이라고 할 수 있다. 여순은 청일전쟁과 러일전쟁시 일본의 가장 대표적인 승전지이다. 그러므로 이곳에는 203고지. 백옥산탑 등 일본의 전승탑들이 서 있는 곳으로 널리 알려져 있다. 아울러 장춘은 1932년 일본관동군에 의해 세워진 괴뢰만주국의 수도인 곳으로 가장 일본적 도시라고 할 수 있다.

4. 해방 후 수학여행

수학여행은 광복 후부터 일반화되어 초·중등학교에서 대학에 이르기까지 모든 교육기관에서 거의 필수적으로 행해져 왔다. 그러나 점차 학교 평준화에 따른 학생구성원의 이질성, 학생 규모의 거대화, 사회의 복잡화 등 여러 가지 원인으로 수학여행을 실시하는 데도 어려움이 따르게 되었다. 또한 수학여행시 발생하는 교통사고를 비롯한 각종 안전사고에 대한 학교 관련자의 책임의 한계, 입학시험 준비에 대한 장애요인이라는 비판, 가족 단위 여행기회의 확대에 따른 학생과 학부모의 관심 저조 등으로 1970년대에 이르면서부터 실시하지 않는 학교가 늘어 가고 있는 실정이다. 그러나 소득의 상승, 개방화 및 세계화의 추세, 외국여행의 빈번화 등의 경향으로 국내 뿐만 아니라 외국까지 포함하여 효과적이고 바람직한 수학여행을 실시하는 문제가 점차 현실적인 과제로 검토되고 있다.

학교 교육의 목적은 단순히 지식을 전수하는 것이 아니라 풍부한 학습경험을 통하여 지·정·의가 조화롭게 발달한 전인적(全人的) 인간을 형성하는 데 있다. 이를 위해서는 감수성이 예민하고 호기심이 많은 학창시절에 상상력과 창조력을 함양할 수 있어야 한다. 수학여행은 이러한 학교 교육의 목적을 달성하고, 여행기간 중 교사 및 친구들과의 경험과 대화를 통하여 인격적인 성숙을 기할 수 있는 기회가 된다. 수학여행을 통하여 형성된 여러 가지 추억은 일생을 두고 잊혀지지 않는 학창시절의 좋은 기억이 될 수 있다.

그러나 한편 수학여행에서 고려해야 할 문제점도 있다. 안전사고의 위험, 갑자기 바뀌는 생활환경에 대한 적응과 음식의 섭취, 건강문제 등 보건교육과 관련된 문제도 제기된다. 특히 세월호사건은 우리에게 수학여행에 대하여 보다 깊이 있게 생각해 보게 되는 계기가 되었다.

【경제】
일본으로 수출되다
-소(牛) 수출의 전진기지 수원-

1. 일제하 수원소도 일본에 강제 수탈당하였다.

필자는 소싸움으로 널리 알려진 경북 청도 출신이다. 최근에는 대한제국기 러시아와 북한의 소무역에 종사한 조선의 무역왕 최봉준에 대해 관심을 기울이고 있다. 아울러 수원에서 30여년간 직장생활을 하면서 수원우시장에 대한 깊은 애정을 갖고 있다.

일제는 1920년대 들어 품종개량, 수리조합 설치 등을 통하여 산미증식계획을 추진, 생산된 쌀을 일본으로 수출하고자 하였다. 이는 일면 조선의 쌀 생산량 증대에 기여하였으나, 일본과 조선인지주들에게만 혜택을 주고 조선농민들에게는 큰 폐를 끼친 것은 주지의 사실이다. 그러나 조선소의 품종 개량을 통하여 조선소를 징발 수출한 내용을 아는 사람은 별로 없는 듯하다. 특히 수원에 살고 있던 忽那龜千代는 수원소를 일본에 수출한 전구의 대표적인 인물이다.

당시 경기도 지역의 대표적인 인물로는 경기도 부천의 谷木茂三郎, 인천의 增田政四郎 등을 들수 있다. 수원소가 특별히 수출과 관련하여 주목되는 점은 수원에 수원고등농림학교와 권업모범장 등이 있어 농업과 더불어 소전문가들이 많이 있고, 소의 위생, 품종개량 등에 깊은 관심을 기울일 수 있었기 때문이 아닐까 한다.

수원소를 일본에 수출하기 위하여 품종개량을 하면 조선의 자산가 농부들에게 이익을 주었다는 점은 긍정적으로 평가할 수 있으나, 조선소를 수탈정책의 일환으로 일본에 수출한 점은 조선의 대다수 국민들에게는 부정적으로 작용하였다고 할 수 있다. 본 글에서는 수원의 우시장과 수원소의 수탈에 대하여 접근해보자 한다. 아울러 지금까지는 수원갈비와 수원우시장에 주목한 학계의 관점이 수원소의 수출과 품종개량 등에도 주목하는 새로운 계기가 되었으면 한다.

2. 남한 최대의 우시장 수원

수원하면 언뜻 수원갈비를 연상한다. 그리고 수원우시장을 떠올린다. 수원의 성밖장 우시장은 1918년 1년에 2만 여 마리가 거래되는 전국 3대우시장의 명성을 얻을 정도로 큰 시장이었다. 『조선의 시장경제』를 보면, 수원우시장의 시장 부지는 2,965평, 축우중계인은 3명이었다. 당시 거래가 가장 많았던 우시장이 함경북도 명찬군 명주장과 길주군 길주장(1년에 2만5천마리 거래)인 것을 보면, 수원의 우시장은 남한지역에서 가장 큰 규모의 시장이었음을 알수 있다.

수원장은 1904년이후 성안장과 성밖장으로 나누어 개설되었다. 이에 따라 우시장도 성밖우시장과 성안우시장으로 나누어 개설되었다. 성밖장과 성안장이 날짜를 달리해서 섰던 것과 마찬가지로 우시장도 장시의 날짜에 맞춰 성안 밖에서 각기 섰다.

성안우시장은 매향여중을 마주보는 수원천 서쪽 북수동 274번지 일원에 있었다. 북수동 우시장은 일제가 만든 「시장규칙」에 따라 1919년 7월에 등록되었다. 성밖우시장은 남수원 밖 수원천 서쪽에 있었던 것으로 보인다. 성밖우시장은 1930년대 후반 성언우시장으로 합설되었다. 해방후 한국전쟁으로 쇠퇴하였다가, 1958년 서울, 대구와 더불어 3대 소시장으로 새롭게 부활하였다. 그러나 수원의 도시화와 발전에 따라 1962년 성밖 영화동 380번지 일대로 이전하게 되었다. 그 후 1979년 곡반정동으로 이전되었다가 1996년 역사 속으로 사라지게 되었다.

3. 수원소 수출의 대부 忽那龜千代

『朝鮮의 移出牛』(吉田雄次郎, 1927)에는 흥미있는 기록이 나온다. 조선소의 일본으로의 수출에 대한 다양한 기록등이 등장한다. 이 중 우리의 흥미를 끄는 것은 수원에 관한 사진 기록이 두면에 걸쳐 실려 있다는 점이다. 「移出牛業者 忽那龜千代의 本店」, 「忽那龜千代씨」등이 그것이다. 그리고 忽那龜千代에 대하여 다음과 같이 서술하고 있다.

> 忽那씨의 부친인 忽那新八氏는 다년간 조선소의 移出業에 종사해서 일본으로의 판로개척의 공로에 의해 지난해 조선총독으로부터 표창을 받은 분입니다만, 씨는 전적으로 부친을 돕고 혼자의 힘으로 下關, 千葉市, 水戶市 등에 출장소를 설치해, 판로확정에 종사한 외에, 조선소의 개량증식은 조선의 산업개발상 가장 의의 있는 일인 점에 착안하여 송아지의 預託을 장려하고, 일반농민들에게 그것의 이윤을 자각하게 한 공로로 지난 해 용인, 수원군수로부터 감사장을 받았다.
> 부친이 사망한 이후에도 가업을 이어 더욱 이출우의 증가와 판로개척에 노력하고, 일면으로는 경기도.황해도, 강원도 각도에 걸쳐 예탁우를 확장하였다. 기타 조선이출우조합부회장, 조선우개량증식조합장, 日鮮축산무역상조합장 등의 공직을 갖고 조선이출업자로서 조선소의 판로개척에 노력하는 한편 조선소의 예탁에 힘을 다한 공적이 있다.

4. 1920년대 수원소의 상황

1929년 6월에 수원군이 편찬한 『수원군지지』의 제6산업, 3. 축산업, 1) 소항목에 다음과 같은 기록이 있다.

> 소는 체격적으로 보면 대개 중요정도이지만, 운반 및 농경에는 아주 적합하고 식용
> 으로도 매우 양호하다

라고 하여, 수원소의 우수성을 기술하고 있다. 아울러,

> 특히 근년에는 조선소의 진가가 일본인업저에게 크게 인정되어 일본으로 移出되는
> 소가 해마다 증가하고 있어서 소사육의 앞날은 유망하다

라고 하여, 수원소가 일본으로 다수 수출되고 있음을 보여주고 있다. 또한,

> 지난 1915년에는 수원축산조합이 조직되어 이 분야의 장려기관으로써 크게 기여했
> 고, 그 성적도 현저하였다. 1922년에는 다시 일반 영업자의 희망에 따라 수원축산
> 동업조합으로 조직을 개편하여 농가의 복리증진에 힘쓰고 있다.

라고 하여 축산조합 등의 설치를 통해 노력하고 있다. 아울러 種牡牛(씨숫소)의 배치를 충실히 하고, 송아지와 새끼 밴소의 도살금지, 牛籍조사, 병든 가축의 무료 치료, 수위사배치, 축산강화회, 품평회 개최 등을 통하여 축산을 장려하였다.

수원지역의 경우 1924년부터 1928년까지의 소 관련 통계를 보면, 축산관련 조합원수는 약 1만영정도이며, 1조합원당 1마리 정도의 소를 키우고 있다. 종모우의 경우는 1924년에는 67두, 1925년 75두, 1926년 80두, 1927년 80두, 1928년 70두 정도이다.

【근대시설】
근대적 소방시설은 언제 갖추어졌을까?

　최근 수원지역의 근대화를 올바로 파악하고 연구하기 위하여 다양한 연구들이 이루어지고 있다. 학교의 근대교육, 도시화 등은 그 대표적인 경우라고 할 수 있다. 그러나 그동안 그 중요성에도 불구하고 수원지역의 화재 및 소방에 대하여는 연구 된 바가 없다. 사실 소방은 수원지역의 근대화뿐만 아니라, 재난 극복의 노력이라는 관점에서도 중요한 주제라고 판단된다. 특히 겨울을 맞이하여 수원지역에서 있었던 소방과 화재를 살펴보는 것은 우리에게 흥미와 더불어 경각심을 주는 좋은 사례가 아닌가 한다. 이글을 쓰면서 소방대원들게 깊은 감사를 표하고 싶다.

1. 근대적 소방대는 언제 처음 만들어진 것일까?

『조선일보』1938년 11월 20일자 〈30주년기념식 수원소방조에서 거행〉에,

　[수원] 십일월 십오일 오전 열시 수원경전(水原京電) 뒤 광장에서 수원소방조 삼십주년 기념식을 성대히 거행하는 동시에 추기 특별대연습을 행하야 비상시하의 방화보국의 특별한 의미로 가상(假想)적기의 내습을 보도하는 수원소방조 보도부의 발행된 호회를 제사호나 분포하얏고 적기의 투하한 폭탄, 독까쓰, 피난구호에 관한 것과 모의 화재를 소화하는 소방수의 민활한 활동에는 일반 래객의 열열한 찬사가 잇섯스며 특별히 수원소방조 창설 이래로 오늘까지 노력한 원로 이인에게 수원경찰서에서 감사장과 십년 근속한 소두 일인, 소방수 이인에게 근속표창장과 상품 수여가 잇섯다는데

라고 있듯이, 수원소방대는 구한말인 1908년경 조직된 것으로 보인다. 그러나 당시 조직된 수원대는 소방설비를 제대로 갖추고 있지는 못하였던 것 같다. 그러므로 1914년 이전에는 수원상업회의소에서 실질적으로 소방대의 역할을 한 것이 아닌가 보여진다. 『매일신보』 1914년 12월 22일자 〈모범될 수원상의〉에,

> 수원상업회의소에서는 소방기구와 소방복을 준비하여 상업강습생 중 나이가 있는 건장한 자로 하여금 평소에 소방법을 연습하여 화재가 발생하였을 때에 지체 없이 소방에 종사하도록 하였는데,

라고 있음을 통하여 짐작해 볼 수 있다. 이때 수원상공회의소에서 만들어진 소방대는 수원지역의 조선인 또는 일본인유지들이 유지비를 부담하는 민간차원의 의용소방조가 아닌가 판단된다. 이 민간차원의 의용소방대는 『조선일보』 1923년 3월 12일 자에,

수원의 화재

원인은 쥐구멍으로

재작 구일 오후 세시오십분경에 수원 성내면 남창리 일백십번디 리용희씨 집에서 불이 나서 일시의 혼잡을 이루엇는 바 수원소방조와 수비대와 경찰셔원 밋 수원상업강습소 응급부에서 출동하야 불끄기에 노력한 결과 마참 바람의 힘이 시인 때이엿스나 약 삼십분을 경과한 후 동네시십이분의 진화되엿는데 발화된 원인을 듯건대 안방 모퉁이의 쥐구멍에서 붙어 부러난온 것이라하며 손해는 대략 오십원이라더라

라고 있듯이, 1923년에도 수원상업강습소 응급부란 명칭으로 수원소방조와 함께 소방활동을 전개하고 있었다.

한편 수원읍 이외의 지역에 화재가 발생하였을 때는 면사무소 소재지 등에 소방시설을 두고 임기응변적으로 대처하고자 하였다.

2. 옛날의 화재 예방주의 사항은?

경찰당국에서는 화재를 예방하기 위하여 불조심 순찰을 하고, 포스터를 게시하는 등의 예방 활동을 적극적으로 전개하였는데, 당시 예방주의 사항은 다음과 같다.

1. 온돌의 굴뚝에 완전을 기할 것
2. 온돌 아궁이 부근에는 타기 쉬운 것을 방치하지 말 것
3. 아궁이는 개량한 것을 쓸 것
4. 아궁이 부근은 항시 불이 연소되지 않도록 청소를 게을리 하지 말 것
5. 재를 버릴 때 주의할 것
6. 아이들이 불장난을 하지 못하도록 할 것
7. 담배꽁초를 함부로 버리지 말 것
8. 송진 등불을 쓰지 말 것
9. 성냥 등을 아이들에게 갖지 못하도록 할 것
10. 항상 화롯불에 주의할 것
11. 횃불을 사용하지 말 것
12. 취침 전 집 안팎을 한번 살필 것
13. 램프에 주의할 것
14. 아궁이 부근의 적당한 곳에 항상 물통 같은 것에 물을 가득히 채워둘 것

위의 주의 사항 중에 중요하게 생각되는 용어는 온돌, 굴뚝, 아궁이, 재, 담배꽁초, 송진 등불, 횃불, 화롯불, 램프 등이다. 이는 수원 지역의 당시 사회상을 반영하는 것이라고 할 수 있을 것이다. 당시 주된 연료가 장작, 솔잎, 마른 풀, 낟알껍질, 겨 등이었다. 전등의 경우 수원면과 같은 일부 지역에서만 사용하였다, 1927년 당시 전등을 사용한 전체 호수는 1,249호이며, 그 중 일본인 478호, 조선인, 745호, 중국인 26호 등이었다. 그리고 1920년대 중반 가옥의 경우, 초가집이 25,575호, 기와집이 541호 등이었다.

3. 수원지역에서 발생한 가장 큰 화재는?

수원지역에서는 1930년대에 상가 등지에서 대규모 화재가 발생하였다. 이것은 1910, 1920년대에는 볼 수 없었던 화재의 형태로 화재형태의 새로운 모습을 보여주는 것으로 주목된다.

> 수원상점가에 큰 불
> 15호를 전소 또는 반소
> 조선인측 상업계에 타격막심
> 손해 6만원, 보험전무
> (조선일보 1935년 1월 15일)

라고 있듯이, 1935년 1월 14일 수원시내 상점가를 모두 불태운 대형화재임을 짐작해 볼 수 있다. 이 화재는 일제강점기 수원에서 발생한 가장 큰 화재사건으로 보험에 들지 않아 큰 손해를 본 경우라고 평가할 수 있을 것이다.

수원지역 상가화재는 이에 그치지 않고, 1939년 8월 18일에도 발생하였다. 『조선일보』 1939년 8월 19일자 〈수원번화가 내낮에 큰불, 상점 손해 만여원〉에,

> 【水原支局電話】십팔일 백주 열두시 이십분경 수원치고 가장 번화한 본정(本町)이정목 칠십삼번지 고무구두상 팔달(八達)상회=점주 김원성(金元成)씨=와 포목상 의창(義昌)상회=점주 신창기(申昌旗)씨=의집에서 돌연 불이 일어나 목조 단층집 두채와 상품다수를 전소하고 소방조의 활동으로 한시 이십분에 진화되었다 손해는 일만원가량이며 원인은 방금조사중인데 장소가수원의 번화가인만큼 한때는 큰 혼잡을 이루엇섯다

라고 있듯이, 수원에서 가장 번화한 본정 이정목에서 고무 구두상, 포목상 의창상회 등에 화재가 발생하여 만 여 원의 손해를 입었던 것이다.

한편 방화사건들도 종종 보여 그 당시의 사회상을 보여주고 있다. 1934년 3월 이래 11차례에 걸쳐 방화한 사건이 있었는데, 범인은 14세 소년이었다. 〈불이 붙어 오르고 소방대가 출동하고 사람들이 소란하게 구는 것이 재미잇서서 방화를 햇노라고〉 진술하였다고 한다. 또한 『조선중앙일보』 1935년 4월 11일자 〈수원읍에 화재 빈발, 3개월에 26건, 손해액은 일만삼천팔백여원, 원인은 대개 아희〉라고 하고 있고, 『동아일보』 4월 11일자에도 역시 〈수원화재통계, 1월부터 3월까지〉에,

> 최근 수원지역에는 화재가 많았는 바, 지난 1월부터 3월말까지의 수원서 보안서 통계에 의하면, 26건이나 된다는데, 원인을 들어보면, 어린들의 불장난으로 인한 화재가 13건인바, 5할이상이 어린들의 불장난이라며, 손해액은 9,838원이라는 바, 어린아이들의 불장난으로 인하여 무서운 통계를 내게 된 것은 순전히 아이들을 감독하는 부모들의 부주의 때문이라고 한다(수원)

라고 보도될 정도로 아이들의 방화가 흔하였던 것 같다.

한편 가정생활의 어려움으로 화려한 생활을 동경하여 집에 방화하는 경우도 발생하였고, 당시 봉건적 윤리하에서 질곡을 이기지 못하고 자살하기 위하여 방화하는 일도 있었다 아울러 『동아일보』 1935년 7월 18일자 〈자가에 방화, 수원군 비봉면 삼화리에서 정봉순씨가 가정불화로〉라고 있듯이, 가정불화로 자신의 집에 방화하는 경우도 있고, 개인적 원한으로 인한 방화도 있었다. 『동아일보』 1935년 10월 18일자 〈석유 뿌리고 방화 일족몰살계획 무슨 원한이 잇어 그랫는가, 수원에 전률할 범죄〉 등이 그것이다.

【외교】
한국과 미국의 만남, 존슨동산

화성시 병점역 근처에 안녕리가 있다. 이곳에서 한신대학교와 병점역을 바라보면 넓은 벌판에 펼쳐저 있다. 그리고 벌판 너머에는 권율장군이 일본군을 물리친 일화가 널리 알려져 있는 세마대가 위치하고 있다. 안녕리에는 축구의 명문 안녕중학교도 있고, 그곳에서 송산리로 이동하면 경기도 지역의 대표적인 사찰인 용주사도 위치하고 있다.

병점 고가도로를 지나, 안녕리를 거처 정남면이나, 수원대학교 방향으로 이동하다보면, 조그마한 동산이 하나 있다. 이곳에 존슨동산이라는 사실을 아는 사람은 그리 흔하지 않다. 1966년 11월 1일 존슨 미국대통령이 이곳을 방문한 것을 기념하여 동산이름을 존슨 동산이라고 명명하였던 것이다.

1966년 10월 미국의 존슨 대통령은 배트남전의 파병문제를 해결하기 위한 월남참전7개국 정상회담(마닐라정상회담)을 개최하며, 각국에 파병요청을 하던 중요한 시기였다. 마닐라 정상회담이 끝난 후 증파문제와 원조를 독려하기 위하여 관련국 순방에 올랐는데, 최대 규모의 병력을 지원하는 한국순방은 그 절정의 코스였다. 1966년 10월 31일에 존슨대통령 일행의 방한을 위하여 한국 정부 역시 막대한 비용과 인력으로 만반의 준비를 하였다.

존슨도 기분이 최고조였다. 농촌 출신이었던 그는 한국의 농촌 구경을 하고 싶다고 했고 정부는 경지 정리가 잘 되어 있던 수원으로 안내했다.

존슨대통령은 방한 이틀째인 11월 1일 오후 경기도 화성군 태안면 안룡마을의 시범농촌을 방문하기 위하여 안룡고등초등학교 운동장에 전용헬기가 착륙하였다. 3만명의 주민과 학생들이 태극기와 성조기를 흔들고 환영하였다. 대기중인 경찰 백차에 올라탄 존슨 대통령은 마을을 순회하기도 하고 주민들과 악수를 나누기도 하였다. 주민들은 존슨 대통령의 방문을 기념하기 위하여 k을 뒤의 동산을 존슨동상이라고 명명하고 기념비를 세웠으며, 이날 존슨은 직접 기념비를 제막하고 연설을 하기도 하였다.

당시 신문들에서는 존슨대통령의 방문을 대대적으로 보도하고 있다. 『동아일보』 1966년 11월 1일자에서는,

"존슨동산"도 訪問
華城군 台安주민들 土産物선사
[台安] 1일 낮 西部전선의 韓美 군부대 시찰을 마친 존슨 美대통령은 이날 오후 3시 15분 헬리콥터로 京畿道 華城군 台安면 安寧里로 비행, 安龍공민학교운동장에 내렸다.
이 스케줄은 「텍사스」주에 거대한 목장과 농장들을 갖고 있는 「존슨」대통령에게 근대화돼가는 우리나라 농촌의 모습을 보이기 위해 농림부와 京畿도가 마련한 것인데 일행은 시범면인 台安면의 安寧里에 마련된 「존슨」동산의 관망대(팔각정)에서 들녘을 굽어보며 농작물 전시포(展示圃)·계단식개간상황·9만여 그루의 뽕나무밭·양토(앙고라)장및 경작지 정리상황과 농가의 환경들을 두루 살핀후 美 잉여농산물원조사업의 성과들에 대한 브리핑을 듣고농민들이 가꾼 토산물을 선물받았다.
台安면은 34 ㎢에 2천1백여가구, 1만 3천여주민이 있는 다각(多角) 영농의 시범농촌이다. 〈李貞錫·韓泰烈·崔琴瑛記者〉

라고 하고, 이어서, 『동아일보』 1966년 11월 2일자에서는,

"존슨동산"에 友誼심고...
安寧里 시범부락민과 한때
[台安] 「존슨」대통령은 1일오후 京畿도華城군台安면安寧리 시범부락 「존슨」동산

에서 농장주다운 관록을 과시, 시종 서민풍의 몸짓과 재치로 약1시간반동안 몰려든 2만여명의 주민들을 웃겼다.

농민대표 崔時鐘(65)노인으로부터 「안녕마을」풍경을 수놓은 액자를 받고 華城군이 주는 활과화살등 따뜻한 선물에 다시 사모관대등 옛관복을 선사받은「존슨」대통령은 관복을 걸치고 崔노인과 나란히 포즈를 취하기도 했다.

사모(紗帽)를 쓰려다 너무 적어 쓸수없자「존슨」대통령은 주민의 중절모를 뺏어 카우 보이모자처럼 챙을 구부려 쓰는가하면 웃는 기자들에게 선물 받은 화살을 던지고, 崔노인에게 손가락으로 동그라미를 그려보이며 왼눈을 찡긋

「존슨」대통령은 崔노인을 헬리콥터에 태워 10분쯤 마을상공을 선회, 「LBJ」를 새 긴 주머니칼과 볼펜을 崔노인에게 선물했는데"미국애 오지 않겠느냐?"고 슬쩍 초 청.崔노인은 "가고싶긴하지만..."얼버무렸는데 「존슨」대통령은 부통령 재직시 「파 키스탄」을 방문했다가 그곳 낙타몰이 주민을 추청한일도 있어 崔노인의 방미는 실 현될듯.

이날 「존슨」대통령은 23인치 RCA텔레비존 1대를 마을에 선물, 갈채를 받았다.

〈李貞錫·韓泰烈·崔琴煥記者〉

라고 보도하고 있다.

　위의 기사 중 흥미로운 것은 존슨대통령을 만난 최시종(崔始鍾)이다. 탐라 최 씨 25세손인 그는 당시 66세로 농민대표로 뽑혀 그와 특별한 인연을 맺게 된 다. 존슨 대통령은 안룡마을 시범 농촌의 개발공사를 보고받던 중, 군중 가운 데 앞자리에 갓 쓰고 도포차림으로 앉아 있던, 최시종에게 악수를 청하였다. 이때 최시종은 농민대표로서 존슨대통령에게 선물을 증정하고, 마을 주민들 이 마련한 신랑복을 차려입은 존슨대통령과 기념촬영도 하였다. 존슨대통령 은 주민들의 환영과 선물에 대한 화답하는 뜻으로 24인치 RCA사 텔레비전 한 대를 선사하였다.

　존슨의 요청으로 헬리콥터를 타고 수원상공을 두어 차례 선회하는 동안 존슨대통령은 최시종에게 미국초청에 대한 의사여부를 묻자 최시종도 흔쾌히 승낙하였다. 존슨대통령은 주머니를 뒤져 볼펜과 자신의 이름이 새겨진 칼을 선물하고 지상에 내려왔다.

　존슨대통령의 방문 후에 최시종에게 미국대사관에서 미국초청 의사를 재타진 하였으나, 최시종은 연로한 관계로 장시간의 여행은 불가하다고 고사하였다. 존슨대통령이 돌아가고 난 뒤에도 최시종은 몇 차례의 방송출연을 하여 당시 화제의 인물이 되었다.

【종교】
대한성공회를 찾다

1. 수원교회와의 첫 만남-자료수집

2021년 3월 31일. 따뜻한 봄날, 수원 향교길에 위치한 대한성공회 수원교회를 찾아 나섰다. 수원교회는 수원사회에 끼친 영향이 크다. 근대교육. 체육. 보육원. 독립운동 등이 그것이다. 특히 운동회가 떠오른다. 성공회 교회에서 운영한 진명학교는 당시로는 처음인 서양식 대운동회를 아래 버드내 벌판에서 열어 수천 명의 인파가 모이는 등 시대에 앞선 교육을 하는 학교였다. 1905년 10월에 부임하여 1920년 1월 은퇴시까지 계셨던 영국인 부재열 신부(Bridle, George Alfred, 1870-1945)와 1908년 부재열 신부의 보조 사제로 온 구세실 신부(Alfred Cecil Cooper, 1882-1964)는 축구부, 수영 등 각종 운동부를 조직하고, 학생들의 특별활동을 지도하였다. 특히 부재열신부는 1899년에 강화도 남학당에 처음으로 축구팀을 조직한 신부로서, 1905년에 수원지역에 처음으로 축구를 보급한 인물로 수원지역 체육사에서도 중요한 의미를 갖는다. 지금은 수원교회 소년학교 운동회날 기념사진(1909년으로 추정), 수원교회 대운동회날 학생들의 모습(1910년), 수원교회 학생회 축구선수들(1909, 1911년) 등 사진을 통해 이들을 짐작해 볼 수 있다. 아울러 수원지역 최초의 고아원, 성베드로 보육원, 교회와 일정한 관련을 맺고 있던 김노적, 박선태 등 독립지사들의 모습도 떠오른다. 특히 김노적(1895-1969)은 1928년 11월 30일 성공회 신학원 과정을 수료하기도 하였다.

언젠가 한 번 제대로 정리해보고 싶었다. 20여 년 전인가. 수원교회를 찾아가 자료 문의도 하고 답사도 했던 기억들도 새록새록 떠오른다. 그때 수집한 자료들은 어디 있을까. 주로 해방 이후 자료들이고, 사진 자료들이 중심이 아니었나 생각된다.

아울러 수원시사편찬위원회에서 류현희 등이 국사편찬위원회의 용역으로 자료수집이 이루어졌던 기억, 성공회의 신자 임원순(1917년생, 수원군 태장면 출생), 임천순(1936년생, 임원순과 형제), 임옥배(1925년생, 임원순과 남매)와 수원교회 관할 사제 전삼광 등의 면담기록이 『수원근현대사증언자료집』II(수원시, 2002)에 있었던 기억들이 난다. 국사편찬위원회 홈페이지를 보니, 수원시사편찬위원회에서 조사 수집한 자료들이 보인다. 필자의 게으름으로 자료들을 정리하여 하나의 논문으로 만들지 못하였다. 아마도 그것은 김경수교수의 〈수원지역의 민족운동과 대한성공회 수원교회〉(『수원역사문화연구』 5, 수원박물관, 2015)라는 논문이 발표되었기 때문인 것 같기도 하다.

2. 성피득(베드로)보육원, 진명유치원의 선구적 활동

수원교회 하면 연구자로서 먼저 떠오르는 것은 보육원과 유치원이다. 수원에서는 접해보기 어려운 낯선 단어들이기 때문이다. 대한성공회에서는 일찍부터 학교와 더불어 이들에도 관심을 기울인 것 같다. 바로 선구자의 역할을 한 것이다. 그러나 보육원과 유치원 자료는 제한되어 있어 구하기가 힘들다. 다만 보육원과 관련하여서는 사진들이 좀 남아 있어 이를 짐작해 볼 수 있다. 그러나 진명유치원 사진자료들은 유치원의 활발한 활동에도 불구하고 접할 기회가 별로 없었던 것 같다. 이러한 한계로 교회 관련 인사들의 증언들은 매우 소중하다. 이는 『수원교회선교100년사』(2004)에 실려 있다.

1) 성피득 보육원

성피득보육원은 1913년 7월 22일 서울에 있던 보육원을 수원으로 이전한 것이다. 1921년 10월 30일에는 전용건물을 수원시 교동 11번지 성당 구내에 신축하였다.

성피득 보육원의 사진은 1920-30년대 것이 몇 장 남아 있어 당시를 짐작해 볼수 있다. 어린이와 교사들(1921년), 성피득보육원 전경(1926년 5월), 수원교회 소녀보육원(1926년 5월), 어린이들(1930년대로 추정), 보육원에서 성장한 어린이들 모습(1930년대로 추정), 출가한 여성들의 보육원 방문(1936년) 등이 그것들이다.

문헌 자료들이 별로 남아 있는 것이 없어『수원교회선교100년사』에 황명준(1958년 공업고등학교 1학년때 보육원에 들어온 경우)의 기록과 2003년 기념좌담회를 통하여 보육원에 대하여 살펴보면 다음과 같다.

> 수원교회의 역사 속에서 지나칠 수 없는 것은 대한성공회에서 유일했던 성피득보육원이다. 1892년 인천에서 설립되어, 1893년 서울 마포로 이전하였다. 1895년에는 서울 정동에서 성베드로 수도회 분원의 노라 주관 수녀가 5명의 고아를 인계 받아, 바바라 수녀(1899년 9월 한국도착, 1908년 부임, 1939년 은퇴, 1959년 소천-필자)가 보육사가 되어 헌신적으로 활동하였다. 그 후 1913년 수원교회 안에 수녀원 자리 뒤에 자리를 잡고 불우아동 중 여자 아동을 교육하였다. 건물 신축으로 1920년에 서울로 잠시 이전 하였다가 1921년 다시 수원으로 옮겼다. 1921년 9월 신축건물을 완공하였고, 원장은 이사(벨)(1901년 1월 한국도착, 1908년 부임, 1927년 은퇴, 1927년 10월 1일 소천-필자) 수녀였다. 이사 수녀의 묘비는 현재 교회 문입구에 위치해 있다. 1934년에는 다시 증축하여 "부모의 사랑 못지않게"라는 보육이념을 실천하기 위해 노력하였다.
> 1941년 1월 1일 일제의 탄압으로 폐쇄된 이후, 1951년 한국전쟁을 계기로 다시 운영을 시작한 보육원은 1958년 8월까지 여자아동들만 보육되었다. 여자아이는 약 50명 정도였으며, 미취학아이부터 고등학생까지였다.
> 1958년 9월부터 안중에서 고등학생 4명, 중학생 4명을 전원시켜 보육하기 시작하였다. 그 중 남자 아동은 안중보육원에서 전원되어 중학생, 고등학생들이 30여 명

에 달하게 되었다. 그때 당시 조정자(마리아)원장님과 서애희(엘리자벳), 김애화 보육선생님들께서 보육에 힘쓰셨다. 서애희는 경기여고와 부설 사범과를 마친 후 군산, 강화, 평양에서 교사생활을 하였고, 1951년부터 원아들을 양육하는데 헌신적인 노력을 기울였다. 한편 안중에서 남자 학생들이 전원할 때는 관할 사제이신 황익찬 신부님께서 시무하셨다.

그 후 1963년 강준희신부님, 1970년 임승용신부가 시무하였으며, 1973년 정연우 부제가 시무할 당시에 학생 수가 30명 미만에 이르러 1973년 9월경 폐쇄되었다. 그때 학생들은 혜광원으로 전원 조치되었다. 그 후속 사업으로 지금 성공회대학 내의 성 베드로 학교가 탄생하게 된 것이다.

성 베드로학교는 1974년 이천환에 의해 설립된 서울특별시 구로구 항동에 있는 사립 특수학교이다. 대한성공회 유지재단 이천환 주교에 의해 정신지체아 특수학교가 성공회 대학 내에 설립되고 같은 해 5월 개교하였다. 1985년에 중학교 6학급이 그리고 1988년에는 고등학교 6학급이 설치 인가되었으며, 2009년에는 1학급의 전공과 과정이 인가되었다. 1991년에는 관리실, 작업실 등 교사가 준공 되었고, 2003년도에는 신축교사가 준공되었다.

본교의 교훈은 "서로 믿고, 서로 돕고, 서로 사랑하자"이며 씩씩한 기상과 무궁한 발전을 기원하는 의미에서 개나리를 학교 교화로 은행나무를 학교 교목으로 선정하였다. 1978년 제10회 태평양지구 특수올림픽에 참가하였으며, 1979년과 1983년 제5, 6회 세계특수올림픽 참가, 그리고 1981년과 1982년 제1, 2 회 일본 특수올림픽 참가 등 다양한 국제대회에 참여하였다.

2) 진명학교, 진명유치원의 연혁과 활동

(1) 독립운동가 이현경, 이선경이 졸업한 진명학교

수원교회는 선교초기부터 교육사업에 많은 관심을 갖고 여러 형태의 학교를 설립하였다. 1904년 선교를 시작하고 1905년 매교다리 근처의 가옥 한 채를 매입하여 임시성당으로 사용한 것이 교회의 첫걸음이다. 그 후에 1906년 현재의 위치인 팔달산 기슭 교동에 대지를 구입하였다. 1908년 8월 성당이 완공되었는데 이미 5월 26일 진명학교를 개교하였다. 남녀 80명으로 초등학교

과정이었다.

1909년 독지가의 도움으로 두 채의 건물을 신축하고 한 채를 여학교로 문을 열었다. 영국인 세실수녀와 한국인 교사 1명이 독서, 습자, 신학, 지리, 역사 등을 가르쳤다. 1913년 서울에서 성피득보육원이 수원으로 이전하였다. 한 울타리 안에 성당, 학교, 보육원, 수녀원이 있었다. 1920년에는 서당을 설립하였다. 또한 진명사숙을 설립하여 남녀 50명의 학생이 출석하였다. 같은 해에 주일학교를 시작하였다. 1923년에는 여자야학원을 설립하였다. 현재 1927년 3월, 제24회 졸업기념 수원진명여자야학원 사진이 남아 있다(김노적 소장자료). 1925년에는 여자신학원을 개설하였다. 이사 수녀의 지도로 17명의 학생이 공부하였다. 1920년대 말에는 초등학교 과정의 학교가 여러 곳에 설립되었다. 진명학교는 새롭게 영아교육을 위한 유치원으로 바뀌게 되었다(전삼광 사제의 증언자료).

(2) 진명유치원

1924년 수원에는 독립운동가 임면수, 차명규 등 수원유지들을 중심으로 수원유치원이 설립된 이후, 1928년 9월 18일 수원공회당에서 61명의 각계각층의 인사들이 모여 진명유치원 발기회를 열었다. 임인재(요셉) 전도사의 사회로 진행된 발기회는 유치원 설립을 결의하였다.

『조선일보』 1928년 9월 22일자에도 〈수원유치원 발기인총회〉라는 제목으로 다음과 같이 기사화되었다.

> 지난 16일 오후 이시반에 수원공회당에서 금번 새로 설립코자 하는 진명유치원발기인총회를 임인재씨 사회로 개회하고 경과보고와 취지설명서낭독 등이 있은 후, 설립비예산안에 관하여 준비위원으로부터 1천500원을 계상하였다는데 일반위원 측에서는 금년과 같이 심한 한해에 1천500원이라는 거액을 변출하기는 곤란하다는 것으로 장시간 토의하다가 결국 여좌히 결정하였다더라

◇ 토의안
1, 설립사무실행위원 선정의 건
1, 유지방침에 관할 건
1, 기타사항에 관한 건

◇ 실행위원
안홍렬 김연각 홍사훈 이완선 임인재 신현익 김행권

　유치원 교사로 강화읍에서 황순이(루다), 서울에서 숙명여고를 졸업한 고음전 두명이 부임하였다. 원로 교우인 임원순의 증언에 따르면, 원장은 신익현(수원의원 원장), 보모 장명익, 보모 권씨가 유치원교사였다.

　『조선일보』 1935년 10월 16일자 〈수원서 계속 활동 남녀 수명을 검거-모유원 보모 양명은 취조 후 석방, 사건은 의외로 확대?〉를 보면 다음과 같다.

> 【수원】 지난 십일일부터 수원서고등계(수원서고등계(水原署高等係))에서는 돌연 맹활동하여 전반 공산재건의 관계로 복역하다가 출옥한 수원읍 산루리에 사는 장보라와 동읍 매산리에 사는 최성봉과 동 산루리 진명 유치원 보모(進明幼稚園媒姆)) 백남숙(二〇)외 수명을 11일 밤에 검거 취조한 결과, 전기 진명유치원 두 명은 석방이 되고, 장보라, 최성봉은 그대로 엄중한 취조로 진행 중이라 하는 바, 그 내용만은 극하 비밀에 붓침으로 자세히 알 수 없으나 탐문한 비에 의하면 모종 비밀결사의 관계라 하며 동서에서는 연속활동 중인데 사건은 아직도 확대될 것 같다고 한다

　위의 기사로 보아, 진명유치원의 보모로 백남숙이 일하였음을 짐작해 볼 수 있다.

　한편 『조선일보』 1936년 10월 10일자에는 〈진명유치원(進明幼稺園)에서 의류현금기탁(衣類現金寄託)〉이란 다음과 같은 기사도 보인다.

의류현금기탁(衣類現金寄託)

【수원(水原)】 수원진명유치원(進明幼稚園))에서는 자모일동 협력하야 의류(衣類) 일백 이십 이점과 현금 륙원을 가지고 본보 수원지국에 와서 남선 수해 이재동포에 게 전하야 달라고 긔탁하엿다 한다

1929년 8월 〈성공회월보〉에는 수원의 진명유치원이 크게 확정되었고, 경비를 신자들이 부담했고, 선교회에서 약간의 기부금을 보냈다는 기사가 있다. 1931년 5월 월보에도 수원교회 〈소식란〉에 유치원이 잘 발전하고 있고, 보육원도 정원 이상의 원아들이 건강하게 자라고 있다는 기사도 있다.

제2차 세계대전의 발발로 1940년경부터는 영국인선교사들의 수난이 시작되었다. 일제는 영국인 성직자들은 연행하기도 하고 며칠씩 구금하기도 하였다. 심지어 구세실 주교도 5일간 구류를 살았다. 마침내 1941년 1월 1일 일본인 사제 구도의 한국총감사제 임명으로 한국 성공회는 암흑기에 들어서게 되었다. 1941년 1월 20일 구세실 주교는 한국을 떠났다.

일본군은 수원비행장을 만들고, 팔달산 지하에 군수공장을 세우는 계획을 수립하였다. 교회의 유치원 마당에는 공장설비를 위한 온갖 자제를 쌓아 놓았다. 전쟁의 여파로 유치원은 1943년 문을 닫게 되었다. 해방후 몇 차례 진명유치원 개원에 대한 논의가 있었고, 1985년 3월 유치원을 개원하였다. 그러나 원아모집에 어려움이 생겨 2004년 2월 마지막 졸업식을 갖고 아쉽게도 문을 닫았다(전삼광 사제의 회고).

3. 수원교회를 둘러보다

매산로를 따라 교동으로 향하다 보면 부국원 맞은편에 대한성공회 수원교회가 나타난다. 교회 우측 담에는 대한성공회 수원교회라고 써 있고, 좌측에

는 〈신작로 근대를 걷다〉라는 표석아래 다음과 같이 설명문이 부착되어 있다.

대한성공회 수원교회

성스테파노 수원교회는 1904년 영국의 존 코프(Charles John Corfe 고용한)초
대 주교가 1904년 에 세운 교회입니다. 지금의 성전은 1982년에 새롭게 지어졌
습니다. 교회는 한강 남쪽의 성공회기지로서의 역할을 담당하여 경기지역과 충청지
역의 12개 지교회를 관할하기도 하였습니다. 교회는 진명학교(1908-1926), 진
명유치원(1928-1943, 1985-2004), 성피득보육원(1913-1973)을 운영하는
등, 교육과 보육사업에 충실하였습니다. 교회는 나누고 섬기기 위해 수원지역에서
"수원나눔의 집"과 수원노숙인 다시서기종합지원센터에 계속해서 후원을 하고 있습
니다. 수원교회는 주님이 "가르치고 선포하시고, 고치신(마태 4:23)"대로 행하고자
합니다.

아울러 1929년 대한성공회 수원교회 사진과 2019년 대한성공회 수원교회
사진이 함께 붙어 있었다. 수원교회의 역사적 변화를 잘 보여주고 있다.

교회를 들어서니 우측에 여러 비석들이 눈이 들어왔다. 교회의 역사와 선교
하다 이국땅에서 숨겨간 신부. 수녀님들의 묘비를 입구에서 접하며 그 숭고함
에 고개 숙인다. 먼저 성스테반 성당 약사라는 비석이 서 있다. 여기에는 다음
과 같이 적혀 있었다.

본 교회는 영국 캔터베리에서 우리나라 초대 주교로 부임한 고요한 주교(1890-
1904)가 1904년에 세웠습니다. 본교회는 기독교 전파 초기의 교회로서 1908년
신명학교와 진명유치원을 설립, 선교의 횃불을 들고 수원지방 개화기 교육에 앞장
섰습니다. 1913년 서울에 있던 성피득보육원을 본 교회로 옮겨 1973년까지 60년
동안 천 여 명의 불우소년을 하느님 사랑 안에서 성장 시켰습니다. 본 교회는 1981
년 옛 건물을 헐고 성정한 교세에 합당한 성당을 축성하였으며, 성당 축성에는 교구
의 지원과 교우 여러분의 정성어린 성금으로 건축되었습니다.

1986년 11월 일
대한성공회 수원교동교회 돤할사제 차인환
이비는 이 미가엘(학준)씨 유족들이 별세기념으로 세웠습니다.

그리고 그 옆에는 〈主敎端雅德紀念碑〉가 서 있었다. 단아덕 주교가 어떤 인물인지 궁금했다. 단아덕(Arthur Beresford Turner, 1862-1910) 주교는 초대 주교인 고요한 주교가 사퇴하자, 그 후임으로 1905년 1월 25일 주교로 승품(陞品)되어 제2대 조선교구장이 된 인물. 단아덕 주교는 1907년 우리나라 YMCA 창설에도 공이 크며, 초대회장 J. S. Gale의 뒤를 이어 제2대 회장을 역임했고, 조선의 성공회 수장(首長)으로 노력하다가 1910년 10월 28일 인천의 성누가병원에서 승천하여 양화진에 있는 외국인묘지의 성공회 묘역에 잠들어 있다.

아울러 그 옆에는 피득보육원 원장이었던 조마리아(정자)(1901.3·10.-1975. 1.7)의 기념비가 서 있다. 조마리아는 원장 재직시절, 원아들에게 한국적으로 예의범절 등을 잘 가르쳐 주었다고 보육원 출신인 황명준은 회고하였다. 1958년 초여름에 찍은 〈성피득보육원 원장 일동〉 사진에서 조마리아의 얼굴을 확인할 수 있다.

또한 노라(老羅) 수녀비와 이사(怡事) 수녀 비가 서 있었다. 1892년 11월 3일 성 베드로수도회에서 수녀들이 도착하였다. 1890년 1월, 영국 킬번에 위치한 성 베드로 수녀원을 방문해 환자들을 정성스럽게 돌보는 그들의 모습을 보고 한국에서도 저런 수녀들이 있었으면 했던 코프의 꿈이 이루어졌다. 1892년 11월 3일 오랫동안 기다리던 수녀들 노라(Nora), 로살리(Rosalie), 마가레타(Margaretta), 알마(Alma, 1906년 소천), 로이스(Lois, 1899년 소천)와 간호사 웹스(Webster)가 도착하여 정동에 자리를 잡았다. 이들 중 노라 수녀는 간호사이기도 하였으며, 1919년 12월 1일 소천하였다. 이사벨(Isabel) 수녀는 1901년 1월 한국에 도착하여, 1908년 수원교회에 부임하였다, 1927년 은퇴하고 동년 10월 1

일 소천하였다. 1921년에는 보육원 원장을 담당하였다.

노라 수녀 등 1910년대 활동한 수녀들의 사진들이 있어 확인할 수 있었다. 마더 이사, 노라 사진도 있고, 마가레타(1909년 은퇴, 1947년 7월 27일 소천), 로살리(1926년 은퇴, 1926년 6월 28일 소천) 수녀 등은 역시 간호사로 노라 수녀와 같은 해 같은 날짜인 1892년 11월 3일 한국에 도착하였다. 바바라(1899년 9월 도착, 1939년 은퇴, 1959년 3월 8일 소천), 세실(간호사, 1907년 도착, 1920년 은퇴, 1959년 2월 17일 소천), 이사벨, 에디트 헬레나(간호사, 1907년 도착, 1940년 은퇴, 1949년 10월 28일 소천) 수녀들이 그들이다. 이들은 모두 성 베드로 수도회 소속이다. 이들 수녀들은 심방을 가기 위해 가마를 타고 이동하기도 하였다. 앞으로 이들 수녀들의 활동에 대한 활발한 연구와 조명, 그리고 선양과 안내판 설치도 수원 근대의 복원 차원에서 이루어지기를 기대한다. 1913년에 서울에서 수원으로 이전한 성피득보육원은 60여 년 동안, 1,000여 명 이상의 고아들을 양육하여 사회에 배출하였다.

입구 우측편으로는 넓은 잔디에 초기 교회 입구 모양의 문이 서있다. 초창기 모습을 찍어놓은 성공회 사진이 떠오른다. 뒤로 1980년대 새로이 건립한 성 스테판 교회의 웅장한 모습 보인다. 입구에서 김대묵 신부님을 만나 찾아온 용건을 말하니 반가이 맞아주셨다. 『수원교회선교 100년사』(2004) 자료집과 『대한성공회 초대 주교 찰스 존 코프』(이근홍 누가사제, 대한성공회, 2015) 신부님에 관한 저서 등 여러 자료들을 얻었다. 그리고 입구에 있는 성공회 역사를 보여주는 여러 사진들을 볼 수 있었다. 교동에 위치한 영국 성공회 수원교회(1909) 교회모습. 1930년대 교회. 부활 전후 첫 주일에 가진 성공회 수원교회 어머니연합회의 서호 야유회(1938년), 신자들. 축구하는 어린이들. 보육원여자 아이들. 수녀님들 등 성공회의 수원활동을 그려볼 수 있었다. 아울러 전시자료들도 다수 확인할 수 있었다. 성가 등 릴테이프(1965년), 100주년 기념(2004년)음악회

CD, 도리문답책(1961, 1967년), 축성 기념 컵과 장식, (1982년 9월 12일), 목회일지 (1969년부터), 교회수첩(대한성공회 수원교동교회, 차인환신부), 심방기도서(연도미상), 교회월보(대한성공회 수원교회), 결혼허가원, 공도문, 성가(1969, 1971, 1990, 2005), 성시(1966, 1975, 1994), 사도문(1958년 개정), 교적부(1904년) 등이 있었다. 특히 교적부는 1904년 것으로 교인들의 인적사항과 세례와 견진을 받은 사실을 기록해 놓아 초기 신도구성을 이해할 수 있는 좋은 자료로 평가되었다.

이어 40대 후반으로 보이는 김대묵신부님의 안내로 교회 안에 들어가 잠깐 묵상하고 실내 촬영을 허락받았다. 신부님 덕분에 성전 안에, 처음으로 들어가 보았다. 저절로 고개가 숙여졌다. 멀리 제단이 보였다. 성스러움과 존경스러움이 저절로 느껴졌다. 신부님께 역사적 사진들을 요청하였다. 역사박물관에 있는데 별도로 관리한다며 담당자에게 연락을 취해주겠다고 하신다.

교회당 안에서 나오니 잔디밭에 수원교회의 역사를 사진과 함께 정리한 안내판들이 3-4개 있어 교회의 역사를 이해하는데 큰 도움이 되었다. 수원시에서 설립한 것인데 의미 있는 작업인 듯하다.

감사하다는 인사를 드리고 수원문화원으로 향하였다. 문화원 신구식부장님이 성공회 신자라고 하신다. 천만대군을 얻은 기분. 앞으로의 정리에 도움을 요청드렸다. 벚꽃이 활짝 핀 3월 31일. 즐겁고 바쁜 하루였다 그 후 수원시 김수현 학예사에게 수원교회 로라, 이사 수녀의 비석의 문화재적 가치에 대하여 건의하였다. 아울러 미국에 있는 옥성득교수의 자문과 교시가 큰 도움이 되었다. 특히 부재열 신부의 축구팀에 관한 것은 옥교수의 교시이다.

【산업】
인쇄와 함께 청춘을 보낸 이완표(李完杓)
교문사 대표

식민지시대 인쇄인들은 단순한 노동자들이 아닌 일정한 지식을 갖고 있는 지식인 노동자계급이었다. 그러므로 노조를 결성하는 한편, 항일투쟁에서도 중요한 역할을 담당하였다. 당시의 인쇄·출판인들이 근대민족운동에 기여한 바가 큼에도 불구하고 그동안 주목되지 못하였다. 그러던 중 현재의 인쇄 장인과 만날 기회가 있었다.

2020년 10월 19일 가을 햇살 아래 권선구 오목천로 수원첨단벤처밸리에 소재한 교문사를 찾아 나섰다. 건물 401호에 교문사 간판이 있었고, 안으로 들어가니 이완표 대표가 반가이 맞아주셨다. 이 대표는 조용하고 겸손했지만 시대의 변화를 선도하는 당차고 힘 있고, 고민하고 노력하는 혁신적 인쇄인이었다. 교문사는 1984년 수원 북수동에서 창립되어 현재에 이르는 수원지역의 대표적인 인쇄기업이다. 이완표 대표와 교문사 등 수원의 인쇄산업과 인쇄문화 그리고 미래에 대한 여러 이야기를 나누었다.

1. 2016년 제8회 인쇄문화의 날 인쇄대상 수상

이완표 대표는 2008년부터 2020년 최근까지 10여 년 동안 경기도인쇄정보산업협동조합이사장으로 활동하였다. 그러던 중, 2016년 10월 제8회 인쇄문화의 날 인쇄문화대상(진흥부문)을 수상하였다, 수상 이유는 인쇄기술 발전에 이

바지 공로. 특히 그는 탁월한 리더십과 조직활성화에 남다른 역량을 발휘했다. 일찌기 2013년에도 지식경제부장관상을 수상하는 등 경기도 인쇄정보산업협동조합발전에 기여해 왔다. 또한 인쇄기반의 쇄신을 진두지휘한 인물이기도 하다. 이완표 이사장은 수상이후 한 신문과의 인터뷰에서 인쇄산업에 대하여 다음과 같이 언급하고 있다.

> 인쇄산업은 전형적인 중소기업형업종으로 재무구조가 취약하고 자금력이 없는 영세한 중소기업이 전체의 90%이상을 차지하고 있다. 최근 지속되는 인쇄산업의 위기를 돌파하기 위해 조합은 신속히 시장의 흐름을 조합원에게 전달해 주고 최대한 정부사업에서 인쇄관련 해택을 받을 수 있도록 적극적인 역할을 해야 한다.

이완표 대표가 이사장으로 오랫동안 활동한 경기도인쇄정보산업협동조합은 1962년 5월 설립된 인쇄전문조합이다. 이사장으로 일하는 동안 이완표 대표는 경기도 인쇄조합의 역할을 증대하며, 조합원과 상생을 위한 과감한 혁신을 시도하였다. 아울러 공동구매사업, 협업화 공동화사업 등도 추진하였다. 특히 2015년에는 중앙회의 코업비즈와 연계하여 용지류 공동구매사업을 성공적으로 진행시켰다. 또한 공동구매 물류기지의 구축완료와 함께 "直心"우수 공동브랜드를 사용한 디지털 인쇄용지를 개발 출시하여 조합원의 공동구매와 판매를 통해 원자재 구입 원가 절감 및 효율성을 높이는 등 인쇄산업 발전을 견인하였다.

2. 북수동에 교문사를 설립하다

이완표대표는 1955년 천안 중앙동에서 출생하여 서울로 이주, 1970년대 초에 형님이 수원에 계신 것을 인연으로 수원에 정착하였다고 한다. 처음에는 매산초등학교 근처에서 체육사를 경영하기도 하였으나, 교육과 인쇄에 뜻이 있어 1984년 교문사를 창립, 인쇄업에 첫발을 내딛게 되었다. 회사명을 "教文社"라고 한 것도 기본적으로 교육에 대한 관심에서 출발하였기 때문이었다고 힘주어 말하였다.

수원에서의 인쇄업의 호황기는 1980년대 중반부터 2000년대 초였다. 당시 교문사는 회사의 이름처럼 교육과 관련된 관공서 일을 주로 하였다. 시험문제지, 교재, 학교신문, 학교잡지, 교육청소식지 등 주로 학교와 교육청 등 공적기관, 관공서를 대상으로 사업을 진행하여 수익을 보았던 것이다. 당시는 컴퓨터가 발전된 시기가 아니었으므로 인쇄는 없어서는 안될 가장 소중한 자산이었다.

그러나 이러한 호황도 오래가지 못하였다. 2006년 이후 컴퓨터 시장의 활성화, 공공시장의 축소, 상업시장의 활성화, 조달청 단가의 불변 등은 공공기관을 상대로 하는 교문사와 같은 업체에 큰 타격을 주었다. 특히 교문사와 같이 관공서를 상대로 하는 인쇄기업들은 변화에 능동적으로 대처하지 못하였다. 그것은 새로이 상업인쇄에 진출하기에는 너무 힘든 난관들이 있었기 때문이었다. 상업인쇄에 진출하기 위해서는 막대한 자금을 새롭게 투자하여야 하는데 이를 감당할 만한 힘과 용기가 나질 않았다. 그러므로 이완표 대표는 관공서를 중심으로 하면서 기계를 디지털화 하는 등 새로운 변화를 시도하며 지금까지 사업을 진행해 오고 있다.

그러한 가운데 한국 사회가 민주화 되어 가면서, 노동시장과 기술현장에도 변화가 발생하였다. 기존에는 몸으로 때운다는 식으로 육체노동 중심이었던 것에 반하여 모든 것이 자동화되어 갔다. 또한 노동시간도 근로기준법에 따라 8시간을 기준으로 하게 되었음으로 당연한 일이지만 사업자 입장에서는 간단한 변화가 아니었다. 그동안 교문사에는 10여명의 직원이 일하였는데 현재는 대표, 부장을 제외하면 디자이너 2명 정도가 근무하는 형태가 되었다고 한다.

3. 수원첨단벤처밸리에서의 새로운 도전

처음 북수동 소화초등학교 근처에서 출발한 교문사는 그 후 남창동(1987-1994), 도청 근처 매산로(1995) 등 여러 곳을 거쳐 2008년도에 이르러 현재의 오목천로에 정착, 10여 년째 사업을 일구어 나가고 있다. 교문사가 수원첨단벤처밸리로 들어온 이유는 인쇄의 협업화, 중복투자방지 등의 인쇄혁신이 그 주된 이유였다. 당시 교동 인쇄골목에서 함께 사업을 함께 하던 여러 기업들이 동참했다. 대표적인 사업체로는 신한스티커, 우리사, 우정사, 두선인쇄, 이미지네이션, 아이엔지 등을 들 수 있다.

교문사는 그동안 교육과 관련된 출판인쇄를 주로 진행하여 왔다. 대표적으로 경기도 문인협회 시조집 등도 발간하였다. 2008년 고색동 지역으로 이전하면서 배포한 선전지에는 새로운 포부가 듬뿍 담겨 있다.

새롭게 출발합니다.

디자인, 광고, 출판, 인쇄환경이 급변하고 있습니다.
이에 교문사는 금번 수원첨단산업단지내 벤처밸리에 뜻 있는 인쇄인들과 함께 인쇄협업시스템을 갖추고 디자인, 출판, 인쇄, 각종 후가공, 판촉물 등 고객의 다양한 요구를 일관된 생산체제로 서비스할수 있는 시스템을 갖추고 새로운 출발을 하였습니다.
이제 고객은 각종 디자인, 인쇄물, 인쇄관련 후가공, 판촉물 심지어는 웹디자인에 이르기까지 one stop 서비스를 받을 수 있게 되었습니다.
이 모든 것이 여러분의 성원이 있었기에 가능한 일이었습니다.

아울러 주요 생산 품목을 다음과 같이 제시하고 있다.

문집 / 신문 / 독서장 / 생활장 / 요람(학교현황) / 신입생안내 / 교육계획서 / 보고서
교육교재 / 상장 및 케이스 / 기타 인쇄물

즉, 교문사에서는 다양한 인쇄물을 취급하고 있음을 알 수 있다. 특히 교육 교재, 상장 등 학교 교육등과 관련된 부분을 취급하고 있다.

출판사의 정확한 규모를 알기 위해, 이완표 대표에게 총 매출에 대하여 질문 하였으나 답변을 사양하였다(웃음). 혹시 선거 때 홍보물이 많으니 수익이 쏠 쏠하지 않을까 하여 질문도 드려보았으나, 답변은 별 영향이 없다는 것이었다. 오히려 선거법 등으로 하여 선거때에는 인쇄시장이 위축된다고 한다. 주요 인 쇄물들의 경우 수원은 서울과 인접해 있어 여의도로 고객들의 발길이 향하는 경우도 많다고 알려 주었다.

또한 과거에 흥행했던 연말연시의 연하장, 달력 시장 역시 축소되어 경영난 을 벗어날 수 없다고 한다. 즉, 시대의 변화에 따라 인쇄시장도 변화하고 있어 새로운 혁신의 길을 모색하고 계신 모습이다.

시대의 변화에 적응하고 이를 해체나기기 위하여 이완표 대표는 현재 같은 건물에 입주하고 있는 다양한 업체들과 함께 상호 협조, 협력하는 협업시스템 으로 일을 처리하고 있다고 알려주었다.

4. 인쇄업의 나아갈 방향

현재와 미래의 인쇄업에서는 인쇄인보다 디자이너가 더 중요하다. 육체적인 노동보다 자료들을 어떻게 디자인하고 생산해 나가는가가 더욱 소중한 시대 가 된 것이다. 이완표 대표의 이러한 지적에 필자 역시 상당한 공감을 표하면 서, 미래 인쇄업의 방향성에 대하여 함께 고민해야 하지 않을까 하는 생각이 들었다.

아울러 이완표 대표는 인쇄산업과 인쇄문화의 상호발전에 대하여 말하였 다. 특히 인쇄문화의 소중함을 역설하고, 과거 수원의 인쇄문화를 보다 잘 보존하고, 기억하고 계승할 필요가 있다고 하였다. 또한 변화하는 시대에 맞추어 보다 선도적으로 인쇄문화를 어떻게 변화 발전시킬 것인가 하는 부분에 많은 고민들이 이루어져야 할 것임을 강조하였다. 1980-90년대에 인쇄단지, 인쇄산업에 보다 투자를 하여야 했음에도 불구하고 그렇지 못하였던 것에 대한 아쉬움도 토로하였다.

인쇄파라다임이 정보통신의 발달로 상호 중복, 충돌되는 경향이 있음도 지적하였다. 인쇄산업와 인터넷 매체의 상호 융합을 통하여 새로운 시각에서 인쇄를 내다보고 발전시켜야 함을 특히 젊은 인쇄인들에게 당부하고 싶다고 하였다. 또한 인쇄인으로서의 자부심과 긍지를 갖고 시대에 적극적으로 그리고 긍정적으로 대처할 필요가 있다고도 하였다.

이완표 대표는 수원은 경기도의 중심이지만 서울 의존도가 너무 높다고 지적하고 앞으로 100만이 넘는 인구를 가진 수원의 인쇄업이 보다 발전하기를 기원하였다. 아울러 인쇄업은 특성상 도시인근에 있어야 함에도 불구하고, 현재 수원의 경우 출판단지가 들어설 여유 공간이 없다고 하였다. 고색동 산업단지에 1만평 출판단지를 조성하였었으나 다 분양되지 못하여 결국 실패하였다고 아쉬움도 토로하였다. 앞으로 화성시로의 진출과 융합 연대도 고민해야 할 부분인 것으로 이해되었다.

이완표 대표는 부인과의 사이에 1남 1녀를 두고 단란한 가정을 꾸리고 있다. 유튜브 속의 〈수원 향교로, 교동인쇄골목〉을 보기를 청하였다. 이완표 대표의 수원 인쇄문화 사랑을 엿볼수 있어 감사했다.

5. 자랑스로운 인쇄문화의 창조인, 이완표 대표

이완표대표와의 면담을 통하여 인쇄산업과 인쇄문화에 대하여 생각하는 기회를 갖게 되었다, 세계적으로 한국은 인쇄문화가 발전한 나라이고, 특히 수원의 교동 골목은 근대 인쇄를 상징하는 대표적인 성지이다. 그럼에도 불구하고 수원의 인쇄문화에 대한 나의 지식은 천박한 것이었다. 다시 한번 인쇄에 대해 생각해 볼 수 있는 좋은 기회였다.

이완표 대표와의 대화를 통해 자주 등장하는 단어는 공동구매. 협업 등이었다, 특히 2008년 금융위기. 수원첨단벤처밸리로의 이전 등은 새로운 전기와 계기를 마련해준 것 같다. 가장 힘든 역경의 시점에서 이완표 대표가 구상한 것은 결국 공동과 협업을 통해서만이 중소기업 중심의 인쇄업이 살아날 수 있는 길이라고 생각하였던 것 같다. 공동구매, 공동협업이야 말로 원가를 절약할 수 있는 첩경이었기 때문일 것이다. 즉 이완표 대표는 시대의 변화에 따라 투자와 변혁을 시도했고, 그 과정에서 새로운 전략들을 끊임없이 발굴하고자 노력을 기울인 인쇄의 장인, 자랑스러운 인쇄문화의 새로운 창조인이라고 할 수 있겠다.

찾아보기

ㄱ

강영수 328
강우규 23
강조치 165
곡목무삼랑 344
구르니 131
구세실 357
구직회 291, 298
권동진 328
권충일 136
김나열 84
김노적 136, 207, 357
김대묵 367
김명우 60
김명호 62
김병로 328
김보윤 103
김봉현 229
김석중 294
김선기 294
김성열 70
김성환 136
김세열 70
김세환 15, 139, 141
김시중 281, 287, 291
김영학 269
김용묵 287
김용찬 287

김용철 282, 287
김우영 84
김응식 60
김응오 65, 66
김익배 68, 69
김정식 68, 334
김종학 59
김주남 70
김주업 70
김주형 146
김철중 294
김향화 16
김현조 68, 69
김현태 277
김홍복 70
김홍삼 66
김홍열 70

ㄴ

나경석 83
나혜석 83
노구지 34
노라 365

ㄷ

단아딕 365
대한여자애국단 112, 114
대한적십자사 24

대화의숙 297

ㄹ

로살리 365
로이스 365
리슨 19
리제재 206

ㅁ

마가레타 365
맥래 22
문봉식 327
민관식 151
민영환 339
민찬호 28
민태정 277

ㅂ

바바라 366
박기종 228
박상호 271
박선태 102, 105, 136, 141, 357
박성환 102
박승극 286, 287, 291, 296, 298
박용석 74
박은식 23
박정현 249
박태준 217, 261, 271
발안바이오과학고등학교 258
발안심상소학교 241
발안중학교 247

발안초등학교 237
방구현 147
배숙경 84
백낙열 32, 67, 74
백순익 60, 63
베르그홀쯔 20
보신강습소 286
보흥학교 214
부재열 131, 357
북만호텔 89

ㅅ

사강교회 36
사창초등학교 313
상신초등학교 242
서삼수 80
서재필 29
석연봉 147
성낙경 248
성피득(베드로)보육원 358
성피득 보육원 359
세실 366
송영만 67
송인기 298
수원경방단 159
수원 구국민단 103
수원향 142
수촌교회 66
수학여행 342
스코필드 18
신익현 362

신종식 248
『신한청년』 22
신한청년당 22
신화수 248
신흥학당 296
『신흥학우보』 129

ㅇ

안순영 217, 261, 273
안정순 249
안창호 28, 335
알마 365
암스트롱 20
양감초등학교 299
양규룡 141, 144, 146
엄의섭 165
에디트 헬레나 366
여운형 22
염일여 45
영우회 327, 330
예문택 42
예종구 41, 42
오인석 249
왕광연 49
왕화식 49
월문초등학교 277
웹스 365
유정수 217, 306
유진호 150
윤태현 146
이갑성 18

이관수 103
이관호 217, 261
이광수 23
이광우 301
이규선 40
이남순 49
이득수 102, 105
이륭양행 24
이사 365
이사벨 365
이상우 96
이선경 103, 148, 360
이순모 32
이승만 28
이영재 193
이완선 136, 140
이완표 368
이용설 18
이용성 136, 147, 148
이원섭 291
이종성 249
이한규 147
이현경 148, 360
이호관 276
이효석 88, 89
임순남 103
임옥배 358
임원순 358, 362
임인재 99
임천순 358
임치호 106, 110

ㅈ

장명익 362
장세걸 147
장윤수 296
장윤오 277
장주문 291, 298
정봉래 45
정서송 32
정유현 277
정한경 28
정환범 20
조동호 22
조마리아 365
조병옥 328
『조선미인보감』 16
존스 214
존슨 353
주요한 26
증전정사랑 344
지성용 148
지송욱 16
진명유치원 358

ㅊ

차관호 101, 103
차병한 68
차선순 149
차인범 32, 66
차인순 147
차인재 98
차준담 144, 159, 277

차철순 147, 149
차희식 32, 63
천덕암 72
천덕천 72
최덕우 298
최문순 103
최상열 77
최상훈 135
최승만 15
최시종 355
최응환 147
최장섭 32
최준석 298
최중환 77
최창호 328

ㅍ

팔탄공립보통학교 262
팔탄초등학교 261, 269

ㅎ

한긍수 296
한병교 74
한세교 74
한용운 328
한중석 291, 296, 297
한창수 287
향남초등학교 220
『향적』 327
허섭 161
허헌 328

헬렌 맥래 22
혈복단 101
홀나구천대 344
홍관후 46
홍길선 144
홍남후 46
홍도선 217, 261, 274
홍면옥 31, 37, 41, 42, 44, 49
홍사묵 261
홍사선 140
홍사운 199
홍사훈 136
홍열후 46
홍준옥 31

홍진후 45
홍칠우 269
홍헌 51
홍효선 41
화남중학원 247
화성 고등학교 260
화성여자상업학교 260
화성 여자중학교 259
화성중학교 259
황명준 365
황상규 328
황순이 362

저자 **박 환** 朴 桓

경북 청도 출생
휘문고등학교 졸업
서강대학교 사학과 졸업(문학박사)
수원대학교 사학과 교수(1986~)
한국민족운동사학회 회장 역임
고려학술문화재단 이사장
hp2101@hanmail.net

■ **주요 저서**

『러시아한인 독립전쟁』 선인, 2022.
『신흥무관학교』 선인, 2021.
『만주독립전쟁』 선인, 2021.
『독립군과 무기』 선인, 2020.
『독립운동과 대한적십자』 민속원, 2020.
『한국전쟁과 국민방위군사건』 민속원, 2020.
『블라디보스토크·하바롭스크』 선인, 2019.
『사진으로 보는 3·1운동 현장과 혁명의 기억과 공간』 민속원, 2019.
『페치카 최재형』 선인, 2018.
『근대 해양인, 최봉준』 민속원, 2017.
『간도의 기억』 민속원, 2017.
『잊혀진 민족운동가의 새로운 부활』 선인, 2016.
『사진으로 보는 만주지역 한인의 삶과 기억의 공간』 민속원, 2016.
『만주벌의 항일영웅 김좌진』 선인, 2016.
『만주지역 한인민족운동의 재발견』 국학자료원, 2014.
『박환교수와 함께 걷다, 블라디보스토크』 아라, 2014.
『잊혀진 혁명가 정이형』 국학자료원, 2013.
『사진으로 보는 러시아지역 한인의 삶과 기억의 공간』 민속원, 2013.
『민족의 영웅, 시대의 빛 안중근』 선인, 2013.
『김좌진 평전』 선인, 2010.
『강우규 의사 평전』 선인, 2010.
『박환교수의 만주지역 한인 유적답사기』 국학자료원, 2009.
『러시아지역 한인언론과 민족운동』 경인문화사, 2008.
『박환교수의 러시아 한인 유적답사기』 국학자료원, 2008.
『시베리아 한인 민족운동의 대부 최재형』 역사공간, 2008.
『경기지역 3·1독립운동사 연구』 선인, 2007.
『식민지시대 한인아나키즘운동사』 선인, 2005.
『대륙으로 간 혁명가들』 국학자료원, 2003.
『재소한인민족운동사』 국학자료원, 1998.
『러시아 한인 민족운동사』 탐구당, 1995.
『만주한인민족운동사연구』 일조각, 1991.